행정사무관리

이 종 두

도서출판 대영문화사

머리말

현대 사회는 매우 복잡 다양하며 급속히 변화·발전하고 있는 정보화 사회이다. 이와같이 복잡 다양한 정보화 사회에서 각종 정보의 기본이 되는 사무를 주로 다루는 행정이나 경영의 일선 현장에서는 효율적인 사무관리의 필요성을 더욱 절실히 느끼고 있다. 이는 공공기관이나 기업체에서 나름대로의 조직 목표 달성을 위하여 빠른 정보의 수집과 이에 대한 정확한 검토와 분석이 요구되는 바, 이를 위한 모든 관련 정보나 자료의 체계적인 보존과 관리가 대체로 사무관리에 의하여 이루어지고 있기 때문이다.

더구나 최근 들어 정부에서는 전자정부의 기반 확립과 고도의 지식정부 구현을 위하여 전자문서 시스템과 자료관리 시스템 및 행정정브 시스템에 대한 종합적인 운영 시스템에 대한 구축 근거를 마련하고자 노력하고 있다.

이 책의 특징을 요약하면 다음과 같다.

첫째, 사무관리 체계를 여러 면으로 생각해 볼 수 있으나 여기서는 복잡성을 피하기 위하여 사무를 단순히 영역별, 즉 문서사무, 보고·협조사무, 예산·회계사무 등으로 나누고, 그 영역별 사무의 관리에 관하여 살펴보고자 하였다. 특히 사무관리에서 중요시하고 있는 문서사무와 예산·회계사무에 관하여는 최근 대폭 개정된 사무관리규정과 예산회계법을 수정·보완하여 제정한 국가회계법과 국가재정법 그리고 국가 계약에 관한 제반 법규를 중심으로 가급적 자세히 기술하였다.

둘째, 사무관리는 이론도 중요하겠지만 실제로 현장에서 이루어지는 사무를 좀더 효율적으로 관리할 수 있는 방법이 무엇보다 중요하기 때문에 각 분야의 실무에 관하여 꼭 알아두어야 할 필요가 있다. 따라서 이 책은 모두 8편으로 구성되어 있으나 제1편 사무관리의 기초적 이론, 제7편 사무

자동화, 제8편 사무환경에 관한 내용을 제외하고는 실무 중심으로 다루고자 노력하였다.

셋째, 어느 정도 체계적인 공공조직의 사무관리 내용을 중심으로 다루었기 때문에 공공기관에서는 물론 규모가 적은 기업체에서도 함께 활용할 수 있을 것으로 생각되며, 또한 여러 계층에서 용이하게 활용할 수 있도록 쉬운 용어를 사용하고 주로 한글로 표기하였다.

따라서 이 책은 사무관리론을 배우려는 대학생들에게는 각종 사무와 이의 관리 기법을 익히는 교과서로 사용할 수 있으며, 현직에 근무하는 공무원, 회사원 등 각 실무자들에게는 업무상 편의를 제공할 수 있는 실무지침서가 될 수 있으리라 생각한다. 아울러 행정관리사나 문서실무사 시험을 준비하는 수험생에게도 도움이 되었으면 하는 바람에서 이 책을 펴내게 되었다. 또한 이 책의 내용이 사무관리규정을 비롯한 각종 법규를 중심으로 이루어졌기 때문에 저자만이 가지고 있는 전적인 창작물이 아니라는 것을 분명히 하고자 하며, 특히 행정안전부에서 발간한 정책자료집을 많이 참고하였다.

이 책이 나오기까지 많은 분의 도움이 있었기에 그 고마움을 표하고자 한다. 먼저 학문적으로 부족한 필자를 변함없이 이끌어 주시는 청주대, 충북대 행정학과 교수님들께 감사드린다. 또한 언제 어디서나 따스한 격려와 관심으로 삶의 좌표가 되어 주시는 부산외국어대학교 류선규 총장님, 영동대 이완영 대학원장님, 배재대 박종득 처장님, 늘 넓은 가슴으로 안아 주시며 물심양면으로 도움을 주시는 제일철강 김기용 형님께 진심으로 감사드린다. 아울러 언제나 한마음으로 동행하는 동생 이종신 박사와 조카 관호, 처남들에게 그 감사함을 전한다. 그리고 관계 법령과 자료 수집을 적극 도와 준 장서윤 실장에게도 감사함을 전한다. 특히 항상 기도로써 함께하는 아내와 귀염둥이 딸 선화와 혜선 그리고 늠름하게 자라서 공군에 복무중인 아들 재호에게 한없는 고마움을 전하고 싶다.

끝으로 이 책의 출판을 흔쾌히 맡아 주신 대영문화사 임춘환 사장님을 비롯하여 함께 수고하는 임직원 여러분께 감사한 마음을 표한다.

2010년 9월

저자 씀

차 례

머리말 / 3

제 1 편 사무관리의 이론적 기초

제 1 장 사무관리의 개요 ······ 27

제 1 절 사무의 의의 ······ 27
1. 사무의 개념 / 27
2. 사무의 기능 / 29
3. 사무의 종류 / 31

제 2 절 관리의 의의 ······ 33
1. 관리의 개념 / 33
2. 과학적 관리 방법 / 34

제 3 절 사무관리의 의의 ······ 35
1. 사무관리의 개념 / 35
2. 사무관리의 원칙 / 36
3. 사무관리의 대상 / 39
4. 사무관리의 전략 / 41

제 2 장 사무관리의 발전 과정 ······ 45

제 1 절 경영 부문에서 발전 과정 ······ 45

제 2 절 행정 부문에서 발전 과정 47

제 3 장 사무량의 측정 54

제 1 절 양 측정의 의의 54
1. 사무량 측정의 개념 / 54
2. 양 측정의 발전 과정 / 55

제 2 절 양 측정의 방법 56
1. 사무분담 조사법 / 56
2. 관측법 / 58
3. 워크 샘플링법 / 60
4. CMU법 / 63
5. PTS법 / 64

제 2 편 문서사무

제 1 장 문서의 의의 69

제 1 절 문서의 개념 69

제 2 절 문서의 필요성 70

제 3 절 문서의 기능 70
1. 의사의 구체화 / 71
2. 의사의 전달 / 71
3. 의사의 보존 / 71

제 4 절 문서 처리의 원칙 72
1. 즉일 처리의 원칙 / 72
2. 책임 처리의 원칙 / 72
3. 법령 적합의 원칙 / 73
4. 전자 처리의 원칙 / 73

제 5 절 문서의 종류 73
1. 작성 주체에 의한 구분 / 74

2. 유통 대상에 의한 구분/75
3. 문서 성질에 의한 구분/76
4. 사무 절차에 의한 구분/78
5. 원본 여부에 의한 구분/80

제 6 절 문서관리의 필요성 ······ 81

제 7 절 문서의 성립과 효력 발생 ······ 82
1. 문서의 성립/82
2. 문서의 효력 발생/83

제 8 절 문서 관계 법규 ······ 83
1. 사무관리규정/83
2. 사무관리규정시행규칙/85
3. 기타 관련 법규/85

제 2 장 문서 작성의 일반 사항 ······ 89

제 1 절 문서 작성의 원칙 ······ 89
1. 하나로 원칙/89
2. 기본 4원칙/90

제 2 절 문서 작성 용지 ······ 91
1. 용지의 규격/91
2. 용지의 지질/93
3. 용지의 여백/94
4. 용지 및 글자의 색깔/94

제 3 절 문서의 용어 ······ 94
1. 글자/94
2. 숫자/95
3. 연호/95
4. 날짜/96
5. 시간/96
6. 금액/96

제 4 절 문안의 수정 ······ 96

제 5 절 문서 작성의 마무리 ······ 97

1. 항목의 구분 / 97
2. '끝' 표시 / 99
3. 붙임의 표시 / 101
4. 면(쪽) 표시 / 101
5. 로고 · 상징 등 표시 / 102
6. 문서의 전자적 처리 / 103
7. 전자문서의 열람 체계 구축 / 103
8. 각종 대장 · 서식의 전자관리 / 103
9. 문서의 보안 유지 / 103

제 3 장 문서의 구성 체계 ······ 106

제 1 절 문서의 구성 ······ 106

제 2 절 두문 작성 요령 ······ 107

1. 행정기관명 / 107
2. 수신의 표시 / 107

제 3 절 본문 작성 요령 ······ 108

1. 제목 / 108
2. 내용 / 109
3. 붙임 / 110

제 4 절 결문 작성 요령 ······ 110

1. 발신 명의 / 110
2. 발신기관 정보 등 / 111
3. 문서번호 / 113
4. 시행 일자 / 113

제 4 장 문서의 접수 및 처리 ······ 115

제 1 절 문서의 접수 ······ 115

1. 문서 접수의 의의 / 115
2. 문서의 접수 방법 / 115

3. 접수문서의 기록 유지 / 117

제 2 절 문서의 배부 ······ 118

제 3 절 문서의 반송 및 재배부 ······ 118

제 4 절 경유문서의 처리 ······ 119

제 5 장 문서의 기안 ······ 120

제 1 절 기안의 의의 ······ 120

1. 기안의 개념 / 120
2. 기안자의 자격 / 120
3. 기안의 요인 / 121
4. 기안의 형식 / 121
5. 발의자와 보고자의 표시 / 122

제 2 절 기안문의 작성 ······ 122

1. 기안문의 작성 순서 / 122
2. 기안문의 작성 원칙 / 123

제 3 절 기안의 종류 및 방법 ······ 128

1. 일반기안 / 128
2. 일괄기안 / 143
3. 공동기안 / 144
4. 수정기안 / 145
5. 서식에 의한 처리 / 146

제 4 절 기안문의 검토 및 협조 ······ 146

1. 개념 / 146
2. 검토 및 협조의 절차 / 147

제 6 장 결 재 ······ 149

제 1 절 결재의 개념 ······ 149

제 2 절 결재의 종류 및 방법 ······ 150

1. 결재의 종류 / 150
2. 결재의 방법 / 151

3. 결재의 효과 / 152

제 3 절 전결과 대결 ········· 152

1. 전결 / 152
2. 대결 / 153

제 4 절 간 인 ········· 160

1. 간인의 개념 / 160
2. 간인 대상 문서 / 160
3. 간인의 방법 / 161

제 7 장 문서의 등록 및 시행 ········· 162

제 1 절 문서의 등록 ········· 162

1. 문서 등록의 개념 / 162
2. 문서 등록 요령 / 163

제 2 절 문서의 시행 ········· 164

1. 문서 시행의 개념 / 164
2. 시행문의 작성 / 165
3. 관인 날인 / 165
4. 문서의 발송 / 166
5. 문서의 수신자 변경 및 추가 / 168

제 8 장 기록물의 보존관리 ········· 170

제 1 절 기록물의 관리기관 ········· 170

1. 중앙기록물 관리기관 / 171
2. 헌법기관기록물 관리기관 / 171
3. 지방기록물 관리기관 / 172
4. 기록관 / 173
5. 특수기록관 / 174

제 2 절 기록물 생산 및 관리 대상 ········· 174

1. 기록물의 생산 의무 / 174
2. 기록물 관리책임자 / 175
3. 관리대상 기록물 / 175

제 3 절 기록물의 등록 ………………………………………… 177
1. 등록번호 부여 시점 / 178
2. 등록번호의 표기 방법 / 179
3. 등록 사항의 삭제 또는 수정 방법 / 180

제 4 절 기록물의 분류 ………………………………………… 180
1. 기록물 분류 체계 / 180
2. 기록물분류기준표 / 181

제 5 절 기록물의 편철 및 관리 ………………………………… 182

제 6 절 기록물의 정리 및 보존 ………………………………… 183
1. 기록물철 작성 및 등록 / 183
2. 기록물의 정리 / 184
3. 기록물의 보존 / 185
4. 서고관리 / 189

제 7 절 기록물의 이관 및 폐기 ………………………………… 189
1. 기록물의 이관 / 189
2. 기록물의 폐기 / 190

제 8 절 기록물의 종류별 보존관리 …………………………… 190
1. 대통령 기록물의 보존관리 / 190
2. 비밀기록물의 보존관리 / 191
3. 전자기록물의 보존관리 / 192
4. 시청각 기록물의 보존관리 / 192
5. 간행물의 보존관리 / 193
6. 행정박물의 보존관리 / 193

제 9 절 기록물관리 전문요원 등 ……………………………… 194
1. 기록물관리 전문요원 / 194
2. 기록물관리 소홀에 대한 처벌 / 195

제 9 장 업무관리 시스템 …………………………………… 196

제 1 절 업무관리 시스템의 의의 ……………………………… 196
1. 업무관리 시스템의 개념 / 196

2. 업무관리 시스템의 기대 효과 / 196

제 2 절 업무관리 시스템의 구축 · 운영 197

1. 기본적 사항 / 197
2. 시스템의 구성 / 197

제 3 절 업무관리 시스템의 연계 및 활용 199

1. 업무관리 시스템의 연계 / 199
2. 업무관리 시스템의 표준관리 / 199
3. 업무관리 시스템의 활용 / 200
4. 업무관리 시스템의 보안 / 200

제 10 장 정책실명제 201

제 1 절 주요 정책 자료의 기록 · 보존 201

제 2 절 정책자료집의 발간 202

1. 발간 목적 / 202
2. 발간 대상 / 202
3. 발간 내용 / 203
4. 발간 과정 및 보존관리 / 203
5. 이관 / 204

제 3 절 보도 자료의 실명 제공 204

제 11 장 서식관리 205

제 1 절 서식의 의의 205

1. 서식의 개념 / 205
2. 서식의 기능 / 205
3. 서식의 종류 / 206

제 2 절 서식의 설계 206

1. 서식 설계의 목적 / 206
2. 서식 설계의 사전 준비 / 206
3. 서식 설계의 일반 원칙 / 207
4. 서식의 설계 기준 / 208

제 3 절 서식의 제정, 승인 및 관리 ········· 211
1. 서식의 제정 / 211
2. 서식의 승인 / 211
3. 서식의 관리 / 213

제 4 절 서식의 개선 ········· 213
1. 서식 개선의 필요성 / 213
2. 서식 개선의 착안점 / 214
3. 서식 개선의 효과 / 214

제 12 장 관인관리 ········· 215

제 1 절 관인의 종류 ········· 215

제 2 절 관인의 규격 ········· 216

제 3 절 관인의 조각 및 사용 ········· 217
1. 관인의 조각 / 217
2. 관인의 사용 / 218
3. 관인의 등록·재등록 / 219

제 4 절 관인의 폐기 ········· 221
1. 폐기 사유 및 방법 / 221
2. 폐기 대상 관인의 보존 / 221

제 5 절 관인의 공고 ········· 222

제 3 편 보고사무 및 협조사무

제 1 장 보고사무 ········· 225

제 1 절 보고의 의의 ········· 225
1. 보고의 개념 / 225
2. 보고의 목적 / 225
3. 보고의 필요성 / 226

제 2 절 보고의 원칙 ······ 226
1. 필요성의 원칙 / 226
2. 완전성의 원칙 / 226
3. 적시성의 원칙 / 227
4. 간결성의 원칙 / 227

제 3 절 보고의 종류 ······ 227
1. 용도에 의한 구분 / 227
2. 형식에 의한 구분 / 228
3. 내용에 의한 구분 / 228
4. 시기에 의한 구분 / 228

제 4 절 보고 기일 및 촉구 ······ 229
1. 행정기관 간 보고 / 229
2. 보고 기일 / 229
3. 보고의 촉구 / 229

제 2 장 협조사무 ······ 230

제 1 절 업무 협조의 의의 ······ 230

제 2 절 업무 협조의 방법 ······ 231
1. 문서에 의한 협조 / 231
2. 회의 등에 의한 협조 / 231
3. 공동작업반 편성 등에 의한 협조 / 232
4. 전화 등에 의한 협조 / 232

제 3 절 업무 협조의 처리 기간 ······ 232

제 4 편 전자정부와 사무관리

제 1 장 전자정부의 개요 ······ 235

제 1 절 전자정부의 의의 ······ 235
1. 전자정부의 개념 / 235
2. 전자정부의 유형 / 237

제 2 절 전자정부 추진계획 ········ 238
1. 추진 현황 및 추진 방향 / 238
2. 추진 전략 / 240

제 2 장 전자정부와 전자문서 ········ 243

제 1 절 전자문서의 의의 ········ 243
1. 전자문서의 개념 / 243
2. 전자문서의 효력 / 244
3. 전자문서화의 필요성 / 244

제 2 절 전자문서의 처리 절차 ········ 246
1. 전자문서의 생산 단계 / 246
2. 전자문서의 유통 단계 / 253
3. 전자문서의 관리 단계 / 257

제 3 절 전자문서의 편익과 한계 ········ 262
1. 전자문서 유통 · 관리의 편익 / 262
2. 전자문서 유통 · 관리의 한계 / 263

제 4 절 EDI ········ 263
1. EDI의 의의 / 263
2. EDI의 구성 요소 / 264
3. EDIFACT / 265

제 5 절 전자서명 ········ 266
1. 전자서명의 개념 / 266
2. 전자서명의 효력 / 266

제 3 장 전자정부와 정보공개 ········ 268

제 1 절 정보공개의 의의 ········ 268
1. 정보공개의 개념 / 268
2. 정보공개의 목적과 중요성 / 269

제 2 절 한국의 정보공개 제도와 촉진 방안 ········ 270
1. 한국의 정보공개 제도 / 270

2. 현행 정보공개 제도의 촉진 방안 / 270

제 4 장 전자정부와 정보보안 272

제 1 절 정보보안의 의의 272
1. 정보보안의 개념 / 272
2. 환경 변화와 정보보안 / 272

제 2 절 네트워크 보안 273
1. 네트워크 보안의 의의 / 273
2. 네트워크 유형별 보안 / 273

제 3 절 정보보안의 암호화와 국가정책 274
1. 암호의 의의 / 274
2. 한국의 암호 정책 / 275

제 5 편 예산 · 회계사무

제 1 장 예산 · 회계의 개요 279

제 1 절 예산 · 회계의 의의 279
1. 예산의 개념 / 279
2. 회계의 개념 / 281

제 2 절 예산과 회계의 관계 282

제 3 절 한국의 예산회계 제도 283

제 2 장 예산의 성격 286

제 1 절 예산의 기능 286
1. 정치적 기능 / 286
2. 법적 기능 / 287
3. 행정적 기능 / 288
4. 경제적 기능 / 288

제 2 절 예산의 원칙 ······ 290
1. 입법부 중심의 예산 원칙 / 290
2. 행정부 중심의 예산 원칙 / 293

제 3 절 예산의 종류 ······ 295
1. 일반회계예산, 특별회계예산 / 295
2. 본예산, 수정예산, 추가경정예산 / 296
3. 잠정예산, 가예산, 준예산 / 297

제 4 절 예산의 형식 ······ 298
1. 예산총칙 / 299
2. 세입 · 세출예산 / 299
3. 계속비 / 299
4. 명시이월비 / 300
5. 국고채무부담행위 / 300

제 3 장 예산의 과정 ······ 301

제 1 절 예산안 편성 ······ 301
1. 예산안의 요구 / 301
2. 예산안 사정 / 303
3. 예산안의 확정 및 국회 제출 / 304

제 2 절 예산안의 심의 · 의결 ······ 305
1. 예산안 심의 · 의결의 의의 / 305
2. 예산안의 심의 · 의결 절차 / 305

제 3 절 예산의 집행 ······ 307
1. 예산 집행의 의의 / 307
2. 예산 집행의 절차 / 307
3. 예산 집행의 신축성 유지 방안 / 309

제 4 절 예산결산 및 회계검사 ······ 312
1. 결산의 의의 / 312
2. 결산의 절차 / 313

제 4 장 수입회계 ······ 317

제 1 절 수입의 의의 ······ 317
1. 수입의 개념 / 317
2. 수입의 종류 / 318
3. 수입행위 / 319

제 2 절 수입의 징수와 수납 ······ 319
1. 수입의 징수 / 319
2. 징수 절차 / 319
3. 수납 절차 / 324
4. 납입의 독촉 및 불납결손 / 326
5. 징수기관과 수납기관의 분립 / 327

제 3 절 과오납금의 반환 ······ 327

제 4 절 선사용자금 ······ 328

제 5 절 과년도 수입과 지출금의 반납 ······ 329

제 5 장 지출회계 ······ 331

제 1 절 지출의 의의 ······ 331
1. 지출의 개념 / 331
2. 지출의 절차 / 332

제 2 절 지출원인행위 ······ 333
1. 지출원인행위의 개념 / 333
2. 지출원인행위의 준칙과 특례 / 333
3. 지출원인행위의 권한 / 334

제 3 절 가장 좁은 의미의 지출 ······ 335
1. 지출기관 / 335
2. 지출의 절차 / 336
3. 지출의 특례 / 339

제 4 절 지 급 ······ 347

제 6 장 계약사무 ······ **348**

제 1 절 계약의 의의 ······ 348
1. 계약의 개념 / 348
2. 계약의 원칙 / 349
3. 계약사무의 담당기관 / 349
4. 계약의 종류 / 350

제 2 절 계약의 방법 ······ 352
1. 일반경쟁계약 / 353
2. 제한경쟁계약 / 353
3. 지명경쟁계약 / 355
4. 수의계약 / 357

제 3 절 경쟁계약시 입찰 및 낙찰 절차 ······ 363
1. 계약 방법의 결정 / 363
2. 입찰공고 / 363
3. 현장 설명 / 365
4. 입찰 등록 / 366
5. 예정가격 작성 / 368
6. 입찰 및 개찰 / 370
7. 낙찰자 결정 / 373

제 4 절 계약의 체결 및 이행 ······ 375
1. 계약의 체결 / 375
2. 계약의 이행 / 378

제 5 절 검사 및 대가 지급 ······ 382
1. 검사 / 382
2. 대가 지급 / 384
3. 지체상금 / 385

제 6 절 공사 계약의 담보 책임 ······ 386
1. 하자담보 책임 기간 / 386
2. 하자검사 / 393
3. 하자보수보증금 / 393

제 6 편 비서사무

제 1 장 비서의 개요 …… 399

제 1 절 비서의 의의 …… 399

제 2 절 비서의 자질 …… 400

제 3 절 비서의 업무 …… 401

1. 비서 업무의 유형 / 402
2. 비서 업무의 종류 / 403

제 2 장 전화 응대 …… 405

제 1 절 전화 응대시의 기본 예법 …… 405

제 2 절 전화를 거는 방법 …… 407

1. 통화 준비 / 407
2. 상대방이 받았을 때 / 407
3. 상대방이 부재 중일 때 / 408
4. 상급자에게 전화를 걸 때 / 408

제 3 절 전화를 받는 방법 …… 408

1. 전화가 걸려오면 / 408
2. 용건을 듣는 방법 / 409
3. 담당자가 부재 중일 때 / 410
4. 전화가 잘못 걸려왔을 때 / 410

제 3 장 내방객 응대 …… 411

제 1 절 내방객의 분별 안내 …… 411

1. 예약되어 있는 내방객의 경우 / 411
2. 예약되지 않은 내방객의 경우 / 412
3. 상사 부재시의 경우 / 412

제 2 절 장소별 안내 요령 …… 413

1. 엘리베이터 / 413

2. 응접실 / 413
3. 열차 / 413
4. 자동차 / 414

제 3 절 내방객 응대시 유의 사항 414
1. 들어서면서 응대 예절 / 414
2. 명함을 주고받을 때의 예절 / 415
3. 소개시 예절 / 415

제 4 장 일정관리 416

제 1 절 일정표 작성 416
1. 일정표에 꼭 들어가야 할 사항 / 416
2. 일(예)정표의 종류 / 417

제 2 절 일정표 관리상의 유의 사항 418
1. 스케줄 관리의 유의점 / 418
2. 일정의 변경시 유의점 / 418

제 7 편 업무편람

제 1 장 업무편람의 개요 421

제 1 절 업무편람의 의의 421
1. 업무편람의 개념 / 421
2. 업무편람의 종류 / 421

제 2 절 업무편람의 작성 및 활용 효과 422
1. 업무편람의 작성 효과 / 422
2. 업무편람의 활용 효과 / 422

제 2 장 행정편람 424

제 1 절 행정편람의 의의 424
1. 행정편람의 개념 / 424
2. 행정편람의 심의 / 424

제 2 절 행정편람의 발간 및 활용 ········ 425
1. 발간 및 수정 · 보완 / 425
2. 관리 및 활용 / 425

제 3 장 직무편람 ········ 426

제 1 절 직무편람의 의의 ········ 426
1. 직무편람의 개념 / 426
2. 작성 대상 및 내용 / 426

제 2 절 직무편람의 관리 및 활용 ········ 427
1. 직무편람의 관리 / 427
2. 직무편람의 인계 · 인수 / 427

제 8 편 사무환경

제 1 장 사무환경의 개요 ········ 431

제 1 절 사무환경의 의의 ········ 431

제 2 절 사무환경의 중요성 ········ 432

제 2 장 사무 장소 ········ 433

제 1 절 사무실의 면적 ········ 433
1. 사무실 면적의 일반적 기준 / 433
2. 보조사무실의 면적 기준 / 434

제 2 절 사무실의 배치 ········ 435
1. 건물 내의 사무실 배치 / 435
2. 사무실 내의 좌석 및 사무용 집기 배치 / 435
3. 사무실 배치시 고려 사항 / 435
4. 사무실의 배정 / 437
5. 사무실의 실내 배치 / 438

제 3 장 사무용 집기 ······ **441**

제 1 절 사무용 책상 ······ 441

제 2 절 사무용 의자 ······ 442

제 4 장 집무환경 ······ **444**

제 1 절 조명관리 ······ 444

제 2 절 색채관리 ······ 445

제 3 절 공기관리 ······ 446

제 4 절 음향관리 ······ 447

참고 문헌 / 449

찾아보기 / 452

P·a·r·t

01

사무관리의 이론적 기초

제 1 장 사무관리의 개요 / 27

제 2 장 사무관리의 발전 과정 / 45

제 3 장 사무량의 측정 / 54

Chapter 01

사무관리의 개요

제 1 절 사무의 의의

1 사무의 개념

사무관리란 사무를 대상으로 관리의 모든 문제를 취급하는 것이기 때문에 사무관리의 의의를 밝히려면 우선 사무의 개념에 대하여 규정하지 않으면 안 된다. 그러면 '사무(事務)'란 과연 무엇인가? 사무는 우리 주변에서 너무도 많이 듣는 보편적인 용어 중 하나이기는 하지만 좀더 정확히 개념을 규정하기 위하여 사무에 관한 대표적인 학자들의 견해를 살펴본다.

레핑웰(Leffingwell, 1925: 11)은 사무를 세 가지의 과업, 즉 서술(writing) 또는 면담(interviewing), 계산(computing), 분류(classifying) 그리고 정리·보관(filing) 등으로 나누어 정의한다.

힉스(Hicks, 1956: 19)는 사무를 기록과 보고서의 준비, 기록의 보존, 계산, 의사소통(communication) 등 네 가지로 나누어 설명한다.

일본의 산업능률단기대학에서 발간된 『사무능률핸드북』(1962: 85)에서는 사무를 "조직체 본래의 목적을 달성하기 위하여 행하여지는 각종 활동에 질서와 감독을 부여하는 일"이라고 정의한다.

다케나카(竹中直文, 1976: 2)는 사무의 개념을 사무 그 자체와 사무가 가지는 기능으로 나누어 생각하여야 명확해진다고 주장하면서, 사무 그 자체를 작업(work)이라고 보았으며, 이것은 일종의 현장에서의 생산 작업과 비슷하다고 보았다. 그리고 사무의 기능은 기록(recording), 계산(computing), 면담(interviewing), 분류(classifying)와 더불어 의사소통(communication) 등 다섯 가지로 분류하는 것을 통설로 보는 것이 좋다고 하였다.

고바야시(小林末男, 1977: 2)는 사무를 종래에는 '읽기', '쓰기', '계산하기'로 보았으나 이것은 사무의 모든 것을 받아들인 표현으로서는 부족하고 더욱더 넓은 포괄적인 개념이 요구된다며 사무를 좀더 광범하게 정의하여야 한다고 주장한다.

테리(Terry, 1980: 3)는 사무에서 차지하는 가장 큰 자원은 정보라고 주장하면서 사무관리의 성패는 곧 정보관리에 달려 있다면서 정보를 강조한다.

나미기(並木高矣, 1992: 4)는 사무란 "경영 활동에 필요한 정보의 전달과 처리를 수행하는 일"이라고 정의한다. 그는 여기서 정보의 발생량이나 질을 규제하는 기본적인 요인으로서 조직과 일을 들고 있다.

김태극(1995: 24)은 사무를 주로 종이 위에 기록하는 문서작업(paper work)으로 보고, 이 작업도 사무소라는 일정한 장소에서 작업대에 해당하는 사무책상 위에서 하는 책상 작업(desk work)으로 생각하였으며, 이들 기록을 보존하는 일까지 사무에 포함하였다.

앞에서 살펴본 여러 학자의 주장을 종합하여 보면, 사무는 "조직 활동에 필요한 정보를 생산·전달하고, 정리·보관하며, 보고·판단하는 작업"이라고 정의할 수 있다. 이는 조직체의 구성원들이 맡은 일을 처리하는 과정에서 발생하는 각종 정보나 자료에 대하여 좀더 정확하게 의사소통하고, 효율적으로 정리·보관하며, 보고·판단하기 위한 모든 절차와 과정으로서 사무의 개념을 좀더 광범위하고 포괄적으로 의미한 것이다.

이와 같은 사무에 관하여 종래에는 매우 소극적인 인식을 가지고 있었다. 오늘날까지도 일부 사람들의 사무에 대한 소극적 인식 문제로 인하여 사무를 다른 일에 비하여 수준이 낮은 일로, 또는 부수적인 일로 해석하여 다소

경시하는 풍조가 있다. 즉, 사무는 누구나 할 수 있는 것으로 알고 있다. 공공기관이나 기업체의 기술직에게는 전문기술 보유자로 인정하여 기술수당을 지급하고 있으나 사무직에게는 그와 같은 특별수당을 지급하는 경우가 거의 없다.

그러나 최근 들어 현대 사회가 복잡 다양한 정보화 사회로 탈바꿈되어 감으로써 사무의 양이 급격히 증대되고 더 높은 사무의 질을 요구함에 따라 사무를 소극적으로 인식하는 전통적 개념의 사무로써는 감당할 수 없게 되었다. 따라서 사무를 좀더 적극적인 개념으로 인식하려 시도하고 있으며, 하위직뿐만 아니라 고위직에서도 영역에 따라서는 사무를 처리하고 있고 또한 사무가 필요하다는 것이다.

이에 따라 오늘날의 사무는 개념적인 측면보다는 조직체 활동의 촉진, 관련 부서 간 업무의 연계성 유지 및 지속성 유지, 정보 처리 기능의 지원 등 그 기능적인 측면을 사무의 본질로서 파악하려는 추세에 있다.

2 사무의 기능

전통적으로 사무는 조직 활동을 위하여 자료와 정보를 작성하고, 분류하고, 정리하고, 계산하고, 판단하는 기능을 주로 하였으나, 현대의 정보화 사회에서는 각종 정보를 수집하고 분석하여 조직체 활동에 적극 활용하는 등 좀더 적극적인 기능을 담당하고 있다. 여기서는 현대 사회에서 사무의 기능을 살펴본다.

1) 조직체 활동의 촉진 기능

사무는 그 자체가 목적을 달성하는 것이 아니고, 사무를 효과적으로 처리함으로써 조직의 목적 달성에 매우 중요한 수단적인 역할을 하는 것이다. 즉, 조직의 각종 활동에 필요한 자료와 정보를 정확히 수집하여 분석하고, 정리하고, 판단하여 의사 결정에 중요한 자료를 제공하고, 조직 내의 상하 간에 의사소통을 원활하게 하는 등 조직체의 경영 활동을 지원하거나 촉진하는 기능을 한다.

2) 관련 부서 간 연계성 및 지속성 유지 기능

사무는 조직체 내의 여러 부서에서 행해지는 활동을 서로 연계시켜 주면서 지속적으로 유지할 수 있는 기능을 한다. 예컨대, 어느 조직체에서 직원들의 친목과 체력 단련을 위하여 등반대회를 계획한다면, 담당 부서에서 행사에 관한 문서를 기안하여, 회계 부서와 예산 협조를 하여야 하고, 다른 관련 부서와도 협조를 구해야 할 것이다. 이 행사의 목적은 친목과 체력 단련이지만, 이 행사를 효과적으로 추진하려면 관련 문서를 작성하고, 관련 부서에 협조를 구하고, 경비를 지출하여 집행하고, 행사 후 관련 문서를 보존하는 등 사무를 통하여 가능하다. 따라서 사무는 조직체 내 관련 부서 간에 업무를 연계시켜 주고 지속해 주는 기능을 가지고 있다.

3) 정보 처리 기능

사무는 조직체의 목적을 달성하는 데 필요한 각종 정보를 처리하는 기능을 가지고 있다. 여기서 정보 처리란 정보를 생산, 수집, 전달, 가공, 분석 및 평가하는 등 제반 활동을 말한다. 사무를 주로 정보를 생산·전달하고, 정리·보관하며, 보고·판단하는 등 개념적인 측면에서만 파악하였으나, 조직 활동이 점차 복잡 다양해지고 사무량이 증대되면서 사무의 기능적인 측면을 중요시하게 되었다. 또한, 사무가 주로 사무실에서 이루어진데 반하여, 현대 사회에서 최신식 무선장비에 의거 정보의 송·수신이 어디서나 가능하므로 거래처나 공사 현장이나 지하철이나 거리에서도 사무를 볼 수 있다는 생각이 보편화되어 있기 때문에, 사무의 정보 처리 기능을 더욱 중요하게 여기고 있다.

따라서 각 조직체는 양질의 정보를 더 많이 확보하여 정확하게 의사 전달하고, 의사 결정에 활용함으로써 조직의 목적을 효율적으로 달성할 수 있으며, 사무의 정보 처리 기능에 따라 조직의 승패가 좌우된다고 해도 과언이 아니다.

3 사무의 종류

사무의 종류는 학자에 따라 약간씩 다르게 구분하고 있으며, 그 한 예로 나미기(並木高矣, 1992: 6-7)와 일본 산업능률단기대학에서 발간된 『사무능률핸드북』(1962: 88)에서는 관리 목적별, 등급별, 기능별, 동작별로 분류한다.

여기서는 우리 나라 행정사무관리에서 많이 활용하고 있는 사무 목적별로 분류하는 방법과 앞에서 지적한 등급별·기능별로 분류한 방법을 살펴본다.

1) 사무의 목적에 따른 분류

사무의 목적에 따라 분류하는 방법으로서 사무가 조직의 목적을 직접적으로 달성하기 위하여 행하는 고유사무와 고유사무는 아니지만 간접적으로 조직의 목적을 지원하는 지원사무로 나뉜다.

(1) 고유사무

고유사무(固有事務)는 본래사무(本來事務)라고도 부르며, 이는 조직의 목적을 직접적으로 달성하기 위하여 행하는 사무를 의미한다. 기능별로 분화된 조직의 경우를 살펴보면 쉽게 이해할 수 있다. 즉 중앙부처를 비롯하여 대부분의 공공조직은 기능별로 분화되어 고유사무를 구분하기가 쉽다. 예를 들면, 교육행정의 경우 대학입시의 개혁, 고교 평준화, 의무교육의 확대 방안, 과밀 학급 완화, 2부제 수업 해소 등은 교육 목적을 달성하기 위하여 직접 수행하는 것으로서 고유사무라 할 수 있다. 우리가 통상적으로 업무(業務)라고 하면 이를 의미한다.

(2) 지원사무

우리는 흔히 고유사무만을 사무라고 생각한다. 그러나 모든 일이 그렇듯이 직접적인 주된 일 못지않게 간접적인 일도 중요하다. 사무도 마찬가지로 고유사무 이외에 간접적인 사무가 있는데 이를 지원사무(支援事務)라 한다. 다시 말해서 행정을 간접적으로 수행하는 즉 수단적인 사무를 의미한다. 예를 들면, 교육행정의 경우 대학입시의 개혁 작업이나 고교 평준화를 위한 작업을 위원회를 구성하여 실시할 때 위원회를 구성하기 위한 사무나 이들의 현지 출장여비 계산 및 지급사무 등은 지원사무라 할 수 있다. 이러한 지원사무가 잘 수행될 때 직접적인 고유사무가 더욱 신속하고 정확하며 효율적으로 목적을 수행할 수 있을 것이다.

2) 사무의 등급에 따른 분류

사무의 등급은 머리를 쓰는 정도, 즉 그 난이도를 기준으로 분류하며, 이는 판단사무와 단순사무로 나뉜다.

(1) 판단사무

판단사무(判斷事務)는 '판정사무' 또는 '관리사무'라고도 불리며, 이는 어떤 사안에 대하여 전문적인 지식과 판단력을 가지고 기획, 조정, 심사, 결정 등을 하는 사무로서 주로 조직의 중간층이나 상층부에 있는 관리자가 하는 사무가 이에 해당된다. 관리자는 판단사무로서 권한을 가지고 부하 직원들의 사무를 통제할 수 있는 것이다. 오늘날에는 이러한 판단사무 중 관례적이고 반복적인 사무는 이를 중간관리층에게 위임하여 민주성의 이념을 확대해 나가기도 한다.

(2) 단순사무

단순사무(單純事務)는 '서기사무', '작업사무' 또는 '현장사무'라고도 불리며, 이는 서류를 작성하고 계산하고 정리하는 등 단순하며 미숙련 상태에서도 짧은 시간 내에 숙련될 수 있는 사무를 말한다. 따라서 여기에는 숙련사무라 할지라도 반복적으로 연습하면 곧 처리할 수 있는 사무와 정례적이고 관례적인 사무를 포함한다. 주로 하층부, 즉 현장에서 실무적으로 처리되는 사무가 이에 해당한다.

3) 사무의 기능에 따른 분류

사무의 기능에 따라 구분하는 방법은 우리 나라를 비롯한 각국의 정부 조직에서 부서를 편성할 때에 많이 활용한다. 이 분류 방법은 조직에 따라 사무 기능이 수없이 세분되거나 그 용어가 유사하여 그 명칭만 들어도 이해하기 쉽기 때문에 이에 대한 설명은 생략하고자 한다. 예를 들면, 기획사무, 인사사무, 회계사무, 건설사무, 감사사무 등이다.

제 2 절 관리의 의의

1 관리의 개념

관리(管理, management)[1)]는 경영(經營)이라는 용어와 거의 동일한 의미로 사용된다. 관리에 대한 개념은 접근 방법과 학자에 다라서 여러 가지로

---

1) 관리와 경영의 의미를 정리해 보면 다음과 같다.
① management와 administration의 사용 구분
영어로 'management'는 관리, 경영, 경영관리, 경영자 등으로 번역하여 사용하고 있다. 보통 인사관리, 구매관리 등에는 management를 사용하고, 품질관리나 원가관리를 말할 때는 quality control, cost control이라고 하여 control, 즉 통제라는 용어를 사용한다. 또한, 영어로 'administration'은 경영, 관리, 통치, 행정 등으로 번역하여 사용하며, 공공행정은 영어로 public administration을, 사행정 즉 경영은 private administration을 사용하고 있다. 따라서 관리와 경영을 정확히 구분하여 어느 것을 사용하여야 한다고 단정하기는 곤란하다고 보며, 대체적으로 관리에는 'management'를, 경영에는 'administration'을 사용하는 것이 적합할 것으로 보인다.
② 관리와 경영의 구체적 의미
경영자는 '일'의 목표를 제시하고, 관리자는 '일'의 방법을 제시하는 것을 그 임무로 한다. 다시 말하면 경영자는 what을 정하는 것이 임무이고, 관리자는 그 what을 실현하기 위하여 어떤 방법을 택할 것인지 정하고, 동시에 실행을 감독하는 것이 임무라고 할 수 있다. 예를 들면, 어떤 물건을 어디로 운반하는가 하는 것을 정하는 것은 경영자의 할 일이고, 누가 어떤 방법으로 언제 어느 길을 통하여 운반하는가 하는 것은 관리자가 정해야 할 일이다. 좀더 간단히 말하면, 경영이란 목적을 정하는 일이고, 관리란 수단을 정하는 일이다(産業能率短期大學, 1962: 42).

정의하고 있다. 이에 관한 대표적인 학자들의 견해를 살펴보면 다음과 같다.

테일러(Taylor, 1967: 83-86)는 관리란 "과학을 발달시키는 것, 노동자를 과학적으로 선택하는 것, 노동자를 과학적으로 교육하는 것, 노동자와 자본가의 관계를 협력적으로 만드는 것이고, 그 사이클은 계획, 실시, 통제"라고 하였다.

밀러와 스타르(Miller & Starr, 1969: 4)는 관리를 "목적을 달성하기 위한 현명한 수단의 활용"이라고 하였다.

테리(Terry, 1980)는 관리란 "타인의 노력을 통하여(through the efforts of other people) 일정의 목적을 달성하는 것"이라고 하였다.

조석준(1992: 2)은 "관리는 인간, 기계, 재료, 방법 등을 잘 조정하여 목표한 성과를 얻게 하는 행위"라고 정의하면서, 관리는 정적인 것이 아니며, 새로운 사태에 대처해 나가기 위하여 동적이며 탄력적인 것이라고 하였다.

나미기(並木高矣, 1992: 5)는 관리를 "조직 활동을 합리적으로 수행하기 위하여 통제하는 것"이라고 정의하였다.

앞에서 관리에 대한 여러 학자들의 주장을 살펴본 바와 같이 관리는 "조직의 목적을 효율적이고 합리적으로 달성하기 위하여 취해지는 제반 수단적 행위"라고 정의할 수 있다.

따라서 이와 같은 포괄적 의미의 관리는 사회의 모든 영역에서 필요로 하고 또 사용된다. 예를 들면, 인사관리, 재무관리, 생산관리, 사무관리, 공장관리, 농장관리, 학교관리, 가정관리 등이 그것이다.

2 과학적 관리 방법

관리를 좀더 과학적으로 하는 방법은 없을까? 즉, 여기서 말하는 과학적 관리 방법이란 과학의 원리와 수법을 적용하는 관리 방식이다. 그것은 개개의 사실이나 현상에 대하여 그것을 그대로 인정하고 받아들이는 것이 아니라 분석적으로 검토하여 객관적인 원리를 발견하려고 노력하며, 주의 깊은 관찰과 정밀한 기록 및 정확한 측정과 신뢰성 있는 실험이나 실증 등에 기초하여 그 합리성과 타당성을 발견하려는 태도와 방법을 말한다. 특히, 테리(G. R. Terry)는 과학적 관리 방법의 접근은 다음에서 제시하는 열 개의 과정을 밟는 것이라고 하였다.

① 해결할 문제의 인식
② 예비적인 관찰과 분석의 실시
③ 가설적인 해결 방안의 가정
④ 완전하고 상세한 분석
⑤ 중요한 자료의 수집
⑥ 수집된 자료의 분류·정리
⑦ 문제에 대한 가설적인 해답 작성
⑧ 해답의 정확성 여부를 테스트
⑨ 테스트한 결과의 조절
⑩ 문제 해답의 설명

제 3 절 사무관리의 의의

1 사무관리의 개념

사무관리(事務管理)의 개념은 앞에서 살펴본 사무의 개념과 관리의 개념에 따른 복합적인 용어의 개념으로 파악할 수 있다. 사무관리라는 용어의 어원은 영어의 'office management'에서 온 것이다. 이를 직역하면 '사무소 관리'가 된다. 따라서 사무관리는 곧 사무소 관리이다. 이와같이 사무소 관리가 사무관리로 해석되어 지금까지 사용되어 온 것으로 볼 수 있다(竹中直文, 1976: 1). 그러므로 사무관리를 어원적 측면에서 좀더 간단하게 말한다면 사무관리는 사무소의 사람, 물건, 돈, 일에 관한 관리를 의미하는 것이다.

그러나 우리는 복잡 다양한 오늘날의 사무관리에 관하여 이렇게 간단하게 언급하기보다는 이를 더욱 포괄적인 입장에서 논의해 보는 것이 필요하다. 이를 위하여 이미 앞에서 파악해 본 사무와 관리의 개념을 살펴보면 다음과 같다. 사무는 조직 활동에 필요한 정보를 생산·전달하고, 정리·보관하며, 보고·판단하는 작업으로 보았으며, 관리는 조직의 목적을 효율적이고 합리적으로 달성하기 위하여 취해지는 제반 수단적 행위라고 정의해 보았다.

사무관리를 어원적인 개념으로 간단하게 파악하여도 좋겠으나 여기서는 이를 좀더 포괄적인 관점으로 보아 사무관리를 "조직의 목적을 달성하기 위하여 각종 사무를 좀더 효율적이고 합리적으로 처리하는 제반 수단적 행위"로 보고자 한다.

2 사무관리의 원칙

사무관리규정에서 사무관리의 목적을 사무의 간소화, 표준화, 과학화 및 지식정보화를 기하여 행정의 능률을 높이는 것으로 규정하고 있으며, 이를 위하여 사무는 용이성, 정확성, 신속성 및 경제성이 확보될 수 있도록 관리하여야 한다.

1) 사무의 간소화

사무의 간소화(簡素化)는 사무 수행시에 부적합한 절차, 방법, 인적 자원, 물적 자원, 시간 등을 제거하고 최선의 방법과 절차를 적용하여 사무의 용이성, 신속성, 경제성을 확보하는 데 그 목적이 있다. 따라서 사무 간소화의 대상은 사무 수행에 비용이 많이 드는 사무, 소요 시간이 긴 사무, 절차와 방법이 불합리한 사무 등이 된다.

2) 사무의 표준화

사무의 표준화(標準化)는 사무 수행시에 작업 방법, 작업 시간, 작업 공구나 설비에 관한 과학적인 조사를 통하여 'one best way'를 발견하고 그것을 모든 작업자에게 일반화함으로써 사무의 용이성, 신속성, 정확성, 경제성을 확보하는 데 그 목적이 있다. 이는 표준화에서 일탈된 것만 구분하여 이에 관리의 초점을 맞추는 예외관리를 가능하게 하며, 오늘날 표준화는 대량 생산과 대량 구입, 그리고 과학적 관리를 가능하게 한다.

사무 표준화의 대상은 사무 처리 방법의 절차, 장표(帳票)의 설계 방법, 사무용 소모품, 비품, 기계 기구, 사무실의 위치, 부서 배치, 좌석 배치, 근무규정, 근무 자세, 직무의 기술, 사무의 분담, 교육훈련의 기준, 예산 등이 된다.

3) 사무의 과학화

사무의 과학화(科學化)는 사무를 좀더 과학적으로 수행하여 사무의 정확성과 신뢰성을 확보하는 데 그 목적이 있으며, 사무 과학화의 대상은 모든 사무의 처리 절차와 방법이 해당된다. 앞으로 다루고자 하는 사무관리는 주로 테일러(F. W. Taylor)의 과학적 관리법에서 나온 원리를 적용하여 레핑웰(W. H. Leffingwell)이 이론 체계를 구축한 것으로 볼 수 있다. 과학적 관리법의 기본을 이루는 원리를 이해하는 것은 사무관리의 원리를 이해하는 것과 크게 다를 바 없다. 이러한 의미에서 과학적 관리법(Taylor, 1967)의 원리를 개요 정도(김태극, 1995: 52-54)만 살펴본다.

(1) '과학'의 원리를 추구한다

추상적이고 주먹구구식인 방법을 배격하고, 제기된 문제를 면밀히 분석하여 실험·실측 등으로 얻은 객관적 자료에 의하여 우연이 아닌 필연적인 해답을 구하고자 한다.

(2) '조화'를 중요시한다

사용자와 노동자 간에 조화의 기본 요소를 임금에 두었으며, 임금 때문에 노사 간에 분쟁이 생기지 않도록 하는 것이 조화 상태라고 보는 것이다. 이를 위해서는 1일분의 표준 작업량을 설정하고, 이 표준 작업량을 달성한 노동자에게는 높은 임금을 주고, 이에 미달된 노동자에게는 그에 상응한 만큼 낮은 임금을 주는 것이다. 이와같이 임금 문제를 해결하면 노사 간에 불만이 없어지고 노사 간에 분쟁이 사라진다는 것이다.

(3) **'협력'을 강조한다**

노동자 상호간에 또는 노사 간에 서로 개인주의나 이기주의를 내세우지 않고 서로의 이익과 행복을 위하여 서로 협력해야 한다는 것이다.

(4) **'높은 생산성'을 유도한다**

높은 생산성의 가치를 높게 평가한 나머지 높은 생산성과 노동자의 행복은 거의 일치하는 것으로 보는 것이다. 즉, 높은 생산성을 유지하는 근로자는 임금도 많이 받으니 그 자신의 행복도 함께 초래하는 것이라고 한다. 이것은 능률을 올리면 생산성이 높아지고 그 결과 높은 보수를 받게 되고, 따라서 자신의 행복이 저절로 성취된다고 하는 것이다.

(5) **'과학적인 선발과 교육훈련'을 실시한다**

표준의 유지를 위한 조직화의 부분으로서 노동자로 하여금 설정된 표준 작업을 충분히 감당할 수 있도록 능력 있는 자를 과학적으로 선발하고 이들을 과학적으로 교육훈련시키는 것이다.

4) 지식정보화

지식정보화(知識情報化)는 모든 사무 활동이 고도의 지식정부 구현을 위하여 지식관리 시스템을 구축할 수 있도록 지원하게 하고, 이에 관한 많은 지식정보를 쉽게 검색·활용할 수 있는 정보관리 체계를 마련하는 것을 말한다. 사무 활동에서 생산되는 수많은 지식정보의 체계적인 관리와 함께 통합환경을 구축함으로써 유용한 정보의 축적과 재활용이 용이하게 될 것이다. 아울러 이러한 지식관리 체계를 통하여 행정사무의 경쟁력을 강화하고 사이버 행정의 토대 마련도 가능해진다.

지식관리는 한 조직의 종합 정보처리 과정을 기반으로 하여 지식을 적시에 획득, 축적, 창출, 유통시키는 조직적 활동이다. 먼저, 문서와 정보가 체계적으로 관리되지 않아 이를 어렵게 하고 있으며, 지식을 체계적으로 관리하고 활용한다는 의식도 아직 부족하기 때문이다.

따라서 복잡 다양한 현대 사회에서 사무관리의 용이성, 신속성, 정확성, 경제성을 확보하기 위해서는 과거의 행정 체제를 오늘날에 적합한 지식정보화 체제로 전환시켜야 하며, 이에 대한 사무담당자들의 의식도 변화되어야 할 것이다.

3 사무관리의 대상

종래에는 사무관리가 사무실이라는 공간적 관리에 치중하였는데, 현대 정보화 사회에서는 사무실 이외에 사무에 종사하는 사무원, 사무 문서, 사무 기기, 사무 제도, 사무 조직 등 사무와 관련된 모든 분야를 망라한다(임헌만 외, 2002; 유희숙, 2001).

1) 사무실

사무실은 조직체의 사무가 중심적으로 이루어지는 사무 장소를 말한다. 사무실에서 사무의 통제, 의사 결정, 전략, 정보 교환, 회의가 이루어지고, 각 부서에서 작성, 분류, 정리된 문서의 보관, 보존이 이루어지고 있다.

2) 사무원

일반적으로 사무의 주체로서 사무원은 사무에 종사하는 사무작업자(clerical worker) 또는 문서처리 작업자(paper processing operator)를 의미한다.

3) 사무 문서

사무 문서는 사무가 이루어진 결과 구체화된 것으로서 사무작업의 대상

물이다. 대부분의 사무가 문서를 통하여 이루어지기 때문에 문서 작성 방법이나 처리 절차 등이 매우 중요하다. 특히 서양에 비하여 서면주의를 따르는 우리 나라에서는 더욱 그러하다.

4) 사무 기기

사무 기기는 사무원이 사무를 처리하는 데 보조적 역할을 하는 사무용 기기를 말한다. 사무 기기는 사무의 능률성을 좌우하며, PC, 복사기, 팩시밀리, 책상, 파일링 캐비닛, 계산기와 같은 사무용 기계, 기구, 설비 등이 이에 해당된다. 사무 기기는 시간이 갈수록 크기도 작으면서 성능이 좋은 최신식 모델이 많이 나오고 있으며, 이러한 사무 기기는 결국 사무 인력, 시간, 노력 등을 많이 절감시켜 주는 효과가 있다.

5) 사무 제도

사무 제도는 사무를 처리하는 방법을 말한다. 각 사무원은 사무분장표에 의거 맡은 사무가 다르며, 이 각각의 사무는 일정한 과정과 절차에 따라 처리하게 된다. 사무의 종류에 따라 간단하게 처리하는 것도 있고, 여러 결재 단계를 거치고 위원회 등도 통과하여야 하는 등 복잡하게 처리하는 것도 있다. 이러한 사무 제도에 의거 필요한 정보의 수집이나 전달이 신속하게 이루어져 업무가 정확하게 처리되는 동시에 통제도 가능한 것이다.

6) 사무 조직

사무 조직은 개인 또는 부서의 사무 분담 내용을 표시함과 동시에 그러한 사무의 상호 관계를 표시하는 구조이다. 사무 제도가 사무 운용 시스템을 표시하는 것이라면, 사무 조직은 그것에 대응하는 사무 분담을 표시하는 것이다. 사무 조직의 편성, 즉 사무 분담의 결정에 대해서는 사무의 성질과 양에 대응하여 전문화와 사무 능률, 내부 견제, 다른 사무와의 관계 등을 고려하지 않으면 안 된다. 그 결과는 사무분장 규정이나 직무 권한 규정 등의 조직체 규정에 의하여 명확하게 되지만, 실제 사무의 분담 상황은 사무 제도의 운영면에서부터 할 수 있다.

4 사무관리의 전략

우리 나라에서는 지방자치제 실시와 IMF 구제금융 이후 사무관리 분야에서 특히 사무를 경제화하고 능률화하기 위하여 이와 관련된 각종 관리 활동에 많은 관심을 기울이고 있다. 따라서 여기서는 사무관리의 중요한 전략으로 들 수 있는 능률화와 경제화에 대하여 함께 살펴본다.

1) 사무작업의 능률화

능률(efficiency)의 개념도 여러 가지로 해석되고 있으나 일반적으로 투입(input)에 대한 산출(output)의 비율을 의미한다. 여기서 말하는 능률은 사무 능률로서 사무작업에 대한 능률을 말한다. 따라서 앞에서 제기하는 능률의 개념과 약간 다르게 볼 수도 있으나 동일한 의미로 해석하여도 무난하다. 김태극(1995: 62)은 사무 능률을 작업 능률, 정신 능률, 균형 능률 등으로 나누어 설명한다. 이를 살펴보면 다음과 같다.

(1) 작업 능률

사무작업은 대체로 작업적인 요소와 정신적인 요소가 복합적으로 작용하여 이루어진다고 볼 수 있다. 이 중 작업적인 요소에 의거 제기되는 능률을 작업 능률(作業能率)이라 한다. 여기서는 가능하면 힘을 덜 들이고 많은 양의 작업을 할 수 있는 것이 곧 작업 능률이 올라간다고 보는 것이다. 다시 말하면, 동일한 작업량을 생산하기 위하여 더 적은 에너지를 소모하는 경우, 또는 동일한 에너지를 소모하여 더 많은 작업량을 생산하는 경우에 작업 능률화가 이루어졌다고 한다. 이를 위해서는 다음 사항이 고려되어야 한다.

① 사무작업의 용이화, 작업 과정의 간소화
② 동작의 경제화
③ 사무실의 기계화

④ 사무용 집기의 인간공학적 설계 및 배치

(2) 정신 능률

정신 능률(精神能率)은 사무작업 중에서 정신적인 요소에 의거 제기되는 능률을 말한다. 여기서는 어떤 사무의 목적을 달성하기 위하여 머리를 쓰는 스트레스를 일종의 보이지 않는 투입으로 간주하는 것이다. 따라서 동일한 효과일 경우에 투입된 스트레스를 가볍게 하면 할수록 정신 능률이 올라간다고 볼 수 있다. 그러므로 머리를 많이 쓰게 되는 원인을 규명하여 이를 제거하는 것이 정신 능률을 높이는 방법이며, 이와 같은 원인을 살펴보면 다음과 같다.

① 작업 방법
- 어렵고 까다로운 절차
- 위험성이 수반되는 방법
- 단조로우며 반복적이어서 지루한 감
- 많은 동작의 연속

② 조직 내의 사정
- 관리자의 비민주적·비합리적인 감독
- 적절하지 못한 인사관리
- 부적합한 사무환경
- 사무용 기기의 부족
- 조직 구성원 간의 갈등 심화

③ 개인적 사정
- 능력의 부족이나 초과
- 지식이나 기술의 부족
- 비정상적인 정서, 신체 조건 및 가정 형편

(3) 균형 능률

균형 능률(均衡能率)은 일정한 목적을 달성하기 위하여 그에 필요한 수단이 균형된 상태에서 나타나는 능률을 의미한다. 즉, 목적과 수단이 일치되었을 때 균형 능률 상태로서 가장 높은 능률이 오른다는 것이다. 예를 들면, 10톤의 화물을 운반하기 위해서는 그 수단으로서 10톤 적재량의 화물차를 사용하는 것이 최상의 능률 상태라고 보는 것이다. 반면에 10톤 이하의 화물차를 이용하는 경우는 '무리'가 생겨서 비능률적이고, 또한 10톤 이상의 화물차를 이용하는 경우에는 더 적재할 수 있는 공간이 생기기 때문에 역시 비능률의 상태라고 할 수 있다. 따라서 균형 능률을 위해서는 다음과 같은 문제들이 고려되어야 한다.

① 적재(適材)를 적소(適所)에 배치

② 능력에 맞는 사무 분장

③ 피로, 과로 요인의 제거

④ 공정한 인사관리

2) 사무비용의 경제화

경제화는 사무비용의 절감이 중심 과제이며, 사무를 처리할 때 효율적인 관리 활동을 통하여 최소의 비용으로 최대의 효과를 올리는 것을 말한다.

사무비용의 경제화는 사무제품을 생산하는 재료비뿐만 아니라 사무 처리에 관한 제도적인 요소와 인적 자원에 관한 요소, 물리적 요소인 사무시설과 환경 등이 문제될 수 있다. 경제화를 위한 구체적인 사안으로는 ① 사무비용의 절감, ② 낭비 요인의 제거, ③ 사무 처리 절차 및 방법의 합리화 등을 들 수 있다.

(1) 사무비용의 절감

소모품비, 비품비, 인건비 등과 같은 직접적인 사무비용을 절감하여야 경제화가 촉진된다.

(2) 낭비 요인의 제거

낭비란 정당한 이유 없이 불필요하게 소비하는 것을 말한다. 낭비를 초래하는 요인을 없애려면 ① 타성에 젖어 비판 없이 선례를 답습하는 태도를 고치고, ② 필요한 일과 불필요한 일을 엄격히 구분하여 필요한 일만 하며, ③ 전시 효과만을 위하는 일은 가급적 하지 않아야 한다.

(3) 사무 처리 절차 및 방법의 합리화

이는 곧 앞에서 지적한 것을 종합적으로 표현한 것이기도 하다. 이를 위해서는 ① 사무관리에서 과학적 접근 방법의 시도, ② 사무의 표준화·간소화·전문화 및 자동화가 되도록 노력, ③ 사무 개선을 위한 전담 부서의 설치, ④ 관리층의 지대한 관심과 노력이 있어야 하겠다.

Chapter

02 사무관리의 발전 과정

사무관리의 발전 과정은 주로 경영 활동의 측면에서 잘 조명되고 있다. 따라서 경영 부문에서의 사무관리에 대한 발전 과정을 살펴보고, 아울러 우리 나라 행정 부문에서의 사무관리에 대한 발전 과정도 함께 살펴보고자 한다.

제 1 절 경영 부문에서 발전 과정

먼저 경영 활동의 측면에서 살펴본다면 대체로 ① 산업혁명 이후 1900년경까지, ② 1900년경부터 1950년경까지, ③ 1950년경부터 현대까지 등 크게 3단계(김갑수, 1996: 39-41)로 구분해 볼 수 있다.

1) 산업혁명 이후 1900년경까지

사무관리가 경영 활동에 본격적으로 도입되기 시작한 것은 대개 산업혁명 이후로 보고 있다. 이 때에는 갑자기 산업화 사회로 변모됨으로써 자연적으로 사무 활동의 양이 증대되어 무엇인가 일관성 있는 사무관리의 필요성이 대두되기 시작하였다.

이 시기에 숄즈(C. L. Scholz), 레밍턴(P. Remington) 등이 타자기를 발

명한 이후 계산기, 인쇄기 등의 사무용 기기가 발명되어 사무관리의 발전에 큰 전기를 마련하였다.

2) 1900년경부터 1950년경까지

이 시기는 경영 활동에서 사무관리의 필요성을 분명하게 느낌으로써 사무관리의 자리를 확고히 하는 시대가 되었다.

1906년에 딕시(L. R. Dicksee)가 사무관리(office management)라는 명칭을 사용하였고, 1910~1920년 슐츠(J. W. Schulze)가 사무관리 기능과 경영관리 기능을 구별하였으며, 1920~1930년 레핑웰(Leffingwell, 1925: 11)이 과학적 관리법을 사무관리에 도입하여 이론적 체계를 구축하였다. 여기서는 사무관리를 다음과 같은 관점으로 보았다.

① 사무의 본질을 기록, 계산, 회의, 통신 및 분류 정리로 보았으며,

② 사무를 생산, 판매, 재무, 회계와 같은 경영관리상의 주요 기능이면서, 이를 결합 기능으로 해석하였고,

③ 사무의 성과를 공장 제품과 같이 하나의 제품으로 인식하였다.

3) 1950년경부터 현대까지

리틀필드와 피터슨(Littlefield & Peterson, 1956)은 『현대사무관리(*Modern Office Management*)』란 저서에서 정보 체계를 통하여 경영과 사무의 관계를 구분하였다. 사무관리자는 적극적으로 정보를 제공하여야 하고, 사무관리 기능을 계선관리 기능과 참모관리 기능으로 구분하여 이론 구조를 제시하였다.

한편, 힉스(Hicks, 1962)는 『사무관리(*Office Management*)』라는 저서에서 사무 기능과 사무관리 기능을 구별하였다. 그는 여기서 사무를 장소의 개념이 아닌 기록 중심으로 보았다.

최근에는 사무자동화(Office Automation: OA) 발전을 시사한 지스만(M. D. Zisman)과 챔파인(G. A. Champine)이 깁슨(C. F. Gibson)과 놀란(R. L. Nolan) 등의 컴퓨터 발전4단계설을 OA에 적용하여 1980년에 다음과 같은 발전단계설을 제창하였다.

① 초기 단계는 개별적 서류 작성의 능률 향상에 역점을 둔 시기로 관리 부문, DP(Data Processing) 부문이 강조되었다.

② 두 번째 단계는 확장기로서 사무작업을 기계화하고, 서류 흐름을 전자적 정보 흐름으로 변화시키는 시기이다.

③ 세 번째 단계는 성장기로서 사무작업의 기계화를 좀더 자동화하려는 것을 목적으로 인간-기계 시스템(man-machine system)화를 추구하는 시기이다.

④ 네 번째 단계는 성숙기로서 모든 사무 시스템이 집중화되고 모든 사무 처리 기능이 자동화되어 어떠한 환경에도 적응할 수 있는 상태가 된다.

제 2 절 행정 부문에서 발전 과정

여기서는 정부 수립 이후 획기적으로 변화되어 가고 있는 우리 나라의 행정사무관리에 대한 발전 과정을 살펴보고자 한다. 대체적으로 ① 제1기는 1948년 정부 수립 후 5·16혁명 이전까지, ② 제2기는 1961년 이후부터 1984년까지, ③ 제3기는 1984년 말부터 1991년까지, ④ 제4기는 1991년 말부터 1996년 중반까지, ⑤ 제5기는 1996년 중반부터 2003년 말까지(행정자치부, 2001: 7-11), ⑥ 제6기는 2004년부터 현재까지 등 6단계로 분류할 수 있다.

1) 제1기(1948~1961년까지)

정부 수립 후부터 5·16군사혁명 이전까지는 일반행정에서 문서의 세로쓰기와 한자 혼용, 문서 분류 방법, 문서 보관, 장표 서식관리 등 대부분은 일본 총독부 시절의 사무관리 제도가 그대로 활용되었다. 그러나 행정부와는 별도로 군대조직의 행정에서는 한글의 전용, 가로쓰기, 문서 통제, 십진분류 등이 활용되었는데 이는 미군정(美軍政) 문화의 유산이라고 할 수 있다.

2) 제2기(1961~1984년까지)

5·16군사혁명 이후 군대조직에서 활용되어 오던 사무관리 기술이 대폭적으로 일반행정기관에 도입되었는데, 이 때의 제도가 오늘날 사무관리 제도의 근간이 되었다고 볼 수 있다.

1961년 정부공문서규정의 개정으로 공문서 작성시 가로쓰기, 한글 전용, 문서통제 제도가 채택되었고, 1962년에는 서식 제정 절차규정 및 보고통제 규정이 개정되었다. 한편 홀더(holder)를 사용하여 문서를 편철하고 이를 서류함에 보관하는 파일링 시스템(filing system)을 채택하였으며, 1978년에는 문서 분류 체계를 업무 기능별 십진 분류 방법에 따라 전면 개편하여 문서의 편철 및 보관이 편리하도록 하였다.

3) 제3기(1984년 말~1991년 9월까지)

정보화 사회의 발전과 사무 기기의 현대화로 인하여 사무자동화를 더욱 촉진시키게 되었다. 이러한 결과로 행정사무도 타자기 등을 이용한 소극적인 행태를 벗어나 컴퓨터를 활용한 적극적인 행태의 사무로 전환하는 계기가 되었다. 더욱이 문서 보관을 마이크로필름에 의거 보존 관리하게 되었고 문서 발송도 모사전송(fax))에 의거 처리할 수 있게 되었다. 결국 이 때에 공직사회에는 컴퓨터의 보급이 보편화되었고 모든 행정사무를 전산 처리하게 되었다.

4) 제4기(1991년 말~1996년 4월까지)

행정사무 처리에서 가장 큰 문제점으로 지적되고 있는 것이 개별 법령(정부공문서규정, 관인규정, 보고사무처리규정, 서식관리규정 등)이 너무 많아 행정사무를 처리할 때마다 찾아보기 힘들고 어느 법령에 의거 처리하여야 하는지 몰라서 지체되거나 법령 적용시에 오류를 범하는 경우가 많았다. 따라서 필자(이종두, 1991: 323)가 이미 지적한 바 있었고 또한, 정부에서도 이점에 착안하여 이 개별 법령을 하나의 법령으로 통합하여 '사무관리규정'(1991. 6. 19. 대통령령 제13390호)을 제정하였다. 여기에서는 지금까지의 수작업(手作業) 위주의 사무관리 체제를 자동화, 전산화 체제로 전면 개편하였다. 지금은 행정관서 어느 곳을 가 보아도 책상 위에 컴퓨터가 놓여져 있고 모든 문서가 컴퓨터에 연결된 프린터에서 찍혀져 나오고 있다. 사무자동화의 혁신적인 발전이 이루어졌다고 할 수 있다.

5) 제5기(1996년 5월~2003년 말까지)

(1) 1996년 5월~1999년 8월까지

1996년 5월 3일, 1998년 7월 1일 등 2회에 걸쳐 사무관리규정을 개정하여 사무관리 제도를 좀더 자동화·전산화 체제로 전환하도록 보완하였으며, 사무 처리의 간소화·표준화 및 과학화에 필요한 여러 사무관리 요소에 대한 정비가 이루어졌다. 그 주요 내용으로는 전자결재 제도 도입과 전자문서의 유통 근거를 마련하였다. 아울러 공문서 보존 및 폐기 절차도 정비하였고, 보조 및 보좌기관만 행사하던 전결권을 단순·경미한 사항에 대하여는 담당자도 행사할 수 있도록 하였다. 또한 행정간행물의 발간과 제출 제도를 대폭 개선하였으며, 정부에서 발간하는 행정간행물을 일반 국민에게 판매할 수 있도록 하였다.

(2) 1999년 9월~12월 말까지

1999년 8월 7일 사무관리규정을 대폭 개정하여 전자문서의 관리 체계를 구축하고, 전자문서의 보안 및 전자서명의 인증제를 도입하는 등 전자정부 구현을 위한 기반을 조성하였다. 사무의 인계·인수를 구체화하였고, 한글 전용과 한자, 기타 외국어를 병기할 수 있도록 하고, 행정책임제를 위하여 발의자와 보고자를 표시하도록 하였으며, 이 밖에도 후열제도의 폐지, 보조기관 또는 보좌기관 등의 검토 생략 가능, 문서 수발 업무 및 문서 심사 업무의 처리과 이관, 관인 모양의 다양화, 관인 날인 개선, 보고사무 개선, 행정혁신 사무 근거 마련 및 목표관리제의 도입 등 전자정부 구현을 위한 기반이 구축되었다.

(3) 2000년 1월~2001년 1월까지

공공기관의 기록물을 좀더 중요시하여 사무관리규정 중 기록물에 관련된 조항을 삭제하고 별도로 공공기관의 기록물관리에 관한 법률(1999. 1. 29. 법률 제5709호)을 제정하여 2000년 1월 1일부터 시행하기로 하였다. 이 법률의 제정과 함께 공문서 분류 및 보존에 관한 규칙도 폐지하였다. 다만, 공공기관의 기록물관리에 관한 법률시행령 및 동법 시행규칙 부칙 제2조(경과 규정)의 규정에 의하여 기록물(문서)의 등록·분류 및 편철 등에 관한 규정은 2000년 12월 31일까지 종전의 사무관리규정 및 동 규정 시행규칙에 따라 기록물(문서)을 등록·분류 및 편철하도록 하였으나, 다시 2003년 12월 31일까지 연장하였다.

(4) 2001년 2월~6월 말까지

행정사무 처리가 종이문서 기반에서 비대면(非對面) 온라인 방식의 전자문서 기반으로 전환되어 감에 따라 행정기관의 전자문서의 유출·위조·변조 및 훼손 등을 방지하기 위하여 전자문서에 대한 전자관인의 인증 체계를 구축하고자 하였다. 전자문서의 인증 범위를 행정기관 간, 보조기관이나 보좌기관 간으로 한정하였으나 행정기관과 국민 간으로 확대하였고, 전자문서의 인증을 암호 방식의 '전자관인'으로 하였다. 이 때 전자관인의 효력은 일반 관인의 효력과 동일한 것으로 명시하였다. 또한 용어도 서명, 전자이미지서명, 전자관인, 전자이미지관인으로 변경하였으며, 전자서명은 이제 결재 수단에서 제외되었다. 아울러 정부전자관인인증센터의 설치 근거를 마련하였으며, 우선 그 기능은 정부전산정보관리소에서 하고 있다.

(5) 2001년 7월~2003년 12월 말까지

전자정부 구현을 위한 행정업무 등의 전자화 촉진에 관한 법률(2001. 3. 28. 법률 제6439호)이 제정되어 2001년 7월 1일부터 시행되고, 전자서명법(2001. 12. 31. 법률 제6585호)이 제정되어 2002년 4월 1일부터 시행되고 있다. 이에 따라 전자공문서에는 전자관인을 사용하고, 조달 EDI 등 전자 거래의 경우에는 전자서명이 가능하도록 하였다. 전자관인의 사용 범위는 행정기관, 보조기관, 보좌기관으로 하고, 전자관인을 사용하면 디지털 암호화법을 이용하여 전자문서가 유통되므로 전자문서의 위조와 변조를 방지하기 위하여 보안성이 강화되어야 한다. 행정자치부에 정부전자관인인증관리센터를 두되, 정부전산정보관리소가 그 기능을 수행하도록 하였다.

6) 제6기(2004년 1. 1.~현재까지)

(1) 2004년 1월~2006년 3월까지

사무관리규정이 2002년 12월 26일에 대폭 개정되었으며, 아울러 사무관리규정시행규칙도 2003년 7월 14일에 많은 내용이 바뀌어 2004년 1월 1일부터 시행되었다. 이에 따라 전자정부의 기반 확립과 고도의 지식정부 구현을 위하여 전자문서 시스템과 자료관 시스템 및 행정정보 시스템 등 종합적인 전자문서 시스템의 구축 근거를 마련하고, 문서의 기안부터 폐기에 이르기까지 문서 처리의 모든 과정 및 문서 서식 등을 검토하여 전자문서 시스템 구축에 장애가 되는 사항 등을 고치는 등 관련 내용을 대대적으로 정비하였다.

개정된 주요 내용은 다음과 같다.

첫째, 전자문서에 기안, 협조 및 결재시 사용하는 서명으로 전자이미지 서명 외에 문자 서명과 행정전자서명을 신설하였다.

둘째, 전자문서의 관리를 위한 전자문서 시스템, 기록물 관리를 위한 자료관 시스템, 행정정보를 관리하기 위한 행정정보 시스템의 도입 근거를 마련하였다.

셋째, 전자정부의 구현을 위하여 행정기관의 주요 사무와 처리 절차의 전자화를 사무관리의 원칙에 추가하고 행정자치부 장관은 이를 지원하도록 하였다.

넷째, 문서처리의 신속을 기하기 위하여 기안자가 전자문서로 기안한 경우에는 검토자, 협조자 또는 결재권자를 동시에 지정하여 검토, 협조 또는 결재를 받을 수 있도록 하고, 전자문서에 서명 일시가 표시되도록 하였다.

다섯째, 공문서에 정책 결정 참여자의 실명을 실제 서명으로 표시하고, 행정기관의 홈페이지 주소와 전자우편 주소 기재란을 두며, 필요한 경우에 행정기관의 로고, 심벌 및 홍보 문구와 담당자의 사진을 추가할 수 있도록 하였다.

여섯째, 전자문서의 원활한 유통을 위하여 기안문과 시행문을 하나로 통합하고, 이에 따른 관련 조항을 정비하였다.

일곱째, 결재 단계가 3단계가 넘지 않도록 적극 노력하게 하는 의무를 부과하고, 결재권자를 상향 조정하지 않도록 훈령 또는 규칙상의 전결권자의 전결 사항 및 행정기관의 장의 결재 사항을 철저하게 확인하도록 하였다.

여덟째, 형식적으로 운영되어 온 문서심사 제도를 폐지하고, 접수문서의 선람 서명과 공람 서명도 폐지하며, 관인 등록을 상급기관에 하도록 한 것을 당해 행정기관에 등록하도록 하였다.

(2) 2006년 3월~2008년 8월 말까지

업무 처리의 효율적 관리를 위하여 2006년 3월 29일 사무관리규정 중 일부를 개정하였다. 개정된 주요 내용은 다음과 같다.

첫째, 업무관리 시스템 도입·운영 근거를 마련하였다. 업무관리 시스템의 도입, 과제관리카드·문서관리카드 등 업무관리 시스템의 구성·운영, 행정 정보 시스템 등과의 연계, 규격표준 및 유통표준의 제정·고시 등이다.

둘째, 정부전자문서유통지원센터의 지원 범위를 확대하였다. 전자문서의 유통 범위를 행정기관 간의 유통에서 행정기관과 행정기관 외의 기관 및 단체 등 간의 유통으로까지 확대하였다.

(3) 2008년 9월~현재까지

2008년 9월 2일 사무관리규정 중 일부 내용을 개정하였는데, 이는 각 기관의 자율성을 확대하고 행정의 효율성을 높이기 위하여 보고사무 및 협조사무 심사제를 폐지하는 등 불필요한 행정절차를 개선하고, 문서의 접수·처리 및 발송 등을 업무관리 시스템상에서 수행할 수 있도록 기능이 개선되도록 하였다. 개정된 주요 내용을 살펴보면 다음과 같다.

첫째, 업무관리 시스템의 기본 구성 요소인 과제관리카드 및 문서관리카드의 개념을 보완하고, 업무관리 시스템상에서 문서의 접수·처리 및 발송 등을 할 수 있도록 기능이 개선됨에 따라 업무 처리의 법적 근거를 마련하였다.

둘째, 보고사무 및 협조사무 심사제는 행정의 비능률을 초래하는 불필요한 절차로 인식되고 있고, 현재 개별 법령에 따라 기관 간의 보고 및 업무 협조 등이 이루어지고 있어 거의 사문화된 제도로 이에 대한 개선이 필요하였다. 따라서 행정기관이 다른 행정기관이나 공공단체 등으로부터 정기 또는 수시로 보고를 받으려는 경우에 미리 심사를 받도록 하는 보고사무 심사제 및 행정기관 간의 협조사무 심사제의 관련 규정을 삭제함으로써 불필요한 행정절차를 개선하고 행정의 효율성을 높일 수 있을 것으로 기대된다.

셋째, 행정기관 내에 표준화된 전자문서 시스템의 보급 · 활용이 정착됨에 따라 시스템에 대한 인증제가 불필요하게 되어 인증제 관련 규정을 삭제하고 표준에 적합한 전자문서 시스템을 지속적으로 사용할 수 있도록 개정하였다. 인증제란 전자문서 시스템의 규격, 유통표준 등에 부합하는지 시험하여 인증해 주는 제도로 다른 기종 간 호환성 확보를 위하여 실시하는 것이다.

Chapter

03 사무량의 측정

현대 사회에서 사무의 양은 급격히 증대되어 가고 있는 실정이다. 더구나 우리 나라에서는 1991년 지방자치제 부활 이후 지방정부에 대한 주민들의 서비스 요구가 점차 많아지고 있어 향후 사무의 양은 더욱 증대될 전망이다. 따라서 한정된 시간 내에 어느 조직이 신속하고 정확하게 사무량을 측정하여 좀더 과학적으로 조직을 관리하느냐가 조직의 성패를 좌우하게 될 것이다. 사무량 측정에 관하여는 일본의 산업능률단기대학에서 발간된 『사무능률핸드북』(1962: 621-713)의 내용과 김태극(1995: 138-170)의 주장을 중심으로 살펴보고자 한다.

제 1 절 양 측정의 의의

1 사무량 측정의 개념

사무량(事務量)을 측정하는 기법은 생산 공장의 작업량을 측정하는 방법을 사무의 경우에 옮겨서 적용하려는 데서 시작되었다.

사무량의 측정이란 "한 단위의 사무량, 즉 크게는 하나의 기능, 작게는 하나의 작업을 세분하여 작은 단위로 내려간 하나의 사무작업이나 동작 등을 일정한 척도에 의하여 시간적·물량적으로 측정하여, 그 사무량의 처리에 필요한 표준 시간을 정하는 일"이라고 할 수 있다. 다시 말하면, 사무량의 측정이란 단위 사무별의 처리 표준 시간을 정하는 것으로서 주목적은 표준 시간 설정이며, 양의 측정 과정은 이 목적을 달성하기 위한 수단에 불과하다.

나미기(並木高矣, 1992: 94-95)는 사무 개선의 최종적인 단계는 사무량의 측정에 있다고 주장한 바 있다. 그는 또한 공정분석이나 작업 연구의 수법에 의하여 개별적·종합적으로 개선이 진척되고 있지만, 이를 사무조직 전체에서 총괄하는 단계가 되면, 사무량을 측정하여야 하는 필요성이 생겨난다고 한다.

2 양 측정의 발전 과정

1) 테일러의 작업 연구

사무량 측정은 과학적 관리법을 주도적으로 발전시킨 테일러의 작업 연구에서 그 근원을 찾을 수 있다. 테일러가 제시한 '1일분의 공평한 표준작업량'의 기법이 곧 양 측정 제도를 발전시킨 초시적(初始的) 역할을 하였다. 테일러는 이 '1일분의 공평한 작업량'을 위하여 ① 작업을 요소별로 구분하고, ② 각 요소별의 시간연구를 하고, ③ 공통적인 기본 요소 동작의 표준화를 기하고, ④ 이에 대한 표준 시간을 책정하였다. 이것은 곧 사무량 측정의 과정과 거의 같다.

2) 사무작업에의 적용

앞에서와 같은 테일러의 표준 시간 기법은 당시 공장의 생산작업에 적용하여 많이 보급되었었다. 이 기법은 1920년대에 사무관리를 개척한 레핑웰이 사무량의 측정에 적용하는 연구를 하게 되었다.

3) 필요적 요인의 증대

1940년대 말까지 약 30년 간은 학자들에 의하여 여러 가지 기법이 발전되기는 하였으나 일반사무에 널리 적용되지는 못하였으며 그 발전도 부진하였다. 그러나 1950년대 초에 이르러 사무 영역에서도 사무량 측정에 대한 요인이 증대되었으며, 미국 연방정부의 예산국에서는 『사무량 측정 제도 발전을 위한 기법』이란 편람을 발행하여 각급 기관에 배포하고 이 기법을 보급하는 데 주력한 바 있다.

제 2 절 양 측정의 방법

사무량을 측정하는 방법은 여러 가지가 있다. 사무작업의 구성 요소인 동작을 측정하는 것까지 포함하면 양 측정의 방법은 상당수가 있다. 여기서는 일반적으로 널리 알려진 대표적인 방법만 살펴본다.

1 사무분담 조사법

1) 조사의 방법

조사 방법으로는 조사요원이 사무분담 상황을 직접 조사하게 하는 직접조사법이 있고, 사무분담자 자신이 자기 사무에 대한 분담 상황을 조사하도록 하는 간접조사법이 있다. 직접조사법은 다시 연속관찰법, 계속관찰법, 면접청취법 등으로 구분되고, 간접조사법은 추정기술법, 기록진행법으로 구분된다. 그리고 이들을 절충하는 절충법이 있다. 이를 간단히 살펴보면 다음과 같다.

① 연속관찰법: 실제로 근무하는 사무 장소에 가서 근무 상황을 계속적으로 연속하여 관찰 기록하는 방법이다. 관찰에 필요한 용구로서 미리 서

식을 정한 관측 용지, 계측용 시계, 계산 용구 등이 필요하다.

② 계속관찰법: 연속관찰법이 근무 시간 내내 연속적으로 관찰하는데 비하여, 이는 근무 시간 중 일정한 시간을 한정시킨 다음 계속하여 조사하는 발췌검사식 방법이다. 이를 '발췌관찰법'이라고도 한다.

③ 면접청취법: 사무 분담자와의 면접을 통하여 사무분담 내용을 파악하되 주로 청취 형식으로 조사한다. 이를 '면접법' 또는 '청취법'이라고도 한다.

④ 추정기술법: 과거의 사무 경험, 실적, 기록 등을 토대로 한 추정을 통하여 판단하는 방법이다.

⑤ 기록진행법: 추정기술법이 과거의 경험이나 실적, 기록 등을 상기하여 추정하는 데 비하여, 이는 사무 현장에서의 근무 상황을 진행 과정에 따라 계속적으로 기록해 나가는 방법이다.

⑥ 절충법: 직접조사법과 간접조사법을 절충한 방법이며, 자료는 간접조사에 의하고 그 자료를 다시 사무 현장에서 또는 기록 자료 등으로 직접 조사 실시자가 재확인하는 방법이다.

2) 조사의 실시 및 결과 분석 요령

① 개인별 조사, ② 개인별 조사를 토대로 단위 조직별로 집계, ③ 단위 사무별 조사, ④ 각종 문제점별 조사 등 네 가지 측면으로 구분하여 살펴보면 다음과 같다.

① 개인별 조사: 사무분담 조사표를 준비하고, 이에 의거 관계 직원 전체에 대한 개인별 조사를 한다.

② 단위 조직별 조사 결과의 집계: 개인별 조사 결과를 단위 조직별로 하나의 일람표에 집계한다. 그 다음에 집계표를 분석한다.

③ 단위 사무별 조사: 분담사무를 개선하기 위한 방법으로서 사므 단위별 조사분석이 반드시 필요하다. 대개 공정분석, 과정분석, 작업분석 등의 명칭으로서 주로 단위사무의 흐름을 분석하자는 데 그 목적이 있다.

④ 각종 문제점별 조사 및 분석: 여기서 문제점이란 사무분담에서 시정을 필요로 하는 비정상적인 사태가 있는 사항을 말한다. 대표적으로 지적

되고 있는 문제점 몇 가지를 들어보면 다음과 같다.

- 기술성과 소요 시간의 차이 무시
- 사무량을 고려하지 않은 분담 사무
- 사무 효과가 무시된 반복 작업
- 주기성(週期性) 및 간헐성(間歇性)의 방임
- 불필요와 무가치성(無價値性)

2 관측법

1) 관측법의 종류

관측법(觀測法)이란 사무 장소에서 실제로 사무가 처리되는 상황을 스톱워치 같은 계시용구(計時用具)로써 소요 시간을 측정하여 거기에서 얻은 수치를 가지고 표준 시간[1)]을 구하는 방법을 총칭하는 것이다. 따라서 이 방법을 '스톱 워치(stop watch)법'이라고도 한다. 관측법에는 여러 종류가 있으나 주요한 것만 몇 가지 알아본다.

① 전과정 관측법: 단위사무나 활동의 모든 과정을 처음부터 끝까지 관측한다. 이것은 작업분석 또는 작업연구의 일종이다.

② 동작·동소(同素) 관측법: 동작이 시작되는 부분부터 끝날 때까지의 모든 동작 과정을 관측한다. 이것은 동작분석 또는 동작연구의 일종이다.

③ 근무 상태 관측법: 근무 시간 중의 근무 상태를 관측한다. 이것은 직무분석의 일종이다.

---

1) 표준 시간(standard time)이란 한 작업에 관하여 일정한 적성과 기능을 가진 자가 일정한 조건하에서 특정의 방법을 사용하여 일정 기간 내에 일정한 속도로써 한 작업 단위를 신체상의 장해를 초래하지 않을 정도로 최선을 다하여 성취하는 데 필요한 시간을 말한다(조석준, 1992: 51-52). 또한 이는 정미 시간(正味時間)과 여유 시간(餘裕時間)으로 이루어지며, 여유 시간은 정미 시간에 대하여 일정한 비율로서 부가된다. 즉, 표준 시간=정미 시간+여유 시간이고, 여유 시간=정미 시간×(1+여유율)이다(並木高矣, 1992: 97).

2) 측정 요령

사무작업의 측정 요령을 작업이 전개되는 순서에 따라 설명하면 다음과 같다.

① 측정 대상사무의 선정: 대상사무는 먼저, 측정이 적합한 사무인가, 그 다음에 기본적인 사무인가를 고려하여 선정하여야 한다.

② 요소 작업의 분할: 선정된 사무의 내용 구조를 세분하여 좀더 구체적인 작업 단위로 분할한다.

③ 정수 · 변동 · 불규칙 요소의 구분: 정수 요소란 작업하려는 대상이 달라져도 작업 동작 내용이나 소요 시간에 변동이 없는 작업 요소이며, 변동 요소란 정수 요소의 반대 개념으로서 작업 대상이 달라짐에 따라 작업 내용이나 소요 시간에 변동이 생기는 요소이다. 불규칙 요소란 작업 대상에 따라 생길 수도 있고 안 생길 수도 있는 불규칙한 요소이다. 이들을 미리 구분하고 이를 조사표에 표시하여 두는 것이 조사 자료를 정리할 때나 표준 시간 합산 등에 편리하다.

④ 관측 준비: 관측을 위한 대상 사무가 선정되고, 그 대상 사무를 요소 작업으로 분할하고, 정수 · 변동 · 불규칙 요소 등의 구분이 끝나면 양 측정의 제1단계 작업이 끝난다. 다음은 실제로 측정하기 위한 준비가 필요하다. 주로 스톱 워치의 준비, 관측 요원의 교육, 관측용 기록 용지 준비 등을 들 수 있다.

⑤ 관측 작업 실시: 관측한 결과를 관측표에 기입한다. 관측은 1회에 끝나는 것이 아니고, 적어도 10회 이상 반복하여야 한다.

⑥ 관측표의 집계 및 분석: 관측 조사된 관측표상의 수치를 정확히 집계하고 이를 검토 · 분석한다.

⑦ 개선 과정의 재관측: 개선점을 시행하고 다시 그 사무 처리 과정을 재관측한다. 이 때의 관측 요령은 처음과 같이 하면 된다.

⑧ 평준화: 개선 후의 소요 시간을 기준으로 하여 평준화라고 할 수 있는 조정을 다시 한다. 평준화에서는 평준 계수표를 이용한다.

⑨ 여유율의 가산: 평준화된 시간을 기초 시간으로 하여 다시 여유율(餘

裕率)을 산출하여 이것을 다시 기초 시간에 가산한다. 국제노동기구(ILO)에서는 남자와 여자를 구분하여 인적 여유와 피로 여유에 대한 여유율을 제정하였다. 이 기준에 의하면, 인적 여유와 기본 피로 여유에는 어떤 사무작업이든 일정 퍼센트를 모두 부여하며, 이 밖에 사무작업의 특성, 즉 작업자세, 중량물 취급, 조명, 공기 조건, 눈과 귀의 긴장도, 소음, 정신적 단조감, 신체적 단조감 등을 살펴서 이를 변동 피로의 여유율로 인정하여 추가로 가산해 준다. 그 내용은 다음과 같다.

- 인적 여유: 남자－5%, 여자－7%
- 기본 피로 여유: 남자－4%, 여자－4%
- 변동 피로 여유: 약 9~11% 정도(상태에 따라 다르다)

3 워크 샘플링법

1) 워크 샘플링법의 특징

워크 샘플링(Work Sampling: WS)법은 앞에서 살펴본 관측법과 같이 모든 작업 요소에 걸친 전수조사가 아니고 표본조사에 의한 통계적 수법으로 작업을 측정하는 방법이다. 이 방법의 특징을 살펴보면 다음과 같다(Grillo & Berg, 1965: 125).

① 다른 측정 방법에 비하여 적은 시간과 비용으로 목적을 달성할 수 있다.

② 측정자가 장기간에 걸쳐 연속적으로 관측할 필요가 줄어든다.

③ 사무적인 정리 시간이 단축된다.

④ 사안의 평균 발생률을 정확히 알 수 있다.

⑤ 한 사람의 분석자로서도 동일 작업군을 관측할 수 있다.

⑥ 특별한 훈련이나 경험이 없어도 관측이 가능하다.

2) 워크 샘플링법의 원리

모집단 속에서 임의로 표본(sample)을 추출하여 조사하며, 이 표본조사에서 얻은 결과를 분석하여 모집단의 상태를 판정하는 것이다. 여기서 표본(標本)이란 모집단을 대표하는 일부분이다. 모집단(母集團)의 일부분이라는 것은 모집단을 형성하는 각 단위들의 일부로 이루어진 부분을 뜻한다(이관우, 1995: 217). 따라서 표본추출의 횟수가 많으면 많을수록 또는 표본의 수가 모집단에 가까우면 가까울수록 모집단의 상태와 근접하므로 표본의 신뢰도와 정확도가 높아진다. 이것의 기초 원리는 확률에 있다.

① 확률의 원칙: 확률(確率)이란 어떤 사상의 발생 경향이 불확실한 경우에 그것이 발생할 가능성을 수량적으로 표시한 것이다(박정식, 1983: 82). 확률의 1단계 산출식은 다음과 같다.

$$P = \frac{A}{A+B}$$

P: 확률, A: 발생 가능성이 있는 사상의 횟수, B: 발생 가능성이 없는 사상의 횟수

$$P(1\text{일 때})\quad \frac{A}{A+B(0\text{이 된다})}$$

즉, B는 발생하지 않을 때이다.

P가 0이 된다면 확률은 0이니 이 사상은 일어나지 않는다.

② 통계적 확률: 모든 사상을 무한정 관측한다는 것은 거의 불가능하기 때문에 일정 횟수의 결과로써 P의 근사치를 구할 수밖에 없다. 이 근사치를 경험적 또는 통계적 확률이라 하며, 이 통계적 확률이 곧 워크 샘플링법에서 근거하는 원리가 된다. 통계적 확률은 물론 오차가 있다는 것을 조사자는 숙지하고 있어야 한다.

3) 워크 샘플링의 절차

워크 샘플링의 절차는 대체로 다음과 같다.

① 목적을 정확히 한다. 목적이 확실시되면 관측 항목의 기본적인 골격은 저절로 정해진다. 관측 항목 간에 서로 중복되는 내용이 없도록 하면서

모든 상황과 연결시킬 수 있도록 포괄적으로 구성되어야 한다.

② 신뢰 수준과 허용오차를 정한다. 워크 샘플링 결과가 어떤 종류의 의사 결정에 사용될 것인가를 밝혀서, 구하는 비율 P에 대한 신뢰도와 허용오차 범위를 대략 정한다. 이것이 정해지면 이에 필요한 관측 횟수를 계산식이나 계산 도표로부터 구한다.

③ 관련자와 협의한다. 관련 부서 책임자에게 조사의 목적, 조사 기간 등을 설명하여 허락과 협력을 구하고, 관측 대상이 되는 직원에게도 조사계획을 알려 주고 조사 중에 나타날 수 있는 부자연스러운 상황을 미리 예방할 수 있다.

④ 관측계획을 구체화시킨다. 각 관측 항목에 따라 필요한 관측 횟수를 정한 후, 이것을 전체적으로 조정하여 총 관측 횟수를 결정한다. 또한 관측자의 수를 정하고, 순회 경로를 결정한다. 그리고 관측 용지와 OCR카드 등을 준비한다.

⑤ 관측을 실시한다. 수립된 조사계획에 따라 관측을 실시한다. 관측자는 무작위(無作爲, random)로 또한 순간적인 관측을 하도록 유의한다.

4) 워크 샘플링의 종류

① 퍼포먼스 워크 샘플링: 사이클이 매우 긴 작업 혹은 그룹으로 수행되는 작업 등은 전형적인 시간 측정 방법에 의하여 표준 시간을 정하기가 힘들다. 이런 작업은 워크 샘플링에 의한 관측과 동시에 등급 평가(rating)를 하면 정미(正味) 시간을 계산할 수 있다. 이것을 퍼포먼스 워크 샘플링(Performance Work Sampling)이라고 한다.

② 체계적 워크 샘플링: 워크 샘플링에서는 필요한 관측 횟수가 너무 많아서 무작위화한 관측 시점 간의 간격이 너무 짧거나 그 반대로 너무 길어지는 경우가 있다. 이러한 단점을 보완하기 위하여 관측 시점을 등간격(等間隔)으로 만들어 샘플링할 때 이를 체계적 워크 샘플링(Systematic Work Sampling)이라고 한다.

③ 층별 샘플링: 워크 샘플링의 중요한 기본 가정은 어떤 항목이 관찰될 확률은 조사 기간 중에 동일하다는 것이다. 그러나 이 전제가 현실적으로

타당하지 않은 경우가 있다. 이러한 경우에 시간대를 구분하거나, 설비별로 나누거나, 직무별로 나누어서, 즉 층별로 구분하여 조사를 실시한 후 가중 평균치를 구하는 워크 샘플링 방법을 층별 샘플링(Stratified Sampling)이라고 한다.

4 CMU법

CMU(Clerical Minutes per Unit)법은 단위당, 1건당 또는 최하의 한 사무 단위당의 처리에 소요되는 시간이 몇 분이 걸리느냐 하는 것을 알아내는 것이다. 다시 말하면, 이미 나타나 있는 처리 실적에 대하여 일종의 산술 평균치를 구하여 1건당의 처리 시간을 알아내려는 방법이다.

1) 소요 시간이 동일한 단일사무

처리 소요 시간이 동일한 단일사무만이 처리되었을 때 그 처리된 1주간의 실적을 기준으로 하여 1건당 소요된 평균 시간을 산출한다. 이 경우의 산출식을 제시하면 다음과 같다.

$$\text{CMU}=\frac{\text{직원 총인원 수}\times\text{1주 1인당 평균 근무 시간 수}\times\text{60분}}{\text{주간 완료 건수}}$$

2) 소요 시간이 다른 사무

단위조직에서 서로 소요 시간이 다른 몇 개의 사무를 같이 처리하는 경우에 그들 사무 처리의 주간 실적을 기준으로 하여 1건당의 처리 소요 시간을 산출한다. 이 경우의 산출식을 제시하면 다음과 같다.

$$\text{CMU}=(\text{비율 1로 한 사무의 1건당 처리 시간})$$

$$=\frac{\text{직원 총인원 수}\times\text{1주 1인당 평균 근무 시간 수}\times\text{60분}}{(\text{A사무 비율}\times\text{A사무 완료 건수})+(\text{B사무 비율}\times\text{B사무 완료 건수})}$$

5 PTS법

PTS(Predetermine Time Standard)법은 기정시간표준법(旣定時間標準法)이라고도 하며, 주로 동작에 대한 표준 시간을 정하는 데 사용되며, 표준 시간이 될 수 있는 기본 자료를 마련하여 그것에 대한 표준 시간으로써 다른 것의 표준 시간을 얻어 내려는 방법이다.

하나의 작업으로 구성한 각 동작에 대하여 그 각각의 동작을 분석하여 그것들에 공통되는 기본적인 동작 또는 동소(同素)를 찾아내고, 그 각각에 대하여 시간 연구를 실시하여 표준 시간을 정한다. 이 기본적인 공통 동작 또는 동소에 대하여 이미 가정된 표준 시간의 자료를 적용하여 동작으로 구성된 여러 작업에 대한 표준 시간을 정하는 방법이다.

따라서 기본적인 공통 동작에 대하여 얻은 표준 시간은 다른 여러 작업에 대한 표준 시간 결정의 표준 자료가 된다. 이와 같은 PTS법을 현장에서 적용할 때에 유의하여야 할 점과 그 특성을 살펴보면 다음과 같다(황학, 2002: 470-474).

1) PTS법 적용시 주의할 점

① 작업을 기본 동작으로 구분하는 방법과 시간치를 찾는 방법이 시스템마다 서로 다르기 때문에 이에 관한 절차와 적용 방법을 완벽하게 익힌 후에 활용하여야 한다.

② 각 시스템이 내재하고 있는 표준작업 수행도의 개념이 다르기 때문에 적용하는 조직의 개념에 맞추기 위한 시간치의 조정이 필요하다.

③ 대부분의 PTS는 정미 시간으로 표현되어 있기 때문에 여유 시간을 따로 더해 주어 표준 시간을 구한다.

④ 표준 시간을 설정할 때 정확성, 분석 속도, 적용 범위 등을 따져서 해당 조직에 적합한 시스템을 선정하도록 한다.

2) PTS법의 특성

(1) PTS법의 장점

PTS법은 표준 시간을 정할 때에 앞에서 설명한 관측법에 비하여 다음의 장점이 있다.

① 작업자에 대한 직접적인 시간 측정이 없기 때문에 작업자가 스톱 워치에 대하여 느끼는 불편함이 없다.

② 스톱 워치에 의하여 표준 시간을 설정할 때 가장 논란의 대상이 되는 레이팅(rating)[2]을 할 필요가 없다. 따라서 표준 시간의 정확성과 일관성이 높아진다.

③ 작업 현장을 보지 않아도 작업대 배치도와 작업 방법만 알면 시간을 산출할 수 있다.

④ 작업 방법에 대한 매우 자세한 기록이 남기 때문에 이를 이용하여 작업자에게 올바른 작업 방법을 가르쳐 줄 수 있다.

(2) PTS법의 단점

① 시스템이 내재하는 표준 페이스가 어디에 기준을 두고 개발한 것인지 파악한 후 해당 조직에 알맞게 조정하는 단계가 필요하다.

② 시스템을 도입하는 초기에는 PTS 전문가의 자문이 반드시 필요하다.

③ 시스템 활용을 위한 교육 및 훈련 비용이 많이 들어간다.

---

2) 레이팅은 표준 시간을 구하는 절차에서 매우 중요한 부분으로서, 국제노동기구(ILO)에서는 레이팅을 "관측자가 표준 페이스(standard pace)라고 마음속에 가지고 있는 페이스와 작업자의 작업 페이스를 비교하는 것"이라고 정의한다. 레이팅에 의하여 추정된 비율을 레이팅 계수라고 하며, 이는 정미 시간(正味時間, normal time)을 구하는 데 사용된다. 즉, 정미 시간=(관측 평균 시간치)×(레이팅 계수)이다.

P·a·r·t

02

문서사무

제 1 장 문서의 의의 / 69

제 2 장 문서 작성의 일반 사항 / 89

제 3 장 문서의 구성 체계 / 106

제 4 장 문서의 접수 및 처리 / 115

제 5 장 문서의 기안 / 120

제 6 장 결재 / 149

제 7 장 문서의 등록 및 시행 / 162

제 8 장 기록물의 보존관리 / 170

제 9 장 업무관리 시스템 / 196

제10장 정책실명제 / 201

제11장 서식관리 / 205

제12장 관인관리 / 215

Chapter

01 문서의 의의

제 1 절 문서의 개념

문서(文書)는 문자, 숫자, 기호 등으로 사람의 의사(意思)나 사물의 양태(樣態), 관계 등을 기록한 것을 의미한다. 따라서 종이에 기록한 것뿐만 아니라 목재, 철재, 석재 등에 기록한 것도 모두 문서로 보는 것이 옳을 것이다. 이렇게 볼 때, 문자나 기호 등으로 기록되어 전해져 내려오는 역사 유물이나 일반 기록물을 영구 보존하기 위하여 촬영해 놓은 마이크로필름, 그리고 기록된 디스켓, 테이프 등과 같은 각종 전자기록 매체와 광디스크 등도 광의로 보아 문서에 속한다고 할 수 있다.

우리 나라에서 자기기록 매체(磁氣記錄媒體)에 대하여 문서로 인정하는 법령은 사무관리규정(제3조), 주민등록법(제7조), 무역업무 자동화 촉진에 관한 법률(제13조), 자동차관리법(제69조), 지적법(제2조), 공공기록물 관리에 관한 법률(제3조) 등이 있다.

제 2 절 문서의 필요성

사무는 대체로 문서로 시작하여 문서로 끝난다고 할 수 있다. 그러므로 사무직은 항상 문서로써 사무를 처리하고 하루종일 문서와 함께 하며 문서에 운명을 걸고 산다고 말할 수 있을 정도이다. 이렇듯이 대부분의 사무가 문서로 이루어지기 때문에 사무에서 문서의 필요성은 매우 크다. 특히 문서가 필요한 경우는 다음과 같다.

① 내용이 복잡하여 문서가 아니면 업무 처리가 곤란한 경우

② 사무 처리 결과를 일정 기간 보존하여야 하는 경우

③ 사무 처리 결과가 차후 분쟁의 소지가 있거나 증빙자료로 사용되는 경우

④ 사무 처리에 대한 의사소통에서 문서가 필요한 경우

⑤ 사무 처리의 형식상 또는 체제상 문서가 필요한 경우

상기와 같이 문서화가 필요한 경우에 귀찮다거나 바쁘다는 이유로 문서를 작성해 두지 않아서 차후에 어려움을 겪는 것을 흔히 볼 수 있다. 반면에, 내용이 간단하거나 경미하여 전화나 구두상으로 해결할 수 있는 사안을 반드시 문서화하도록 고집하여 사무가 너무 형식주의로 흐르거나 사무의 비능률을 초래하는 경우도 있다.

제 3 절 문서의 기능

행정이나 경영을 막론하고 사무 처리에서 문서를 매개로 하지 않고는 효율적인 성과를 기대하기가 어렵다. 이와 같은 문서의 기능은 대체로 ① 의사의 구체화, ② 의사의 전달, ③ 의사의 보존 등으로 구분해 볼 수 있다.

1 의사의 구체화

문서는 사람의 의사를 구체화(具體化)하는 기능을 가지고 있다. 다시 말하면, 사람이 가지고 있는 주관적인 의사는 대체로 문자, 숫자, 기호 등을 이용하여 종이나 물체 등에 표시, 즉 문서화함으로써 그 내용이 구체화된다. 이와 같은 문서의 기능은 어떤 사안에 대하여 기안으로 시작하여 결재가 있기까지 하나의 문서로서 성립되는 과정에서 나타나게 된다.

2 의사의 전달

문서는 자기의 의사를 타인에게 전달(傳達)하는 기능을 가지고 있다. 문서에 의한 의사 전달은 구두나 전화에 의한 의사 전달에 비하여 좀더 정확하고 언제나 변함 없는 내용을 전달하고 오래 보관할 수 있는 장점이 있다. 이와 같은 기능은 문서가 성립되어 상대방에게 발송하여 상대방이 접수하면서 나타나는 기능이다.

3 의사의 보존

문서는 사람의 의사를 오랫동안 보존(保存)하는 기능을 가진다. 사람의 기억력에는 한계가 있기 때문에 문서가 이러한 한계를 극복해 주는 것이다. 앞에서도 지적하였듯이 구두(口頭)나 전화상으로 전달한 의사는 그 당시에만 존재하고 곧 잊게 되지만 문서로써 전달된 의사는 지속적으로 보존할 수 있는 장점이 있다. 따라서 문서로 전달된 의사는 먼 훗날에 필요시 증거 자료로 활용되기도 하고 후손들에게 역사 자료로서의 가치도 지니게 된다.

제 4 절 문서 처리의 원칙

문서를 처리하는 데는 몇 가지 원칙이 있다. 가능한 한 이 원칙들을 지키도록 노력하여야 할 것이다. 이를 살펴보면 ① 즉일 처리의 원칙, ② 책임 처리의 원칙, ③ 법령 적합의 원칙, ④ 전자 처리의 원칙 등이다.

1 즉일 처리의 원칙

문서는 그 내용이나 성질에 따라 처리 기간이나 방법이 다를 수 있으나 대개의 경우 좀더 효율적인 사무를 처리하기 위하여는 사안이 발생한 날 즉시 처리하는 것이 원칙이다. 민원서류의 경우에도 민원인의 피해를 최소화하기 위하여 처리 기한을 명시하여 놓았으나 그 기한을 기다리지 말고 가능한 한 가장 빠른 시일 내에 통보해 주도록 노력하여야 한다. 또한 즉일 처리가 어려운 경우에는 결재권자에게 그 사유를 설명하여 당위성을 인정받는 것이 좋다.

2 책임 처리의 원칙

문서는 정해진 사무 분장에 따라 기안자, 협조자, 결재권자에 이르기까지 많은 사람이 관여하게 된다. 따라서 성립된 하나의 문서에 관련된 모든 사람은 각자 책임을 가지고 정확히 처리하여야 한다. 기안자가 문서 시행 후 하위직이라는 이유로 책임을 상급자에게 전가한다든지 결재권자가 하위직에게 책임을 전가하여서는 안 된다. 문서의 내용에 따라 책임 소재 또는 책임의 경중을 가릴 수 있으나 문서에 관여한 모든 사람은 반드시 책임을 져야 한다는 마음가짐을 가지고 있어야 한다. 작성되는 문서의 내용에 따라 국민 개개인의 이해 관계가 달라진다고 볼 때, 좀더 책임 있는 문서 처리가 될 수 있도록 노력하여야 할 것이다.

3 법령 적합의 원칙

문서는 그 내용이나 형식이 관계 법령이나 규정에 적합하여야 한다. 만약 권한 있는 자가 작성하지 않았거나 관계 법규에 적합하지 않은 문서는 문서로서의 가치가 상실되는 것이다. 일반문서도 그러하지만 특히 법규문서는 더욱 쓸모가 없다. 예를 들면, 혼인 신고시 관계 법구에 따라 정해진 서식을 사용하지 않고 다른 서식을 사용하여 문서를 작성하였다면 거기에 많은 시간이 소요되었어도 접수조차 받아 주지 않는다. 따라서 문서는 반드시 해당 법규에 적합하도록 작성 처리하는 것이 효과적이다.

4 전자 처리의 원칙

문서는 전자 처리가 원칙이다. 즉 문서의 기안 · 검토 · 협조 · 결재 · 등록 · 시행 · 분류 · 편철 · 보관 · 보존 · 이관 · 접수 · 배부 · 공람 · 검색 · 활용 등 문서의 모든 처리 절차가 전자문서 시스템 또는 업무관리 시스템에서 전자적으로 처리되도록 하여야 한다.

제 5 절 문서의 종류

문서의 종류는 매우 다양하다. 이를 몇 가지로 대별하여 보면 ① 작성 주체에 의한 구분, ② 유통 대상에 의한 구분, ③ 문서 성질에 의한 구분, ④ 사무 절차에 의한 구분, ⑤ 원본 여부에 의한 구분 등이다.

1 작성 주체에 의한 구분

1) 공문서

공문서(公文書)는 다시 법률상의 공문서[1)]와 행정상의 공문서로 나누어 생각해 볼 필요가 있다. 내용면에서 양자간 많은 차이가 있기 때문이다. 법률상의 공문서는 형법, 형사소송법, 민사소송법에서 각각 다르게 규정하고 있으나 대체로 공무원이 직무상 작성한 문서를 의미한다. 또한 행정상의 공문서는 사무관리규정에서 정하고 있는 행정기관 내부 또는 상호간이나 대외적으로 공무상 작성 또는 시행되는 문서(도면, 사진, 디스크, 테이프, 필름, 슬라이드, 전자문서 등의 특수매체 기록을 포함한다) 및 행정기관이 접수한 모든 문서를 말한다. 따라서 법률상의 공문서에 비하여 행정상의 공문서의 범위가 더 넓다고 볼 수 있다. 또한 사무관리에서 말하는 공문서라 함은 행정상의 공문서를 의미한다.

---

1) 법률상의 공문서는 형법, 형사소송법, 민사소송법에서 각각 다음과 같이 규정하고 있다.
① 형법상의 공문서
형법에서 말하는 공문서라 함은 "공무소 또는 공무원이 그 명의로써 권한 내에서 소정의 형식에 따라 작성한 문서"를 말한다. 공문서 위조·변조, 허위공문서 등의 작성 및 행사 등 공문서에 관한 죄(제225조 내지 제230조, 제235조 및 제237조)를 규정하여 공문서의 진정성(眞正性)을 보호하고 있으며, 일반적으로 공문서에 관한 죄는 사문서에 관한 죄보다 무겁게 처벌하고 있는 실정이다.
② 형사소송법상의 공문서
형사소송법에서 말하는 공문서는 "호적의 등본 또는 초본, 공정증서등본, 기타 공무원 또는 외국 공무원이 직무상 증명할 수 있는 사항에 관하여 작성한 문서"를 말하며, 이 문서는 당연히 증거 능력이 있는 서류(제315조)로서 증거로 할 수 있다고 규정하고 있다. 또한 동법 제147조의 규정에 의하면 공무원 또는 공무원이었던 자를 증인으로 직무상 비밀에 관한 사항을 심문할 경우에는 법원은 당해 관청 또는 감독관청의 승인을 얻어야 하도록 규정하고 있다.
③ 민사소송법상 공문서
민사소송법에서는 "문서의 방식과 취지에 의하여 공무원이 직무상 작성한 것으로 인정한 때"에는 이를 진정한 공문서로 추정한다고 규정(제327조)하여 이에 증거 능력을 부여하고 있다.

2) 사문서

사문서(私文書)는 개인이 사적인 목적으로 작성된 문서를 말한다. 즉, 법률상의 사문서는 앞에서 지적한 공문서 이외의 문서로서 공무원이 아닌 개인이 작성한 모든 문서를 의미한다. 그러나 행정상의 사문서는 공무원이 아닌 개인이 작성하였더라도 그것이 행정기관에 접수되면 공문서가 된다. 따라서 행정상의 사문서는 법률상의 사문서에 비하여 그 범위가 더 좁다고 볼 수 있다.

2 유통 대상에 의한 구분

1) 대내문서

대내문서(對內文書)는 사내문서(社內文書) 또는 청내문서(廳內文書)라고도 하며, 조직체의 내부에서 지시, 명령, 보고, 협조 등을 위하여 발생시키는 문서를 의미한다. 대내문서는 기관장의 업무에 대한 지시나 명령 또는 보조기관이나 보좌기관 간의 업무 협조를 위하여 시행되는 문서가 대부분이다. 형식이나 절차에서는 대외문서에 비하여 비교적 간소하고 경미하여 신속하게 처리하도록 노력하여야 할 것이다.

2) 대외문서

대외문서(對外文書)는 사외문서(社外文書) 또는 청외문서(廳外文書)라고도 하며, 조직체의 외부, 즉 상급기관이나 하급기관 또는 다른 기관이나 국민을 대상으로 수발하는 문서를 의미한다. 대내문서에 비하여 대외적으로 효력을 발하거나 영향력을 미치는 문서이므로 형식이나 절차면에서 비교적 까다롭고 엄격하다.

3 문서 성질에 의한 구분

1) 법규문서

법규문서(法規文書)는 주로 법규 사항을 규정하는 문서로서 헌법, 법률, 대통령령, 총리령, 부령, 조례 및 규칙 등이 이에 해당한다. 이는 조문 형식으로 작성하고 누년 일련번호를 사용한다.

2) 지시문서

지시문서(指示文書)는 상급기관이 하급기관이나 소속 구성원들에게 사무에 관한 일정한 사항을 지시하는 문서로서 훈령, 지시, 예규, 일일명령 등이 이에 해당한다.

(1) 훈령

훈령(訓令)은 상급기관이 하급기관에 대하여 장기간에 걸쳐 그 권한의 행사를 일반적으로 지시하기 위하여 발하는 명령을 말한다. 이는 조문 형식 또는 시행문 형식으로 작성하고, 누년 일련번호를 사용한다.

(2) 지시

지시(指示)는 상급기관이 직권 또는 하급기관의 문의에 의하여 하급기관에 개별적이며 구체적으로 발하는 명령을 말한다. 이는 시행문 형식에 의하여 작성하고, 연도 표시 일련번호를 사용한다.

(3) 예규

예규(例規)는 사무의 통일을 기하기 위하여 반복적 행정사무의 처리 기준을 제시하는 법규문서의 형식을 갖춘 문서 중 앞에서 살펴본 제1항의 법규문서를 제외한 나머지 문서를 의미한다. 이는 조문 형식 또는 시행문 형식에 의하여 작성하고, 누년 일련번호를 사용한다.

(4) 일일명령

일일명령(一日命令)은 당직, 출장, 시간외 근무, 휴가 등 일일업무에 관한 명령을 말한다. 이는 시행문 형식 또는 회보 형식 등에 의하여 작성하고, 연도별 일련번호를 사용한다.

3) 공고문서

공고문서(公告文書)는 일정한 사항을 일반에게 알리기 위하여 작성된 문서로서 고시, 공고 등이 있다.

(1) 고시

고시(告示)는 법령이 정하는 바에 따라 일정한 사항을 일반에게 알리는 문서를 의미하는데, 일단 고시된 사항은 개정이나 폐지가 없는 한 효력이 계속된다. 이는 연도 표시 일련번호를 사용한다.

(2) 공고

공고(公告)는 일정한 사항을 일반에게 알리는 문서로서 그 내용의 효력이 대체로 고시에 비하여 단기적이거나 일시적이다. 예를 들면 입찰공고, 시험 시행공고 등을 말한다. 이는 연도 표시 일련번호를 사용한다.

4) 비치문서

비치문서(備置文書)는 일정한 사항을 기록하여 조직체 내부에 비치하면서 업무에 활용하는 문서로서 비품대장, 소모품대장, 복사기 사용대장, 각종 교육일지, 각종 카드 등이 이에 속한다. 이는 적합한 형태의 서식으로 정하여 작성한다.

5) 민원문서

민원문서(民願文書)는 민원인이 해당 기관에 허가, 인가, 기타 처분 등 특정 행위를 요구하는 문서 및 그에 대한 처리문서를 말한다. 이에 관하여는 민원사무 처리에 관한 법률 및 시행령에 별도로 규정하고 있다. 이는 시행문 형식 등에 의하여 작성한다.

6) 일반문서

일반문서(一般文書)는 상기의 문서에 속하지 않는 일반적으로 처리되는 문서를 말하며, 회보·보고서 등도 여기에 포함된다. 회보와 보고서를 제외한 나머지 일반문서는 시행문 형식 등에 의하여 작성한다.

(1) 회보

회보(回報)는 행정기관의 장이 소속 공무원 또는 하급기관에 업무 연락, 통보 등 일정한 사항을 알리기 위한 경우에 사용하는 문서로서, 행정기관 단위로 회보 사항을 일괄 수록하여 문서과 등에서 발행한다. 이는 회보 형식에 의하여 작성하고, 연도별 일련번호를 사용한다.

(2) 보고서

보고서(報告書)는 특정한 사안에 관한 현황 또는 연구, 검토 결과 등을 보고하거나 건의하고자 할 경우에 작성하는 문서를 말한다. 이는 특별한 경우를 제외하고는 기안문 형식에 의하여 작성한다.

4 사무 절차에 의한 구분

문서사무의 절차에 의한 구분은 전자문서 결재 시스템이 과도기에 있기 때문에 대면결재(對面決裁)와 화상결재(畵像決裁)가 함께 이루어져 약간의 혼란이 있으나 문서사무가 어떠한 절차에 따라 이루어지는가는 알아볼 필요가 있다.

1) 접수문서

접수문서(接受文書)는 외부기관으로부터 당해 기관이나 부서에 접수된 문서를 말한다.

2) 배부문서

배부문서(配付文書) 또는 배포문서는 문서담당 부서에서 직접 접수된 문서를 해당 처리 담당 부서로 배부한 문서를 말한다.

3) 공람문서

공람문서(供覽文書)는 담당 처리 부서에서 접수·배부받은 문서를 담당자로부터 결재권자까지 결재를 받은 후에 그 문서 내용과 관련이 있는 구성원들에게 문서 내용을 알리는 의미에서 회람시키는 문서를 말한다.

4) 기안문서

기안문서(起案文書)는 접수·배부받은 문서의 처리 또는 자체적으로 어떤 의사를 결정하기 위하여 일정한 내용을 작성한 문서를 말한다.

5) 이첩문서

이첩문서(移牒文書)는 배부문서의 내용이 다른 기관의 소관사무인 경우 해당 기관으로 이첩하기 위하여 기안된 문서 또는 우리 부서로 이첩되어 온 문서를 말한다.

6) 결재문서

결재문서(決裁文書)는 기안문서에 그 내용에 대하여 권한 있는 결재권자의 결재를 받은 문서를 말한다.

7) 미결문서

미결문서(未決文書)는 기안문서 중 보조기관의 검토를 거쳤으나 아직 결재권자의 결재가 남아 있는 상태이거나 기안문서에 대한 내용의 확인 과정, 협의 미비 등으로 인하여 결재가 유보된 문서를 말한다.

8) 시행문서

시행문서(施行文書)란 결재가 이루어진 문서에 대하여 그 의사를 표시하기 위하여 시행하는 문서(기안문서와 내용이 같다)를 말한다.

9) 완결문서

완결문서(完結文書)란 어떤 사안이 발생하여 그 사안을 해결하기 위하여 이미 정하여진 여러 절차를 거쳐 종결된 한 건의 문서를 말한다.

10) 보존문서

보존문서(保存文書)란 완결된 문서를 관계 규정에 정하여진 문서 보존기간 동안 관리하고 있는 문서를 말한다.

5 원본 여부에 의한 구분

1) 원 본

원본(原本)은 작성자가 일정한 내용을 표시하기 위하여 최초로 작성한 문서를 말한다. 원본에는 일반적으로 작성자의 서명 또는 날인이 있으며, 하나인 경우가 보통이다. 그러나 원본이 여러 개인 경우도 있으며, 여러 개의 원본은 모두 동일한 효력이 있다.

2) 정 본

정본(正本)은 법률에 규정이 있는 경우에 권한이 있는 자가 원본에 의하여 작성하는 문서로서 법률상 외부에 대하여 원본과 동일한 효력이 부여된다. 정본에는 반드시 작성자가 정본이라는 표시를 하여야 한다. 예를 들면 판결문의 원본은 법원에 보관하고 소송 당사자에게는 판결문 정본을 송부함으로써 강제집행 등이 가능하도록 한다.

3) 사 본

사본(寫本)은 보관 또는 보존 중인 원본의 문서(전자문서 포함)를 복사, 복제, 출력하거나 전자우편 등을 이용하여 발송하는 문서를 말하며, 원본과 같음을 증명하기 위하여 복사물, 복제물, 출력물 또는 발송물의 적당한 여백에 '원본 대조필'이라고 표시하여야 한다. 또한 사본의 일종인 등본과 초본은 이와는 별도로 민원업무용 관인(전자이미지관인을 포함)으로 증명의 표시를 한다.

(1) 등본

등본(謄本)은 원본의 내용을 동일하게 베끼거나 복사한 문서를 말하며, 원본의 내용 전체를 증명하기 위하여 작성된다. 예를 들면 호적등본, 주민등록등본, 등기부등본 등이 있다.

(2) 초본

초본(抄本)은 원본의 내용 중 일부만 발췌한 문서를 말하며, 원본의 내용 중 일부를 증명하기 위하여 작성된다. 예를 들면 호적초본, 주민등록초본 등이 있다.

제 6 절 문서관리의 필요성

사무관리에서 가장 기본이 되는 것은 역시 문서관리라고 할 수 있다. 왜냐 하면 앞에서 제기한 바와 같이 점차로 사무가 자동화되어 감에 따라 컴퓨터를 주로 사용하지만 그것도 역시 문서가 중심이 되어 이루어지기 때문이다.

사무 처리 과정에서 수작업(手作業)으로 처리되던 것이 단지 컴퓨터로 처리하는 것으로 변화된 것이지, 문서 자체가 컴퓨터로 변화된 것은 아니다. 오히려 과도기인 현재는 컴퓨터로 처리된 문서도 보관하고 디스켓도 보관하기 때문에 사무실은 더욱 좁아지고 있는 실정이다. 따라서 문서관리를 잘 해야 사무관리가 효율적으로 이루어질 수 있다. 문서관리의 필요성을 요약해 보면 다음과 같다.

첫째, 문서량이 급증함에 따라 좀더 효율적인 관리가 요구된다.

문서의 양이 적었던 과거에는 효율적 문서관리의 유무에 관계 없이 정보

검색이나 관리가 비교적 용이하였으며, 문서 발생 즉시 정리하지 않아도 큰 문제가 되지 않았으나 시간아 흐를수록 행정이 복잡 다양해져 문서량이 많아짐으로써 문서관리의 필요성이 절실히 요구된다.

둘째, 정확한 정보를 신속하게 제공할 필요성이 요구된다.

현대 사회가 정보화 사회로 변화되면서 사무담당자들이 좀더 정확한 정보를 신속하게 제공받아야만 맡은 사무의 목표를 효율적으로 달성할 수 있다. 따라서 정보관리의 대부분이 문서화되어 있기 때문에 효율적인 문서관리의 필요성이 요구되는 것이다.

셋째, 사무예산의 경제화가 요구된다.

문서 작성, 결재, 배부 등 문서처리 과정에서 필요로 하는 인건비, 사무기기, 사무용지, 기기 운용 재료 구입비 등에 들어가는 비용도 적지 않기 때문에 그 기본이 되는 문서관리를 효율적으로 처리하여 사무예산을 절감하여 경제화를 꾀하고자 한다. 최근 기업에서의 감량 경영화나 정부에서의 행정의 경영화가 곧 사무예산의 경제화를 이룩하려는 의도의 하나이다.

제 7 절 문서의 성립과 효력 발생

1 문서의 성립

문서는 당해 문서에 대한 결재권자가 서명(전자이미지서명을 포함한다)[2)]

2) 2004년 1월 1일부터 서명에 전자이미지서명뿐만 아니라 전자문자서명과 행정전자서명을 포함하였으며, 사무관리규정에서는 다음과 같이 정의하고 있다.

① '전자문자서명'이라 함은 기안자·검토자·협조자·결재권자 또는 발신 명의인이 전자문서상에 전자적 결합으로 자동 생성된 자기의 성명을 전자적인 문자 형태로 표시하는 것을 말한다.

② '행정전자서명'이라 함은 기안자·검토자·협조자·결재권자 또는 발신 명의인의 신원과 전자문서의 변경 여부를 확인할 수 있도록 당해 전자문서의 변경 여부를 확인할

에 의한 결재가 있음으로써 성립한다. 여기서 결재권자(決裁權者)는 조직체의 장(長)을 원칙으로 하며, 위임전결 규정에 의한 수임자(受任者) 또는 법적으로 권한 있는 대결권자(代決權者)도 이에 포함된다.

한편, 서명(署名)이란 기안자, 검토자, 협조자, 결재권자 또는 발신 명의인이 문서(전자문서 제외)상에 자필(自筆)로 자기의 성명을 타인이 알아볼 수 있도록 한글로 표시하는 것을 말하며, 전자이미지서명이란 기안자, 검토자, 협조자, 결재권자 또는 발신 명의인이 전자문서상에 전자적인 이미지 형태로 된 자기의 성명을 표시하는 것을 말한다.

2 문서의 효력 발생

일반적으로 문서는 수신자에게 도달됨으로써 그 효력을 발생한다. 전자문서의 경우에는 수신자의 컴퓨터 파일에 기록된 때부터 효력을 발생한다. 다만, 공고문서의 경우에는 공고문서에 특별한 규정이 있는 경우를 제외하고는 그 고시 또는 공고가 있은 후 5일이 경과한 날부터 효력을 발생한다.

제8절 문서 관계 법규

1 사무관리규정

- 제정 1991. 6. 19. 대통령령 제13390호
- 개정 1993. 3. 6. 대통령령 제13870호(상공자원부와 그 소속기관 직제)
- 개정 1994. 7. 23. 대통령령 제14339호(도서관 및 독서진흥법시행령)

수 있도록 당해 전자문서에 첨부되거나 논리적으로 결합된 전자적 형태의 정보로서 인증받은 것을 말한다.

• 개정 1994. 12. 23. 대통령령 제14438호(재정경제원과 그 소속기관 직제)

• 개정 1996. 5. 3. 대통령령 제14989호

• 개정 1996. 6. 29. 대통령령 제15063호(총무처와 그 소속기관 직제)

• 개정 1997. 10. 21. 대통령령 제15498호(공공기관의 정보공개에 관한 법률시행령)

• 개정 1998. 7. 1. 대통령령 제15823호

• 개정 1999. 8. 7. 대통령령 제16521호

• 개정 1999. 12. 7. 대통령령 제16609호(공공기록물에 관한 법률시행령)

• 개정 2001. 1. 29. 대통령령 제17115호(교육인적자원부와 그 소속기관 직제)

• 개정 2001. 2. 14. 대통령령 제17129호

• 개정 2001. 6. 30. 대통령령 제17271호(전자정부 구현을 위한 행정업무 등의 전자화 촉진에 관한 법률시행령)

• 개정 2001. 8. 25. 대통령령 제17344호(정보통신망 이용 촉진 및 정보보호 등에 관한 법률시행령)

• 개정 2002. 12. 26. 대통령령 제17811호

• 개정 2004. 5. 24. 대통령령 제18392호(행정자치부와 그 소속기관 직제)

• 개정 2005. 3. 24. 대통령령 제18746호(행정자치부와 그 소속기관 직제)

• 개정 2006. 3. 29. 대통령령 제19413호

• 개정 2006. 6. 12. 대통령령 제19513호(고위공무원단 인사규정)

• 개정 2007. 4. 4. 대통령령 제19985호

• 개정 2007. 7. 18. 대통령렬 제20171호(전자정부법시행령)

• 개정 2007. 10. 23. 대통령령 제20331호(통계법시행령)

• 개정 2008. 2. 29. 대통령령 제20741호(행정안전부와 그 소속기관 직제)

• 개정 2008. 5. 21. 대통령령 제20789호(산업표준화법시행령)

• 개정 2008. 9. 2. 대통령령 제20982호

• 개정 2009. 8. 21. 대통령령 제21698호(국가정보화기본법시행령)

• 개정 2010. 3. 23. 대통령령 제22080호

• 개정 2010. 5. 4. 대통령령 제22151호

2 사무관리규정시행규칙

• 제정 1991. 9. 30. 총리령 제395호
• 개정 1992. 12. 31. 총리령 제415호
• 개정 1996. 5. 28. 총리령 제570호
• 개정 1997. 11. 11. 총리령 제659호(공공기관의 정보공개에 관한 법률 시행규칙)
• 개정 1999. 9. 2. 행정자치부령 제64호
• 개정 1999. 12. 30. 행정자치부령 제78호(공공기록물에 관한 법률시행규칙)
• 개정 2001. 2. 14. 행정자치부령 제125호
• 개정 2003. 7. 14. 행정자치부령 제203호
• 개정 2004. 5. 24. 행정자치부령 제228호(행정자치부와 그 소속기관 직제 시행규칙)
• 개정 2006. 3. 29. 행정자치부령 제324호
• 개정 2007. 4. 5. 행정자치부령 제380호
• 개정 2007. 11. 30. 행정자치부령 제1574호
• 개정 2008. 3. 4. 행정안전부령 제1호(행정안전부와 그 소속기관 직제 시행규칙)
• 개정 2008. 9. 2. 행정안전부령 제32호
• 개정 2010. 4. 1. 행정안전부령 제133호

3 기타 관련 법규

1) 공공기록물 관리에 관한 법률

• 제정 1999. 1. 29. 법률 제5709호
• 개정 2006. 10. 4. 법률 제8025호

- 개정 2007. 4. 27. 법률 제8395호(대통령기록물 관리에 관한 법률)
- 개정 2008. 2. 29. 법률 제8852호(정부조직법)
- 개정 2010. 2. 4. 법률 제10010호

2) 공공기록물 관리에 관한 법률시행령

- 제정 1999. 12. 7. 대통령령 제16609호
- 개정 2000. 12. 29. 대통령령 제17050호
- 개정 2002. 8. 8. 대통령령 제17698호
- 개정 2007. 4. 4. 대통령령 제19985호
- 개정 2007. 7. 18. 대통령령 제20171호(전자정부법시행령)
- 개정 2007. 7. 26. 대통령령 제20191호(대통령기록물 관리에 관한 법률 시행령)
- 개정 2008. 2. 29. 대통령령 제20741호(행정안전부와 그 소속기관 직제)
- 개정 2008. 5. 21. 대통령령 제20789호(국토해양부와 그 소속기관 직제)
- 개정 2009. 5. 6. 대통령령 제21473호
- 개정 2010. 5. 4. 대통령령 제22148호
- 개정 2010. 5. 4. 대통령령 제22151호

3) 공공기록물 관리에 관한 법률시행규칙

- 제정 1999. 12. 30. 행정자치부령 제78호
- 개정 2001. 1. 5. 행정자치부령 제118호
- 개정 2003. 3. 17. 행정자치부령 제197호
- 개정 2007. 4. 5. 행정자치부령 제380호
- 개정 2008. 12. 31. 행정안전부령 제54호
- 개정 2010. 5. 4. 행정안전부령 제136호

4) 전자정부법

- 제정 2010. 2. 4. 법률 10012호
- 개정 2010. 5. 17. 법률 10303호(은행법)

5) 전자정부법시행령

• 제정 2010. 5. 4. 대통령령 제22151호

6) 전자서명법

• 제정 1999. 2. 5. 법률 제5792호

• 개정 2001. 1. 16. 법률 제6360호(정보통신망 이용 촉진 및 정보보호 등에 관한 법률)

• 개정 2001. 12. 31. 법률 제6585호

• 개정 2005. 3. 31. 법률 제7428호

• 개정 2005. 12. 30. 법률 제7813호

• 개정 2008. 2. 29. 법률 제8852호(정부조직법)

• 개정 2008. 12. 26. 법률 제9208호

• 개정 2010. 2. 4. 법률 제10008호

7) 전자서명법시행령

• 제정 1999. 6. 30. 대통령령 제16457호

• 개정 2002. 6. 10. 대통령령 제17625호

• 개정 2004. 3. 17. 대통령령 제18312호

• 개정 2006. 6. 12. 대통령령 제19507호

• 개정 2006. 6. 29. 대통령령 제19570호

• 개정 2008. 2. 29. 대통령령 제20741호(행정안전부와 그 소속기관 직제)

• 개정 2008. 7. 17. 대통령령 제20917호

• 개정 2010. 2. 4. 대통령령 제22016호

• 개정 2010. 5. 4. 대통령령 제22151호(전자정부법시행령)

8) 전자서명법시행규칙

• 제정 1999. 8. 12. 정보통신부령 제81호

• 개정 2002. 7. 11. 정보통신부령 제132호

- 개정 2004. 7. 6. 정보통신부령 제151호
- 개정 2006. 6. 30. 정보통신부령 제196호
- 개정 2008. 3. 4. 행정안전부령 제1호(행정안전부와 그 소속기관 직제 시행규칙)
- 개정 2009. 4. 9. 행정안전부령 제74호

Chapter 02 문서 작성의 일반 사항

제 1 절 문서 작성의 원칙

1 하나로 원칙

정보를 수집하여 이를 활용하거나 이송 또는 보관할 때에는 정확한 의사소통을 위하여 구두나 전화보다도 대개 문서를 작성하게 된다. 이 때에 작성된 문서가 너무 복잡하다면 읽기도 전에 먼저 싫증이 나기 때문에 문서 작성의 목적을 효과적으로 달성할 수 없다. 따라서 문서는 전달 내용이 빠지지 않으면서 간단할수록 좋다.

문서 작성에서 가능한 한 1건의 사안에 대하여는 1장(one sheet)의 문서로 작성하는 것이 하나로(one best) 원칙이다. 이는 간결하여 내용을 파악하기도 쉽고 지루하지 않으며, 용지가 적게 들어 보관하기도 용이하고 경제적이며 효과적이라고 할 수 있다. 또한 문서 작성에 사용되는 용지는 가급적 같은 크기(one size)로 통일하는 것이 문서의 정리, 보관, 보존에도 편리하다.

2 기본 4원칙

1) 정확성

문서는 상대방에게 의사를 전달하는 것을 목적으로 한다. 따라서 문서의 정확성은 모든 문서 작성의 기본 원칙 중에서 우선한다. 내용이 부정확한 문서는 차라리 없는 것만 못한 경우가 있다.

문서 작성시 정확성을 위하여는 다음의 사항에 유의하여야 한다.

① 정확한 정보를 수집하여야 한다. 문서 작성 전에 정확한 데이터를 수집하여 검토·분석하여야 할 것이다. 특히 연도별 통계나 지수, 산술적인 수치 등의 경우는 당해 연도의 해당 통계치를 확실히 보고 활용하여야 하며 정확히 산출하여야 한다.

② 용어의 선택이나 표현이 적합하여야 한다. 문장에서 적합한 용어를 선택하여 사용하는 것은 매우 중요하다. 문장도 문법에 맞게 구성하는 것이 필요하다.

③ 객관성이 유지되어야 한다. 작성자의 주관성이 많이 개입되든지 너무 과장되어 사실이 왜곡되어서 부정확한 문서가 작성되어서는 곤란하다.

2) 간결성

문서가 너무 복잡하게 작성되면 오히려 의사소통에 장애 요소가 되어 문서 작성의 목적에 역기능적 역할을 하게 된다. 따라서 의사소통이 잘 되도록 하려면 상대방이 알기 쉬운 용어를 사용하되, 가급적 간결하게 써야 한다. 너무 정확하게 전달하려는 의도에서 복잡하게 쓴다면 정확성이 문서 작성의 절대적인 필요 조건이지만 오히려 의사소통에 혼선을 가져올 우려가 있다. 그러므로 정확성을 유지하면서 좀더 간결하여야 그 문서의 효과가 예측한대로 나타나게 될 것이다.

3) 신속성

사무를 처리하기 위하여 대개 문서를 작성하게 된다. 따라서 문서가 사무 처리의 시기를 놓쳐서 늦게 작성된다든지 문서 작성이 제대로 되지 않아서 업무 처리가 지연되어서는 곤란하다. 문서가 사무 처리의 기본이라고 하지만 문서 작성이 지연되어 사무 처리의 기회를 놓친다면 이는 결코 사무 처리를 위한 문서 작성이 아니라 문서 작성을 위한 사무가 되는 목표 대치 현상이 나타나서 곤란할 것이다. 이를 위하여 각종 서식을 가장 가까운 곳에 준비하여 보관하고 업무편람 등을 만들어 좀더 정확하고 신속하게 업무를 처리할 수 있어야 한다.

4) 경제성

오늘날에는 정보의 홍수를 이루고 있다. 이러한 많은 정보의 전달 수단으로서 가장 흔히 활용되고 있는 것이 문서이다. 문서의 대부분이 종이로 이루어져 있고, 매일 책상 위에 쌓이는 많은 문서를 생각할 때 경제성은 매우 중요하다. 따라서 문서를 작성하는 사람은 항상 경제성을 생각하여야 한다. 왜냐 하면 아무리 좋은 정책이라도 예산이 허락하지 않으면 아무 소용이 없기 때문이다. 특히 우리 나라에서는 종이의 원료가 되는 많은 양의 나무를 대부분 수입하여 사용하고 있기 때문에 더욱 그러하다.

제 2 절 문서 작성 용지

1 용지의 규격

용지 규격의 표준화는 문서의 작성, 처리, 보존하는 데 매우 중요한 사항 중의 하나이다. 문서의 규격을 표준화함으로써 문서의 작성, 편철, 보관, 보존이 용이하게 되므로 공문서의 규격을 사무관리규정에서 명시하고 있다.

〈표 2-1〉 종이의 재단 치수 (단위: ㎜)

호	A열	B열
0	841×1,189	1,030×1,456
1	594×841	728×1,030
2	420×594	515×728
3	297×420	364×515
4	210×297	257×364
5	148×210	182×257
6	105×148	128×182
7	74×105	91×128
8	52×74	64×91
9	37×52	45×64
10	26×37	32×45

한국산업 규격(KS)의 종이 재단 치수는 <표 2-1>과 같다. 표에서 보는 바와 같이 종이의 규격 기준은 A열과 B열이 있다. 종전에는 우리 나라의 공문서 기본 규격으로 16절지를 사용하였는데, 국제표준 규격으로 A열 4호인 A4용지가 통용됨에 따라 공문서의 기본 규격을 가로 210㎜, 세로 297㎜, 즉 A4용지로 변경하여 사용하고 있다. 따라서 공공기관에서는 A4용지를 가장 많이 사용하고, 그 다음으로 B4와 B5용지를 많이 사용하고 있는 실정이다.

그러나 기업체에서는 공공기관보다 비교적 적은 규격의 용지를 주로 사용하고 있다. 그 중 B5용지를 많이 사용하고, 다음으로 B6 이하의 용지도 전표나 경리 서식에서 많이 사용하고 있다. 이는 공공기관에서 경제성보다는 공공성을 강조하는 데 비하여 기업체에서는 경제성을 강조하여 사무용지를 절약하려는 의지가 더 높기 때문이라고 생각된다. 또한 도면, 장표,[1)]

1) 장표(帳票)란 원래 장부(帳簿)의 帳과 전표(傳票)의 票를 합성하여 만든 용어이다(高橋光男, 1996: 44). 그러나 나미기(並木高矣, 1992: 74)는 장표를 "일정한 형식과 똑같은 기재방법을 가진 일정한 목적을 위하여, 계속적으로 사용되는 사무문서"라고 하여 매우 포괄적으로 정의하였다. 다카하시(高橋光男, 1996)도 장표의 특징으로서 형식과 체재가 정해져 있기 때문에 누가 기입하여도 같은 문서가 작성된다는 점을 들고 있다. 요즘은 장부와 전표에 한정하지 않고 인쇄된 사무용 서식(내용이 기재된 것도 포함하여)을 모두 장표라고 지칭하고 있어서 장표라는 용어의 범위가 좀더 확대되어 가고 있는 경향이다.

간단한 서식 등 특별한 사유가 있는 경우에는 그 용도에 맞는 A열, B열의 적당한 규격을 사용할 수 있다.

정부 공문서의 경우 기본 규격은 다음과 같이 변경되어 왔다.

- 1965. 9. 13. 이전: 가로 190㎜×세로 268㎜ (16절지)
- 1965. 9. 14. 개정: 가로 180㎜×세로 260㎜ (18절지)
- 1966. 5. 21. 개정: 가로 176㎜×세로 250㎜ (한국공업 규격 B5)
- 1969. 5. 2. 개정: 가로 190㎜×세로 268㎜ (16절지)
- 1991. 6. 19. 개정: 가로 210㎜×세로 297㎜ (한국산업 규격 A4)

2 용지의 지질

용지의 지질(紙質)은 일반적으로 상질지, 중질지, 갱지 등으로 구분하며, 종전의 산업자원부 고시에서는 특급(상질지), 1급(중질지), 2급(상갱지), 3급(하급지) 등 4종류로 구분하였다.

한편 사무관리규정에서는 용지의 지질 및 중량을 <표 2-2>의 기준표와 같이 그 문서의 보존 기간, 활용 빈도, 사무자동화 기기의 사용 등을 고려

〈표 2-2〉 서식 용지의 사용 용도별 지질 · 중량 기준표

번호	서식 용지의 용도	지질 및 중량
1	비치 카드, 상장, 통지서(엽서), 임용장, 휴대 또는 게시하는 각종 증서 등	보존용지(1종) 120g/㎡
2	보존 기간이 20년 이상인 문서의 서식, 보존 기간이 10년 이상인 기안용지, 회계장부 및 특수대장	보존용지(1종) 70g/㎡
3	보존 기간이 10년 이상인 문서의 서식 (제2호의 서식 제외), 보존 기간이 5년 이하인 문서의 서식, 일반대장(보존 기간이 10년 미만), 회의 안건 및 보고서	보존용지(2종) 70g/㎡ 또는 일반용지 60g/㎡(재활용품)
4	각종 민원신청서, 신고서, 통지서	일반용지60g/㎡(재활용품) 또는 신문용지 54g/㎡(재활용품)
5	행정간행물(보존 기간 10년 이상)	보존용지(2종) 70g/㎡

하여 결정한다.

3 용지의 여백

문서를 작성할 때에는 문서의 편철이나 내용의 보호 등 관리상의 필요에 의하여 용지에 일정한 여백을 둔다. 공문서의 경우 문서의 여백은 다음과 같이 두도록 하고 있다.

- 용지의 위쪽으로부터 30㎜
- 용지의 왼쪽으로부터 20㎜
- 용지의 오른쪽으로부터 15㎜
- 용지의 아래쪽으로부터 15㎜

다만, 문서의 편철 위치나 용도에 따라 각 여백을 달리할 수 있다.

4 용지 및 글자의 색깔

문서에 쓰이는 용지의 색깔은 흰색으로 하고, 글자의 색깔은 검은색 또는 푸른색으로 한다. 다만, 도표의 작성이나 수정, 주의 환기 등 특별한 표시가 필요한 때에는 다른 색깔로 할 수 있다.

제 3 절 문서의 용어

1 글 자

문서는 쉽고 간명하게 한글로 작성하되 가로로 쓰는 것이 좋다. 사무관리규정 제10조에서는 "문서는 국어기본법 제11조의 규정에 의한 어문 규범[2]에 맞게 한글로 작성하되, 쉽고 간명하게 표현하고, 뜻을 정확하게 전달하기 위하여 필요한 경우에는 괄호 안에 한자 그 밖의 외국어를 넣어 쓸 수 있으며, 특별한 사유가 있는 경우를 제외하고는 가로로 쓴다"고 규정하고 있다.

한편 사무관리규정 제25조에서는 외국어로 된 문서와 법규문서 중 법률에 관한 문서에 대하여는 예외를 인정하고 있다. 공문서뿐만 아니라 사문서의 경우에도 가급적 한글 가로쓰기로 쉽게 작성하는 것이 좋다.

2 숫 자

문서에 사용하는 숫자는 특별한 사유가 있는 경우를 제외하고는 아라비아 숫자로 한다. 그러나 수를 세는 단위와 함께 쓰는 간단한 숫자와 순서를 나타내는 경우에는 한 번, 두 번, 한 개, 두 개, 첫째, 둘째 등과 같이 한글로 간단히 쓰는 것도 큰 무리는 없을 것이다.

3 연 호

연호에 관한 법률(법률 제775호, 1961. 12. 2)에는 대한민국의 공용 연호를 서력 기원으로 사용하도록 하고 있으며, 1962년 1월 1일부터 시행하도록 하였다. 그러나 문서에 '서기'라는 표시는 하지 않는다.

오래된 문서를 재인용하거나 활용할 때에 단기로 표시된 것이 있으면 단기를 서기로 환산하여 사용하면 된다. 이 때에는 단기 연호에서 2333년을 감하면 된다.

<예> 단기 4333년 → 2000년

---

2) 어문 규범은 한글 맞춤법, 표준어 규정, 외래어 표기법, 로마자 표기법 등 국어의 올바른 사용법에 대하여 문화체육관광부 장관이 정하는 규범을 말한다.

4 날 짜

날짜는 숫자로 표기하되, 년, 월, 일의 글자는 생략하고 그 자리에 온점(.)을 찍어 간략하게 표시한다.

<예> 2011년 7월 10일 → 2011. 7. 10.

5 시 간

시간은 24시각제에 따라 숫자로 표기하되 시, 분의 글자는 생략하고 그 사이에 쌍점(:)을 찍어 표시한다.

<예> 오후 5시 30분 → 17:30

6 금 액

문서나 유가증권 등에 금액을 표시할 때에는 아라비아 숫자로 쓰되, 숫자 다음에 괄호를 하고 한글로 기재하여야 한다. 여기서 유의할 사항은 아라비아 숫자 사이, 또는 한글로 기재한 금액의 바로 뒤에나 중간에 다른 숫자나 글자를 삽입할 수 있는 공간을 두지 말아야 한다.

<예> 금123,456원(금일십이만삼천사백오십육원)

제 4 절 문안의 수정

기안·검토 중인 문안의 일부분을 삭제 또는 수정하는 때에는 원안(原

案)의 글자를 알 수 있도록 당해 글자의 중앙에 가로로 두 선을 그어 삭제 또는 수정하고, 삭제 또는 수정한 자가 그 곳에 서명 또는 날인하여야 하며, 문안의 중요한 내용을 삭제 또는 수정한 때에는 문안의 여백에 정정한 자수(字數)를 표시하고 서명 또는 날인하여야 한다. 다만, 시행문서를 정정한 때에는 시행문서의 여백에 정정한 자수를 표시하고 관인을 찍어야 한다.

한편 전자문서의 경우에는 수정한 내용대로 재작성하여 결재를 받아 시행하되, 수정전의 전자문서를 기안자·검토자 또는 결재권자[3]가 보존할 필요가 있다고 인정할 경우에는 이를 보존하여야 한다.

제 5 절 문서 작성의 마무리

1 항목의 구분

문서의 내용을 둘 이상의 항목으로 구분하여 작성하고자 할 때에는 <표 2-3>과 같이 나누어 표시하여야 한다. 그리고 필요한 경우에는 □, ○, —, · 등과 같은 특수한 기호를 쓸 수 있도록 하였다. 그러나 기안문 작성시에 하나의 항목만 있을 경우에는 항목 구분을 할 필요가 없으므로 번호를 기재하지 않는다.

그리고 둘째, 넷째, 여섯째, 여덟째 항목의 경우에 하., 하), (하), ㉻ 이상보다 더 계속되는 때에는 거., 너., 더 ……, 거), 너), 더) ……, (거), (너), (더) ……로 이어 표시하면 된다.

첫째 항목의 부호는 제목의 첫 글자와 같은 위치에서 시작하고 그 다음 항목부터는 바로 앞 항목의 위치로부터 2타(영문이나 숫자로는 2자, 한글

3) 종전에는 전자문서상에 수정 전의 전자문서의 내용이 보존되도록 하는 결정을 처리과의 장이 하였으나, 2004년 1월 1일부터는 기안자, 검토자 또는 결재권자로 확대하여 향후에 책임 문제를 규명할 필요가 있는 경우 이에 대처하도록 하였다.

〈표 2-3〉 항목의 구분[4)]

구분	항목 구분
첫째 항목	1., 2., 3., 4. ……
둘째 항목	가., 나., 다., 라. …… 하., 거., 너., 더. ……
셋째 항목	1), 2), 3), 4) ……
넷째 항목	가), 나), 다), 라) …… 하), 거), 너) ……
다섯째 항목	(1), (2), (3), (4) ……
여섯째 항목	(가), (나), (다), (라) …… (하), (거), (너), (더)……
일곱째 항목	①, ②, ③, ④ ……
여덟째 항목	㉮, ㉯, ㉰, ㉱ ……

로는 1자)씩 오른쪽에서 시작하며, 항목 부호와 그 항목의 내용 사이에는 1타를 띄운다.

[그림 2-1] 항목의 부호와 위치 예시(1)

수신자×○○○장관 (○○○국장)
(경유)
제목×직장교육 실시
×××1.*○○○○○○○○○○○
××××가.*○○○○○○○○○○○
×××××1)*○○○○○○○○○○○
××××××가)*○○○○○○○○○○○
×××××××(1)*○○○○○○○○○○○
××××××××(가)*○○○○○○○○○○○

※ ×표시는 2타 (1글자), * 표시는 1타를 띄움.

4) 셋째 항목과 넷째 항목 그리고 다섯째 항목과 여섯째 항목의 구분이 2004년 1월 1일부터 서로 바뀌었다. 즉, 셋째 항목의 구분을 1), 2), 3), 4)…로, 넷째 항목의 구분을 가), 나), 다), 라)…로, 다섯째 항목의 구분을 (1), (2), (3), (4)…로, 여섯째 항목을 (가), (나), (다), (라)…로 나누어 표시하도록 변경되었다.

[그림 2-2] 항목의 부호와 위치 예시(2)

수신자×○○○○○(○○○○○○)
(경유)
제목×민방위훈련 통보
×××2010년 7월 중 민방위훈련을 아래와 같이 실시하니 귀 기관은 적극적인 협조를 부탁드립니다.
×××1.*일시: 2010. 7. 25. 14:00
×××2.*훈련 내용: 화생방전에 대비한 훈련
×××3.*훈련 지역: ○○지역.×끝.

2 '끝' 표시

붙임이 없는 문서는 본문 내용의 마지막 글자로부터 한 자를 띄우고 '끝' 자를 쓴다.

[그림 2-3] '끝' 표시(붙임이 없는 경우)의 예시(1)

(본문의 내용)………………………………………………………………………… 하여 주시기 바랍니다.×끝.

[그림 2-4] '끝' 표시(붙임이 있는 경우)의 예시(2)

(본문의 내용)………………………………………………………………………… 붙임과 같이 통보합니다.
붙임×감사 추진 방향 1부.×끝.

[그림 2-5] '끝' 표시(오른쪽 한계선에 닿은 경우)의 예시(3)

(본문의 내용)……………………………………………………………………………
…………………………………………………………………… 하여 주시기 바랍니다.
×끝.

[그림 2-6] '끝' 표시(서식이 모두 기재된 연명부의 경우)의 예시(4)

수험번호	성 명	합격 여부	비 고
1	김한별	합격	
2	이영광	불합격	
3	박서울	합격	특기생
4	서청주	불합격	

붙임이 있는 때에는 붙임의 표시문 끝에 한 자를 띄우고 '끝'자를 쓴다.

본문의 내용이나 또는 붙임의 표시문이 오른쪽 한계선에 닿은 때에는 다음 줄의 왼쪽 기본선에서 한 자를 띄우고 '끝'자를 쓴다.

연명부 등의 서식을 작성하는 때에는 기재 사항이 서식의 마지막 칸에서 작성 완료된 경우에는 서식의 칸 밖의 아래 왼쪽 기본선에서 한 자를 띄운

[그림 2-7] '끝' 표시(서식이 남아 있는 연명부의 경우)의 예시(5)

직 급	성 명	성 별	나 이
행정서기보	남포동	남	25
행정주사보	이보석	남	30
행정사무관	김갑순	여	37
	이하 빈 칸		

후 '끝' 표시를 하고, 서식의 칸 중간에서 기재 사항이 끝나는 경우에는 기재 사항 마지막 자의 다음 칸에 '이하 빈 칸'이라고 표시하여야 한다.

3 붙임의 표시

문서에 서식, 금전, 유가증권, 참고 서류, 기타 물품이 첨부될 때에는 본문이 끝난 다음 줄에 붙임의 표시를 하되, 덧붙인 것(첨부물)이 두 가지 이상인 때에는 항목을 구분하여 표시한다.

[그림 2-8] 붙임 표시의 예시

(본문의 내용)……………………………………………………………………………
……………………………………………………………………………………………
…………………………………………………………………… 하여 주시기 바랍니다.
붙임×1. *○○○○에 관한 계획서 1부.
　　　2. *○○○○에 관한 보고 서식 1부.×끝.

4 면(쪽) 표시

문서의 면 표시는 문건별 면수를 중앙 하단에, 문서철별 면수를 우측 하단에 각각 표시하되, 2장 이상으로 이루어진 문서 중 전후 관계를 명백히 할 필요가 있는 중요한 문서의 경우에는 문건별 면수를 당해 문건의 전체 면수와 그 면의 일련번호를 붙임표(-)로 이어 표시하고, 문서철별 면수는 당해 문서철의 첫 번째 면에서 시작한 그 면의 일련번호만 표시한다.

문건별 면수는 위로부터 아래의 순으로 부여하되, 양면을 사용한 경우에는 양면 모두 순서대로 면수를 부여하여야 하며, 문서철별 면수는 표지와

[그림 2-9] 면 표시의 예시

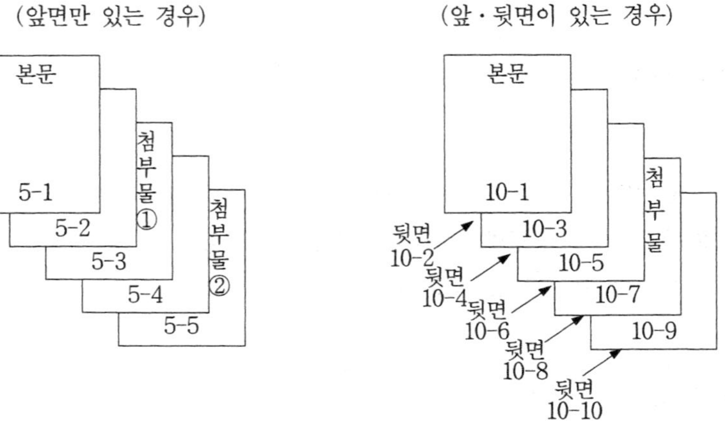

색인목록을 제외한 본문부터 시작하여 면수를 부여한다. 동일한 문서철을 2권 이상으로 나누어 편철한 경우 2권 이하의 문서철별 면수는 전권 마지막 면수 다음의 일련번호로 시작하며, 이 경우에도 표지와 색인목록은 면수 부여 대상에서 제외한다. 문서철별 면수는 최초에 연필로 표시한 후 기록물 정리 행사가 끝나면 잉크 등으로 표시한다.

다만, 첨부 서류의 경우에 종전에는 본문과 별도로 각 첨부물별로 면(쪽)의 표시를 하며, 항목별로 일련번호로써 면(쪽) 표시를 하되, 전체 면수는 생략하였으나, 2000년 1월 1일부터는 본문과 붙임(첨부물)은 하나의 문건으로 보아 계속 이어서 면 표시를 한다.

5 로고 · 상징 등 표시

기안문 및 시행문에는 가능한 한 행정기관의 로고 · 상징 · 마크 또는 홍보 문구 등을 표시하여 행정기관의 이미지를 높일 수 있도록 하여야 한다.

로고는 왼쪽 상단(2㎝×2㎝ 범위 내에서 시작 부분은 왼쪽 기본선이며,

높이 부분은 행정기관명임)에, 상징은 오른쪽 상단(2㎝×2㎝ 범위 내에서 끝나는 부분은 오른쪽 한계선이며, 높이 부분은 행정기관명임)에, 홍보 문구는 행정기관명 바로 위에 표시한다.

6 문서의 전자적 처리

행정기관의 장은 문서의 기안·검토·협조·결재·등록·시행·분류·편철·보관·보존·이관·접수·배부·공람·검색·활용 등 문서의 모든 처리절차가 전자문서 시스템 또는 업무관리 시스템상에서 전자적으로 처리되도록 하여야 한다.

7 전자문서의 열람 체계 구축

행정기관의 장은 검토·협조 및 결재 중인 전자문서를 검토자·협조자 및 결재권자가 동시에 볼 수 있도록 전자문서의 열람 체계를 구축할 수 있다.

8 각종 대장·서식의 전자관리

각종 대장·서식 등은 특별한 사유가 없는 한 전산화·자동화가 용이하도록 전자문서 시스템 또는 업무관리 시스템 등으로 관리하여야 한다.

9 문서의 보안 유지

행정기관의 장은 공문서를 수발할 때 문서의 보안 유지와 분실·훼손 및 도난 방지를 위한 적절한 조치를 강구하여야 하며, 행정기관의 장은 보유

[별지 제6호의2 서식]

사용자 계정 및 전자이미지서명 등록신청서

소 속				전화번호	
성 명		직 위		직 급	
주민등록번호					
사용자 계정 (ID)	㉠				
	㉡				
	㉢				
비 밀 번 호					
전자이미지서명					

사무관리규정시행규칙 제29조 제2항의 규정에 의하여 사용자 계정(ID) 및 전자이미지서명 등록을 신청합니다.

년 월 일

신청인 (서명 또는 인)

○○기관의 장 귀하

※ 작성 방법

1. 소속은 과 단위까지 구체적으로 기재한다.
2. 사용자 계정(ID)은 ㉠㉡㉢란에 다음 기준에 의하여 기재한다.
   첫 자는 영문으로 그 외 문자는 영문과 숫자를 조합해서 6~8자 이내로 기재한다(중복되는 사용자 계정이 있을 경우에는 ㉡㉢순으로 부여된다). 다만, 사용자 계정은 기관의 실정에 따라 달리 정할 수 있다.
3. 비밀번호는 영문과 숫자로 6~8자 이내로 기재하되, 최초로 등록한 후 즉시 변경하여 사용하여야 한다.
4. 전자이미지서명은 서명자의 성명을 반드시 한글로 알 수 있도록 표시하되, 사인펜 등으로 네모 안에 꽉 차도록 진하고 크게 표시한다.
5. 작성 방법은 예시이므로 기관의 설정에 따라 변경하여 사용할 수 있다.

하고 있는 컴퓨터에 대하여 비밀번호를 부여하여야 한다.

정보통신망을 이용하여 문서를 작성·처리하고자 하는 자는 개인별 사용자 계정(ID)·비밀번호 및 전자이미지서명을 등록하여 사용한다(별지 제6호의2 서식). 이 경우 비밀번호는 최초로 등록한 후 즉시 변경하여야 한다. 전자이미지서명 대신에 전자문자서명을 사용하는 경우에는 전자이미지서명을 등록하지 않을 수 있다. 또한 컴퓨터 및 개인별 비밀번호는 문서의 보호 및 보안 유지를 위하여 수시로 변경하여야 한다.

Chapter

03 문서의 구성 체계

제1절 문서의 구성

2004년 1월 1일부터는 일반문서 중 기안문과 시행문은 두문, 본문, 결문 등 크게 세 부분으로 다음과 같이 구성된다.

① 두문(頭文)은 행정기관명, 수신자, (경유)로 한다.

② 본문(本文)은 제목, 내용, 붙임으로 한다. 다만, 전자문서인 경우에는 제목 및 내용으로 할 수 있다.

③ 결문(結文)은 발신 명의, 기안자, 검토자, 협조자, 결재권자의 직위 또는 직급 및 서명(전자문서서명, 전자이미지서명 및 행정전자서명을 포함한다), 문서의 생산등록번호와 시행 일자, 문서의 접수등록번호와 접수 일자, 행정기관의 우편번호, 주소, 홈페이지 주소, 전화번호, 모사전송번호, 공무원 개인의 공식적인 전자우편 주소 및 공개 구분으로 한다.

다만, 기안문 및 시행문이 전자문서인 경우에는 두문, 본문, 결문 및 붙임으로 구성하거나 표제부와 본문부로 구성할 수 있으며, 표제부와 본문부로 구성하는 경우는 표제부는 두문, 본문의 제목 및 결문으로, 본문부는 제목, 내용 및 붙임으로 구성할 수 있다.

제 2 절 두문 작성 요령

1 행정기관명

행정기관명은 해당 문서를 생산한 기관의 명칭을 말하며, 이는 내부결재문서, 대내문서, 대외문서를 막론하고 기안자가 소속된 기관의 명칭을 쓴다. 기관명은 문서의 위쪽 끝에서 3㎝를 띄우고 중앙에 쓴다.

<예> 환경부, 영동대학교, 충청북도교육청

2 수신의 표시

문서의 두문 중 수신의 표시는 수신자 또는 수신자 기호를 먼저 쓰고, ( ) 안에는 처리할 자(보조기관 또는 보좌기관을 말한다)의 직위가 분명한 경우에는 그 직위를 쓰되, 처리할 자의 직위가 분명하지 않는 경우에는 ( ) 안에 '○○업무 담당과장' 등으로 쓴다. 수신은 그 문서를 받는 자를 말한다. 내부결재문서는 수신란에 '내부결재'라고 표시한다. 수신자가 하나인 경우와 많은 경우에는 그 표시하는 방법이 다르다.

① 수신자가 하나인 경우: 수신자가 개인인 경우에는 성명과 주소를 함께 기재하여 동명이인의 혼란을 피하도록 한다. 수신자가 기관이나 단체인 경우에는 기관장 또는 대표자의 직명을 기재한다. 여기서 단체(기관)명과 단체(기관)장의 성명을 함께 기재하는 것은 부적절하다.

<예시 1> 수신자 김청주(우 361-735 청주시 흥덕구 가경동 1506)

<예시 2> 수신자 영동군수(○○과장)

<예시 3> 수신자 가47(예산업무 담당과장)

<예시 4> 수신자 내부결재

② 수신자가 둘 이상의 경우: 수신자가 너무 많아 본문의 내용을 기재할 난이 줄어들어 본문의 내용을 첫 장에서 파악하기 곤란한 경우에 한하여 수신란에 '수신자 참조' 또는 '받는 자 참조'라고 쓰고 결문의 발신명의 왼쪽 아래에 '수신자' 또는 '받는 곳'이라고 기재한 다음, 수신자 또는 수신자 기호를 표시하면 된다.

<두문> 수신자 수신자 참조(예산업무 담당과장)

<결문> 수신자 청주대학교, 영동대학교, 배재대학교

<결문> 수신자 가, 나, 다, 국회사무처

<결문> 수신자 다01, 다07, 다09, 다11

③ 문서 처리의 능률화를 기하기 위하여 각 수신자마다 기호나 숫자로 약호를 정하여 사용함으로써 문서의 간소화를 기하고 있다.

<예시> 가, 나……, 01, 02……, 가01, 가02, 나01, 나02 …… 등

참고로 현재 정부에서 사용하고 있는 수신자 기호는 다음과 같다.

- 각 중앙행정기관 등: 가01, 가02, 가03 …… 등
- 각 시·도: 나01, 나02, 나03 …… 등
- 각 시·도 교육청: 다01, 다02, 다03 …… 등
- 이북 5도: 라01, 라02, 라03 …… 등
- 정부투자기관: 마01, 마02, 마03 …… 등

제 3 절 본문 작성 요령

1 제 목

제목은 그 문서의 내용을 함축하여 나타내는 문구로서 문서의 내용을 쉽게 이해할 수 있도록 쉬운 용어로 간단하고 명확하게 표시하여야 한다.

제목의 끝 부분에는 문서의 성격을 쉽게 알 수 있도록 개최, 조사, 통보, 요구, 보고,[1] 의뢰, 신청, 회신 등의 함축적이고 간단한 용어를 사용하는 것이 바람직하다.

<예> ○○○ 통보

○○○ 조사

2 내 용

문서의 내용은 수신자가 전달하고자 하는 내용을 신속하고 명확히 알 수 있도록 누구나 이해하기 쉽고 간결한 표준어로 상황에 적절한 표현를 하여야 한다. 문서의 내용이 긴 경우에는 서술식보다는 항목으로 구분하여 지루하지 않게 하는 것이 더욱 효과적이다.

회보를 제외하고는 같은 내용의 문서는 가급적 한 건의 사안은 한 장의 문서(一件一文書主義)로 작성하고, 내용이나 성질이 다른 문서는 1건으로 작성하는 것보다 분리하여 작성하는 것이 문서의 분류, 수발, 보관, 보존 등 문서의 관리에 편리하다.

항목의 표시 방법 및 문서의 '끝' 표시 방법은 앞에서 제시한 문서 작성의 마무리를 참조하면 된다.

---

1) 보고와 통보를 혼동하기 쉬우나 대체로 다음과 같은 차이가 있다.

① 보고(報告)는 보고자, 즉 문서 작성자 또는 발신기관의 장보다 상급자나 상급기관에 의사 전달을 하는 경우에 사용한다. 다시 말하면 상향적 커뮤니케이션이 이루어질 때를 의미한다.

<예> 하급자 → 상급자에게, 하급기관 → 상급기관에

② 통보(通報)는 보고자(기관)와 동급자이거나 동급 기관에 또는 유사한 다른 기관과의 의사 전달을 하는 경우에 사용한다. 다시 말하면 수평적 커뮤니케이션이 이루어질 때를 의미한다.

<예> 동료 간에, 동급의 상급(하급)기관 간에, 다른 기관 간에

3 붙 임

문서의 내용 중 서식, 참고 서류 등 그 내용이 복잡하거나 양이 많아 본문의 내용으로 직접 표시하기 곤란한 경우에는 별도로 덧붙이면 된다. 덧붙이는 것(첨부물)이 두 가지 이상인 경우에는 항목을 구분하여 표시한다.

[그림 2-10] 붙임의 예시

(본문의 내용)……………………………………………………………………………………
……………………………………………………………………………………………………
…………………………………………………………………………하여 주시기 바랍니다.
붙임× 1.∗○○○계획서 1부.
2.∗○○○진도보고서 서식 1부.×끝.

제 4 절 결문 작성 요령

1 발신 명의

발신 명의(發信名義)는 당해 문서의 작성자를 말하며, 다음과 같이 사안에 따라 다르다.

① 문서는 행정기관 또는 행정기관의 장(長)의 명의로 발신한다. 다만, 합의제 기관의 권한에 속하는 문서는 당해 기관의 명의로 발신한다.

② 법령에 의하여 행정 권한이 위임 또는 위탁된 경우에는 그 위임 또는 위탁을 받은 자의 명의로 발신한다.[2]

③ 기관 내에 보조기관 및 보좌기관[3] 상호간에 발신하는 문서는 보조기관 또는 보좌기관 명의로 발신한다. 다만, 내부결재 문서는 발신 명의를 표시하지 아니한다.

2 발신기관 정보 등

문서의 결재선에 대한 정보뿐만 아니라 문서 발신기관의 여러 가지 정보, 즉 기안자, 검토자, 협조자, 결재권자의 직위 또는 직급 및 서명, 문서의 생산등록번호와 시행 일자, 문서의 접수등록번호와 접수 일자, 행정기관의 우편번호, 주소, 홈페이지 주소, 전화번호, 모사전송번호, 공무원 개인의 공식

---

2) 행정 권한의 위임과 위탁
행정 능률의 향상과 행정사무의 간소화를 위하여 행정관청이 법령상 자기 권한의 일부를 다른 관청에 이양하고 그것을 이양받은 관청의 권한을 그의 명의와 책임하에 행사하게 하는 것을 행정 권한의 위임 또는 위탁이라고 한다. 행정 권한의 위임 및 위탁에 관한 규정(제2조)에서는 위임과 위탁을 다음과 같이 구분하여 사용한다.
① '위임'이라 함은 각종 법률에 규정된 행정기관의 장의 권한 중 일부를 보조기관 또는 하급행정기관의 장이나 지방자치단체의 장에게 맡겨 그의 권한과 책임하에 행사하도록 하는 것을 말한다.
② '위탁'이라 함은 각종 법률에 규정된 행정기관의 장의 권한 중 일부를 다른 행정기관의 장에게 맡겨 그의 권한과 책임하에 행사하도록 하는 것을 말한다.

3) 보조기관과 보좌기관의 구별
보조기관과 보좌기관을 구별하는 학설도 있고(김도창, 1992: 65; 박윤흔, 1994: 28; 석종현, 1993: 80), 한편 '권한'이라고 하는 법적 측면에서 보좌기관은 보조기관의 일종으로 보는 것이 타당하다고 하는 학설(김남진, 1994: 37 ; 이상규, 1994: 58)도 있다. 그러나 보조기관과 보좌기관 간의 일반적인 차이점을 살펴보면 다음과 같다.
① 보조기관: 행정청에 소속되어 행정에 관한 국가 의사를 스스로 결정·표시하는 권한은 없고 행정청의 권한 행사를 보조함을 임무로 하는 기관을 말한다. 그러나 보조기관도 행청관청의 권한위임에 의거 행정관청을 대리하는 경우에는 그 범위 내에서 행정관청의 권한을 갖는다. 다시 말하면 계선조직을 의미한다. 정부조직법 제2조에 의하면 차관·차장·실장·국장·과장 등이 이에 해당한다.
② 보좌기관: 행정청 또는 보조기관의 권한 행사를 보좌함을 임두로 하는 기관으로서 정책의 기획, 연구, 조사 등 참모적 기능을 담당하는 기관을 말한다. 넓은 의미로는 보조기관의 일종이라고 할 수 있다. 정부조직법에 의하면 차관보, 담당관 등이 이에 해당한다.

적인 전자우편 주소 및 공개 구분 등을 표시한다. 이는 문서를 수신한 기관이 당해 문서의 내용에 관하여 발신기관에 의문 사항이 있을 때에 질의하거나 당해 업무에 관하여 협의할 때에 용이하게 활용할 수 있도록 한 것이다.

1) 결재선의 표시

기안자, 중간검토자, 협조자, 결재권자의 직위·직급 및 서명란은 직위가 있는 경우에는 직위를 온전하게 쓰고, 직위가 없는 경우에는 직급을 온전하게 쓰며, 서명란에는 서명[4]을 표시한다.

2) 통신정보 등

① 우편번호 및 주소: 우편번호와 주소를 기재하되, 주소는 층수와 호수까지 기재한다.

<예> 우 110-760 서울특별시 종로구 세종로 77 11층 1115호

② 행정기관 홈페이지 주소: 행정기관의 홈페이지 주소를 기재한다.

<예> www.mopas.go.kr

③ 전화 ( ) 전송 ( ): 전화번호와 모사전송번호를 각각 기재하되, ( ) 안에는 지역번호를 기재한다. 당해 기관 내부문서의 경우는 구내 전화번호를 기재한다.

④ 공무원 개인의 공식적인 전자우편: 행정기관에서 공식적으로 공무원 개인에게 부여한 전자우편 주소를 기재한다.

<예> ljd0969@mopas.go.kr

⑤ 공개 구분: 공개, 부분 공개, 비공개로 구분하여 표시한다.

⑥ 관인 생략 등 표시: 발신 명의의 오른쪽에 관인 생략 또는 서명 생략을 표시한다.

---

4) 사무관리규정 제3조의 규정에 의한 서명, 문자서명, 전자이미지서명 또는 행정전자서명을 말한다.

3 문서번호

공공기관의 기록물에 관하여 종전에는 사무관리규정에서 규정하고 있었으나, 공공기록물 관리에 관한 법률이 별도로 제정되어 2000년 1월 1일부터 시행되고 있다. 따라서 2004년 1월 1일부터는 종전의 공문서 분류 및 보존에 관한 규칙이 폐지되고 공공기록물 관리에 관한 법률, 동법 시행령 및 동법 시행규칙이 새로이 제정 시행됨에 따라 전면적으로 개편되었다. 개편된 문서번호는 처리과 기관코드 + 연도별 등록일련번호로 구성된다. 여기서 처리과 기관코드는 각 기록물 관리기관에서 작성하여 고시하는 기록물 분류기준표에 의거하며, 연도별 등록일련번호는 처리과별로 비치되어 있는 기록물등록대장의 연도별 등록번호를 말한다.

그러나 문서의 표면상에는 처리과의 약칭과 일련번호를 기재하여야 한다. 처리과의 약칭은 처리과명 중에서 과 또는 담당관을 제외한 명칭을 기재하고, 일련번호는 연도별 일련번호를 기재하며, 그 표시 요령은 다음과 같다.

<예> ① 전자문서 시스템 내에서

6010509－100

－6010509: 기록물분류기준표에 의한 처리과 기관 코드를 의미

－100: 처리과에 비치된 기록물등록대장의 등록번호

② 문서의 표면상에는

행정능률 - 100

4 시행 일자

시행 일자는 문서를 시행한 날짜를 말한다. 외부로 발송되는 문서는 발송 일자와 시행 일자가 같은 것이 보통이다. 결재 일자, 시행 일자, 발송 일

자가 동일한 경우가 대부분이고 조금씩 늦춰질 경우도 있다. 도달주의나 발신주의에 따라 효력 발생에 관한 법적인 문제가 있을 경우에는 시행 일자가 중요한 기준이 되기도 한다.

시행 일자와 접수 일자란에는 연월일을 각각 온점(.)을 찍어 숫자로 기재한다. 다만, 민원문서인 경우에는 시행 일자와 접수 일자란에는 시, 분까지 기재한다.

Chapter

04 문서의 접수 및 처리

제1절 문서의 접수

1 문서 접수의 의의

문서의 접수(接受)는 일반적으로 관계 기관(부서)에 배달되거나 제출되는 문서를 당해 기관(부서)의 관련 대장에 등재하고 일련번호를 부여하며, 도달 일시를 기록함으로써 도달 사실을 확인하는 것을 말한다.[1)]

2 문서의 접수 방법

외부로부터 접수되는 모든 문서는 접수처를 특별히 정하거나 법구에 정해진 경우를 제외하고는 처리과에서 직접 받아 기록물등록대장[2)]에 등재하

1) 접수(接受)와 유사한 개념으로 수리행위(受理行爲)가 있는데, 이는 각종 원서, 신청서, 신고서, 청구서 등을 권한 있는 행정청이 받아들임으로써 타인의 행위를 유효하게 인정하는 행위를 의미하며(홍정선, 1995: 293), 이에 비하여 접수는 단순히 제출되거나 배달된 서류를 받아서 관련 대장에 등재하고 일련번호를 부여하는 것이다.

고 번호를 부여하여야 하며, 개인 명의로 된 우편물이나 정기적인 공공요금고지서, 신문, 잡지 등은 등록대장에 등재하지 않고 처리하면 된다. 문서의 접수 요령은 다음과 같다.

① 문서는 처리과에서 접수하여야 하며, 문서과에서 직접 받은 문서는 지체없이 처리과에 이를 배부하여 접수하게 하되, 배부정보는 공공기록물 관리에 관한 법률 시행령 제20조에 따른 등록정보로 관리하여야 한다.

② 접수된 문서에는 행정안전부령이 정하는 접수인[3]을 찍고 그 접수 일시 공공기록물 관리에 관한 법률 시행령 제20조에 따른 접수 등록번호를 기재하여야 하며, 전자문서인 경우에는 그 접수 일시와 접수 등록번호가 자동으로 표시되도록 하여야 한다. 다만, 문서과에서 직접 받은 문서는 문서과가 접수 일시를 기재하여 이를 처리과로 보낸다.

③ 상기의 접수인은 특별한 사유가 있는 경우를 제외하고는 두문의 오른쪽 여백에 찍어야 한다. 다만, 사무관리규정시행규칙 별지 제1호의2 서식을 사용한 경우에는 이를 찍지 아니하며, 경유문서의 경우에는 경유 표시인을 문서의 적당한 여백에 찍어서 사용한다.

④ 문서처리 담당자는 행정안전부령이 정하는 경우[4]에는 공람(供覽)[5]할 자의 범위를 정하여 그 문서를 공람한다. 다만, 전자문서인 경우에는 공람

---

2) 종전에는 문서접수대장과 문서등록대장을 구분하여 처리과에서 비치하고 관리하였으나, 2004년 1월 1일부터는 접수 및 생산문서를 통합하여 기록물등록대장으로 변경하여 사용하고 있다.

3) 종전에는 접수인 대신 문서처리인을 사용하였다.

4) 행정안전부령이 정하는 공람문서의 범위는 ① 결재권자로부터 처리지침을 받아야 할 필요가 있는 문서, ② 민원문서, ③ 행정기관 간 또는 행정기관 내 보조기관 또는 보좌기관 간 업무 협조에 관한 문서, ④ 접수된 문서를 처리하기 위하여 소관 사항 등 형식적인 면 또는 법률, 예산 등 내용적인 면에서 검토가 필요한 문서, ⑤ 그 밖에 공무원의 신상, 교육훈련 등과 관련하여 공무원이 개별적으로 또는 전체적으로 알아야 할 문서.

5) 종전에는 선람 제도가 있었다. 선람(先覽)은 결재권자가 접수된 문서의 내용을 신속히 판단하여 처리지침 또는 문서의 내용에 대한 지시를 하기 위하여 보조기관이나 보좌기관에 공람(供覽)하기 전에 먼저 결재권자에게 보여 주는 것을 말한다. 비교적 중요한 문서라고 인정되면 선람을 하며, 선람시에 결재권자는 문서의 처리 기한 및 처리 방법을 지시할 수 있으며, 필요하다고 인정하는 때에는 그 처리 담당자를 따로 지정할 수도 있었다. 그러나 2004년 1월 1일부터는 접수문서의 선람서명과 공람서명을 폐지하고, 문서 처리 담당자가 접수문서의 열람(서명하지 않는 열람을 말한다) 범위를 지정하도록 하며, 전자문서의 열람 기록이 전자문서 시스템 내에서 유지되도록 하였다.

하였다는 기록이 전자문서 시스템 또는 업무관리 시스템상에서 자동으로 표시되도록 하여야 한다.

⑤ 기관의 장은 정보통신망을 이용하여 문서를 접수할 수 있도록 필요한 조치를 할 수 있으며, 정보통신망을 이용하여 접수된 문서도 상기의 문서처리 요령에 따라 처리하여야 한다. 다만, 발신자의 주소, 성명 등이 불분명한 경우에는 접수하지 아니할 수 있다.

⑥ 우편으로 발송한 문서를 접수한 경우에 발송기관의 요구가 있는 때에는 공문서 영수증을 보내 주어야 하며, 인편에 의하여 문서를 접수한 때에는 서명 또는 날인하여 영수의 표시를 하여야 한다.

⑦ 민원문서의 접수 및 처리는 민원사무 처리에 관한 법률이 정하는 바에 의한다.

⑧ 당직 근무자가 문서를 받은 때에는 다음 날 정상 근무 시각 시작 후 지체없이 문서과에 인계하여야 한다.

<예> 금요일 오후 7시에 접수된 문서

→ 월요일 출근 시간 직후 즉시 문서과에 인계한다.

→ 월요일이 공휴일이면 화요일 출근 시간 직후 인계한다.

⑨ 감열 기록 방식의 모사전송기에 의하여 문서를 수신한 때에는 수신문서의 장기 보존이 불가능하므로 보존 기간이 3년 이상인 문서는 복사하여 접수하도록 한다. 이 경우 수신한 원본 문서는 즉시 폐기하되 내용이 중요한 문서는 원형을 알아볼 수 없도록 절단기에 넣어 폐기하거나 소각한다.

3 접수문서의 기록 유지

문서과는 기록물등록대장, 기록물배부대장을, 처리과는 기록물등록대장을 각각 비치하고 문서의 접수, 배부 및 생산 현황을 기록·유지하여 감독자가 언제든지 문서 처리 상황을 확인·점검할 수 있도록 한다. 그러나 조직이 단순하여 문서과와 처리과를 구분할 필요가 없는 기관은 기록물등록대장만 비치·사용하면 된다.

제 2 절 문서의 배부

문서의 배부(配付)는 처리과에서 문서를 직접 받지 아니하고, 문서과에서 접수한 문서를 사무 분장에 따라 처리과로 보내는 것을 말한다. 접수된 문서는 다음과 같은 요령으로 처리과에 배부한다.

① 문서과에서 직접 접수한 문서는 기록물배부대장에 접수 일시 및 등록번호를 기재하고 그 문서를 사무 분장에 따라 해당 처리과에 보낸다.

② 문서과에서 직접 받은 문서가 2 이상의 보조기관 및 보좌기관에 관련되는 때에는 그 관련성의 정도가 가장 높다고 판단되는 보조기관 또는 보좌기관에 보내야 한다. 처리과에서 직접 접수한 경우에도 또한 같다. 아울러 문서를 접수한 처리과는 당해 문서를 복사하여 관련 보조기관 또는 보좌기관에 이송하여야 한다.

③ 처리과로 배부된 문서는 처리과의 기록물등록대장에 등재하고 담당자에게 인계하여야 한다.

제 3 절 문서의 반송 및 재배부

접수문서에 형식상의 중대한 하자가 있는 경우에는 발신기관에 반송할 수 있으며, 조직체 내에서 문서의 배부가 잘못 되었을 경우에는 사무관리 규정이나 사무분장표에 의거하여 다음과 같은 요령으로 다시 배부하여야 한다.

① 접수한 문서에 형식상의 흠이 있을 때에는 그 문서의 생산등록번호, 시행 일자, 제목과 반송 사유를 명시하여 발신 행정기관에 이를 반송할 수 있다.[6)]

② 행정기관의 장은 접수한 문서가 소관 사항이 아닌 경우에는 이를 지체없이 해당 소관기관의 장에게 이송하여야 한다.

③ 다만, 접수문서의 형식상의 흠이 중대하고 명백한 때에는 반송을 하되, 경미한 경우에는 처리과로 보내어 발신기관에 대하여 보완을 요구하도록 하는 것이 문서의 신속한 처리를 위하여 바람직하다.

제 4 절 경유문서의 처리

경유문서(經由文書)란 개별 법령의 규정 또는 사무관리규정의 문서 발신 원칙에 따라 수신기관에 보낼 문서를 사전에 경유기관[7]을 거치도록 한 문서를 말한다.

경유기관은 접수한 경유문서에 대한 검토를 마친 후 다른 경유기관 또는 최종 수신자에게 보내는 때에는 결재권자의 결재를 받아 경유기관의 장의 명의로 발송하는 문서에 경유문서를 붙여 보내야 하며, 경유기관에서 의견이 있는 때에는 그 의견을 붙여 보내야 한다.

경유기관의 장은 경유문서를 최종적으로 처리할 권한이 있는 자가 아니므로 검토 과정에서 형식상, 내용상 흠이 있더라도 이를 이유로 하여 발신 행정기관의 장에게 반송할 수 없다. 또한, 경유문서에 대하여 수정 또는 보완 요구를 할 수 없다.

---

6) 종전에는 문서심사 제도가 있어서 문서심사관 또는 문서과의 장의 권한인 문서의 반송 및 이송 업무가 2004년 1월 1일부터는 행정기관의 장 또는 행정기관이 하도록 규정하였다.

7) 경유기관은 정부조직의 직제상 문서의 발신기관과 수신기관의 중간에 위치한 기관을 말한다.
<예> 직제상으로 청주교육장→충청북도 교육감→교육과학기술부 장관인 경우에, 충청북도 교육감이 경유기관이 된다. 즉, 청주교육장이 교육과학기술부 장관에게 문서를 발송할 때에 청주교육장의 직근 상급기관인 충청북도 교육감을 말한다.

Chapter 05 문서의 기안

제 1 절 기안의 의의

1 기안의 개념

기안(起案)이란 조직체(부서)의 의사를 결정하기 위하여 문안(文案)을 작성하는 것을 말한다. 기안의 종류에는 기안문 서식을 사용하는 일반기안, 일괄기안, 공동기안이 있고, 접수문서에 직접 내용을 수정하여 기안하는 수정기안이 있으며, 정기보고서 등 일정한 서식에 의한 처리 등이 있다.

2 기안자의 자격

기안자의 자격에 관하여 종전에는 직급의 제한이 있었으나, 현재는 아무런 제한이 없으므로 사무위임 전결규정, 사무관리규정 및 기타 법규에 의한 사무분장상의 사무담당자는 직급에 관계 없이 기안할 수 있다. 또한 접수문서를 공람하는 결재권자[1]는 동 규정 제23조 제4항의 규정에 의하여 그

1) 2004년 1월 1일부터는 열람(서명하지 않는 열람을 말한다)하는 결재권자를 말한다.

처리담당자를 따로 지정할 수 있으므로 이 경우의 지정된 자도 기안자가 된다.

3 기안의 요인

기안은 다음과 같은 요인이 발생하였을 때에 하게 된다.

① 접수한 문서의 내용을 처리하기 위한 경우

② 상급자의 지시 사항을 처리하기 위한 경우

③ 기안자가 스스로 창의적인 발의가 있을 경우

④ 법령이나 훈령·예규 등에 의한 직무상 권한(감사원의 수보[受報] 사항 등) 또는 의무(정기보고나 수시보고 사항 등)의 이행

4 기안의 형식

문서의 기안은 전자문서[2]로 함을 원칙으로 한다. 다단, 업무의 성격, 기타 특별한 사정이 있는 경우에는 종이문서로 기안할 수 있다.

기안문 서식의 종류는 일반기안문(종이문서+전자문서), 전자기안문(전자문서), 간이기안문(종이문서+전자문서) 그리고 대통령 결재용 기안문 등으로 구분한다. 2004년 1월 1일부터는 전자결재의 활성화 및 전자문서의 원활한 유통을 위하여 기안문과 시행문을 하나로 통합하였다. 일반 기안문 서식은 시행문으로도 사용되기 때문에 종전과 비교해서 그 모양이 크게 변경되었다.[3]

---

2) 행정 업무의 전자적 처리를 위하여 '전자정부 구현을 위한 행정업무 등의 전자화 촉진에 관한 법률'을 제정하여 2001년 7월 1일부터 시행해 오다가 이를 좀더 광범위하게 '전자정부법'을 2010년 2월 4일 제정하여 종이문서 등을 최대한 감축하고, 행정기관의 문서는 전자문서를 기본으로 하여 작성·발송·접수·보관·보존 및 활용되도록 하였다.

3) 변경되는 통합서식은 이 책 제5장 제3절 기안의 종류 및 방법에서 예시하였다.

5 발의자와 보고자의 표시

기안문서의 결재란에는 발의자(發意者), 즉 기안하도록 지시한 자 또는 기안자(기안자가 스스로 입안한 경우)와 보고자(報告者), 즉 결재권자에게 직접 보고하는 자를 알 수 있도록 표시하여야 한다.

사무관리규정시행규칙에서 발의자는 '★' 표시를, 보고자는 '◉' 표시를 해당 직위 또는 직급의 앞 또는 위에 하도록 하고, 발의자와 보고자가 같은 사람일 때는 ★, ◉ 표시를 함께 하도록 하였다. 다만, 전자문서의 경우에는 해당란에 '★' 표시를 하거나 발의자가 누구인지를 검색할 수 있도록 기안자・검토자 또는 결재권자의 직위 또는 직급란에 발의자 항목을 추가할 수 있다. 또한 전자문서의 결재 등 결재권자에게 직접 보고하지 아니하는 경우에는 보고자의 표시를 생략하며, 다음 각 호의 경우에도 이를 생략할 수 있다.

① 검토 및 결정을 요하지 아니하는 문서
② 제증명 발급, 회의록 기타 단순 사실을 기록한 문서
③ 일상적・반복적인 업무로서 경미한 사항에 관한 문서

제 2 절 기안문의 작성

1 기안문의 작성 순서

기안문(起案文)은 문서의 내용이 명확하게 전달될 수 있도록 정확하고 간결하며 알기 쉽게 표현하여야 한다. 좋은 기안문을 작성하기 위한 순서는 대체로 다음과 같다.

① 가장 먼저 작성 목적을 정확하게 파악한다. 즉, 작성 이유 또는 그 문서의 기대 효과, 결재권자의 의도 및 지시 내용, 접수문서의 내용 등을 갈한다.

② 작성 목적에 맞는 정보를 수집·선택한다. 즉, 관계 법령, 행정 관례, 참고 문헌 등을 찾아보고 필요한 내용을 선택한다.

③ 수집·선택한 정보를 가지고 기안의 목적에 맞게 초안(初案)을 작성하고 관계 규정을 검토한다.

④ 초안에 의거 관계 규정을 검토한 결과 다음 사항을 고려하여 본안(本案)을 작성한다.

- 기안문의 중점적인 내용을 분명하게 하여 문장을 구성하도록 한다.
- 상대방의 입장에서 이해하기 쉽게 표현한다.

⑤ 작성 후에는 반드시 작성된 기안문을 정독하여 잘못된 부분이나 불필요한 부분이 없는가를 확인하여야 한다.

2 기안문의 작성 원칙

기안문의 내용은 그 조직의 의사를 상대방에게 전달하려는 것이 대부분이기 때문에 문서의 구성이나 문장의 표현에 신중을 기하여야 한다. 따라서 다음과 같은 작성 원칙을 지켜 작성하면 더 좋은 기안문이 될 것이다.

1) 정확성(바른 글)

① 기안문 내용의 정확성을 기한다. 기안하고자 하는 중심 내용이 빠지지 않도록 유의한다. 6하 원칙에 의거 작성하는 것이 좋다.

<예 1> 스승의 날 행사 통보 …… 스승의 날 행사에 많은 학생이 참석하도록 하여 이 행사를 더욱 빛내 주시기 바랍니다.

(꼭 들어가야 할 사항)

- 행사 목적, 행사 시간, 행사 장소, 참석 대상 및 인원
- 당일의 수업 여부와 수업이 진행된다면 행사에 참여한 학생

들의 출석관리부 처리 방법 등이 정확히 제시되어야 함.

<예 2> 우수공무원 표창 대상자 추천 …… 우수한 공무원을 추천하여 주시기 바랍니다.

(꼭 들어가야 할 사항)

- 표창 시기·훈격·대상, 추천 기한, 추천권자, 추천 대상 인원 등이 정확히 제시되어야 함.

② 문장 부호의 정확성을 기한다. 문장 부호를 잘못 사용하면 문맥이 달라지는 경우가 있다. 문장 부호를 정확히 사용하여 문장을 읽는 사람으로 하여금 기안문의 내용을 정확히 파악하도록 해 준다. 주요 문장 부호의 사용법을 살펴보면 다음과 같다.

㉠ 온점(.)

- 서술, 명령, 청유 등을 나타내는 문장의 끝에 쓴다.
  <예> 나는 젊다. 한 시간 내에 돌격하라. 어서 가자.
- 아라비아 숫자만으로 연월일을 표시할 때에 쓴다.
  <예> 2011년 7월 1일 → 2011. 7. 1.
- 표시 문자 다음에 쓴다.
  <예> 1. 2. 3. ……, 가. 나. 다. ……, ㄱ. ㄴ. ㄷ. ……

㉡ 반점(,)

- 같은 자격의 어구가 열거될 때에 쓴다.
  <예> 책, 가방, 연필은 학생들의 필수품이다.
- 짝을 지어 구별할 필요가 있을 때에 쓴다.
  <예> 학생과 연필, 군인과 총은 서로 필수품이다.
- 숫자를 나열할 때에 쓴다.
  <예> 1, 2, 3, 4, ……
- 문장 첫머리의 접속이나 연결을 나타내는 말 다음에 쓴다.
  <예> 첫째, 나는 많이 먹는 편이다.
  다만, 과식은 몸에 좋지 않다.
- 수의 폭이나 개략의 수를 나타낼 때에 쓴다.
  <예> 7, 8세기, 5, 6세, 2, 3개

• 되풀이를 피하기 위하여 한 부분을 줄일 때에 쓴다.

<예> 나는 바다로, 너는 산으로 여름 휴가를 간다.

㉢ 가운뎃점(·)

• 열거된 여러 단위가 대등하거나 밀접한 관계임을 나타낼 때에 쓴다.

<예> 혜선·선화는 나의 예쁜 딸이다.

• 쉼표로 열거된 어구나 다시 여러 단위로 나뉠 때에 쓴다.

<예> 문배·은옥, 창렬·필재로 편을 짜서 탁구시합을 하였다.

• 특정한 의미를 가지는 날을 나타내는 숫자의 사이에 쓴다.

<예> 3·1절, 6·29선언, 12·12사태

• 같은 계열의 단어 사이에 쓴다.

<예> 충청남·북도에 사는 사람들은 천성이 착하다.
가격과 질을 비교·검토하여 물건을 사야 한다.

㉣ 쌍점(:)

• 같은 내용이 포함되는 종류를 예시할 때에 쓴다.

<예> 과일: 사과, 배, 대추, 밤 등

• 소표제 뒤에 간단히 설명이 붙을 때에 쓴다.

<예> 회의 장소: 시청 4층 세미나실

• 시간을 나타낼 때에 시와 분, 논문이나 서적에서 장과 절을 구별하거나 둘 이상을 대비하기 위하여 쓴다.

<예> 오전 5시 10분 → 5: 10 마가복음 3장 2절 → 마가 3: 2
현재 스코어 10 대 5 → 10 : 5

㉤ 큰따옴표(“ ”)

• 글 가운데서 직접 대화를 표시할 때에 쓴다.

<예> “너는 집채만한 호랑이를 본 적이 있느냐?”
“예, 본 적이 있습니다.”

• 남의 말을 인용할 때에 쓴다.

<예> 클럭혼(C. K. M. Kluckhohn)은 문화를 “사회적으로 가치화된 습관”이라고 정의하였다.
국민들은 아직도 박정희 대통령의 “하면 된다”라는 신념을 기

억하고 있다.

ⓗ 작은 따옴표(' ')

- 따온 말 가운데 다시 따온 말이 들어 있을 때에 쓴다.

<예> "여러분, 항상 웃으며 삽시다. 우리 나라 속담에 '웃으면 복이 온다'는 말이 있잖습니까?"

- 마음속으로 한 말을 나타내거나 문장 중 강조하고자 하는 어구가 있을 때에 쓴다.

<예> 요즘 대학생들에게는 '지식'보다는 '인간 교육'이 필요하다고 생각합니다.

여기서 'B/S'란 대차대조표를 말하고, 'P/L'이란 손익계산서를 말한다.

③ 용어를 정확히 사용한다. 기안의 내용에 '이상', '이하', '미만', '초과', '등', '외'와 같이 혼동하기 쉬운 용어를 정확히 사용하여야 한다.

㉠ '이상', '이하', '미만', '초과', '외', '등'의 차이

- '이상'과 '이하'는 그 내용에 포함된다.

<예> 10년 이상 → 10년도 포함된다. 즉, 10년, 11년……

12세 이하 → 12세도 포함된다. 즉, 12세, 11세……

- '미만'과 '초과'는 그 내용에 포함되지 않는다.

<예> 18세 미만 → 18세는 포함되지 않는다. 즉, 17세까지가 해당된다.

20톤 초과 → 21톤부터 해당된다. 즉, 21톤, 22톤……

- '외'는 그 내용(숫자)에 포함되지 않는다.

<예> 김은옥 외 10명 → 김은옥을 포함하지 않고 10명이다. 따라서 김은옥을 포함하면 11명이 된다.

- '등'은 그 내용(숫자)에 포함된다.

<예> 이순동 등 10명 → 이순동을 포함하여 10명이다.

㉡ '이전', '이후', '전', '후'의 차이

- '…… 이전', '…… 이후'는 표시된 일시를 포함한다.

<예> 1월 31일 이전까지 납부하라 → 1월 31일까지 납부하면 된다.

- ‘전’, ‘후’는 표시된 일시를 포함하지 않는다.

  <예> 2월 1일 전까지 공고하시오 → 1월 31일까지 공고하여야 한다.

㉢ ‘과’, ‘와’, ‘및’의 차이

- ‘과’와 ‘와’는 두 단어 사이에서 사용된다.

  <예> 결혼과 사랑은 별개로 생각할 수도 있다.
  너와 나는 적도 되고 친구도 된다.

- ‘및’은 ‘과’나 ‘와’보다는 긴 병렬적인 문장에 사용되며, 문장의 맨 끝에 사용한다.

  <예> 우리 대학에는 행정학과, 경제학과, 경영학과, 국문학과 및 역사학과가 있다.

④ 모호한 표현이나 과장된 표현은 피한다.

2) 용이성(쉬운 글)

① 상대방이 이해하기 쉽게 작성한다. 기안문을 읽는 사람이 알지 못하는 추상적이거나 개념적인 용어 등을 쓰면 기안문의 내용이 정확히 전달되지 않는다.

② 어려운 한자나 전문용어, 그리고 은어(隱語)나 비어(卑語)는 가급적 쓰지 말아야 한다. 다만, 한자나 전문용어를 꼭 쓸 필요가 있는 경우에는 이해하기 쉽도록 한글 옆에 괄호를 하여 함께 써 주거나 해설을 붙이는 것이 좋다.

③ 기안문의 문장은 가급적 개조식으로 쓰도록 한다. 서술식으로 나열하는 것보다는 기안문은 항목을 구분하여 개조식으로 간결하게 쓰는 것이 좋다.

④ 문장은 짧고 간략하게 줄여서 표현한다. ‘……에 관계된다고 볼 수 있으므로’보다는 ‘……에 관계되므로’라는 표현이 좋다.

3) 성실성(호감 가는 글)

① 문서는 성의있고 진실하게 작성한다.

② 상대방에게 불쾌감을 주거나 무시하는 표현은 피하고 적절한 경어를

사용한다.

③ 감정적이고 위압적인 표현을 쓰지 않는다. 문서에 "…… 할 것", "…… 하기 바람" 등과 같이 위압감을 주는 문구를 쓰게 되면 조직 상하 간의 관계를 경직시켜 원활한 의사소통에 지장을 초래하기 쉽기 때문에 바람직하지 않다. 조직구조상 지휘 · 감독 관계에 있다고 하더라도 상호간에 존중한다는 의미에서 "…… 하시기 바랍니다."와 같은 표현을 사용하는 것이 좋다.

4) 경제성(효율적인 글)

① 용지의 지질 · 규격을 표준화한다. 수많은 사람이 기안문을 작성할 때에 지질이나 규격이 다르면 표준화될 경우에 비하여 많은 시간과 노력이 들 것이다.

② 서식을 통일한다. 규정된 서식이 있을 경우에는 반드시 이를 사용하여야 한다.

③ 문자를 부호화하여 사용한다. 지속적으로 많이 사용하는 문자는 부호화하여 사용하면 훨씬 경제적이다.

④ 가급적 1건 1매주의로 작성하여 효율성을 높인다.

제 3 절 기안의 종류 및 방법

1 일반기안

1) 개 념

일반기안(一般起案)이란 어떤 하나의 사안을 처리하기 위하여 일정한 기안문 서식[4]에 문안을 작성하는 것으로서 가장 일반적인 기안 방법이다. 기안문의 내용은 간단 명료하게 1매 1쪽으로 작성하는 것이 좋다.

2) 기안문 서식의 작성 방법

2004년 1월 1일부터는 [그림 2-11]과 같이 기안문과 시행문의 통합 서식을 사용하고 있으며, 그 작성 요령은 다음과 같다.5)

① 행정기관명: 그 문서를 기안한 부서가 속한 행정기관명을 기재한다.

② 수신자 ( ): 수신자 또는 수신자 기호를 먼저 쓰고, ( ) 안에는 처리할 자(보조기관 또는 보좌기관을 말한다)의 직위가 분명한 경우에는 그 직위를 쓰되, 처리할 자의 직위가 분명하지 않는 경우에는 ( ) 안에 ○○업무 담당과장 등으로 쓰며, 수신자가 2 이상인 때에는 수신란에 도두 기재하되, 수신자가 너무 많아 문서의 주된 내용을 첫 장에서 파악하기 곤란한 경우에 한하여 수신란에 '수신자 참조'라고 쓰고 발신 명의의 왼쪽 아래에 수신자란을 설정하여 수신자 또는 수신자 기호를 표시한다.

③ (경유): 경유문서인 경우에 (경유)란에 "이 문서는 경유기관의 장은 ○○○(또는 제1차 경유기관의 장은 ○○○, 제2차 경유기관의 장은 ○○○)이고, 최종 수신기관의 장은 ○○○입니다."라고 표시하고, 경유기관의 장은 제목란에 "경유문서의 이송"이라고 표시하여 순차적으로 이송하여야 한다.

④ 제목: 그 문서의 내용을 쉽게 알 수 있도록 간단하고 명확하게 표시하고, 내용은 그 문서로써 표현하고자 하는 뜻을 쉬운 말로 간략하게 작성한다.

⑤ 발신 명의: 행정기관 또는 행정기관의 장의 명의를 기재하고, 보조기관 또는 보좌기관 상호간에 발신하는 문서는 보조기관 또는 보조기관의 명의를 기재한다.

---

4) 종전의 '기안용지'를 2004년 1월 1일부터는 '기안문 서식'이라고 하고, 전자문서의 원활한 유통을 위하여 기안문과 시행문을 하나로 통합하여 사용하게 되었다.

5) 2004년 1월 1일부터 사용되는 통합된 기안문 서식에서는 행정기관의 실정에 따라 해당 행정기관의 로고, 심벌, 마크 또는 홍보 문구를 공문서 서식의 적당한 위치에 추가할 수 있다. 또한 정책실명제의 실현을 위하여 행정기관의 실정 또는 업무 담당자의 취향에 따라 공문서 서식의 적당한 위치에 업무 담당자의 사진과 성명을 추가할 수 있다.

[그림 2-11] 기안문 서식

행 정 기 관 명

(   )

수신자
(경유)
제목 ______________________________
×××1.*○○○○○○○.
××××가.*○○○○○○○.
×××××1)*○○○○○○○.
        2)*○○○○○○○.
××××나.*○○○○○○○.
×××2.*○○○○○○○.

붙임×○○○○ 1부.×끝.

발 신 명 의

수신자×○,○,○,○.

☞ × 표시는 2타, * 표시는 1타를 띄움

기안자(직위/직급) 서명   중간 검토자(직위/직급) 서명   결재권자(직위/직급) 서명
협조자(직위/직급) 서명
시행 처리과 약칭-일련번호 (시행 일자)   접수 처리과 약칭-일련번호 (접수 일자)
우   주 소   / 홈페이지 주소
전화 ( )   전송 ( )   / 공무원 개인의 공식적인 전자우편 / 공개 구분

⑥ 기안자, 중간검토자, 협조자, 결재권자의 직위/직급 및 서명: 직위가 있는 경우에는 직위를 온전하게 쓰고, 직위가 없는 경우에는 직급을 온전하게 쓰며, 서명란에는 서명(사무관리규정시행규칙 제3호의 규정에 의한 서명, 문자서명, 전자이미지서명 또는 행정전자서명을 말한다)을 표시한다.

⑦ 시행 처리과 약칭-일련번호 (시행 일자) 접수 처리과 약칭-일련번호 (접수 일자): 처리과 약칭은 처리과명 중에서 과 또는 담당관 등을 제외한 명칭을 기재하고, 일련번호는 연도별 일련번호를 기재하며, 시행 일자와 접수 일자란에는 연월일을 각각 온점(.)을 찍어 숫자로 기재한다. 다만, 민원문서인 경우에는 시행 일자와 접수 일자란에 시·분까지 기재한다.

⑧ 우 주소: 우편번호와 주소를 기재하되, 주소는 층수·호수까지 기재한다.

<예> 우110-760 서울특별시 종로구 세종로 77-6 11층 1115호

⑨ 행정기관 홈페이지 주소: 행정기관의 홈페이지 주소를 기재한다.

<예> www.mopas.go.kr

⑩ 전화 ( ) 전송 ( ): 전화번호와 모사전송번호를 각각 기재하되, ( ) 안에는 지역번호를 기재한다. 당해 기관 내부문서의 경우는 구내 전화번호를 기재한다.

⑪ 공무원 개인의 공식적인 전자우편: 행정기관에서 공식적으로 공무원 개인에게 부여한 전자우편 주소를 기재한다.

<예> ljd0969@mopas.go.kr

⑫ 공개 구분: 공개, 부분 공개, 비공개로 구분하여 표시한다.

⑬ 관인 생략 등 표시: 발신 명의의 오른쪽에 관인 생략 또는 서명 생략을 표시한다.

⑭ 기안자·검토자 및 결재권자 (직위/직급) 서명: '기안자·검토자 및 결재권자'의 용어는 표시하지 아니하고, 기안자·검토자 및 결재권자의 직위/직급을 쓰고 서명한다.

⑮ 협조자(직위/직급) 서명: '협조자'의 용어를 표시한 다음, 이어서 직위/직급을 쓰고 서명한다.

⑯ 전결 및 서명 표시 위치: 사무관리규정 제16조 제2항 및 동 규정시행규

[그림 2-12] 민원문서 작성 사례

행 정 안 전 부

수신자 홍길동 귀하 (우110-135 서울특별시 종로구 옥인동 177-22)
(경유)
제목 민원 사항 회신

1. 안녕하십니까? 귀하께서 우리 부에 요청하신 민원 사항에 대하여 다음과 같이 회신합니다.

가. 민원 요청 내용

대통령령 제16,521호로 개정된 사무관리규정이 공포된 후 시·군·구·동 단위 일선(一線) 행정기관이 공문서에 한자 병기(倂記)가 시행되고 있는지 여부와 가능하면 공문서 사본(寫本)을 첨부(添附)하여 주기를 요청한다.

나. 회신 내용

붙임 공문서 사본과 같이 공문서를 작성하는 경우에 올바른 뜻의 전달을 위하여 필요한 경우에는 괄호 안에 한자 기타 외국어를 넣어 사용하고 있습니다.

2. 위 사항과 관련하여 궁금한 사항은 아래 담당자에게 연락하여 주시면 성실히 안내하여 드리겠습니다.

붙임 공문서 사본(한자 병기 사례) 1부. 끝.

행 정 안 전 부 장 관

전결 7/1

행정주사 이남식 행정사무관 김광천 지식제도과장 신천지
시행 지식제도과-141 (2010. 7. 1.) 접수 ( )
우 110-760 서울시 종로구 세종로 77-6 (11층 1115호) / www.mopas.go.kr
전화 (02)3333-4488 전송 (02)3333-5533 / ljd0969@mopas.go.kr / 공개

[그림 2-13] 전자기안문 [별지 제3호의2 서식]

(표제부)

행 정 기 관 명

수신자 ( )
(경유)
제목

본 서식은 표제부입니다.
본문 내용은 본문부(별도 파일)를 이용하시기 바랍니다.

본문 내용에 대한 의견이 있는 경우에만 아래에 기재합니다.
1. 의견 내용
2. 의견을 표시한 자의 소속, 직위(직급) 및 성명

발 신 명 의 인

기안자(직위/직급) 서명 검토자(직위/직급) 서명 결재권자 (직위/직급) 서명
협조자(직위/직급) 서명
시행 처리과명-일련번호 (시행 일자) 접수 처리과명-일련번호 (접수 일자)
우 주 소 / 홈페이지 주소
전화 ( ) 전송 ( ) / 공무원의 공식 전자우편 주소 / 공개 구분

(본문부)

제목 ______

(본문 내용)

붙임

[그림 2-14] 전자기안문 사례

(표제부)

행 정 기 관 명

수신자 수신자 참조
(경유)
제목 『행정안전부 정책평가위원회』 전체회의 개최

본 서식은 표제부입니다.
본문 내용은 본문부(별도 파일)를 이용하시기 바랍니다.

행정안전부장관 관인 생략

수신자 중앙공무원교육원장(교육총괄과장), 정부청사관리소장(관리총괄과장), 국가기록원장(행정과장), 정부통합전산센터소장(정보유통과장), 지방행정연수원장(총무과장)

행정주사 정광근 행정사무관 조흥남 행정관리담당관 전결 7/1 한경호
협조자
시행 행정관리담당관-1348 (2010. 7. 1.) 접수 지식제도과-866 (2010. 7. 2.)
우110-760 서울특별시 종로구 세종로 55(세종로1가 77-6) (14층 1415호) /www.mopas.go.kr
전화 (02)3703-4335 전송 (02)3703-5506 / jkk0816@mopas.go.kr / 공개

(본문부)

제목 '행정안전부 정책평가위원회' 전체회의 개최

1. 행정관리담당관-1348(2010. 7. 1.)호와 관련됩니다.

2. 국무조정실의 하반기 중앙행정기관 평가에 대비하고, 주요 정책과제의 시행 · 평가계획 및 하반기 평가 방향에 대한 실질적인 토론으로 개혁 과제의 효율적인 추진 방안을 모색하기 위하여 '행정안전부 정책평가위원회' 전체회의를 붙임과 같이 개최하오니, 정책과제 소관 실 · 과에서는 회의에 참석하여 주시기 바라며,

3. 아울러, 소관 실 · 과에서 이미 작성한 2010년도 주요 업무 시행 · 평가계획을 다음과 같이 보완하여 2010. 7. 16.(금)까지 제출하여 주시기 바랍니다.

가. 평가계획서 작성 당시와 비교하여 행정환경 변화 등으로 계획 내용이 변경된 경우 수정 · 보완하고, 계획 달성이 어려운 경우 일정 조정

나. 평가계획서 내용에는 없으나, 평가과제와 관련되는 성과가 있는 부분 등은 내용을 추가하여 정책 성과가 극대화될 수 있도록 내용 보강

다. 행정관리담당관-1330(2010. 6. 30.)호로 이미 통보된 "주요 정책 국민만족도" 제고 대책 중 사이버 토론회 내용 등 여론 수렴, 홍보계획을 포함 · 반영하여 충실하게 보완 작성

4. 특히, 각 실 · 국에서는 회의 당일(7. 16.) 오전중에 소위원회를 반드시 개최하고, 전체회의시에 소위원회별로 1차 심의 결과를 분과위원장이 핵심 사항 위주로 보고될 수 있도록 사전 준비에 만전을 기해 주시기 바랍니다.

붙임 행정안전부 정책평가위원회 전체회의 개최계획 1부. 끝.

[그림 2-15] 간이기안문 [별지 제3호의3 서식]

등록 번호	
등록 일자	
결재 일자	
공개 구분	

협조자			

(제 목)

※ 필요한 경우 보고 근거 및 보고 내용을 요약하여 기재할 수 있음.

○ ○ ○ ○ 부 ○ ○ ○ ○ 부
(처 · 청 또는 위원회 등) 또는 (처 · 청 또는 위원회 등)
○ ○ ○ ○ 국 ○ ○ ○ ○ 과

<작성 요령>

1. 이 서식은 보고서·계획서·검토서 등 내부적으로 결재하는 문서에 한하여 사용하며, 시행문으로 변환하여 사용할 수 없다.

2. 등록번호란: 처리과 기관코드[처리과명(처리과가 없는 행정기관은 10자 이내의 행정기관명의 약칭)을 말한다]와 연도별 일련번호를 기재한다.

3. 공개 구분란: 공개, 부분 공개, 비공개로 구분하여 표시한다. 부분 공개, 비공개인 경우에는 공공기록물 관리에 관한 법률시행규칙 제16조의 규정(별표 11)에 의한 공개 여부 구분 번호를 선택하여 (   ) 안에 표시한다.

4. 기안자, 검토자, 협조자, 결재권자의 직위/직급: 직위가 있는 경우에는 직위를 온전하게 쓰고, 직위가 없는 경우에는 직급을 온전하게 쓴다. 다만, 기관장과 부기관장의 직위는 간략하게 쓴다.

5. 발의자(★), 보고자(◉) 표시: 해당 직위 또는 직급의 앞 또는 위에 한다.

6. 전결 및 서명 표시 위치: 사무관리규정 제16조 제2항 및 동 규정시행규칙 제19조 제1항의 규정에 의하여 결재권이 위임된 사항을 전결하는 경우에는 행정기관의 장의 결재란을 설치하지 아니하고 전결하는 자의 서명란에 '전결' 표시를 한 후 서명한다.

7. 전결·대결 및 서명 표시 위치: 사무관리규정 제16조 제3항 및 동 규정시행규칙 제19조 제2항의 규정에 의하여 위임전결 사항을 대결하는 경우에는 행정기관의 장의 결재란을 설치하지 아니하고 전결하는 자의 서명란에 '전결' 표시를 한 후 대결하는 자의 서명란에 '대결' 표시를 하고 서명하며, 위임전결 사항이 아닌 사항을 대결한 경우에는 행정기관의 장의 결재란을 설치하지 아니하고 대결하는 자의 서명란에 '대결' 표시를 하고 서명한다.

8. 보조기관 또는 보좌기관의 전결 사항이 아닌 결재 사항인 경우에는 검토자는 해당란에 서명을 하고, 보조기관 또는 보좌기관은 그 보조기관 또는 보좌기관의 직위를 쓰고, 해당란에 서명한다.

9. 크기 및 결재란 수는 조정하여 사용할 수 있다.

[그림 2-16] 간이기안문 사례 1

등록 번호	지식제도과-624
등록 일자	2010. 7. 1.
결재 일자	2010. 7. 1.
공개 구분	공개

행정주사	행정사무관	지식제도과장	제도정책관
김은이	김춘희	이영환	전결 7/1 김호영
협조자			

2010년도 기관별
목표관리제시행계획서 검토 보고

2010. 7.

행정안전부

조 직 실

[그림 2-17] 간이기안문 사례 2

등록 번호	지식제도과-844
등록 일자	2010. 7. 1.
결재 일자	2010. 7. 1.
공개 구분	공개

행정주사	행정사무관	지식제도과장	제도정책관
전인철	휴가	이영환	전결 7/1 김호영
협조자			

정부지식관리 용역연구사업비 전용 검토

2010. 7.

행정안전부

지식제도과

[그림 2-18] 대통령 결재시 기안문 서식1 [별지 제4호 서식]

행 정 기 관 명

우 주소 /전화( ) /전송( )

<table>
<tr><td>등록 번호</td><td></td><td colspan="3"></td><td>대 통 령</td></tr>
<tr><td>등록 일자</td><td></td><td rowspan="3"></td><td colspan="2">국 무 총 리</td><td rowspan="3"></td></tr>
<tr><td>결재 일자</td><td></td><td colspan="2" rowspan="2"></td></tr>
<tr><td>시행 일자</td><td></td></tr>
<tr><td>관련 기관
협조 여부</td><td colspan="4"></td><td>공개 구분</td></tr>
<tr><td rowspan="2">협
조
기
관</td><td></td><td></td><td></td><td></td><td rowspan="2"></td></tr>
<tr><td></td><td></td><td></td><td></td></tr>
<tr><td>수신자</td><td colspan="2"></td><td>발
신
자</td><td colspan="2">인</td></tr>
<tr><td>제 목</td><td colspan="5"></td></tr>
<tr><td colspan="6"></td></tr>
</table>

[그림 2-19] 대통령 결재시 기안문 서식 2 [별지 제4호의2 서식]

○○수석 (보좌관)	비서실장

○○장관	국무총리	대 통 령
협조자		

등록 번호	
등록 일자	
결재 일자	
공개 구분	

(제 목)

※ 필요한 경우 보고 근거 및 보고 내용을 요약하여 기재할 수 있음.

○ ○ ○ 부
(처 · 청 · 위원회 등)

칙 제19조 제1항의 규정에 의하여 결재권이 위임된 사항을 전결하는 경우에는 행정기관의 장의 결재란을 설치하지 아니하고 전결하는 자의 서명란에 '전결' 표시를 한 후 서명한다.

⑰ 전결·대결 및 서명 표시 위치: 사무관리규정 제16조 제3항 및 동 규정 시행규칙 제19조 제2항의 규정에 의하여 위임전결 사항을 대결하는 경우에는 행정기관의 장의 결재란을 설치하지 아니하고 전결하는 자의 서명란에 '전결' 표시를 한 후 대결하는 자의 서명란에 '대결' 표시를 하고 서명을 하며, 위임전결 사항이 아닌 사항을 대결한 경우에는 행정기관의 장의 결재란을 설치하지 아니하고 대결하는 자의 서명란에 '대결' 표시를 하고 서명한다.

2 일괄기안

1) 개 념

일괄기안(一括起案)이란 서로 관련성이 있는 2개 이상의 사안을 일괄하여 한 기안문 서식에 기안하는 것을 말하며, 종이문서의 일괄기안은 폐지되고 전자문서에 한하여 사용한다.

2) 작성 및 시행 방법

① 일괄기안은 각각의 기안문에 작성한다. 이 경우 각각의 기안문에 는 두문, 본문 및 결문(또는 두문, 본문, 결문 및 붙임)에 들어갈 각각의 구성요소가 모두 포함되어야 한다.

② 각각의 기안문에는 제1안·제2안·제3안·제4안 등의 용어를 쓰지 않는다.

③ 전자문서 시스템에서 일괄기안은 한 번의 지정(확인)으로 각각의 기안문에 기안자·검토자·협조자·결재권자의 정보가 동시에 생성되도록 하여야 한다.

④ 제목은 각 안의 내용 및 성격에 따라 다르게 설정할 수 있다.

⑤ 특별한 사유가 있는 경우를 제외하고는 각각 다른 생산등록번호를 사용하여 같은 일시에 시행하여야 한다.

⑥ 발송할 것을 전제로 하는 기안문이 제1안 내부결재의 내용과 동일한 경우에는 내부결재 안건을 별도로 작성할 필요 없이 생략할 수 있다.

⑦ 대내외로 발송할 문서의 경우, 각각의 기안문에 발신 명의를 모두 표시하여야 한다. 기안문과 시행문이 통합된 서식을 사용하게 됨에 따라 발신 명의를 생략하게 되면, 발신 명의 없이 그대로 시행되어 형식상 흠이 있는 공문서가 되기 때문이다.

3 공동기안

1) 개 념

공동기안(共同起案)이란 2 이상의 기관에서 같은 사안에 관한 의사를 공동으로 결정하는 경우에 해당 기관의 장들로부터 공동으로 결재를 받아 공동의 명의로 시행하는 문서를 말한다.

2) 작성 및 시행 방법

① 공동기안 문서는 당해 업무에 대한 처리를 주관하는 기관에서 기안하여 그 기관의 장의 결재를 먼저 받은 후에 당해 업무와 관계되는 기관의 장의 결재를 받는다.

② 관계 기관이 1개인 경우에는 결재란을 둘로 나누어 왼쪽에는 주관기관의 장의 결재를 받고 오른쪽에는 관계 기관의 장의 결재를 받으면 된다. 관계 기관이 2 이상인 경우에는 기안용지로 처리하기 곤란하므로 별지에 관계 기관의 수만큼 결재란을 만들어 결재를 받는다. 공동기안은 특히 관계 기관의 장의 결재 전에 그 기관의 당해 보조기관과 충분한 협의가 이루어지는 것이 좋다.

③ 공동기안문의 발신 명의 표시는 당해 문서의 처리를 주관하는 기관의 장의 명의를 맨 위에, 그리고 관계 기관의 장의 명의를 그 밑에 표시하되,

관계 기관의 장이 동일 직급일 경우는 중앙 부처간 우선순위에 따라 표시하고, 관계 기관의 장이 동일 직급이 아닌 때에는 상위 직급순으로 기관의 장의 명의를 표시하여 공동 명의로 시행한다.

④ 공동 기안문서는 당해 문서의 처리를 주관하는 기관의 기록물등록대장에 등록하고 그 등록번호를 부여하는 등 주관기관의 문서 처리 절차에 따른다.

4 수정기안

1) 개 념

수정기안(修正起案)은 별도의 기안문서를 작성하지 않고 수신한 문서 그 자체에 수신한 문서와 다른 색깔의 글자로 수정 또는 기입하는 방법으로 기안하는 것으로서, 일반기안의 경우에 비하여 시간을 절약할 수 있는 기안 방법이다. 상급기관에서 시달된 경미한 내용의 문서에 대하여 그 문서의 일부분을 수정하여 하급기관에 다시 통보하는 경우에 많이 활용한다.

그러나 수정기안시 깨끗하게 수정하지 못하는 경우에는 보고 일시, 문서 내용, 발신기관의 결재정보 등에 명확성이 떨어지고 혼선을 가져올 우려가 있어서 새로이 기안문을 작성하여 처리할 것을 권장하기도 한다.

2) 작성 및 시행 방법

① 수정기안을 위하여 문서를 수정하는 때에는 수신한 문서의 내용을 알아볼 수 있도록 수정하는 글자의 중앙에 가로로 선을 긋고 그 위의 여백에 수신한 문서와 다른 색깔이 글자로 수정 또는 기입한다.

② 접수문서에 수정 기안하는 사항을 사전에 모두 수정 또는 기입한 후에 수정한 위의 여백에 결재를 받거나 간이결재인을 찍어 계통적으로 결재를 받는다. 문서를 시행할 때에는 수정기안문을 복사한 후 관인을 날인하여 시행한다.

5 서식에 의한 처리

생산등록번호란・접수등록번호란・수신자란 등이 설계된 서식으로 작성한 문서는 일반 기안문을 따로 작성하지 아니하고 [그림 2-20]과 같은 간이결재인을 찍어 이에 결재함으로써 기안에 갈음할 수 있다.

[그림 2-20] 간이 결재인

※ 결재란의 수는 기관에 따라 적절하게 조정하여 사용한다.
※ 기재 요령
위 칸에는 기안자・검토자 또는 결재권자의 직위 또는 직급을 표시하고, 아래 칸에는 서명을 표시한다.

제 4 절 기안문의 검토 및 협조

1 개 념

검토(檢討)는 소속 구성원들이 기안한 문서의 내용에 관하여 보조기관 또는 보좌기관이 결재 과정에서 그 타당성을 검사하고 따져서 동의 여부를 결정하는 것이고, 협조(協助)는 기안문의 내용과 업무가 관련 있는 다른 부서의 합의를 받는 것을 말한다. 즉, 검토는 계층상의 수직적인 합의를 의미하고, 협조는 수평적인 합의를 의미한다.

2 검토 및 협조의 절차

1) 검토의 절차

기안자는 기안문을 작성하여 내용과 형식 등을 자세히 확인한 후 결재권자의 결재를 받기 전에 보조기관 또는 보좌기관의 검토를 받아야 한다. 검토의 절차는 기안자가 직위(직급)을 쓰고 서명을 한 다음 하위 보조기관 또는 보좌기관에서 상위 보조기관 또는 보좌기관의 순으로 검토를 받는다. 만일 보조기관 또는 보좌기관이 출장이나 휴가로 검토를 받지 못할 경우에는 보조기관 또는 보좌기관의 서명란에 '출장', '휴가' 등으로 그 사유를 기재하고, 그 다음의 보조기관 또는 보좌기관의 검토를 받으며, 부득이한 경우에는 생략할 수 있다.

행정기관의 장은 결재의 신속성, 위임전결의 확대 등을 위하여 결재권자의 결재에 이르기까지 검토자의 수가 2인을 넘지 아니하도록 노력할 것을 규정으로 정하고 있다.

2) 협조의 절차

기안문의 내용이 다른 보조기관이나 보좌기관 또는 다른 기관의 업무와 관련이 있을 경우에는 그 기관의 협조를 받는다. 다만, 기안문에 직접 관계 기관의 장의 협조 서명을 받고자 할 때에는 관계 기관의 장의 협조 서명을 받기 전에 관련 업무를 담당하는 보조기관 또는 보좌기관과 미리 협의를 하여야 한다. 보조기관 간의 협조에서도 협조 부서의 업무 담당자를 거치는 것이 타당한 순서일 것이다.

협조의 내용이 간단한 때에는 기안문의 협조란을 이용하고, 내용이 복잡하여 충분한 검토를 요하는 때에는 기관 간 업무 협조에 관한 규정에 따라 처리하면 된다.

3) 의견이 다를 경우

① 기안문을 검토하거나 협조할 때에 기안문 내용과 의견이 다를 경우에는 당해 문서의 직위(직급)란 다음에 괄호하여 '의견 있음'이라고 표시하고 해당 서명란에 서명하고 그 의견을 당해 문서의 본문의 마지막에 표시하면 되며, 그 의견을 별지로 표시하여야 할 경우에는 '의견 붙임'이라고 하고 그 의견을 별지에 표시하면 되며, 이는 결재권자가 결재를 할 때에 참고하거나, 기안자가 업무 처리시 참고할 수 있도록 하는 것이다.

② 검토나 협조 과정에서 기안자, 검토자, 협조자 상호간에 의견이 다를 경우에는 의견을 사전에 조정하여 가능한 한 합의하도록 노력하여야 하며, 합의가 이루어져 수정하거나 재작성할 경우에는 다른 의견의 표시는 하지 않아도 된다.

Chapter

06 결 재

제 1 절 결재의 개념

결재(決裁)란 하나의 사안에 대하여 당해 기관의 의사를 결정할 권한이 있는 자가 그 의사를 결정하는 행위를 말한다. 다시 말하면, 기안문서의 최종적인 결재권자가 시행 예정인 당해 문서의 내용에 대하여 가부(可否)를 결정하는 것을 말한다. 우리 나라의 결재 제도는 대부분 품의제(稟議制)[1)]로 이루어져 있다.

결재 제도의 장점으로는 다음을 들 수 있다.

① 실무자들(일선 현장에 근무하는 하위직 구성원)의 의견을 의사 결정에 반영시킬 수 있는 기회가 된다.

② 실무자들이 창의성을 발휘할 수 있는 기회가 되며, 직무에 관한 일종의 훈련으로 볼 수도 있다.

---

1) 품의제는 어떤 사안이 있을 때에 주로 상급자의 지시(하급자의 자의에 의한 것도 이에 포함된다)에 의하여 서면으로 기안하여 상급자의 결재를 얻어 일을 처리하는 의사 결정 방식의 한 형태이다. 이의 장점으로는 첫째, 상급자가 업무를 상세히 파악할 수 있다. 둘째, 상·하 간에 당해 업무에 대하여 일체감을 갖는다. 셋째, 참여 의식 고취로 사기가 진작된다. 한편, 이의 단점으로는 첫째, 시간이 많이 걸려서 능률성이 저하된다. 둘째, 업무의 전문성이 결여된다.

③ 결재권자의 부족한 경험이나 지식을 보완할 수 있다.

④ 실무자들이 가지고 있는 많은 정보를 조직체를 위하여 활용할 수 있다.

한편, 결재 제도의 단점은 다음과 같다.

① 모든 업무가 최종 결재권자의 결정에 의하여 이루어지기 때문에 기관의 장으로서 본연의 임무, 즉 외부 기관과의 관계, 주요 사업 계획의 원만한 추진, 부서 간 업무의 조정 등을 소홀히 할 우려가 있다.

② 검토, 협조 등 여러 단계[2]를 거쳐서 결재가 이루어지므로 의사 결정이 늦어져 사업 추진이 지연될 우려가 있다.

③ 모든 업무가 상위직의 최종 결재까지 얻어야 하므로 하위직의 업무처리가 능동적이지 못하다.

이와 같은 단점을 보완하기 위하여는 ① 결재권을 대폭 하위직에게 위임하여야 하며, ② 결재 과정을 간소화하여야 하고, ③ 지나친 형식주의는 피하여야 한다.

제 2 절 결재의 종류 및 방법

1 결재의 종류

결재의 종류는 좁은 의미의 결재, 전결 및 대결의 세 가지가 있다.

① 좁은 의미의 결재(決裁)는 법령의 규정에 의하여 소관 사항에 대한

2) 2004년 1월 1일부터 행정기관의 장은 결재 단계가 3단계가 넘지 않도록 적극 노력하여야 하고, 결재 단계가 3단계가 넘는 때에는 기안자가 결재선을 지정하는 단계에서 기안문의 적당한 여백에 그 이유를 기재하도록 하였다. 다만, 전자문서로 작성하는 기안문의 경우에는 전자문서 시스템 내에서 '결재 단계가 3단계를 넘었습니다. 그 이유를 쓰십시오'라는 신호음이 울리게 하여야 한다. 또한 훈령이나 규칙에 명시한 전결 사항을 상향 조정하여 결재하는 일이 없도록 규정하고 있다.

기관의 의사를 결정할 권한을 가진 자가 직접 그 의사를 결정하는 것을 말한다. 원칙적으로 결재라고 하면 이를 말한다.

② 전결(專決)은 한 기관의 장으로부터 사무의 내용에 다라 결재 권한을 위임받은 보조기관・보좌기관 또는 업무 담당자가 행하는 결재를 말한다. 전결 사항은 당해 기관의 장이 훈령이나 규칙으로 정한다.

③ 대결(代決)은 결재권자가 출장, 휴가 기타의 사유로 인하여 결재를 받을 수 없는 때에 그 직무를 대리하는 자가 행하는 결재를 말한다.[3] 대결의 경우에 내용이 중요한 문서에 대하여는 결재권자에게 사후에 보고하여야 한다.

2 결재의 방법

결재는 기안문 서식 또는 일정한 서식의 정하여진 위치에 서명하면 된다. 서명(署名)은 자필로 자기의 성명을 다른 사람이 알아볼 수 있도록 한글로 표시하는 것을 말하며, 문서 처리에서 서명에는 전자이미지서명을 비롯하여 전자문자서명과 행정전자서명도 포함된다.[4] 전자이미지서명에 의한 결재는 전자문서에 대한 결재, 즉 전자결재를 할 때에 사용한다. 전자이미지서명은 종이 등에 표시된 서명의 형태를 스캐너(scanner) 등을 이용하여 컴퓨터에 기억시켜 두었다가 전자문서를 결재할 때 불러내어 그 전자문서상에 표시하는 방법으로 한다.

---

3) 2004년 1월 1일부터는 대결 사유에 궐위, 궐원을 포함하고, 대결권자를 현행 '그 직무를 대리하는 자'에서, '그 권한을 대행하는 자, 그 직무를 대행하는 자 또는 그 직무를 대리하는 자'로 확대하였다.

4) 2004년 1월 1일부터는 서명에 전자이미지서명뿐만 아니라 전자문자서명, 행정전자서명도 포함한다. 전자이미지서명은 그림 파일이라서 전자결재 또는 전자 유통시 시간이 오래 걸리고 검색이 불가능하여 문제가 있으므로 어느 정도 정착이 되면 서서히 전자문자서명을 사용하도록 유도하려는 의미가 있다.

3 결재의 효과

문서는 다른 법령에 특별한 규정이 있는 경우를 제외하고는 당해 문서에 대한 결재가 있음으로써 성립한다. 따라서 결재는 문서가 성립되기 위한 최종적이며 절대적인 요건이다. 그러나 기록물등록대장, 기록물배부대장 등 일상적인 업무 처리의 상황을 기록하는 비치문서와, 주민등록 관련 제 증명, 건축물대장 등과 같이 원본을 확인하고 사본을 교부하는 문서 등 반복적이고 단순·경미한 집행사무는 통상적인 결재 절차가 없이 관계 법령이나 전결 규정에 따라 당해 업무 담당자가 직접 처리할 수 있는 경우도 있다.

제 3 절 전결과 대결

1 전 결

사무위임 전결규정 등 관계 규정에 의거 전결하는 경우에는 행정기관의 장의 결재란을 설치하지 아니하고 기안문 서식에서 전결할 자의 직위(직급)란 다음의 서명란에 '전결' 표시를 하고 서명하면 된다.5)

종전에는 행정기관의 장은 사무의 내용에 따라 그 보조기관 또는 보좌기관(일상적·반복적 단순집행 업무로서 경미한 사항의 경우에는 당해 업무

5) 2004년 1월 1일부터는 결재권이 위임된 사항을 전결하는 경우에는 전결하는 자의 서명란에 '전결' 표시를 한 후 그 옆에 바로 서명하면 된다. 또한 보조기관 또는 보좌기관의 전결 사항이 아닌 결재 사항인 경우에는 중간 검토자는 해당란에 검토 서명을 하고, 보조기관 또는 보좌기관은 보조기관 또는 보좌기관의 직위를 쓰고, 해당란에 서명한다.

담당 공무원)으로 하여금 위임 전결하게 할 수 있었으나, 현재는 행정기관의 장은 사무의 내용에 따라 그 보조기관, 보좌기관 또는 당해 업므 담당 공무원으로 하여금 위임 전결하게 할 수 있도록 규정하고 있다. 이는 단순 경미한 사항 외의 업무도 전결권을 주어 공무원의 능력을 향상시키고 업구 처리의 신속을 기하여 행정의 생산성을 높이도록 하고 있다.

2 대 결

사무위임 전결규정에 의거 대결하는 경우에는 행정기관의 장의 결재란을 설치하지 아니하고 전결하는 자의 서명란에 '전결' 표시를 한 후 대결하는 자의 서명란에 '대결' 표시를 하고 서명하여야 하며, 위임 사항이 아닌 사항을 대결하는 경우에는 행정기관의 장의 결재란을 설치하지 아니하고 대결하는 자의 서명란에 '대결' 표시를 하고 서명하여야 한다. 또한 행정기관 외의 자에게 시행하는 문서, 관계 서식에 의하여 처리하는 문서에도 동일하게 전결, 대결의 표시를 하여야 한다.

여기서 대결은 직무대리에 관한 규정에 의하여 어떤 직무를 대리하는 자가 결재하는 것을 말한다. 각 기관의 업무상 공백을 없애고 그 책임을 명백히 하기 위하여 직무대리에 관한 사항을 대통령령인 직무대리규정에서 다음과 같이 정하고 있다.

1) 법정대리

법정대리(法定代理)는 기관의 장 또는 담당자가 출장, 휴가 등 사고로 인하여 직무를 행할 수 없을 때 직무대리규정에서 정한 자가 자동적으로 그 직무를 대리하는 것을 의미하는데 직무대리규정 제3조에서는 다음과 같이 정하고 있다.

① 기관의 장이 사고가 있을 때에는 차관·차장, 기타 이에 준하는 자가 대리한다.

② 차관·차장, 기타 이에 준하는 자가 없는 자가 없는 기관의 장이나 차

[그림 2-21] 전결문서 사례 1 (일반문서, 생산된 기안문)

행 정 안 전 부

수신자 보건복지부장관(행정관리담당관)

(경유)

제목 서식 승인 알림

1. 귀 부 행정관리담당관-179(2010. 6. 15.)와 관련됩니다.

2. 귀 부의 소관 법령인 '장애인복지법시행령개정령(안)' 중 별지 서식의 승인신청에 대하여 붙임과 같이 알립니다.

붙임 승인 서식 33부. 끝.

행 정 안 전 부 장 관

행정주사 이남식 행정사무관 김광천 지식제도과장 전결 7/1 **신천지**

협조자

시행 지식제도과-141 (2010. 7. 1.) 접수 ( )

우 110-760 서울시 종로구 세종로 77-6 (11층 1115호)/www.mopas.go.kr

전화 (02)3703-4684 전송 (02)3703-5532 / ljd0969@mopas.go.kr / 공개

[그림 2-22] 전결문서 사례 2 (일반문서, 접수된 시행문)

행 정 안 전 부

수신자 보건복지부장관(행정관리담당관)
(경유)
제목 서식 승인 알림

1. 귀 부 행정관리담당관-179(2010. 6. 15.)와 관련됩니다.

2. 귀 부의 소관 법령인 '장애인복지법시행령개정령(안)' 중 별지 서식의 승인 신청에 대하여 붙임과 같이 알립니다.

붙임 승인 서식 33부. 끝.

행 정 안 전 부 장 관 [인]

행정주사 이남식 행정사무관 김광천 지식제도과장 전결 7/1 신현지
협조자
시행 지식제도과-141 (2010. 7. 1.) 접수 행정관리담당관-39 (2010. 7. 2.)
우 110-760 서울시 종로구 세종로 77-6 (11층 1115호)/www.mopas.go.kr
전화 (02)3703-4684 전송 (02)3703-5532 / ljd0969@mopas.go.kr / 공개

[그림 2-23] 대결문서 사례 1 (일반문서, 생산된 기안문)

행 정 안 전 부

수신자 보건복지부장관(행정관리담당관)

(경유)

제목 서식 승인 알림

1. 귀 부 행정관리담당관-179(2010. 6. 15.)와 관련됩니다.

2. 귀 부의 소관 법령인 '장애인복지법시행령개정령(안)' 중 별지 서식의 승인 신청에 대하여 붙임과 같이 알립니다.

붙임 승인 서식 33부. 끝.

행 정 안 전 부 장 관

행정주사 이남식 행정사무관 대결 7/1 김광천 지식제도과장 전결

협조자

시행 지식제도과-141 (2010. 7. 1.) 접수 ( )

우 110-760 서울시 종로구 세종로 77-6 (11층 1115호)/www.mopas.go.kr

전화 (02)3703-4684 전송 (02)3703-5532 / ljd0969@mopas.go.kr / 공개

[그림 2-24] 대결문서 사례 2 (일반문서, 접수된 시행문)

행 정 안 전 부

수신자 보건복지부장관(행정관리담당관)

(경유)

제목 서식 승인 알림

1. 귀 부 행정관리담당관-179(2010. 6. 15.)와 관련됩니다.

2. 귀 부의 소관 법령인 '장애인복지법시행령개정령(안)' 중 별지 서식의 승인 신청에 대하여 붙임과 같이 알립니다.

붙임 승인 서식 33부. 끝.

행 정 안 전 부 장 관 [인]

행정주사 이남식 행정사무관 대결 7/1 **김광천** 지식제도과장 **전결**

협조자

시행 지식제도과-141 (2010. 7. 1.) 접수 행정관리담당관-39 (2010. 7. 2.)

우110-760 서울시 종로구 세종로 77-6 (11층 1115호) /www.mopas.go.kr

전화 (02)3703-4684 전송 (02)3703-5532 / ljd0969@mopas.go.kr / 공개

관, 차장 기타 이에 준하는 자가 사고가 있을 때에는 실·국(실·국에 준하는 보조기관을 포함하며 실·국이 설치되지 아니한 기관에서는 과를 말한다)을 설치하는 법령에 규정된 실·국의 순위에 의한 실장·국장이 대리한다. 다만, 실장·국장보다 상위 서열의 보조기관 또는 차관보가 설치되어 있는 기관에서는 당해 보조기관 또는 차관보를 설치하는 법령에 규정된 순위에 의하여 실장·국장에 우선하여 대리한다.

③ 본부장(그 소속하에 국(局) 또는 부(部)가 설치된 본부장에 한한다)이 사고가 있을 때에는 그 소속의 국 또는 부를 설치하는 법령에 규정된 국 또는 부의 순위에 의한 국장 또는 부장이 대리한다.

④ 실장 또는 국장(이에 준하는 보조기관을 포함한다.)이 사고가 있을 때에는 과(이에 준하는 보조기관 또는 담당관을 포함한다)를 설치하는 법령에 규정된 과의 순위에 의한 과장이 대리한다. 다만, 실장 또는 국장을 보좌하는 담당관 중 과장보다 상위 계급의 담당관이 있는 경우에는 담당관이 대리하되, 동일 계급의 담당관이 2 이상일 경우에는 이를 설치하는 법령에 규정된 담당관의 순위에 의하여 대리한다.

⑤ 과장 또는 이에 준하는 보조기관이 사고가 있을 때에는 당해 보조기관 소속 직원 중 상위 서열의 자가 대리한다.

⑥ 담당관이 사고가 있을 때에는 당해 담당관 소속 직원 중 상위 서열의 자가 대리한다.

2) 지정대리

지정대리(指定代理)는 법정대리할 자가 확정되지 아니한 경우에 다음과 같이 지정권자가 지정하는 자가 대리하는 것을 말한다.

① 기관의 장이 사고가 있을 때에는 직근 상급기관의 장이 사고가 발생한 기관의 직원 중 상위 서열의 자를 대리자로 지정한다.

② 기관의 장 이외의 직원이 사고가 있을 때에는 소속기관장이 소속 직원 중 상위 서열의 직원을 대리할 자로 지정한다. 다만, 과 또는 이에 준하는 보조기관이나 담당관 소속 직원이 사고가 있을 때에는 당해 보조기관, 담당관이 당해 소속 직원 중에서 지정한다.

3) 대리의 특례

각 기관의 장은 대리하게 할 업무가 특수하거나 또는 부득이한 사유로 법정대리 등이 부적당하다고 인정될 경우에는 피대리자와 동일 계급의 직원 중에서 대리할 자를 지정할 수 있다. 다만, 과장이 사고가 있을 경우에는 당해 과장이 소속한 실·국(실·국이 설치되지 아니한 기관은 그 소속기관) 내의 과장 중에서 대리할 자를 지정하여야 한다.

4) 대결문서의 사후 보고

대결한 문서 중 내용이 중요한 것은 결재권자가 직무에 복귀한 즉시 당해 내용을 보고하여야 한다. 대결문서의 사후 보고는 종전에 여러 가지 제도가 있었으나 문제점이 발생하여 보완·변경된 방법이다.

1984년 11월 23일 전까지 결재의 한 방식으로 후결(後決) 제도가 있었다. 당시 후결도 문서의 성립 또는 효력에 영향을 주는 결재행위였는데, 선(先) 행정행위(대결)와 후(後) 행정행위(후결) 사이에 법적 안정성을 해치는 문제점이 있어서 1984년 11월 23일 당시 '정부공문서규정'을 개정하여 '후결'을 폐지하고 '후열(後閱)'로 변경하였던 것이다. 그 후 '사무관리규정'을 개정하여 1999년 9월 1일부터 '후열' 대신 '사후보고'로 변경 시행하게 된 것이다.

- 후결: 결재란에 '후결' 표시, 결재권자 서명, 문서 수정 가능함.
- 후열: 결재란에 '후열' 표시, 결재권자 서명, 문서 열람만 가능, 수정 불가함.
- 사후보고: 정해진 보고 방법은 없으며, 구두 보고, 메모 보고 등 가능, 서명 불필요함.

종전의 후열은 문서의 효력에 영향을 주지는 않지만 결재권자가 대결한 문서를 열람함으로써 자신의 부재 중에 추진된 업무를 파악하게 되어 당해 업무의 계속성이나 일관성을 확보하게 된다. 만일 중요한 문서를 후열하지 않아 결재권자가 그 내용을 모르고 있다면 당해 문서에 의거 추진 중인 업무가 결재권자의 의지에 따라 임의대로 진행될 가능성이 있다. 따라서 중요한 문서는 반드시 후열을 하여야 계획대로 일관성 있게 지속적으로 업무를 추진할 수 있다. 또한 대결한 문서를 후열 과정에서 결재권자가 수정하거나 변경할 경우에는 법적 안정성의 견지에서 문제가 발생하는 등 많은 어려움이 따를 것이다. 따라서 사후 보고로 변경되었다.

제 4 절 간 인

1 간인의 개념

간인(間印)은 2장 이상으로 이루어지는 중요 문서의 앞장과 뒷장 사이에 걸쳐서 도장을 찍는 것 또는 그 도장을 말한다. 그 도장을 '사잇도장' 또는 '거멀도장'이라고도 한다. 간인을 찍는 이유는 결재가 이루어진 문서의 낙장 확인이나 변조 가능성을 예방하기 위한 것이다.

2 간인 대상 문서

① 전후 관계를 명백히 할 필요가 있는 문서

- 각종 인사 발령 관계 중요 문서
- 각종 법령, 훈령, 예규 관계 중요 문서
- 각종 계획, 정책, 결정에 관한 중요 문서
- 각종 고시, 공고 중 중요 문서
- 법령 해석, 질의 응답 관계 문서
- 국회에 제출하는 중요 문서

② 사실 또는 법률 관계의 증명에 관계되는 문서

- 각종 재결, 결정 관계 문서

• 각종 계약에 관한 결재 문서

③ 허가, 인가 및 등록 등에 관계되는 문서

3 간인의 방법

① 결재권자가 기안문서를 결재하는 때에는 관인 관리자가 관인으로 기안문에 간인하여야 한다.[6]

② 간인한 기안문서를 시행하는 때에도 관인 관리자가 그 시행문에 관인으로 간인한다. 다만, 민원 서류, 기타 필요하다고 인정되는 문서는 간인에 갈음하여 천공 방식으로 할 수 있다.

③ 전자문서의 간인은 다음과 같은 방법에 의하여 면 표시 또는 발급 번호 기재 등으로 할 수 있다.

• 면 표시의 방법: 제증명 발급에 관한 문서를 제외한 문서는 사무관리규정시행규칙 제7조의 규정을 준용한다.

• 발급 번호 기재의 방법: 제증명 발급에 관한 문서는 당해 전자문서의 왼쪽 기본선의 아래에서 시작하여 발급 번호를 기재하되, 다음 예시와 같이 표시한다.

<예시> 단말 번호-출력 연월일/시・분・초-발급 일련번호-쪽번호

---

6) 종전에는 간인용 결재인으로 간인하였으나 2004년 1월 1일부터는 관인 관리자가 관인으로 간인하도록 하고 있다. 또한 민원사무 처리에 관한 법률의 규정에 의한 민원인이 행정기관에 제출한 민원 서류를 관인으로 간인하여 보관 또는 보존하여 주기를 요구하는 경우 또는 간인한 민원 서류의 사본의 교부를 신청하는 경우에는 행정기관에 제출된 민원 서류를 관인으로 간인하거나 간인한 민원 서류의 사본을 교부할 수 있다.

Chapter

07 문서의 등록 및 시행

제 1 절 문서의 등록

1 문서 등록의 개념

문서 등록(文書登錄) 제도는 처리과를 단위로 그 부서에서 생산한 모든 등록 대상문서를 기록물등록대장에 등록하여 관리하는 것을 말한다. 등록 내용은 결재 일자, 문서 번호, 문서 제목, 발송 일시, 발송 방법, 수신처 등이다.

종전에는 문서발송대장에 의거 외부에 시행하는 문서를 기록·관리하였던 바, 중요한 내부 결재문서의 관리가 소홀하였다. 문서 등록 제도는 이러한 폐단을 없애고 종전의 문서발송대장의 역할을 하는 동시에 기관 내부에서 발생하는 모든 중요 문서를 종합적으로 관리할 수 있다는 데 그 의의가 있다.

문서 등록 제도는 2003년 12월 31일을 전후하여 그 체계가 대폭 바뀌었다. 종전에는 공문서 분류 및 보존에 관한 규칙에 따라 문서를 등록하였으나, 이 규정이 폐지되고 2000년 1월 1일부터는 공공기록물 관리에 관한 법률, 동법 시행령 및 동법 시행규칙이 제정되어 시행되고 있으며, 2003년 12

월 31일까지는 종전의 예에 의하여 기록물을 등록, 분류, 편철하고 관리할 수 있었으나, 2004년 1월 1일 이후부터는 새로 제정된 법규를 따른다.

2 문서 등록 요령

① 기록물을 생산 또는 접수한 때에는 그 기관의 전자기록 생산 시스템으로 생산 또는 접수 등록번호를 부여하고 이를 그 기록물에 표기하여야 하며, 중앙기록물관리기관의 장이 정하는 등록정보를 전자적으로 생산·관리하여야 한다. 다만, 수사, 재판 관련 기록물의 등록에 관하여는 행정안전부 장관과 협의하여 관계 중앙행정기관의 장이 달리 정할 수 있다.

② 문서과가 접수하여 처리과로 배부하는 기록물에 대하여는 기록물배부대장에 당해 기록물의 접수 및 배부 사항을 등록하고, 이를 당해 기록물에 표기하여야 한다.

③ 기록물의 등록번호는 처리과 기관코드와 연도별 등록 일련번호로 구성한다. 다만, 정부투자기관, 지방공사, 지방공단, 특별법에 의하여 설립된 법인, 각급 학교의 기록물의 등록번호는 당해 기관의 장이 정하는 바에 따른다.

④ 기록물을 등록하여 등록번호를 부여하는 시점을 살펴보면, 결재 또는 보고 종료시, 반려나 재작성된 경우는 반려된 직후나 재작성된 문서로 교체된 직후, 사진·필름류는 보존 대상 기록물로 선정 후, 영화·비디오·오디오류는 기록물이 완성된 후, 접수 기록물은 접수와 동시에 등록한다.

⑤ 기록물의 등록번호는 기안문·시행문의 경우에는 문서번호란에, 문서번호란이 미설치된 문서나 카드·도면류는 좌측 상단에, 사진·필름류는 뒷면이나 봉투에, 접수문서는 접수번호란에 표시한다.

⑥ 본문과 첨부물이 규격 차이가 심하거나 상호 다른 기록 매체로 구성되어 있는 등 첨부물을 본문에서 떼어내어 따로 관리할 필요가 있는 경우에는 첨부물을 분리하여 등록하여야 한다. 이 경우 첨부물의 등록번호는 본문의 등록번호에 첨부 일련번호를 추가한 번호로 구성한다.

〈표 2-4〉 기록물 관련 용어의 정리

용어	내 용
공공기관	국가기관, 지방자치단체, 정부투자기관, 지방공사, 지방공단, 특별법에 의하여 설립된 법인, 초·중등교육법 및 고등교육법, 기타 법률에 의거 설립된 각급 학교를 말한다.
기록물	공공기관이 업무와 관련하여 생산 또는 접수한 문서·도서·대장·카드·도면·시청각물·전자문서 등 모든 형태의 기록정보 자료와 행정박물을 말한다.
기록물 관리	기록물의 생산·분류·정리·이관·수집·평가·폐기·보존·공개·활용 및 이에 부수되는 제반 업무를 말한다.
기록물 관리기관	일정한 시설 및 장비와 이를 운영하기 위한 전문인력을 갖추고 기록물 관리 업무를 수행하는 기관을 말하며, 영구기록물관리기관·기록관 및 특수기록관으로 구분한다.
영구기록물 관리기관	기록물관리기관 중 영구 보존을 위한 시설 및 장비와 전문인력을 갖추고 기록물관리 업무를 전문적으로 수행하는 기관을 말한다. 즉, 중앙기록물 관리기관, 특수기록물 관리기관, 지방기록물 관리기관, 대통령기록관, 기타 대통령령이 정하는 공공기관 등이다.

⑦ 기록물등록대장 및 기록물배부대장은 중앙기록물관리기관의 장이 정하는 바에 따라 전산으로 관리하되, 당해 기록물등록대장 및 기록물배부대장에 등록된 사항(분류 등록 사항을 제외한다)은 임의로 삭제 또는 수정되지 아니하게 관리하여야 하며, 사후에 이를 삭제 또는 수정하는 경우에는 삭제 또는 수정 전의 기록이 그대로 남도록 관리하여야 한다.

제 2 절 문서의 시행

1 문서 시행의 개념

문서의 시행(施行)이란 결재된 기안문을 시행문으로 전환시켜 관인을 날인(전자이미지관인 포함)하여 해당 기관에 보내는 절차를 말한다. 이는 곧

한 기관의 의사를 비로소 외부에 표시하는 단계라고 할 수 있다. 공문서의 경우 시행 방법으로는 일반적인 문서 발송 이외에 관보 게재나 공고의 방법도 있다. 관보로 게재할 경우에는 본문의 마지막에 "이 내용에 관한 시행문은 따로 보내지 아니함"이라고 표시하고, 각 기관에는 문서를 따로 보내지 않는다.

2 시행문의 작성

① 시행문[1)]을 작성하여야 하는 대상문서는 인편, 우편, 모사전송 및 정보통신망에 의한 방법으로 문서를 발송하는 경우이다.

② 전신, 전화 및 전신타자로 발송하는 문서는 시행문을 작성하지 아니하고 시행문 작성 형식으로 보내면 된다. 이 경우 발송기관에서는 시행문이라는 문서가 사실상 존재하지 아니하고 기안문의 내용을 시행문 작성 형식으로 송신(전신, 전신타자의 경우)하거나, 수신기관에 전화로 불러 주면 된다.

3 관인 날인

① 기관장 또는 합의제 기관의 명의로 발신하는 문서의 시행문과 임용장, 상장, 게시판 등에 고시 또는 공고하는 문서 및 각종 증명서에 속하는 문서에는 관인(전자이미지관인을 포함한다)을 찍거나 당해 기관의 장이 서명을 하고, 보조기관 및 보좌기관의 명의로 발신하는 문서의 시행문에는 브조기관 또는 보좌기관이 서명(전자이미지서명을 포함한다)을 한다. 다만, 전신, 전신타자 또는 전화로 발신하는 문서나 관보, 신문 등에 게재하는 문서에

1) 종이문서의 경우는 결재가 이루어진 기안문을 복사한 후에 관인을 찍으면 시행문이 되고, 전자문서의 경우는 기안문에 문서 수발 업무 담당자가 전자이미지관인을 찍으면 시행문이 되며 이를 전자문 서스템이나 업무관리 시스템에서 그대로 발송하면 시행된다.

는 관인을 찍거나 서명하지 아니한다.

② 일일명령 등 단순업무 처리에 관한 지시문서와 기관 간의 단순한 자료 요구, 업무 연락, 통보 등 시행문의 내용이 경미한 문서인 경우에는 행정안전부령이 정하는 바에 따라 관인을 찍는 것과 서명하는 것을 생략할 수 있다. 이 때에는 기안문 및 시행문의 발신기관명 위에 관인 생략 또는 서명 생략(보조기관 또는 보좌기관 상호간에 발신하는 문서에 한한다)의 표시를 하여야 한다.

③ 보조기관 및 보좌기관 상호간에 발신하는 문서의 시행문에는 보조기관 또는 보좌기관이 발신 명의 표시의 마지막 글자 위에 서명하여 시행하되, 필요한 경우에는 소속 공무원으로 하여금 발신 명의자의 서명 표시인을 찍어 시행하게 할 수 있다. 다만, 전자문서인 경우에는 서명 표시인을 사용하지 아니하고 전자이미지서명이 자동적으로 생성되도록 하여 시행하여야 한다.

④ 군(軍)의 기관 상호간에 발신하는 문서 중 경미한 내용의 문서는 일반 행정을 담당하는 참모 또는 기관의 장이 따로 지정하는 자의 서명에 의하여 발신할 수 있다.

⑤ 관인을 찍어서 시행하여야 할 문서로서 수신자가 다수인 경우에는 관인의 인영을 인쇄하여 사용할 수 있다. 다만, 사전에 처리과의 장은 관인을 관리하는 부서의 장과 협의한 후 기관의 장의 승인을 얻어야 한다.

⑥ 관인은 당해 기관명 또는 기관장의 직위명의 마지막 글자가 관인의 인영 중앙에 오도록 찍는다. 다만, 각종 등·초본 등 민원서류의 경우에는 발급기관장 표시의 오른쪽 여백에 찍을 수도 있다.

4 문서의 발송

1) 문서 발송의 원칙

① 시행문은 처리과에서 발송하되[2] 종이문서인 경우에는 이를 복사하여

발송하고, 전자문서인 경우에는 전자문서 시스템 또는 업무관리 시스템상에서 발송하여야 한다.

② 문서는 정보통신망을 이용하여 발신함을 원칙으로 한다.

③ 업무의 성격, 기타 특별한 사정이 있는 경우에는 인편, 우편, 모사전송, 전신, 전신타자, 전화 등의 방법으로 발신할 수 있다.

④ 내용이 중요한 문서는 인편, 등기우편, 기타 발송 사실을 증명할 수 있는 특수한 방법으로 발송하여야 한다.

⑤ 인편 또는 우편으로 발송하는 문서는 문서과의 지원을 받아 발송할 수 있다. 이 경우에는 기록물등록대장에 문서의 인수자를 기재하여야 한다.

⑥ 전자이미지관인을 찍은 문서 중 정보통신망을 이용하여 시행할 스 없는 문서는 출력하여 시행할 수 있다.[3)]

⑦ 우편에 의하여 문서를 발송할 때에는 행정안전부 장관이 정하는 행정사무용 봉투에 넣어서 발송한다.

⑧ 기관의 장은 공문서를 수발할 때 문서의 보안 유지와 분실, 훼손 및 도난 방지를 위한 적절한 조치를 강구하여야 한다.

⑨ 관인(전자이미지관인을 제외한다)을 찍어 시행하는 문서는 관인 관리자가 관인을 찍은 후 처리과에서 발송하여야 한다.

⑩ 전자결재 문서는 행정기관의 홈페이지 또는 공무원의 공식 전자우편 주소를 이용하여 행정기관 외의 자에게 발송할 수 있다.

2) 문서 발송 절차

① 전자결재문서를 정보통신망을 통하여 발송하는 경우에는 결재를 받은 후 기록물등록대장에 등재하고, 기안문에 전자이미지관인을 날인하고

---

2) 2004년 1월 1일부터는 종이문서로 결재권자의 결재를 받은 문서를 원본으로 보관 및 보존하고, 이를 시행하기 위하여 복사한 문서를 정본으로 발송하여야 하며, 전자문서 시스템 내에서 결재를 받은 전자문서를 원본으로 보관 또는 보존하고, 전자문서 시스템 내의 전자문서를 시행하는 때에는 시행하는 전자문서를 정본으로 본다.

3) 2004년 1월 1일부터는 전자이미지관인을 찍은 문서뿐만 아니라 전자문서 시스템의 전산장애 등으로 인하여 전자이미지관인을 찍을 수 없는 문서로서 정보통신당을 이용하여 시행할 수 없는 문서도 출력하여 시행할 수 있도록 하였다.

발송한다.

② 전자결재문서를 정보통신망으로 발송할 수 없는 경우에는 결재를 받은 후, 기록물등록대장에 등재하고, 전자이미지관인을 날인한 후 출력하여 발송한다.

③ 일반결재 문서를 발송하는 경우에는 결재를 받은 후 기록물등록대장에 등재하고, 기안문을 복사한 후 관인을 날인하고 발송한다.

3) 문서 발송 사항 기록

① 문서 발송의 처리과에서는 기록물등록대장에 시행 일자, 발송 방법, 수신처 등을 기록·유지하여야 한다.

② 전화로 문서를 수발한 경우에는 당해 문서의 아래 여백에 송화자, 수화자의 직급과 성명, 그리고 통화 시간을 정확히 기록해 두어야 한다.

③ 정보통신망에 의거 문서를 수발한 경우에는 발신 내용과 발신 관련 대장을 컴퓨터 파일로 관리하여야 한다.

④ 인편에 의하여 문서를 발송하는 때에는 기안문의 적당한 여백에 수신기관의 수령자의 소속과 수령 일자를 표시하고 서명 또는 날인을 받아야 한다.

⑤ 모사전송, 전신 등의 방법으로 문서를 발신하는 때에는 통신 보안에 필요한 조치를 하여야 하며, 모사전송으로 발신한 때에는 시행문을 기안문과 함께 보존하여야 한다.

5 문서의 수신자 변경 및 추가

다음 각 호의 어느 하나에 해당하는 경우에는 해당 문서를 생산한 처리과의 장의 승인을 받아 이미 발송한 문서의 수신자를 변경하거나 추가하여 다시 발송할 수 있다.

① 결재자 또는 해당 문서를 생산한 처리과의 장의 지시가 있는 경우

② 수신자의 명칭이 변경된 경우

③ 착오로 인하여 수신자를 누락하였거나 잘못 지정한 경우

④ 해당 업무와 관련된 기관의 요청이 있는 경우

제1항에 따른 처리과의 장의 승인은 기안문의 결재자의 서명란 오른쪽 여백에 처리과의 장의 직위 또는 직급 및 서명과 서명일을 기재하는 방법으로 표시하되, 전자문서인 경우에는 전자문서 시스템상에 표시하여야 한다.

Chapter 08

기록물의 보존관리

기록 유산의 안전한 보존과 공공기관의 기록정보의 효율적 활용을 도모하기 위하여 1999년 1월 29일 공공기록물 관리에 관한 법률이 제정되어 2000년 1월 1일부터 시행됨에 따라 공공기관이 업무와 관련하여 생산 또는 접수한 모든 기록물(문서, 도서, 대장, 카드, 도면, 시청각물, 전자문서 등 모든 형태의 기록정보 자료)에 관한 관리 체계가 크게 바뀌었다. 그러나 동 법률시행령 부칙 제2조에 의거 기록물의 등록, 분류, 편철 및 전자문서의 관리 등에 관한 경과 조치에 따라 2003년 12월 31일까지는 종전의 예에 의하여 기록물을 등록, 분류, 편철하고 관리하게 하였으며, 2004년 1월 1일부터는 새로 제정된 법규에 따라 관리하도록 하였다. 여기에서 사용되는 '공공기관(公共機關)', '기록물(記錄物)', '기록물관리(記錄物管理)' 등에 관한 용어는 앞의 <표 2-4>에서 정의한 바와 같다.

제 1 절 기록물의 관리기관

기록물 관리기관(記錄物管理機關)이란 일정한 시설 및 장비와 전문인력을 갖추고 기록물 관리 업무를 수행하는 기관을 말하며, 영구기록물 관리기관, 기록관 및 특수기록관으로 구분한다. 이 중 영구기록물 관리기관은 기록물 관리기관 중 영구 보존을 위한 시설 및 장비와 전문인력을 갖추고 기록물관리 업무를 전문적으로 수행하는 기관으로서 이에는 중앙기록물 관리기관, 헌법기관기록물 관리기관, 지방기록물 관리기관, 대통령기록관, 기타 유사한 기능을 수행하는 기관으로서 대통령령이 정하는 공공기관이 있다.

1 중앙기록물 관리기관

기록물 관리를 총괄, 조정하기 위하여 행정안전부 장관 소속하에 중앙기록물 관리기관을 두되, 국가기록원이 이를 담당한다. 헌법기관기록물 관리기관을 둘 수 있는 기관이 이를 설치, 운영하지 아니하는 때에는 중앙기록물 관리기관은 당해 기관 및 그 소속기관의 기록물의 관리를 위탁받아 이를 관리할 수 있다. 중앙기록물 관리기관은 다음 각 호의 업무를 수행한다.

① 기록물 관리에 관한 기본 정책의 결정 및 제도의 개선
② 기록물의 수집, 보존 및 활용
③ 국가기록물의 지정 및 보존
④ 기록물 관리 기술 및 기법의 연구, 보급 및 표준화
⑤ 기록물 관리 종사자에 대한 교육
⑥ 기록물 관리에 관한 지도, 감독
⑦ 기록물 관리에 관한 교류, 협력
⑧ 기록물분류기준표 작성 고시
⑨ 기타 기록물관리에 관한 사항

2 헌법기관기록물 관리기관

국회, 법원, 헌법재판소, 중앙선거관리위원회, 국가정보원 또는 군기관(軍機關)은 기록물을 중앙기록물 관리기관으로 이관하지 아니하고 직접 관리하는 것이 적합하다고 인정되는 경우에는 헌법기관기록물 관리기관을 설

치, 운영할 수 있다.

헌법기관기록물 관리기관은 다음 각 호의 업무를 수행한다.

① 관할 공공기관의 기록물 관리에 관한 기본 계획의 수립, 시행

② 관할 공공기관의 기록물 수집, 보존 및 활용

③ 관할 공공기관의 기록물 관리에 관한 지도, 감독

④ 중앙기록물 관리기관과의 협조에 의한 기록물의 상호 활용 및 보존의 분담

⑤ 기록물분류기준표 작성 고시

⑥ 기타 관할 공공기관의 기록물 관리에 관한 사항

3 지방기록물 관리기관

특별시, 광역시 또는 도(道)는 당해 지방자치단체 및 그 관할 구역 안에 있는 시(市), 군(郡) 또는 지방자치단체인 구(區)－특별시, 광역시의 자치구를 말하며, 이하 '관할 내 지방자치단체'라 한다－의 기록물을 중앙기록물 관리기관으로 이관하지 아니하고 직접 관리하고자 하는 때에는 중앙기록물 관리기관의 장과 협의하여 지방기록물 관리기관을 설치, 운영할 수 있다.

지방기록물 관리기관은 다음 각 호의 업무를 수행한다.

① 당해 지방자치단체 및 관할 내 지방자치단체의 기록물 관리에 관한 기본 계획의 수립, 시행

② 당해 지방자치단체 및 관할 내 지방자치단체의 기록물의 수집, 보존 및 활용

③ 당해 지방자치단체의 기록물 관리에 관한 지도, 감독

④ 관할 내 지방자치단체의 기록물 관리에 관한 지도

⑤ 중앙기록물 관리기관과의 협조에 의한 기록물의 상호 활용 및 보존의 분담

⑥ 기타 당해 지방자치단체 및 관할 내 지방자치단체의 기록물 관리에 관한 사항

4 기록관

공공기관의 기록물을 효율적으로 관리하기 위하여 대통령령이 정하는 공공기관[1)]은 기록관을 설치, 운영하여야 한다. 기록관은 당해 공공기관의 업무를 총괄하는 기획관리부서 또는 총무부서 등에 설치하여 운영함을 원칙으로 한다. 기록관을 설치, 운영하여야 하는 공공기관에 특수기록관이 설치, 운영되고 있는 경우에는 특수기록관이 기록관의 업무를 수행할 수 있다.

기록관은 다음 각 호의 업무를 수행한다.

① 당해 공공기관의 기록물의 수집, 보존 및 활용

② 기록관이 설치되지 아니한 소속 공공기관의 기록물 관리

③ 영구기록물 관리기관으로의 기록물의 이관

④ 영구기록물 관리기관과의 협조에 의한 기록물의 상호 활용 및 보존의 분담

⑤ 당해 공공기관의 기록물에 대한 정보공개 청구의 접수

---

1) 기록관을 설치, 운영하여야 하는 공공기관은 다음과 같다. 다만, 다음의 공공기관이 영구기록물 관리기관이 설치, 운영되고 있는 때에는 기록관을 따로 두지 아니하며, 당해 영구기록물 관리기관이 기록관의 업무를 수행한다.

① 중앙행정기관

② 중앙행정기관의 소속 기관중 지방보훈청, 지방국세청, 서울 · 김포 · 부산 · 인천 · 대구 · 광주세관, 고등검찰청, 지방검찰청 및 지청, 지방병무청, 지방경찰청, 체신청, 유역환경청, 지방환경청 및 국립환경연구원, 지방노동청, 지방국토관리청, 지방철도청, 부산 · 인천 · 여수지방해양수산청

③ 특별시, 광역시, 도 및 시, 군, 구(지방자치단체인 구를 말한다.)

④ 특별시 · 광역시 · 도교육청 및 지역교육청

⑤ 국 · 공립대학

⑥ 국방부 장관, 합동참모의장 및 육군 · 해군 · 공군참모총장이 정하는 군기관

⑦ 정부투자기관, 지방공사, 지방공단, 특별법에 의거 설립된 법인, 초 · 중등교육법 및 고등교육법, 기타 다른 법률에 의거 설립된 각급 학교 중 관리하여야 하는 기록물의 양이 행정안전부령이 정하는 기준(당해 기관 및 소속기관의 연간 기록물 생산량이 1천 권 이상 또는 보존 대상 기록물이 5천 권 이상)을 초과하는 공공기관

⑥ 기타 당해 공공기관의 기록물 관리에 관한 사항

5 특수기록관

통일 · 외교 · 안보 · 수사 분야 기록물의 생산 또는 보존하는 공공기관의 장은 기록물의 특성상 기록물을 당해 공공기관에서 장기간 보존한 후 영구기록물 관리기관으로 이관하는 것이 적합하다고 인정되는 때에는 중앙기록물 관리기관의 장과 협조하여 특수기록관을 설치, 운영할 수 있다. 특수기록관은 영구기록물 관리기관에 준하는 보존시설 및 장비와 전문인력을 갖추어야 한다. 이와 같은 특수기록관은 통일부, 외교통상부, 국방부, 국방부 장관이 정하는 직할 군기관, 대검찰청, 고등검찰청 및 지청, 경찰청 및 지방경찰청에 각각 설치할 수 있으며, 이들의 기관에서 공개가 제한되는 기록물을 주로 생산, 관리하는 부서에 설치하여 운영한다.

제 2 절 기록물 생산 및 관리 대상

1 기록물의 생산 의무

공공기관의 장은 역사 자료의 보존과 책임 있는 업무 수행을 위하여 업무의 입안 단계부터 종결 단계까지 그 과정 및 결과가 모두 기록물로 남을 수 있도록 필요한 조치를 강구하여야 한다. 영구기록물 관리기관의 장은 역사 자료의 보존을 위하여 필요하다고 인정되는 경우에는 관련 공공기관에 특정 사항에 관한 기록물의 생산 의무를 부과할 수 있다. 또한 영구기록물 관리기관의 장은 역사 자료의 보존을 위하여 관련 기록물을 직접 생산할 필요가 있다고 인정되는 경우에는 관련 공공기관 또는 행사 등에 소속

공무원을 파견하여 기록하게 할 수 있다.

2 기록물 관리책임자

처리과의 장은 기록물의 등록, 분류, 정리, 보관, 이관 등의 기록물 관리를 위하여 기록물 관리책임자를 지정하여야 한다.

기록물 관리책임자는 다음 각 호의 업무를 수행한다.

① 기록물의 생산, 발송, 접수의 등록에 관한 사항

② 처리과 기록물분류기준표의 관리에 관한 사항

③ 단위 업무별 기록물철 작성 기준의 수립과 기록물철의 등록에 관한 사항

④ 기록물의 정리, 보관 및 이관에 관한 사항

⑤ 간행물 및 일반 도서의 등록 및 관리에 관한 사항

⑥ 기타 처리과의 기록물 관리에 관한 사항

3 관리대상 기록물

공공기관이 생산하거나 접수한 공식문서는 관리대상 기록물로서 당연히 등록하여 관리하여야 하며, 공식문서 외에 다음과 같은 중요 기록물도 등록하여 관리하여야 한다.

① 공공기록물 관리에 관한 법률시행령 제7조에 의거 작성된 조사, 연구 및 검토서[2]

---

2) 공공기록물 관리에 관한 법률시행령 제17조(조사, 연구 또는 검토서의 작성)

① 공공기관이 다음 각 호의 1에 해당하는 사항을 행하고자 하는 경우에는 사전에 조사, 연구 또는 검토서를 작성하여 보존하여야 한다.

1. 법령의 제정 또는 개정이나 이에 상당하는 주요 정책의 결정 또는 변경
2. 조례의 제정 또는 개정이나 이에 상당하는 주요 정책의 결정 또는 변경
3. 행정절차법에 의하여 행정예고를 하여야 하는 사항

② 공공기록물 관리에 관한 법률시행령 제8조에 의거 작성된 회의록3)

③ 공공기록물 관리에 관한 법률시행령 제9조에 의거 생산된 시청각 기록물4)

---

4. 국제기구 또는 외국 정부와 체결하는 주요 조약·협약·협정·의정서 등
5. 대규모의 예산이 투입되는 주요 사업 또는 공사
6. 그 밖에 기록물 관리기관의 장이 조사, 연구 또는 검토서의 작성이 필요하다고 인정되는 사항

② 제1항의 규정에 의한 조사, 연구 또는 검토서에는 다음 각 호의 사항이 포함되어야 한다.

1. 조사·연구 또는 검토 변경
2. 제안자 등 관련자의 소속, 직급 및 성명
3. 기관장 또는 관계 기관의 지시, 지침 또는 의견
4. 관련 현황과 검토 내용
5. 각종 대안과 조치 의견
6. 예상되는 효과 또는 결과의 분석 등

3) 공공기록물 관리에 관한 법률시행령 제18조(회의록의 작성·관리)

① 공공기관이 다음 각 호의 1에 해당하는 회의를 개최하는 경우에는 회의록을 작성하여야 한다.

1. 대통령 또는 국무총리가 참석하는 회의
2. 주요 정책의 심의 또는 의견 조정을 목적으로 차관급 이상의 주요 직위자를 구성원으로 하여 운영되는 회의
4. 개별법 또는 특별법에 따라 구성된 위원회 또는 심의회 등이 운영하는 회의
3. 차관급 이상의 주요 직위자가 참석하는 정당과의 업무 협의를 위한 회의
5. 동법 시행령 제17조 제1항 각 호의 1에 해당하는 사항에 관한 심의 또는 의견 조정을 목적으로 관계 기관의 국장급 이상 공무원 3인 이상이 참석하여 행하는 회의
6. 지방자치단체장, 교육감 및 지방자치교육에 관한 법률 제34조에 따른 교육장이 참석하는 회의
7. 기타 회의록의 작성이 필요하다고 인정되는 주요 회의

② 제1항의 규정에 의한 회의록에는 회의명, 회의 개최 기관, 일시 및 장소, 참석자 및 배석자 명단, 회의 진행 순서, 상정 안건, 발언 요지, 결정 사항 및 표결 내용에 관한 사항이 포함되어야 하며, 전자기록 생산 시스템을 통하여 회의록을 생산 또는 등록하여 관리하여야 한다.

③ 회의록은 당해 회의를 소집 또는 주관하는 공공기관에서 작성하여야 하며, 주관기관이 불분명하거나 공공기관이 아닌 경우에는 회의 참석자 중 업무의 연관성이 가장 높은 공공기관이 작성한다.

4) 공공기록물 관리에 관한 법률시행령 제19조(시청각 기록물의 생산)

① 공공기관은 다음 각 호의 1에 해당하는 사항에 대하여 시청각 기록물을 생산하여야 한다.

1. 대통령, 국무총리 및 중앙행정기관의 장, 자치단체장 및 교육감, 교육장 등 주요 직위자의 업무 관련 활동과 인물 사진

④ 대통령 · 국무총리 및 중앙행정기관의 장과 영구기록물 관리기관의 장이 정하는 주요 직위자의 업무 관련 메모, 일정표, 방문객 명단 및 대화록

⑤ 공공기록물 관리에 관한 법률시행령 제7조 제1항에 해당하는 사항과 관련한 문서가 결재 또는 검토 과정에서 반려되거나 중요한 내용의 수정을 위하여 재작성된 경우 반려된 문서 또는 재작성 전의 원본 문서

⑥ 기타 영구기록물 관리기관의 장이 정하는 기록물

제 3 절 기록물의 등록

공공기관이 기록물을 생산 또는 접수한 때에는 그 기관의 전자기록 생산시스템으로 생산 또는 접수 등록번호를 부여하고 이를 그 기록물에 표기하여야 하며, 중앙기록물 관리기관의 장이 정하는 등록정보를 전자적으로 생산 · 관리하여야 한다. 다만, 수사, 재판 관련 기록물의 등록에 관하여는 행정안전부 장관과 협의하여 관계 중앙행정기관의 장이 달리 정할 수 있다. 여기서 기록물의 등록번호는 처리과 기관코드와 연도별 등록 일련번호로 구성한다. 다만, 정부투자기관, 지방공사, 지방공단, 특별법에 의거 설립된 법인 및 각급 학교 등의 기록물의 등록번호는 당해 기관의 장이 정하는 바

---

2. 외국의 원수, 수상 기타 주요 외국 인사의 주요 동정 중 대한민국과 관련되는 사항
3. 국가 및 지방자치단체의 주요 행사
4. 국제기구 또는 외국과의 조약, 협약, 협정, 의정서, 교류 등의 추진과 관련한 주요 활동
5. 대규모의 예산이 투입되는 주요 사업 또는 공사
6. 대규모의 토목, 건축공사 등의 실시로 본래의 모습을 찾기 어렵게 되는 사항
7. 철거 또는 개축 등으로 사라지게 되는 건축물이나 각종 형태의 구조물이 사료적 가치가 높아 시청각 기록물로 그 모습을 보존할 필요가 있는 사항
8. 다수 국민의 관심 사항이 되는 주요 사건 또는 사고로서 공공기관의 장이 시청각 기록물의 작성, 보존이 필요하다고 인정하는 사항
9. 증빙적 가치가 매우 높아 당해 현장 또는 형상을 시청각 기록물로 보존할 필요가 있는 사항
10. 국내 최초의 출현물로서 생산이 필요하다고 인정되는 사항
11. 기타 시청각 기록물의 생산이 필요하다고 인정되는 사항

에 따른다.

공공기관은 기록물의 본문과 첨부물이 규격 차이가 심하거나 상호 다른 기록 매체로 구성되어 있는 등 첨부물이 본문에서 떼어내어 따로 관리할 필요가 있는 경우에는 첨부물을 분리하여 등록하여야 한다. 이 경우 첨부물의 등록번호는 본문의 등록번호에 첨부 일련번호로 추가한 번호로 구성한다.

공공기관의 문서과가 접수하여 처리과로 배부하는 기록물에 대하여는 기록물배부대장에 당해 기록물의 접수 및 배부 사항을 등록하고, 이를 당해 기록물에 표기하여야 한다. 기록물등록대장 및 기록물배부대장은 중앙기록물 관리기관의 장이 정하는 바에 따라 전산으로 관리하되, 당해 기록물등록대장 및 기록물배부대장에 등록된 사항(분류 등록 사항을 제외한다)은 임의로 삭제 또는 수정되지 아니하게 관리하여야 하며, 사후에 이를 삭제 또는 수정하는 경우에는 삭제 또는 수정 전의 기록이 그대로 남도록 관리하여야 한다.

또한 기록물에 관련된 각종 대장 및 서식은 특별한 사유가 없는 한 전자문서 시스템, 기록관 시스템 또는 영구기록물 관리기관 시스템으로 관리되어야 한다.

1 등록번호 부여 시점

기록물을 등록하여 등록번호를 부여하는 시점은 다음 각 호에 의한다.

① 결재권자가 결재하거나 보고받은 기록물에 대하여는 결재 또는 보고가 끝난 후 생산 등록번호를 부여한다.

② 반려된 문서 또는 재작성 전의 원본 문서의 경우에는 반려된 직후 또는 재작성된 문서로 교체된 직후에 생산 등록번호를 부여한다.

③ 사진, 필름류의 시청각 기록물에 대하여는 촬영물 중 보존 대상 기록물로 적합한 작품을 선정한 후 생산 등록번호를 부여한다.

④ 영화, 비디오, 오디오류의 시청각 기록물에 대하여는 촬영, 녹화 또는

녹음된 기록물을 편집하여 기록물이 완성된 후 생산 등록번호를 부여한다. 다만, 편집 장비를 보유하지 아니한 공공기관의 경우에는 편집되지 아니한 상태의 기록물을 그대로 등록할 수 있다.

⑤ 접수 기록물에 대하여는 접수와 동시에 접수 등록번호를 부여한다.

2 등록번호의 표기 방법

기록물의 생산기관에서 부여하는 등록번호는 다음 각 호의 방법으로 표기한다.

① 기안문, 시행문 등 생산 등록번호란 또는 문서번호란이 설치되어 있는 기록물은 생산 등록번호란 또는 문서번호란에 생산 등록번호를 표기한다.

② 생산 등록번호란 또는 문서번호란이 설치되어 있지 아니한 문서, 카드류, 도면류 등의 기록물은 당해 기록물의 좌측 상단의 여백에 규정된 표시를 하여 생산 등록번호를 표기한다.

③ 사진 또는 필름류의 기록물은 사진 뒷면이나 당해 사진, 필름 등을 넣은 봉투 또는 당해 사진, 필름 등을 부착한 종이의 좌측 상단의 여백에 규정된 표시를 하여 생산 등록번호를 표기하여야 한다.

④ 테이프, 디스크, 디스켓류의 기록물에 대하여는 당해 기록물과 그 보존 용기에 규정된 표시를 하여 생산 등록번호를 표기하여야 한다.

⑤ 기타 기록물의 재질 또는 규격상 기록물 자체에 생산 등록번호를 표기하기 곤란한 기록물에 대하여는 당해 기록물을 넣은 봉투 또는 보존 용기에 규정된 표시를 하여 생산 등록번호를 표기한다.

한편, 기록물의 접수기관에서 부여하는 접수 등록번호는 다음 각 호의 방법으로 표기한다.

① 시행문 서식 또는 접수인[5]에 의하여 접수된 기록물은 접수번호란에

5) 종전에는 문서처리인을 사용하였으나, 2004년 1월 1일부터는 접수인으로 변경하여 사용하고 있다.

접수 등록번호를 표기한다.

② 시행문 서식 또는 접수인에 의하여 접수된 기록물 외의 접수 기록물에 대하여는 우측 상단의 여백에 규정된 표시를 하여 접수 등록번호를 표기한다.

3 등록 사항의 삭제 또는 수정 방법

기록물등록대장 또는 기록물배부대장에 등록된 사항을 삭제 또는 수정하고자 하는 때에는 다음 각 호의 방법에 의한다.

① 등록 사항 전체를 삭제 또는 수정하고자 하는 때에는 기록물 관리책임자의 확인하에 삭제 또는 수정할 수 있으며, 삭제 일자 또는 수정 일자 및 조치 사항을 전자적으로 관리하여야 한다.

② 기본 등록 사항(기록물배부대장의 경우에는 접수 사항을 말한다)을 삭제 또는 수정하고자 하는 때에는 제1호의 방법에 따라 당해 등록 사항 전체를 삭제한 후 수정된 내용으로 재등록한다.

③ 기본 등록 사항(기록물배부대장이 경우에는 접수 사항을 말한다) 외의 등록 내용을 삭제 또는 수정하고자 하는 때에는 삭제 일자 또는 수정 일자 및 조치 사항을 전자적으로 관리하여야 하며 당해 등록 사항만을 수정된 내용으로 재등록한다.

제 4 절 기록물의 분류

1 기록물 분류 체계

종전에는 문서 분류의 기준이 되는 문서번호는 '기관기호+분류번호+등록번호'로 구성되며, 여기서 분류 번호는 '공문서 분류 및 보존에 관한 규칙'에 의한 십진 분류 방법으로 분류하되, 5단위 숫자로 구성하여 사용하였다. 예를 들면, 교무 81221-77 등으로 표현된다.

그러나 2004년 1월 1일부터는 모든 공공기관은 기록물을 기록물분류기준표에 따라 처리과별, 단위 업무별로 분류하여 기록물등록대장에 기록한다. 여기서 기록물 분류의 기준이 되는 기록물 관리번호는 '처리과 기관코드+단위 업무번호+연도별 일련번호'로 구성된다.

예를 들면, 603459-303202-77 등으로 표현된다.

2 기록물분류기준표

기록물분류기준표는 중앙기록물 관리기관 및 헌법기관 기록물 관리기관

〈표 2-5〉 기록물의 기능 분류 기준

구분	분류 기준
대기능	• 국가의 주류 기능으로서 중앙행정기관 또는 이에 준하는 기관 수준의 중기능군 또는 사업군
중기능	• 실, 국 규모의 기관이 수행하는 수준의 소기능군 또는 사업군
소기능	• 과 규모의 기관이 수행하는 수준의 단위 업무군
단위 업무	• 1인 또는 소수의 인원으로 구성된 팀에게 분장되는 수준의 업무 또는 사업으로서 직제 개정 등으로 업무 변경시에도 2개 이상으로 분리하기 어려운 수준까지 세분화된 업무 또는 사업 단위 • 인·허가 처리, 징계 처리 등과 같이 동일한 업무가 계속 반복·처리되는 경우의 동종 업무 • 카드, 대장, 일지, 장부 등 비치기록물의 종류별 단위에 해당하는 업무 • 도면, 사진 등의 대상이 되는 행사, 시설, 주제, 사업 단위의 업구
단위 사안	• 발생, 경과, 완결의 관계로 연결되는 사안별 기록물 • 도면, 사진 등의 대상이 되는 동일한 행사, 시설, 주제, 사업 단위 등 • 카드류의 보관 봉투, 테이프, 디스크, 디스켓 등의 롤, 장 등 최소 매체 단위 • 기타 기록물철(100매 미만) 단위에 적합한 수준의 동일 단위 업무

의 장이 이를 작성하여 고시하여야 한다. 다만, 기록물분류기준표를 전산으로 관리하는 경우 당해 전산 자료를 정보통신망에 제공한 때에는 이를 고시하지 아니할 수 있다. 기록물분류기준표에는 처리과 기관코드, 기능 분류번호, 보존 분류 기준 및 기록물의 검색에 필요한 특수목록의 지정 등에 관한 사항이 포함되어야 한다.

기록물의 기능 분류번호는 기능 분류 기준에 따라 대기능, 중기능, 소기능, 단위 업무, 단위 사안의 5단계로 구분하여 부여하되, 단위 사안에 대한 기능 분류 번호는 사전에 정하지 아니하고 연도별 기록물철 등록연번으로 갈음한다.

제 5 절 기록물의 편철 및 관리

기록물을 일정한 기준에 의거 정리·정돈하여 철하면 보관·보존 또는 자료 검색 등에 효율적으로 활용할 수 있다. 이와 같은 필요성에 의거 기록물을 편철(編綴)하게 되는데, 기록물의 편철은 결재된 내용의 처리가 끝난 기록물을 기능별 또는 보존 기간별로 분류하여 일정한 분량으로 묶는 것을 말한다. 이 때 기록물을 하나로 묶어 놓은 것을 기록물철이라고 한다. 같은 기록물철의 문서는 보관에서 폐기에 이르기까지 운명을 같이한다. 즉, 동일한 기록물철의 문서가 어떤 것은 일찍 폐기되고 또 다른 어떤 것은 늦게 폐기되고 하지 않고 똑같은 날짜에 같이 처리된다는 것을 의미한다. 기록물의 분류와 편철은 원칙적으로 등록과 동시에 실시하여야 한다.

2004년 1월 1일부터 기록물 편철 및 관리 체계가 대폭 개정되었다. 처리과의 장은 단위 업무별 기록물철 작성 기준을 수립하여 기록물이 체계적으로 편철, 관리되게 하여야 하며, 공공기관의 장은 기록물을 기록물 분류 기준 및 기록물 종류별 관리에 적합한 파일 및 보관 용기에 넣어 안전하게 관리하여야 한다.

① 사안별로 기록물철을 만들어 기록물을 발생 순서에 따라 편철한다.

② 기록물의 편철 순서는 맨 위에 기록물철 표지를 놓고, 그 다음에 색인 목록을 놓은 다음, 문서를 순서대로 배열하는 방법으로 편철한다.

③ 일반문서류의 기록물철당 편철량은 100매[6] 이내로 함을 원칙으로 하며, 편철하여야 할 기록물의 양이 과다한 경우에는 2권 이상으로 나누어 편철하되, 각 기록물철에는 동일한 제목과 분류번호를 부여하고 괄호 안에 권호수만 다르게 표시하여야 한다.

④ 일반문서류는 진행 중에는 진행 문서 파일에 위에서부터 아래로 발생 순서 또는 논리적 순서에 따라 끼워 넣어 관리하고, 완결 후에는 보존용 표지를 추가로 씌워 편철용 클립으로 고정시킨 후 보존 상자에 단위 업무별로 넣어 관리한다.

⑤ 카드류는 처리과에서 비치 활용 기간이 종료될 때까지 편철하지 아니한 상태로 카드보관함에 넣어 관리하고, 비치 활용이 끝난 때에는 30건 기준으로 보존 봉투에 넣어 편철한 후 이를 보존 상자에 넣어 관리하며, 도면류는 30매 기준으로 보존 봉투에 편 상태로 넣고 이를 도면보관함에 편 상태로 눕혀서 관리한다. 사진·필름류는 당해 규격에 적합한 보존 봉투에 넣어 편철한 후 보존 상자에 넣어 관리한다.

⑥ 전자문서의 편철은 당해 기록물등록대장에 분류 등록 사항을 기입하는 것으로 갈음한다.

제 6 절 기록물의 정리 및 보존

1 기록물철 작성 및 등록

각 단위 업무의 담당자가 기록물철을 신규로 작성한 때에는 기록물철등

6) 종전에는 문서 편철량을 문서철마다 200매를 기준으로 하였다.

록부에 이를 등록하여 기록물철 표지를 전산으로 출력한 후 당해 기록물철의 표지로 사용하여야 한다. 기록물철등록부에 등록된 사항을 사후에 삭제 또는 수정하고자 하는 때에는 다음 각 호의 방법에 의한다.

① 기본 등록 사항을 삭제하고자 하는 때에는 기록물등록대장 중 당해 기록물철에 편철된 것으로 표기된 분류번호를 먼저 수정하고 기록물철등록부의 전체 수정란에 일자 및 조치 사항을 기입한 후 기록물 관리책임자가 이를 수정한다.

② 기본 등록 사항을 수정하고자 하는 때에는 제1호의 방법에 의거 당해 등록 사항을 삭제한 후 수정된 내용으로 당해 기록물철을 재등록한다.

③ 보존 분류 사항을 삭제 또는 수정하고자 하는 때에는 보존 분류 사항만을 수정된 내용으로 재등록한다.

2 기록물의 정리

공공기관은 매년 2월 말까지 행정안전부령이 정하는 바에 따라 전년도에 완결된 기록물에 대하여 공개 여부・접근 권한 재분류, 분류・편철 확정 등을 하여야 하며, 기록물의 정리는 다음 각 호의 사항을 포함하여 실시한다.

① 전자기록 생산 시스템에 등록되지 아니한 기록물이 있는지 여부를 확인하여 누락 기록물을 추가로 등록한다.

② 등록정보와 실제 기록물 상태가 일치되는지 여부를 확인한 후 미비 사항을 보완한다.

③ 접근 권한, 공개 여부, 비밀 여부를 확인하여 해당 항목의 변경이 필요한 경우에는 등록정보를 수정한다.

④ 생산 등록번호 또는 접수 등록번호가 표시되지 아니한 기록물이 있는지 여부를 확인하여 누락된 기록물의 생산 등록번호 또는 접수 등록번호를 표기한다.

⑤ 전자적 형태로 생산되지 않은 기록물의 경우 등록정보상의 쪽수와 실제 기록물의 쪽수가 일치되는지 여부를 확인한 후 기록물철 단위의 면 표

시를 최종적으로 확정 · 표기한다.

⑥ 기록물철을 생산 연도별, 보존 기간별로 구분하여 보존 상자에 담는다. 이 경우 생산 연도는 당해 기록물철의 종료 연도를 기준으로 한다.

⑦ 비치 활용이 종료된 카드류를 보존 봉투에 담아 이관할 수 있도록 편철, 정리한다.

⑧ 그 밖에 기록물 관리기관의 장이 정하는 기록물의 정리에 관한 사항을 행한다.

3 기록물의 보존

기록물의 보존 기간, 보존 방법 및 보존 장소는 전문관리기관에서 고시한 기록물분류기준표를 기준으로 한다.

1) 보존 기간

기록물의 보존 기간은 영구, 준영구, 30년, 10년, 5년, 3년, 1년의 7종으로 구분하며, 보존 기간별 분류 기준은 <표 2-6>과 같다. 다만, 대통령 기록물, 수사, 재판, 정보, 보안 관련 기록물 중 관할 전문기관의 장과 협의한 기록물에 한하여는 소관 중앙행정기관의 장이 중앙기록물 관리기관의 장과 협의하여 보존 기간의 구분 및 그 분류 기준을 달리 정할 수 있다.

보존 기간의 기산일은 당해 기록물의 처리가 완결된 날이 속하는 해의 다음 해 1월 1일로 한다. 보존 기간이 준영구로 되어 있는 기록물에 대하여는 보존 기간의 기산일부터 70년 경과시 해당 기록물의 보존가치를 평가하여 보존 기간을 영구로 재책정하거나 보류 또는 폐기로 구분하여야 한다.

2) 보존 방법

보존 기간이 준영구 이상인 기록물의 보존 방법은 다음 각 호와 같다.

① 원본과 보존 매체를 함께 보존하는 방법

② 원본은 폐기하고 보존 매체만 보존하는 방법

〈표 2-6〉 기록물의 보존 기간별 책정 기준

보존 기간	대상 기록물
영구	1. 공공기관의 핵심적인 업무 수행을 증명하거나 설명하는 기록물 중 영구 보존이 필요한 기록물
	2. 국민이나 기관 및 단체, 조직의 지위, 신분, 재산, 권리, 의무를 증명하는 기록물 중 영구 보존이 필요한 기록물
	3. 국가나 지역사회의 역사 경험을 증명할 수 있는 기록물 중 영구 보존이 필요한 기록물
	4. 국민의 건강 증진, 환경 보호를 위하여 필요한 기록물 중 영구 보존이 필요한 기록물
	5. 국민이나 기관 및 단체, 조직에 중대한 영향을 미치는 주요한 정책, 제도의 결정이나 변경과 관련된 기록물 중 영구 보존이 필요한 기록물
	6. 인문·사회·자연 과학의 중요한 연구 성과와 문화예술 분야의 성과물로 국민이나 기관 및 단체, 조직에 중대한 영향을 미치는 사항 중 영구 보존이 필요한 기록물
	7. 공공기관의 조직구조 및 기능의 변화, 권한 및 책무의 변화, 기관장 등 주요 직위자의 임면 등과 관련된 기록물 중 영구 보존이 필요한 기록물
	8. 일정 규모 이상의 국토의 형질이나 자연환경에 영향을 미치는 사업·공사 등과 관련된 기록물 중 영구 보존이 필요한 기록물
	9. 제17조 제1항 각 호의 어느 하나에 해당하는 사항에 관한 기록물 중 영구 보존이 필요한 기록물
	10. 제18조 제1항 각 호의 어느 하나에 해당하는 회의록 중 영구 보존이 필요한 기록물
	11. 제19조 제1항 각 호의 어느 하나에 해당하는 시청각기록물 중 영구보존이 필요한 기록물
	12. 국회 또는 국무회의의 심의를 거치는 사항에 관한 기록물 중 영구 보존이 필요한 기록물
	13. 공공기관의 연도별 업무계획과 이에 대한 추진 과정, 결과 및 심사분석 관련 기록물, 외부기관의 기관에 대한 평가에 관한 기록물
	14. 대통령, 국무총리의 지시 사항과 관련된 기록물 중 영구 보존이 필요한 기록물
	15. 정책자료집, 백서, 그 밖에 공공기관의 연혁과 변천사를 규명하는 데 유용한 중요 기록물
	16. 다수 국민의 관심 사항이 되는 주요 사건 또는 사고 및 재해 관련 기록물
	17. 대통령, 국무총리 관련 기록물과 외국의 원수 및 수상 등의 한국 관련 기록물
	18. 토지 등과 같이 장기간 존속되는 물건 또는 재산의 관리, 확인, 증명에 필요한 중요 기록물
	19. 장·차관급 중앙행정기관 및 광역자치단체의 장의 공식적인 연설문, 기고문, 인터뷰 자료 및 해당 기관의 공식적인 브리핑 자료
	20. 국회와 중앙행정기관 간, 지방의회와 지방자치단체 간 주고받은 공식적인 기록물
	21. 외국의 정부기관 혹은 국제기구와의 교류 협력, 협상, 교류활동에 관한 주요 기록물
	22. 공공기관 소관 업무 분야의 통계·결산·전망 등 대외 발표 혹은 대외 보고를 위하여 작성한 기록물
	23. 영구기록물 관리기관의 장 및 제3조 각 호의 어느 하나에 해당하는 공공기관의 장이 정하는 사항에 관한 기록물
	24. 다른 법령에 따라 영구 보존하도록 규정된 기록물
	24의2. 기관의 조직, 기능 및 기관과 국민 간의 의사소통 등에 관한 웹기록물 및 웹기록물 관련 시스템의 구축·운영과 관련된 중요한 기록물
	25. 그 밖에 역사 자료로서의 보존가치가 높다고 인정되는 기록물
준영구	1. 국민이나 기관 및 단체, 조직의 신분, 재산, 권리, 의무를 증빙하는 기록물 중 관리대상 자체가 사망, 폐지, 그 밖의 사유로 소멸되기 때문에 영구 보존할 필요성이 없는 기록물
	2. 비치기록물로서 30년 이상 장기 보존이 필요하나, 일정 기간이 경과하면 관리대상 자체가 사망, 폐지, 그 밖의 사유로 소멸되기 때문에 영구 보존의 필요성이 없는 기록물
	3. 국민이나 기관 및 단체, 조직의 권리, 신분 증명 및 의무 부과, 특정 대상 관리 등을 위하여 행정기관이 구축하여 운영하는 행정정보 시스템의 데이터셋(dataset) 및 운영 시스템의 구축과 관련된 중요한 기록물
	4. 토지 수용, '보안업무규정' 제30조에 따른 보호구역 등 국민의 재산권과 관련된 기록물 중 30

	년 이상 보존할 필요가 있는 기록물 5. 관계 법령에 따라 30년 이상의 기간 동안 민・형사상 책임 또는 시효가 지속되거나, 증명자료로서의 가치가 지속되는 사항에 관한 기록물 6. 그 밖에 역사 자료로서의 가치는 낮으나 30년 이상 장기 보존이 필요하다고 인정되는 기록물
30년	1. 영구・준영구적으로 보존할 필요는 없으나 공공기관의 설치목적을 구현하기 위한 주요 업무와 관련된 기록물로서 10년 이상의 기간 동안 업무에 참고하거나 기관의 업무 수행 내용을 증명할 필요가 있는 기록물 2. 장・차관, 광역자치단체장 등 고위직 기관장의 결재를 필요로 하는 일반적인 사항에 관한 기록물 3. 관계 법령에 따라 10년 이상 30년 미만의 기간 동안 민・형사상 또는 행정상의 책임 또는 시효가 지속되거나, 증명자료로서의 가치가 지속되는 사항에 관한 기록물 4. 다른 법령에 따라 10년 이상 30년 미만의 기간 동안 보존하도록 규정한 기록물 5. 그 밖에 10년 이상의 기간 동안 보존할 필요가 있다고 인정되는 기록물
10년	1. 30년 이상 장기간 보존할 필요는 없으나 공공기관의 주요 업무에 관한 기록물로 5년 이상의 기간 동안 업무에 참고하거나 기관의 업무 수행 내용을 증명할 필요가 있는 기록물 2. 본부・국・실급 부서장의 전결 사항으로 공공기관의 주요 업무를 제외한 일반적인 사항과 관련된 기록물 3. 관계 법령에 따라 5년 이상 10년 미만의 기간 동안 민・형사상 책임 또는 시효가 지속되거나, 증명자료로서의 가치가 지속되는 사항에 관한 기록물 4. 다른 법령에 따라 5년 이상 10년 미만의 기간 동안 보존하도록 규정한 기록물 5. 그 밖에 5년 이상 10년 미만의 기간 동안 보존할 필요가 있다고 인정되는 기록물
5년	1. 처리과 수준의 주요한 업무와 관련된 기록물로서 3년 이상 5년 미만의 기간 동안 업무에 참고하거나 기관의 업무 수행 내용을 증명할 필요가 있는 기록물 2. 기관을 유지하는 일반적인 사항에 관한 예산・회계 관련 기록물(10년 이상 보존 대상에 해당하는 주요 사업 관련 단위과제에 포함되는 예산・회계 관련 기록물의 보존 기간은 해당 단위과제의 보존 기간을 따른다) 3. 관계 법령에 따라 3년 이상 5년 미만의 기간 동안 민사상·형사상 책임 또는 시효가 지속되거나, 증명자료로서의 가치가 지속되는 사항에 관한 기록물 4. 다른 법령에 따라 3년 이상 5년 미만의 기간 동안 보존하도록 규정한 기록물 5. 그 밖에 3년 이상 5년 미만의 기간 동안 보존할 필요가 있다고 인정되는 기록물
3년	1. 처리과 수준의 일상적인 업무를 수행하면서 생산한 기록물로서 1년 이상 3년 미만의 기간 동안 업무에 참고하거나 기관의 업무 수행 내용을 증명할 필요가 있는 기록물 2. 행정 업무의 참고 또는 사실의 증명을 위하여 1년 이상 3년 미만의 기간 동안 보존할 필요가 있는 기록물 3. 관계 법령에 따라 1년 이상 3년 미만의 기간 동안 민・형사상의 책임 또는 시효가 지속되거나, 증명자료로서의 가치가 지속되는 사항에 관한 기록물 4. 다른 법령에 따라 1년 이상 3년 미만의 기간 동안 보존하도록 규정한 기록물 5. 그 밖에 1년 이상 3년 미만의 기간 동안 보존할 필요가 있다고 인정되는 기록물 6. 각종 증명서 발급과 관련된 기록물(다만, 다른 법령에 증명서 발급 관련 기록물의 보존 기간이 별도로 규정된 경우에는 해당 법령에 따름) 7. 처리과 수준의 주간・월간・분기별 업무계획 수립과 관련된 기록물
1년	1. 행정적・법적・재정적으로 증명할 가치가 없으며, 역사적으로 보존하여야 할 필요가 없는 단순하고 일상적인 업무를 수행하면서 생산한 기록물 2. 기관 내 처리과 간에 접수한 일상적인 업무와 관련된 사항을 전파하기 위한 지시공문 3. 행정기관 간의 단순한 자료 요구, 업무 연락, 통보, 조회 등과 관련된 기록물 4. 상급기관(부서)의 요구에 따라 처리과의 현황, 업무 수행 내용 등을 단순히 보고한 기록물(취합 부서에서는 해당 단위 과제의 보존 기간 동안 보존하여야 한다)

③ 원본을 그대로 보존하는 방법

3) 보존 장소

보존 기간이 10년 이하인 기록물은 보존 기간 종료시까지 관할 기록관 또는 특수기록관에서 보존하며, 보존 기간이 30년 이상인 기록물은 관할 영구기록물 관리기관으로 이관하여 보존하여야 한다. 다만, 다음 각 호에 해당하는 기록물은 기록관 또는 특수기록관에서 보존할 수 있다.

① 비치기록물로서 영구기록물 관리기관의 장이 사료적 가치가 높지 아니하다고 지정한 기록물

② 공공기록물 관리에 관한 법률시행령 제3조 각 호의 공공기관의 기록물

공공기관이 상기의 1호에 해당하는 기록물을 당해 기관의 기록관 또는 특수기록관에서 관리하고자 하는 경우에는 관할 영구기록물 관리기관과 협의하여야 한다.

4) 기록물의 보존 매체 수록

보존 기간이 준영구 이상인 기록물을 수록하는 보존 매체의 종류와 규격은 <표 2-7>과 같다.

다음 각 호에 해당하는 기록물을 보존 매체에 수록하는 경우에는 마이크로필름, 기타 육안으로 식별이 가능한 보존 매체를 사용함을 원칙으로 한다.

① 보존 기간이 준영구 이상인 기록물 중 원본을 폐기하고자 하는 기록물

② 원본 기록물의 보존성이 취약하여 대체 보존이 필요하다고 인정되는 기록물

기록물이 수록되는 마이크로필름 또는 광디스크 등에는 당해 보존 매체를 생산한 기록물 관리기관의 기관 코드와 누년 일련번호로 구성되는 필름

〈표 2-7〉 보존 매체의 종류와 규격

종류	마이크로필름	광디스크
규격	한국산업규격(KS)을 만족하는 안전필름	한국산업규격(KS) 또는 국제 규격을 만족하는 기판(基板)

번호 또는 디스크 번호를 부여하여야 한다.

4 서고관리

기록물을 서고에 배치하는 때에는 보존 기간이 20년 이하인 경우에는 기록물 형태별, 보존 기간별, 생산 연도별로, 보존 기간이 준영구 이상인 경우에는 기록물 형태별, 보존 가치 등급별, 보존 기간별로 구분하여 배열한다. 또한 보존 기간이 30년 이상인 기록물은 서고에 입고하기 전에 소독을 실시하여 기록물에 손상을 주는 해충과 미생물을 제거하여야 한다.

기록물 관리기관의 장은 서고별로 관리책임자를 지정하고, 당해 관리책임자에 의하여 서고의 출입과 기록물이 입·출고가 통제되도록 하여야 한다. 또한 기록물 관리기관의 장은 소장 기록물에 대하여 2년마다 정수 점검을 하여야 하고, 상태에 따라 종이 기록물은 10~30년 주기로, 시청각 기록물은 2년~10년 주기로, 전자기록물은 5년 주기로, 행정박물은 10년~30년 주기로 상태 점검을 하여야 한다.

제7절 기록물의 이관 및 폐기

1 기록물의 이관

공공기관이 기록물 중 기록물분류기준표에 이관 대상으로 분류된 기록물은 처리과에서 보존 기간의 기산일부터 2년의 범위 내에서 보존한 후 관할 기록관 또는 특수기록관으로 이관한다. 다만, 기록관 또는 특수기록관이 설치되지 아니하거나 업무에 수시로 참고할 필요가 있는 경우에는 보존 기간의 기산일부터 10년의 범위 내에서 기록물의 이관 시기를 연장할 수 있다.

공공기관은 기록물을 이관하고자 하는 때에는 기록물을 보존 기간별로 구분하여 보존 상자에 넣은 후 이관목록과 함께 제출하여야 하며, 기록물 관리기관의 장은 매년 11월 30일까지 공공기관별 이관 일정 및 이관 대상 등이 포함된 다음 연도의 기록물 수집 계획을 수립·시행하여야 한다.

2 기록물의 폐기

기록물(비밀기록물을 제외한다)의 폐기는 생산기관의 의견 조회 및 기록물평가심의회의 심의를 거쳐 관할 영구기록물 관리기관의 장이 행한다. 다만, 기록물분류기준표상의 보존 기간이 준영구 이상인 기록물 중 보존 기간이 30년 이하로 분류된 기록물은 관할 영구기록물 관리기관으로 이관하여 일정한 절차를 거쳐 폐기하여야 한다.

기록물평가심의회는 행정안전부령이 정하는 바에 따라 영구기록물 관리기관의 장이 구성·운영하되, 심의회의 위원은 기록물의 보존 가치의 평가에 적합하다고 인정되는 7인 이내의 소속 공무원 또는 직원으로 구성하되 민간 전문가를 3인 이상으로 함을 원칙으로 한다. 다만, 영구기록물 관리기관의 경우에는 영구기록물 관리기관의 장이 구성·운영한다.

제 8 절 기록물의 종류별 보존관리

1 대통령 기록물의 보존관리

대통령과 그 보좌기관·자문기관 및 경호 업무를 수행하는 기관, 대통령직인수위원회가 대통령의 직무 수행과 관련하여 생산 또는 접수한 모든 기록물은 중앙기록물 관리기관의 장이 이를 수집하여 보존하여야 한다. 누구든지 대통령 관련 기록물을 무단으로 폐기·훼손하거나 보존하고 있는 공공기관 밖으로 반출하여서는 아니 된다. 대통령 관련 기록물을 생산 또는 접수한 공공기관의 장은 대통령 관련 기록물의 원활한 수집 및 보존을 위하여 매년 대통령 관련 기록물의 목록을 중앙기록물 관리기관의 장에게 통보하여야 한다. 중앙기록물 관리기관의 장은 대통령의 임기 종료 6월 전부터 임기 종료까지의 기간 중에 대통령 관련 기록물을 수집하여 보존하거나 다음 대통령에게 인계되도록 조치하여야 한다.

대통령 기록물을 생산 또는 접수한 공공기관의 장은 매년 8월 31일까지 대통령 관련 기록물의 목록을 중앙기록물 관리기관의 장에게 제출하여야 한다. 다만, 대통령의 임기가 종료되는 해의 전년도에 처리한 대통령 관련 기록물의 목록은 대통령의 임기가 종료되기 전까지 관할 기록관으로 제출하여야 한다.

대통령 기록물은 대통령기록관을 설치하여 대통령 기록물의 영구 보존에 관한 시설과 장비, 전문인력은 갖추고 대통령 기록물은 영구적으로 보존 관리하고 있다.

2 비밀기록물의 보존관리

공공기관은 비밀로 분류되는 기록물을 생산한 때에는 당해 기록물의 원본에 비밀 보호 기간 및 보존 기간을 함께 정하여 보존 기간이 만료될 때까지 보존되도록 하여야 하며, 공공기관의 장은 비밀기록물의 원본에 대하여 다음 각 호의 1에 해당하는 사유가 발생한 경우에는 사유 발생일이 속하는 해의 다음 연도 중에 당해 기록물을 관할 영구기록물 관리기관으로 이관하여야 한다. 다만, 업무 활용, 기타 부득이한 사유로 이관이 곤란하다고 인정되는 비밀기록물의 원본에 대하여는 관할 영구기록물 관리기관의 장과 협의하여 이관 시기를 연장할 수 있으며, 특수기록관 소관 기록물로서 공개가 제한되는 비밀기록물의 원본은 관할 특수기록관으로 이관하여야 한다.

① 일반문서로 재분류한 경우

② 예고문에 의하여 비밀 보호 기간이 만료된 경우

③ 생산 후 30년이 경과한 경우

영구기록물 관리기관 및 특수기록관으로 이관하는 기록물 중 비밀기록물은 건별로 봉투에 넣어 봉인한 후 기록물 이관목록과 함께 이관하여야 한다. 영구기록물 관리기관의 장은 당해 비밀기록물에 대하여 별도의 전용 서고를 설치하고 비밀기록물 관리요원을 지정하여야 하며, 비밀기록물의 취급 과정에서 기밀이 누설되지 아니하도록 필요한 보안 대책을 수립·시행하여야 한다.

3 전자기록물의 보존관리

영구기록물 관리기관의 장은 공공기관이 생산한 전자기록물의 효율적인 이관과 보존 중인 전자기록물의 안전한 보존 관리를 위하여 필요한 대책을 수립·시행하여야 하며, 영구기록물 관리기관은 전자기록물의 진본성·무결성·신뢰성 및 이용가능성이 보장되도록 관리정보 메타데이터와 행정전자서명 및 시점 확인 정보 등에 대한 검증을 실시하고, 주기적으로 장기 보존 포맷을 변환하여야 한다.

전자기록물의 저장은 진본성, 이용가능성 등이 유지될 수 있는 방법이나 형식으로 처리하여야 하며, 승인받지 아니한 접근, 폐기 등으로부터 전자기록물을 보호하고는 방안을 수립·시행하여야 하며, 영구기록물 관리기관은 각종 재난 등에 의한 전자기록물의 손실을 방지하기 위하여 데이터, 기록매체, 시스템 등에 대한 전자적 복구 체계를 수립·시행하여야 한다.

4 시청각 기록물의 보존관리

보존 기간이 30년 이상인 시청각 기록물은 보존 기간의 기산일부터 5년이 경과하기 전에 관할 영구기록물 관리기관으로 이관하여야 한다. 다만,

시청각 기록물 보존시설 및 장비의 기준에 적합한 서고와 관리장비를 갖춘 공공기관의 경우 또는 부득이한 사유로 이관 시기의 연장이 필요하다고 인정되는 때에는 보존 기간 기산일부터 10년의 범위 내에서 이관 시기를 연장할 수 있다. 시청각 기록물을 관리하여야 할 영구기록물 관리기관이 시청각 기록물 관리에 적합한 전용 서고와 관리장비를 갖추지 아니한 경우에는 당해 시청각 기록물을 중앙기록물 관리기관으로 이관하여야 한다.

5 간행물의 보존관리

공공기관은 간행물을 발간하고자 하는 때에는 소관 영구기록물 관리기관으로부터 발간 등록번호를 부여받아야 한다. 그러나 공문서, 보존 및 활용 가치가 낮은 단순 홍보용 간행물 및 대통령령이 정하는 공공기관이 발간하는 간행물은 간행물의 발간 등록을 생략할 수 있다. 간행물의 발간 등록번호는 영구기록물 관리기관 기호, 발행기관의 기관 코드, 등록 일련번호 및 발간 유형 구분 기호로 구성하며, 영구기록물 관리기관 기호 및 발간 유형 구분 기호는 중앙기록물 관리기관의 장이 정한다.

공공기관의 장은 발간 등록된 간행물을 발간 후 15일이 경과하기 전까지 관할 기록관 또는 특수기록관과 관할 영구기록물 관리기관 및 중앙기록물 관리기관에 송부하여야 한다.

6 행정박물의 보존관리

공공기관은 업무 수행과 관련하여 생산·활용한 형상기록물로서 행정적·역사적·문화적·예술적 가치가 높은 기록물에 대하여는 대통령령이 정하는 바에 따라 그 기록물을 관리하고 이를 소관 영구기록물 관리기관으로 이관하여야 한다. 공공기관에서 관리하여야 하는 행정박물의 범위는 관인류, 견본류, 상징류, 기념류, 상장·훈장류, 사무집기류 등 공공기록물 관리에 관한 법률시행령 별표 4의 내용과 같다. 공공기관이 행정박물을 생산, 접수 또는 취득하였을 경우에는 중앙기록물 관리기관의 장이 정하는 방식에 따라 관리번호 및 등록정보를 생산·관리하여야 하며, 생산 현황 보고시 해당 목록 및 등록정보를 제출하여야 한다.

영구기록물 관리기관의 장은 생산 현황이 보고된 행정박물 중 보존 가치가 높은 경우에는 이관 대상으로 지정·관리하여야 하며, 공공기관은 이관 대상으로 지정된 행정박물의 이관 사유 발생시 영구기록물 관리기관으로 이관하여야 한다. 공공기관이 업무 활용, 전시 등의 목적으로 이관 시기가 도래한 이후에도 해당 행정박물을 관리하고자 하는 경우에는 영구기록물 관리기관의 장과 협의하여 이관 시기를 연장할 수 있다.

제 9 절 기록물관리 전문요원 등

1 기록물관리 전문요원

기록물의 체계적이고 전문적인 관리를 위하여 기록물 관리기관에는 기록물관리 전문요원을 배치하여야 한다. 기록물관리 전문요원은 다음 각 호의 1에 해당하는 자로 한다.

① 기록물관리학 석사학위 이상을 취득한 자

② 역사학 또는 문헌정보학 석사학위 이상을 취득한 자로서 행정안전부 장관이 정하는 기록물관리학 교육 과정을 이수한 자

③ 검찰총장이 정하는 검찰청 소속 공무원 중 행정안전부 장관이 정하는 기록물관리학 교육 과정을 이수한 자

④ 육군, 해군, 공군 참모총장이 정하는 군인 또는 군무원 중 행정안전부 장관이 정하는 기록물관리학 교육 과정을 이수한 자

⑤ 경찰청장 및 해양경찰청장이 정한 경찰공무원 중 행정안전부 장관이

정하는 기록물관리학 교육 과정을 이수한 자

기록물 관리기관의 전체 인원 중 4분의 1 이상은 기록물관리 전문요원으로 배치하여야 한다.

2 기록물관리 소홀에 대한 처벌

기록물관리에 철저를 기하도록 하기 위하여 이의 관리를 소홀히 하는 경우에는 처벌을 하도록 관련 규정에 명시하고 있다. 기록물을 무단으로 파기하거나 국외로 반출한 자는 7년 이하의 징역 또는 1,000만 원 이하의 벌금에 처하도록 하고, 기록물을 무단으로 은닉 또는 유출하거나 중과실로 멸실시킨 자와 고의나 중과실로 일부 내용이 파악되지 못하도록 손상시킨 자는 3년 이하의 징역 또는 500만 원 이하의 벌금에 처하도록 되어 있다.

Chapter 09 업무관리 시스템

제 1 절 업무관리 시스템의 의의

1 업무관리 시스템의 개념

업무관리 시스템이란 행정기관이 업무 처리의 모든 과정을 과제관리카드 및 문서관리카드 등을 이용하여 전자적으로 관리하는 시스템을 말한다. 공직사회의 일하는 방식을 근본적으로 개선하기 위하여 행정기관의 업무 처리절차를 통합화·표준화하여 업무 처리 과정에서 생산된 각종 업무 관련 자료를 과제에 따라 일정, 메모보고, 문서관리카드, 지시 사항, 회의관리 등으로 체계적인 처리를 할 수 있도록 구축한 온라인 시스템이다.

2 업무관리 시스템의 기대 효과

일하는 방식의 표준화·시스템화로 신속한 업무 처리가 가능하고, 업무 과정이 표준화되어 한 시스템에서 관리되고, 관련 업무 담당자 사이에 업무 처리 내용이 긴밀하게 공유된다. 또한 업무 내용은 과제별로 체계적으로 분류·등록되며 추진 내용이나 과제 수행에 대한 정확한 상황을 실시간으로 확인할 수 있고 추진 실적은 자동으로 기록·관리되어 행정의 효율성을 크게 향상시킬 수 있다.

제 2 절 업무관리 시스템의 구축·운영

1 기본적 사항

① 행정기관의 장은 업무 처리의 모든 과정을 효율적으로 관리하기 위하여 업무관리 시스템을 구축·운영하여야 한다. 그러나 시스템을 도입하기 위해서는 기본적으로 행정기관의 기능 분류가 전제되어야 하기 대문에 기능 분류 시스템이 구축되지 않았거나, 업무의 성격 기타 특별한 사유로 시스템 도입이 어려운 경우에는 그러하지 아니하다.

② 행정안전부 장관은 행정기관의 업무관리 시스템 구축·운영을 지원하기 위한 계획을 수립·시행할 수 있으며, 지원계획을 수립하는 경우에는 관계 행정기관의 장에게 관련 자료 및 필요한 의견의 제출을 요청할 수 있다.

③ 2007년 1월부터 업무관리 시스템인 '온-나라 시스템'이 모든 중앙행정기관 및 일부 광역시·도에 보급·사용되어 오다가, 2008년 7월부터 전자결재 및 문서 유통 기능을 통합한 '통합 온-나라 시스템'이 시범 운영을 거쳐 중앙행정기 관과 사용을 희망하는 광역시·도 등에 보급되었다.

2 시스템의 구성

업무관리 시스템에는 과제관리카드 및 문서관리카드 등이 포함되어야 하고, 이들 카드는 공공기록물 관리에 관한 법령이 정하는 바에 따라 관리하여야 한다.

1) 과제관리카드

① 과제관리카드는 행정기관의 소관 업무를 기능 및 목적 등의 기준에 따라 구분하고, 과제 담당자·내용 및 추진 실적 등을 기록·관리할 수 있도록 구성되어야 한다.

② 과제관리카드에는 표제부·실적관리·계획관리·품질관리·홍보관리·고객관리 그 밖에 필요한 사항이 포함되어야 한다. 다만, 행정기관의 장이 특별한 사유가 있다고 인정하는 경우에는 일부 사항을 제외할 수 있다.

2) 문서관리카드

① 문서관리카드는 단위과제 및 관리과제의 효율적인 관리를 위하여 문서의 작성·검토·결재·등록·시행·접수·활용 등 문서 처리의 모든 과정을 기록할 수 있도록 기안한 내용, 의사 결정 과정에서 제기된 의견, 수정된 내용 및 지시 사항, 의사 결정 내용을 포함하여 구성되어야 한다.

② 문서관리카드는 문서정보·경로정보·시행정보(문서를 시행하는 경우에 한한다)·관리정보 그 밖에 필요한 사항이 포함되어야 한다. 다만, 행정기관의 장이 특별한 사유가 있다고 인정하는 경우에는 일부 사항을 제외할 수 있다.

③ 업무관리 시스템에서 문서의 기안은 문서관리카드로 한다. 이 경우 검토자·협조자 및 결재권자는 경로정보의 의견·지시란에 의견을 표시할 수 있다.

④ 문서관리카드는 당해 문서관리카드에 대한 결재권자의 전자문자서명 및 처리 일자의 표시에 의한 결재가 있음으로써 공문서로 성립한다.

제 3 절 업무관리 시스템의 연계 및 활용

1 업무관리 시스템의 연계

행정기관의 장은 효율적인 업무관리를 위하여 업무관리 시스템을 행정정보 시스템 및 그 밖의 정부 기능 분류 관련 시스템과 연계·운영하여야 한다. 다만, 업무의 성격 그 밖의 특별한 사유가 있는 경우에는 그러하지 아니하다.

2 업무관리 시스템의 표준관리

1) 규격 및 유통표준 제정

행정안전부 장관은 업무관리 시스템 관련 규격표준 및 유통표준 등을 정하여야 한다. 다만, 산업표준화법 제12조에 따른 한국산업표준이 제정되어 있는 사항에 대하여는 그 표준에 따른다.

2) 규격 및 유통표준 고시

업무관리 시스템의 규격표준 및 유통표준 등이 제정 또는 변경되면 이를 관보에 고시하고 인터넷에 게시하여야 한다.

3) 표준에 적합한 시스템 사용

행정기관의 장은 특별한 사유가 없는 한 규격표준 및 유통표준에 적합한 업무관리 시스템을 사용하여야 한다.

3 업무관리 시스템의 활용

행정기관의 장은 업무관리 시스템으로 관리한 업무 실적 등을 성과 평가 및 인사 등에 효과적으로 활용하도록 노력하여야 한다.

4 업무관리 시스템의 보안

행정기관의 장은 업무관리 시스템에 따라 관리되는 전자문서 및 데이터베이스의 위조·변조·훼손·누출·멸실 등을 방지하기 위하여 적절한 조치를 하여야 한다.

Chapter

10 정책실명제

주요 정책의 결정과 집행, 보도 자료의 제공 등에 관련한 담당자의 인적 사항을 실명으로 기록, 보존함으로써 행정의 투명성과 책임성을 확보하고자 1998년 7월 1일부터 정책실명제(政策實名制)[1]를 시행하고 있다.

제1절 주요 정책 자료의 기록 · 보존

행정기관의 장은 주요 정책의 결정 또는 집행과 관련되는 다음 각 호의 사항을 종합적으로 기록 · 보존하여야 한다.

① 주요 정책의 결정 및 집행 과정에 참여한 관련자의 소속 · 직급 및 성명과 그 의견

② 주요 정책의 결정 및 집행과 관련된 각종 계획서, 보고서, 회의 · 공청회 · 세미나 관련 준비 자료 및 토의 내용

또한 행정기관의 장은 주요 정책의 결정을 위하여 공청회 · 세미나 · 관계자 회의 등을 개최하는 경우에는 개최 일시 · 참석자 · 발언 내용 · 결정사항 · 표결 내용 등을 처리과의 직원으로 하여금 기록하게 하여야 한다.

1) 사무관리규정 제34조의2.

제 2 절 정책자료집의 발간

1 발간 목적

① 정책의 입안 및 집행 과정을 체계적으로 정리
② 국민의 알 권리를 충족시켜 주기 위한 공개 자료로 활용
③ 문서의 멸실 및 훼손 방지
④ 유사한 정책 입안시 참고 자료로 활용

2 발간 대상

행정기관의 장은 매년 처리과로 하여금 다음 각 호에 관한 정책자료집을 만들게 하여야 한다.

① 주요 국정 현안 사항: 국가의 안전 보장과 경제 발전에 중대한 영향을 미치는 국방·외교·통일·경제·치안 등에 관한 사항으로서 장관급 이상이 참여하는 회의에서 심의·결정된 사항

② 대규모의 국책공사, 기타 대규모의 예산이 투입되는 사업: 총사업비가 100억 원 이상인 공사 또는 사업

③ 주요 외교 및 통상 협상의 내용: 장관급 이상이 단장이 되는 주요 외교 및 통상 협상의 내용

④ 대통령령 이상의 법령의 제정

⑤ 국민 생활에 큰 영향을 미치는 제도

⑥ 기타 정책자료집으로 만들어 보존할 필요가 있는 사항

3 발간 내용

정책자료집에는 다음 각 호의 사항이 포함되어야 한다.

① 추진 배경

② 추진 경과

③ 계획에서부터 시행·완결까지에 관련된 다음 각 목의 문서

- 계획서·보고서·추진계획표·일정표·심사분석 결과 등
- 관련자 및 관련자별 업무 분담 내용
- 공청회·세미나 및 관계자회의의 기록
- 정책·사업 등을 변경하는 경우 변경하게 된 경위, 관련자 및 관련 기록

4 발간 과정 및 보존관리

① 매년 처리과에서 2부를 발간하되, 단위 업무별로 만들어야 한다. 이 중 1부는 당해 기관에 보관하고, 1부는 국가기록원에 제출하여야 하며, 국가기록원장은 제출받은 정책자료집을 영구 보존하여야 한다.

② 관련 문서를 복사하여 완결 일자별로 정리하여 편철한다.

③ 관련 문서 중 비밀문서(Ⅰ, Ⅱ, Ⅲ급)는 보안업무규정에 따라 비밀로 분류하여 관리하여야 한다.

④ 관련 문서가 일반문서와 전자문서로 혼재되어 있는 경우에는 전자문서를 출력하여 합철한다.

⑤ 수년에 걸쳐 추진되는 정책 또는 사업은 1년 단위로 만든다.

⑥ 설계도면 또는 참고 자료 등은 비망록의 기타란에 이 사항을 기재하여야 한다.

5 이 관

① 처리과는 발간된 자료를 1부는 자료관에 제출하고, 1부는 국가기록원에 이관

② 국가기록원에 이관시 이관 시기는 국가기록원장과 협의

③ 컴퓨터 파일, 광디스크, 마이크로필름, CD 등 전자 매체로 이관 가능

제 3 절 보도 자료의 실명 제공

행정기관이 언론기관에 보도 자료를 배포하는 경우에는 당해 자료에 담당 부서, 담당자, 연락처 등을 표시한다. 그 표시는 다음과 같이 자세하고 분명하게 명기한다.

<예시 1>

담당 부서	○○과
담당자	○○○, ○○○
연락처	○○○-○○○

<예시 2>

자세한 사항은 ○○과 담당자 ○○○, ○○○ (전화 ○○○ - ○○○○)로 연락하여 주시기 바랍니다.

Chapter

11 서식관리

제 1 절 서식의 의의

1 서식의 개념

서식(書式)이란 사무 처리에 관련된 일정한 항목을 미리 인쇄하여 두고 필요한 사항을 그 여백에 기록할 수 있도록 설계된 용지를 말한다. 보통 양식(様式)이라고 하는 말도 같은 의미이다. 일본에서는 장부와 전표에 대한 합성어의 준말로서 장표(帳票)라고 하고, 영국과 미국에서는 폼(form) 또는 비즈니스 폼(business form)이라 하여 광범위하게 쓰인다. 서식의 형태에는 상자형, 비상자형, 기안문서 형태 등이 있다.

2 서식의 기능

사무의 표준화를 위해서는 사무 처리와 방법에서 일정한 틀이 요구된다. 따라서 서식은 사무 처리에서 기본적으로 사용되는 사무용지의 정형화를 의미함으로써 사무의 표준화와 합리화를 촉진한다고 할 수 있다.

① 서식은 사무표준화의 한 방법이며, 사무 시간을 단축시킨다.
② 서식은 사무 처리상의 과오를 최소화시킨다.
③ 자료의 통계적인 집계나 처리가 용이하다.
④ 자료의 보존에 편리하다.
⑤ 사무관리의 능률성과 생산성을 제고하고 과학화를 촉진시킨다.

3 서식의 종류

서식은 다음과 같이 법령 서식과 일반 서식이 있다.

① 법령 서식은 법률, 대통령령, 총리령, 부령, 조례, 규칙 등 법령으로 정한 서식을 말한다.

② 일반 서식은 법령 서식을 제외한 모든 서식을 말한다.

제 2 절 서식의 설계

1 서식 설계의 목적

서식 설계의 목적은 업무를 신속하고 정확하게 처리하고 관리하여 행정 능률을 제고하려는 데 있다. 따라서 서식은 업무 내용에 알맞도록 정확하게 표준적으로 설계되어야 한다.

2 서식 설계의 사전 준비

1) 서식 제정의 목적 및 근거

당해 서식을 제정하는 목적을 정확히 이해하고, 서식을 제정하는 관련 근거의 내용을 숙지하고 있어야 한다.

2) 사전 업무 협의

서식을 제정하거나 개정하기 전에 당해 서식을 사용하게 되는 관계 부서와 협의를 하여야 한다.

3) 서식 기재에 관한 자료

① 우선 필요한 항목을 모두 나열해 본다.
② 각 항목의 기재 순서를 예상해 본다.
③ 서식 사용자의 교육 정도나 경제 수준 등을 미리 생각해 본다.
④ 기재 도구(볼펜, 연필, 타자 등)를 생각한다.

4) 서식 사용에 관한 자료

서식의 사용자, 사용 빈도, 사용 기간, 사용 목적 등을 미리 생각하고, 다른 자료로 재활용될 수 있는지의 여부도 아울러 알아본다.

3 서식 설계의 일반 원칙

① 서식에 사용되는 용지의 크기는 A4 규격(210㎜×297㎜)을 기본으로 하되, 부득이한 경우에는 따로 정하는 규격 용지 중에서 선택하여 사용한다. 다만, 증표류 또는 전산화 등 특별한 사유가 있는 경우에는 그에 적합한 별도의 규격 용지를 사용하면 된다.

② 서식은 특별한 사유가 있는 경우를 제외하고는 별도의 기안문 및 시행문을 작성하지 아니하고 서식 자체를 기안문 및 시행문으로 갈음할 수 있도록 생산 등록번호·접수 등록번호·수신자·시행 일자 및 접수 일자 등의 항목을 넣어 설계한다.

③ 인감증명과 같이 법 규정에 의하여 반드시 도장을 찍도록 정한 경우 이외에는 모든 서식에 서명이나 도장을 선택적으로 사용할 수 있도록 설계

한다.

④ 민원서식은 당해 민원사무의 근거 법령, 처리 절차, 처리 부서, 연락처, 처리 기간, 수수료, 구비 서류 등의 항목을 포함시키는 등 민원인의 편의를 최대한 고려하여 작성하여야 하고, 구비 서류는 필요 최소한의 종류와 부수만을 요구하여야 한다.

⑤ 서식은 글씨의 크기, 항목 간의 간격, 기재할 여백의 크기 등을 균형 있게 조절하여 기입 항목의 식별이 쉽도록 설계한다.

⑥ 서식은 누구나 쉽게 이해할 수 있는 용어를 사용하여 설계하여야 하며, 불필요하거나 활용도가 낮은 항목을 넣지 않도록 한다.

⑦ 서식에는 호적, 병적, 연고지 조사 등의 필요가 있는 경우를 제외하고는 본적란을 설치하지 아니한다.

⑧ 전자문서의 서식에 대하여는 전자정부 구현을 위한 행정업무 등의 전자화 촉진에 관한 법률시행령 제4조의 규정이 정하는 바에 의한다.

⑨ 서식에는 가능한 한 당해 기관의 로고, 상징, 마크 또는 홍보 문구 등을 표시하여 그 기관의 이미지가 제고될 수 있도록 하여야 한다.

4 서식의 설계 기준

1) 표제란

(1) 서식명

① 다른 서식과 혼동을 일으키지 않도록 서식의 내용을 확실히 알 수 있는 명칭을 붙인다.

② 서식명은 서식의 윗부분 중앙에 위치하도록 설계한다.

③ 서식명은 간단·명료하게 하고 대체로 '……서', '……표' 등으로 표현하는 것이 좋다.

(2) 수신자명

① 수신자명은 윗부분 왼쪽에 위치하도록 설계한다.

② 수신자가 일정한 경우에는 이를 명시하여도 좋다.

(3) 발행 일자

① 발행 일자는 서식의 윗부분 또는 아랫부분의 오른쪽에 위치하도록 설계한다.

② 시행문서의 성격을 가진 서식은 등록번호와 함께 시행 일자를 명시한다.

(4) 발행번호

① 각종 증명서로 사용하는 서식에는 발행번호를 두는 것이 차후에 증빙에 좋다.

② 발행번호는 연도별로 일련번호를 매기는 것이 좋다.

③ 위치는 대개 서식 윗부분 왼쪽에 둔다.

(5) 발신자명

① 발신자명을 명시함을 원칙으로 한다.

② 발신자의 성명은 표시하지 아니함을 원칙으로 한다.

③ 위치는 서식의 윗부분 또는 아랫부분 오른쪽에 둔다.

2) 본 란

(1) 항목란

① 추가로 별도의 서류를 받지 않도록 그 내용을 기입할 수 있는 항목을 적절히 배치하여야 한다.

② 항목의 일련번호는 왼쪽에서 오른쪽으로, 위에서 아래로 정한다.

③ 항목은 서식의 내용을 쉽고 일관성 있게 파악할 수 있도록 배열한다.

④ 검토, 분류, 선별의 대상 및 기준이 되는 항목은 다음의 위치에 둔다.

- 왼쪽에서 철하는 경우에는 오른쪽에
- 위에서 철하는 경우에는 아랫부분
- 카드의 경우에는 윗부분

⑤ 다른 서식에 옮겨 적어야 하는 항목은 그 서식에 따라 배열한다.

⑥ 민원서식은 가급적 다음과 같이 배열한다.

- 인적 사항은 서식명 바로 아랫부분
- 구비 서류의 종류 및 매수는 왼쪽 아랫부분
- 처리 기간은 오른쪽 윗부분
- 수수료는 오른쪽 아랫부분
- 업무의 흐름도는 아랫부분 또는 뒷쪽

⑦ 행정 편의와 단순한 관행상의 이유만으로 민원서식에 도장찍는 난만을 두지 아니하며, 필요한 경우 이외에는 서명이나 도장을 선택적으로 찍을 수 있도록 한다.

⑧ 주소 변경시 법령에 신고 규정이 없는 허가증, 인가증, 자격증, 신고필증 등의 서식에는 주소란을 두지 아니한다.

(2) 기입란

① 기입란의 너비는 필기의 경우는 10㎜, 타자의 경우는 9㎜, 다기능 사무기기의 경우는 8.5㎜로 함을 원칙으로 한다.

② 길이는 해당란에 기입할 내용에 따라 적정하게 정하면 된다.

③ 기입란명은 기입할 내용을 정확히 알 수 있도록 확실한 명칭을 붙인다.

(3) 금액 및 숫자란

계산을 필요로 하는 금액 및 숫자란은 계산의 순서를 고려하여 상하 또는 좌우를 적정히 배열하고 계산 부호를 붙여 준다.

3) 부가란

(1) 기재상 주의 사항

기재상 주의 사항은 서식의 작성 전에 읽어보아야 하기 때문에 관련 서식의 윗부분에 기입하되, 부득이한 경우에는 앞면의 윗부분에 주의 사항에 대한 안내 문구를 표시하고 별지 또는 뒷면에 그 내용을 기입한다.

(2) 비고란

기재할 내용이 있는 경우에만 두며, 대개의 경우 서식의 맨 오른쪽에 배열하고 참고 사항을 적어 넣도록 한다.

4) 용지의 지질 및 중량

서식 용지의 지질 및 단위당 중량을 결정할 때는 관계 규정 2)의 기준과 당해 서식의 사용 목적, 보존 기간 및 보존 방법, 기재 방법, 복사 방법 및 복사 매수, 사용 빈도, 사무자동화 기기의 활용 여부 등을 고려하여 정한다.

제 3 절 서식의 제정, 승인 및 관리

1 서식의 제정

각 기관에서 장기간에 걸쳐 반복적으로 사용하는 문서로서 정형화할 필요가 있는 경우에는 서식으로 제정하여 사용하면 편리하다. 특히 다음과 같은 경우에는 법령으로 정한다.

① 당해 서식의 기재 사항이 국민의 권리, 의무와 직접 관련되는 경우의 서식

② 인가, 허가 및 승인 등 민원에 관계되는 서식

③ 각 기관에서 공통적으로 사용되는 서식 중 중요한 서식

다만, 법령에서 고시 등으로 정하도록 한 경우와 기타 특별한 사유가 있는 경우에는 그 서식을 고시, 훈령 또는 예규 등으로 정할 수 있다.

2 서식의 승인

1) 서식의 승인기관

(1) 국무총리의 승인

중앙행정기관이 법령으로 제정 또는 개정하는 서식은 국무총리의 승인

을 얻어야 한다. 그러나 행정 권한의 위임 및 위탁에 관한 규정에 의거 행정안전부 장관에게 서식 승인권이 위임되어 있다.

(2) **중앙행정기관장의 승인**

중앙행정기관의 소속기관이 제정 또는 개정하는 서식은 소속 중앙행정기관의 장의 승인을 얻어야 한다. 또한 지방자치단체의 경우는 행정안전부 장관의 승인을, 교육행정기관의 경우는 교육과학기술부 장관의 승인을 얻어야 한다. 다만, 지방자치단체 간 또는 지방교육행정기관 간 공통으로 사용되지 아니하는 서식이나 단순·경미한 서식은 지방자치단체의 장 또는 지방교육행정기관의 장이 정한다.

2) 서식의 승인 신청

각 기관이 서식의 승인을 신청하고자 할 때에는 서식승인신청서에 서식 제원과 서식 초안을 각 2부씩 첨부하여 해당 부처에 신청한다. 이 때에 서식 초안은 특별한 경우를 제외하고는 전산 기기에 의거 작성하여야 한다.

① 중앙행정기관이 법령으로 서식을 제정 또는 개정하고자 할 때에는 행정안전부 장관에게 승인 신청을 한다.

② 중앙행정기관의 소속기관이 고시 등으로 서식을 제정 또는 개정하고자 할 때에는 소속 중앙행정기관의 장에게 승인을 신청한다.

다만, 중앙행정기관의 장이 고시, 훈령 또는 예규 등으로 서식을 제정 또는 개정할 경우와 지방자치단체 또는 지방교육행정기관의 장이 서식을 제정 또는 개정할 경우에는 심사신청서 목록, 서식 초안 및 서식 제원표 각 2부를 서식관리 업무를 관장하는 부서에 제출하여 그 심사를 받아야 한다. 또한, 2 이상의 기관에 관계되는 서식은 서식 승인 신청 전에 관계 기관 간에 사전 협의를 거쳐야 하며, 서식을 폐지한 때에는 지체없이 그 사실을 서식 승인기관에 통보하여야 한다.

3) 서식 승인번호의 부여

서식 승인기관은 승인 신청을 받은 서식에 대하여 그 규격과 지질 및 중량이 적절한가, 서식 설계의 원칙에 적합한가 등을 면밀히 검토한 후 서식의 제정 및 개정을 승인하고 서식 승인번호를 부여한다.

4) 서식의 수정

업무의 전산화 등으로 승인된 서식을 그대로 사용할 수 없는 경우와 단순히 자구 수정이나 활자 크기 · 종이류 등을 변경하고자 할 경우에는 서식 제정의 근본 목적을 침해하지 아니하는 범위 안에서 기재 항목 또는 형식 등을 변경하거나 자구 수정, 활자 크기 또는 종이류 등을 변경하여 사용할 수 있다.

5) 서식 승인 통보

서식 승인기관이 서식을 승인한 때에는 승인 서식 목록, 당해 서식 및 서식 제원표를 붙여 당해 서식의 승인신청기관에 통보하여야 한다.

3 서식의 관리

행정기관의 장은 부득이한 경우를 제외하고는 서식을 전산 기기에 의하여 관리하고 이를 사용자에게 제공하여야 한다. 관리하는 서식 중 국민의 편의를 위하여 필요하다고 인정되는 서식은 디스크 등에 수록하여 정부통합전산센터장에게 통보하여야 한다.

제 4 절 서식의 개선

1 서식 개선의 필요성

서식은 사무 처리의 과정을 좀더 신속하고 정확하고 용이하게 하 주며,

사무 처리 결과에 대한 집계, 통계 보고 등에 더욱 편리하며 통일성을 기할 수 있기 때문에 노력과 시간을 절약할 수 있다. 따라서 기존에 사용하던 서식의 변경이나 수정이 필요할 때는 언제든지 서식을 개선하여 사용하여야 한다.

2 서식 개선의 착안점

① 폐지하여도 좋은가 또는 폐지하였을 때 발생하는 문제점은 무엇인가?
② 다른 서식과 통합하여 사용할 수는 없는가?
③ 생략이 가능한 부분은 없는가?
④ 항목 배열의 순서를 변경할 필요가 없는가?
⑤ 서식에 사용된 용어는 적절한가?
⑥ 용지의 지질이나 크기 등 규격은 적절한가?

3 서식 개선의 효과

1) 예산의 절약

먼저 서식 자체에 관한 직접적인 경비가 절약된다. 서식에 대한 불필요한 부분을 개선함으로써 용지 구입비, 인쇄비, 운반비, 보관비 등을 절약할 수 있다. 다음으로 서식 개선에 따른 간접적인 경비가 절약된다. 업무에 적절한 서식으로 변경함으로써 이를 작성하는 과정이 간편하고 표준화되어 그만큼 시간과 노력이 절약된다. 즉, 인건비나 공공요금 등이 줄어드는 것이다.

2) 업무의 질 향상

업무의 능률화와 합리화를 꾀함으로써 업무 처리시 시행착오를 줄여 주고 생산성을 높여 주기 때문에 결과적으로 업무의 질이 향상된다. 또한 사무 절차를 개선해 주는 효과가 함께 나타난다고 할 수 있다.

Chapter

12 관인관리

제 1 절 관인의 종류

관인(官印)은 개인이 아닌 기관의 명의로 발송 또는 교부하는 문서에 사용하는 청인(廳印)과 기관의 장 또는 보조기관의 명의로 발송 또는 교부하는 문서에 사용하는 직인(職印)으로 구분한다. 관인의 종류를 살펴보면 <표 2-8>과 같다. 한편, 국가기관이 사용하는 직인만을 관인이라고 하는 경우도 있으나, 일반적으로 지방자치단체가 사용하는 직인도 관인이라고 칭하여 사용하고 있다.

또한, 각급 기관에서 관인과 함께 사용하는 계인(契印)이 있다. 계인은

〈표 2-8〉 관인의 종류

종류	비치 기관
청인	• 의결기관, 자문기관, 기타 합의제 기관
직인	• 합의제 기관 이외의 각급 행정기관(독임제 행정기관) • 정부조직법 제6조 제2항의 규정에 의하여 위임받은 사무를 행정기관으로서 처리하는 보조기관 • 법령에 의하여 합의제 기관의 장으로서 사무를 처리하는 경우의 합의제 기관의 장

〈표 2-9〉 특수관인의 종류

<table>
<tr><th>구분</th><th>종류</th><th>관인 등록기관 및 관인 규정</th></tr>
<tr><td>특별한 기관에서 사용하는 관인</td><td>• 각급 학교에서 사용하는 관인
• 군기관에서 사용하는 관인
• 검찰기관에서 사용하는 관인</td><td>• 소속 중앙행정기관의 장
-국·공립 각급학교관인규칙
-국군 각 기관 관인규격규정
-검찰청 관인관리규칙</td></tr>
<tr><td rowspan="5">특별한 용도에 사용하는 관인 (당해 기관의 관인 외 따로 비치 사용)</td><td>• 외교통상부 및 재외공관에서 외교문서에 사용하는 관인</td><td>• 외교통상부 장관
-외무관인규칙</td></tr>
<tr><td>• 수입징수관, 지출관, 회계 기타 재무에 관한 사무를 담당하는 공무원의 직인</td><td>• 기획재정부 장관
-회계관계공무원직인규칙</td></tr>
<tr><td>• 유가증권, 기타 특수한 증표 발행에 필요한 관인</td><td rowspan="3">• 중앙행정기관
-행정안전부에 등록
• 기타 기관
-직근 상급기관에 등록</td></tr>
<tr><td>• 민원 업무 등 특수업무를 처리하기 위한 관인
• 분리된 청사에서 사용하는 관인</td></tr>
<tr><td>• 전자이미지관인-관인을 전자입력하여 사용</td></tr>
</table>

등본, 초본, 각종 증명서를 발급할 때에 좀더 확실한 증빙을 위하여 발급대장과 증명서 간에 걸쳐서 찍는 사무용 도장의 한 종류로서 관인에 해당되지는 않는다.

상기의 관인 이외에 특별한 기관에서 사용하거나 특별한 용도에 사용하는 특수관인이 있는데, 그 종류는 <표 2-9>와 같다.

제 2 절 관인의 규격

관인의 모양은 종전에는 정사각형으로 하였으나, 지금은 행정기관의 장이 정하되, 그 크기는 <표 2-10>과 같다.

〈표 2-10〉 관인의 규격

구 분		한 변의 길이
청인	· 국무회의 · 기타의 합의제 기관	5.4㎝ 3.6㎝
직인	· 대통령 · 국무총리 · 행정기관의 장	4.5㎝ 3.6㎝ 3.0㎝

※ 위에서 한 변의 길이는 사각형인 경우 한 변의 최대 길이, 원 또는 다각형인 경우에는 최대의 지름 또는 대각선의 길이를 말한다.

제 3 절 관인의 조각 및 사용

1 관인의 조각

① 관인의 재료는 쉽게 마멸되거나 부식되지 아니하는 재질을 사용하여야 한다.

② 관인의 인영은 한글 전서체로 하여 가로로 새기되, 그 기관 또는 직위의 명칭에 '인' 또는 '의인' 자를 붙인다.

<예시>

환경부 장관인	청주시 장의인

③ 다만, 민원 업무 등 특수 업무를 처리하기 위하여 제작한 관인은 그 업무 집행 목적에 한하여 사용되는 것임을 그 관인의 인영에 명시하여야 한다.

<예시>

한국대학 교총장인
민원업무전용

2 관인의 사용

1) 찍는 위치

관인 또는 전자이미지관인은 그 기관 또는 직위의 명칭의 끝자가 인영의 가운데 오도록 찍는다. 다만, 등·초본 등 민원서류를 발급하는 직인의 경우에는 발급기관장 표시의 오른쪽 여백에 찍을 수 있다.

<예시>

서 울 특 별 시 장 □

2) 인영의 색깔

관인 또는 전자이미지관인 인영의 색깔은 빨간색으로 한다. 다만, 전자문서를 출력하여 시행하거나 모사전송기를 통하여 문서를 접수하는 경우에는 관인 또는 전자이미지관인 인영의 색깔을 검정색으로 할 수 있다.

3) 인영의 인쇄 사용

(1) 대상 문서

관인을 찍어야 할 문서로서 다수의 수신자에게 동시에 발신 또는 교부하는 문서에는 관인 날인에 갈음하여 관인의 인영을 당해 문서에 인쇄하여 사용할 수 있다.

(2) 인쇄 사용 협의

관인의 인영을 인쇄하여 사용하고자 할 때에는 처리과의 장은 인쇄 용도, 인쇄량, 인쇄 관인 규격 등에 관하여 관인 관리 부서의 장과 사전 협의를 한 후 기관장의 승인을 얻어야 한다.

(3) 축소 인쇄

인영을 인쇄할 때에는 당해 관인의 규격대로 인쇄하여야 하나, 업무 수행에 지장이 없다고 인정되는 때에는 문서의 크기나 용도에 따라 인영의 크기를 적절히 축소 인쇄하여 사용할 수 있다.

(4) 인쇄용지 사용 내역 기록 · 유지

관인의 인영을 인쇄하여 사용하는 처리과의 장은 다른 법령에 특별한 규정이 없는 한 관인인쇄용지관리대장을 비치하여 그 사용 내역을 기록 · 유지하고, 인쇄용지가 용도 외로 잘못 사용되거나 유실되지 않도록 관리하여야 한다.

4) 직인의 사용

직인은 그 직의 서리(署理)도 이를 사용할 수 있다.

3 관인의 등록 · 재등록

1) 등록 · 재등록 사유

① 기관이 신설 또는 분리된 경우
② 기존 기관의 명칭이 변경된 경우
③ 관인을 분실한 경우
④ 관인이 심하게 마멸된 경우
⑤ 법령에 의하여 권한을 위임받은 경우
⑥ 기타 관인을 다시 새길 필요가 있는 경우

2) 등록 · 재등록기관

행정기관의 경우는 행정안전부령이 정하는 바에 따라 관인의 인영을 당해 행정기관의 관인대장에, 전자이미지관인의 인영을 당해 행정기관의 전자이지미관인대장에 각각 등록 또는 재등록하여야 한다. 다만, 제3차 소속기관은 직근 상급기관에 등록할 수 있다. 즉, 읍 · 면 · 동의 경우에는 시 · 군 · 구에서 등록 또는 재등록하면 된다.[2)]

3) 등록 · 재등록 절차

관인을 등록 또는 재등록하고자 할 때에는 행정기관(제3차 소속기관으로부터 등록 또는 재등록 신청을 받은 행정기관을 포함한다)은 관인(전자이미지관인을 제외한다)의 인영을 관인대장에 등록 또는 재등록하여 보존하여야 한다. 제3차 소속기관이 직근 상급기관에 관인을 등록 또는 재등록하고자 하는 경우에는 등록 또는 재등록 신청을 하여야 한다. 관인은 등록 또는 재등록하지 아니하면 사용하지 못한다.

4) 전자이미지관인의 등록 및 관리

① 각급 행정기관은 전자문서를 사용하기 위하여 전자이미지관인을 가질 수 있으며, 전자이미지관인은 관인을 전자 입력하여 사용한다.

② 전자이미지관인을 사용하고자 하는 행정기관은 전자이미지관인대장에 의하여 문서과에 등록 또는 재등록하고, 특별한 사유가 있는 경우를 제외하고는 문서과가 전자이미지관인대장을 관리하며, 정보화 담당 부서가 전자이미지관인을 컴퓨터 파일로 관리하여야 한다. 다만, 제3차 소속기관이 직근 상급기관에 전자이미지관인을 등록 또는 재등록하고자 하는 경우에는 해당 서식에 의거 등록 또는 재등록 신청을 하여야 한다. 이 경우 행정기관의 장은 전자이미지관인을 위조 또는 부정 사용하지 못하도록 필요한 안전장치를 하여야 한다.

---

2) 종전에 중앙행정기관은 행정안전부에 등록 또는 재등록하고, 기타 행정기관은 직근 상급기관에 등록 또는 재등록하도록 하였으나 2004년 1월 1일부터 변경되었다.

③ 문서과의 장은 전자이미지관인을 등록하는 경우에 일반 관인의 인영을 전자이미지관인대장의 해당란에 찍고 그 찍은 인영을 전자적인 이미지 형태로 컴퓨터 파일에 등록한 후 이를 출력하여 전자이미지관인대장의 해당란에 붙인다.

④ 전자이미지관인을 사용하는 기관은 관인을 재등록하는 경우 즉시 사용 중인 전자이미지관인을 삭제하고, 재등록한 관인을 전자 입력하여 사용하여야 한다.

제 4 절 관인의 폐기

1 폐기 사유 및 방법

당해 기관이 폐지되거나 그 명칭이 변경된 경우 또는 관인이 분실되거나 심하게 마멸되어 관인을 폐기하여야 할 사유가 발생하였을 때에는 관인대장에 그 사실을 기재하고 그 인영을 폐기하여야 한다. 다만, 제3차 소속기관의 경우에는 관인 폐기시에도 등록시처럼 직근 상급기관에 폐기 신고를 하여야 한다. 폐기하는 관인은 보존하도록 하고 있으며,[3] 전자이미지관인은 컴퓨터 파일에서 삭제하도록 하고 있다.

2 폐기 대상 관인의 보존

폐기 대상 관인은 소각 등의 방법으로 폐기하지 않고 국가기록원(지방자치단체의 경우는 지방기록물관리기관) 등에 관인 폐기 공고문과 함께 이관

3) 종전에는 폐기하는 관인은 소각하거나 기타 적절한 방법으로 그 인영의 글씨를 알아볼 수 없도록 조치하였다.

하여 역사적인 유물로 보존함으로써 행정기관에서 사용한 관인의 변천을 시대별로 알 수 있도록 하였다. 이 때에 국가기록원이나 지방기록물관리기관은 폐기된 관인이 잘못 사용되거나 유출되지 않도록 하여야 한다.

제 5 절 관인의 공고

관인 또는 전자이미지관인을 등록·재등록 또는 폐기한 때에는 지체없이 관보에 게재를 의뢰하여 관인 또는 전자이미지관인의 인영과 등록 및 사용에 대한 공고를 하여야 한다. 공고의 내용은 다음과 같다.

① 관인 또는 전자이미지관인의 등록·재등록 또는 폐기 사유

② 등록·재등록하는 관인 또는 전자이미지관인의 최초 사용 연월일 또는 폐기 관인 또는 전자이미지관인의 폐기 연월일

③ 등록·재등록 또는 폐기하는 관인명 또는 전자이미지관인명 및 그 인영

④ 공고기관 또는 공고기관의 장

P·a·r·t

03

보고사무 및 협조사무

제 1 장 보고사무 / 225
제 2 장 협조사무 / 230

Chapter 01 보고사무

제 1 절 보고의 의의

1 보고의 개념

사무관리규정에 의하면 보고(報告)는 조직 내에서 상하 계층 간이나 부서 상호간 또는 기관 상호간에 법령의 규정 또는 지시나 명령에 의하여 구두(口頭), 전화, 전신, 서면(書面) 등으로 일정한 의사 또는 자료를 전달하는 과정을 말한다. 그러나 일반적으로 '보고'란 하급자(기관)가 상급자(기관)에게, 즉 수직적인 관계에서 일정한 의사를 전달하는 과정을 의미하며, 동일 직급의 동료 간이나 동급의 부서 간 또는 동급의 기관 간 등 수평적인 관계에서의 일정한 의사의 전달시는 '통보(通報)'라는 용어를 흔히 사용하고 있다.

2 보고의 목적

보고는 관리층이 정책을 결정하고 시행 방침을 설정하기 위하여 상황을 정확히 파악하도록 하고, 사업 추진 상황을 확인하여 합리적인 통제와 조정을 하기 위하여 실시하는 것이다.

3 보고의 필요성

보고는 구성원 상하 간의 의사소통을 통하여 사업을 원활하게 추진하고 협조하는 데 중요하며, 특히 다음과 같은 필요성이 제기되고 있다.

① 효율적인 정책 수립을 위하여
② 사업의 지원 또는 사업 결과를 평가하기 위하여
③ 업무 현황의 사실을 확인하기 위하여
④ 업무를 독려하고 촉구하기 위하여
⑤ 업무 추진의 협조를 위하여

제 2 절 보고의 원칙

1 필요성의 원칙

당해 업무에 관한 규정이나 지시 사항 또는 명령에 관한 꼭 필요한 사항만 보고하고 불필요한 부문은 가급적 억제하여야 한다는 원칙이다. 즉, 보고가 당해 업무에 합목적적이어야 한다는 것이다.

2 완전성의 원칙

보고할 사항에 관련된 자료 수집을 철저히 하여 한 번에 보고를 완전하게 하여야 한다는 원칙이다. 즉, 보고시 보고하여야 할 내용을 빠뜨려서 자주 보고를 하면 보고자의 신뢰성이 떨어지고 시간이 그만큼 낭비된다는 것이다.

3 적시성의 원칙

보고자는 보고 시기를 놓치지 말아야 한다. 해당 규정의 정확한 파악 또는 상급자의 지시나 명령을 정확히 전달받아 당해 업무에 대한 정보를 신속하게 수집하고 적정한 시기에 보고하여야 한다.

4 간결성의 원칙

보고 내용은 간결하고 꾸밈이 없어야 한다. 보고 내용이 복잡하고 사실과 다를 경우 이해하기 어렵고 판단에 혼선을 가져올 수 있기 때문이다. 따라서 보고서 작성에 소요되는 시간과 비용을 절약할 수 있다.

제 3 절 보고의 종류

1 용도에 의한 구분

① 정보(情報)보고: 기획 과정에서의 각종 정보·자료 수집에 관한 보고
② 관리(管理)보고: 통제 과정에서의 관리에 관한 보고

2 형식에 의한 구분

① 구두(口頭)보고: 대면이나 전화 등의 구두에 의한 보고
② 서면(書面)보고: 보고서, 통계표, 도표 등의 서면에 의한 보고
③ 전산망(電算網)보고: 전자문서 결재 시스템에 의한 보고

3 내용에 의한 구분

① 계획(計劃)보고: 각종 계획에 관한 보고
② 결과(結果)보고: 지시에 의한 업무 처리 후 그 결과의 보고
③ 현황(現況)보고: 현안 사업 등 각종 업무에 대하여 현재 진행 중인 상태의 보고
④ 연구(硏究)보고: 각종 프로젝트나 연구에 관한 결과의 보고
⑤ 조사(調査)보고: 사건, 현상 등에 관한 조사 내용의 보고

4 시기에 의한 구분

① 정기(定期)보고: 일보(日報), 주보(週報), 순보(旬報), 반월보(半月報), 월보(月報), 기보(期報), 반년보(半年報), 연보(年報) 등 정기적인 보고
② 수시(隨時)보고: 사안 발생시마다 수시로 하는 보고

제 4 절 보고 기일 및 촉구

1 행정기관 간 보고

행정기관이 다른 행정기관으로부터 보고를 받으려는 경우에는 충분한 보고 기일을 정하여 필요한 범위 안에서 보고를 요구하여야 한다.

2 보고 기일

보고 기일은 보고기관의 범위, 보고 내용의 난이도 및 보고 작성에 소요되는 시간 등을 참작하여 정한다.

3 보고의 촉구

보고요구기관의 장은 보고가 기일 내에 도달되지 아니한 경우에는 보고기관의 장에게 보고를 촉구할 수 있다.

Chapter 02

협조사무

제1절 업무 협조의 의의

기관 간 업무 협조(業務協助)란 한 기관이 업무를 처리할 때 그 업무를 직접 담당하는 기관과 그 업무와 관계되는 다른 기관의 공동 목적 달성을 위한 쌍방의 노력으로 협의에 따라 관련 사항의 상호 균형과 조화를 유지하도록 하는 것을 말한다. 이 경우 업무 협조의 요청을 받은 기관은 정부 업무가 효율적으로 수행될 수 있도록 적극 협조하여야 한다.

특히 다음과 같은 경우의 업무에는 시행 전에 관련 기관의 업무 협조를 받아야 한다.

① 2 이상의 행정기관이 공동으로 행하는 것이 필요한 경우
② 다른 행정기관의 행정 지원을 필요로 하는 경우
③ 다른 행정기관 또는 상급기관의 인가·승인 등을 거쳐야 하는 경우
④ 기타 다른 행정기관의 협의·동의 및 의견 조회 등이 필요한 경우

또한 다음의 경우에는 필수 협조 사항으로 적극 협조하여야 한다.

① 정부의 중·장기계획에 관한 사항
② 국민 생활에 직접적인 영향을 미치는 사항
③ 대규모 투자·개발사업, 공공요금 결정 사항 등에 관한 사항

④ 다수 국민의 관심이 높고 이해가 상충되는 사항
⑤ 업무가 다수 기관에 관련되어 의견 조정 등이 필요한 사항 등

제 2 절 업무 협조의 방법

업무 협조의 방법에는 ① 문서에 의한 협조, ② 회의 등에 의한 협조, ③ 공동작업반 편성 등에 의한 협조, ④ 전화 등에 의한 협조가 있다.

1 문서에 의한 협조

문서에 의한 협조를 하는 경우에 그 기안문에 직접 관계 기관의 장의 협조 서명을 받고자 하는 때에는 당해 기관의 장의 협조 서명에 앞서 관계 업무를 담당하는 보조기관 또는 보좌기관과 협의를 하여야 한다.

2 회의 등에 의한 협조

① 회의 등에 의한 협조를 요청하는 기관은 회의 등에 안건 및 관계 자료를 회의 개최 전까지 관계 기관에 송부하여 미리 그 내용을 검토할 수 있도록 하여야 한다.

② 관계 기관과의 업무 협조를 종결시키고자 하는 회의 등에 참석하는 관계 공무원은 회의 등의 안건에 관하여 미리 결재권자의 승인을 얻어야 하며, 필요한 때에는 문서로 의견을 제출할 수 있다.

③ 회의 등에 의한 업무 협조를 요청한 기관은 특별한 사유가 있는 경우를 제외하고는 회의록에 회의 등의 내용을 기록·유지하여야 한다.

3 공동작업반 편성 등에 의한 협조

공동작업반 편성 등을 위한 인원의 지원을 요청받은 기관은 특별한 사유가 있는 경우를 제외하고는 이에 응하여야 한다.

4 전화 등에 의한 협조

전화 등에 의한 협조를 하는 경우에는 전화 및 구두 협조 처리문을 작성하여 처리하여야 한다.

제 3 절 업무 협조의 처리 기간

2008년 9월 2일 사무관리규정 개정 전에는 협조 업무 처리 기간을 구체적으로 정하여 시행하였으나, 현재 협조 업무의 처리 기간은 업무 협조를 요청하는 기관이 업무 협조 내용과 그 처리 및 회신에 필요한 기간 등을 참작하여 정한다.

업무 협조 요청기관은 협조문서가 처리 기간 내에 도달되지 아니한 때에는 당해 협조기관에 대하여 업무 협조를 촉구할 수 있다.

P·a·r·t

04

전자정부와 사무관리

제 1 장 전자정부의 개요 / 235

제 2 장 전자정부와 전자문서 / 243

제 3 장 전자정부와 정보공개 / 268

제 4 장 전자정부와 정보보안 / 272

Chapter 01

전자정부의 개요

제 1 절 전자정부의 의의

1 전자정부의 개념

전자정부라는 용어가 정부 문건에 공식적으로 등장한 것은 1993년 9월에 발표된 미국의 정부혁신계획서였다.[1] 미국의 전자정부 구현 노력은 클린턴(Bill Clinton) 정부의 출범과 함께 시작된 정보고속도로 사업과 형정성과 사업에서 그 비전과 전략이 구체화되었다(김성태, 1999: 404). 그러나 전자정부라는 용어는 전자은행 서비스에서 처음 대두된 개념을 확장하여 사용

1) 전자정부의 어원을 살펴보면 다음과 같다.
전자정부(Electronic Government)라는 용어는 전자은행 서비스에서 유래되었다고 한다. 전자정부는 미국의 국가행정평가위원회(NPR)에서 나온 보고서인 「Reengineering Through Information Technology」에서 잘 나타나듯이 전자은행 서비스(Electronic Banking)에서 처음 대두된 개념을 확장한 것이다(NPR, 1993). 정부관료는 21세기를 대비하는 정부의 필수적 기반이라는 관점에서 정보 기술을 이해하여야 한다. 여기서 21세기를 대비한 정부라 함은 효율적이고 고객 응답적인 과정을 통하여 국민들이 정보 및 서비스에 좀더 폭넓게 그리고 적시에 접근하게 해 주는 현대화된 전자정부를 의미한다(김성태, 1999).

하게 된 것이다. 즉, ATM, 플라스틱으로 된 접근 카드, 전국에 걸친 네트워크가 은행 업무 처리를 좀더 편리하게 해 주는 서비스적 측면에서 유래되었다(정충식, 1998).

우리 나라에서도 전자정부 구현을 위하여 많은 노력을 기울인 결과 관련 법령이 제정되어 시행되고 있으며,[2] 이 법률에서는 전자정부(電子政府)를 "정보기술을 활용하여 행정기관 및 공공기관의 업무를 전자화하여 행정기관 등의 상호간의 행정 업무 및 국민에 대한 행정 업무를 효율적으로 수행하는 정부를 말한다."라고 정의하였다. 여기서 '행정기관'은 국회 · 법원 · 헌법재판소 · 중앙선거관리위원회의 행정사무를 처리하는 기관, 중앙행정기관(대통령 소속 기관과 국무총리 소속 기관을 포함한다.) 및 그 소속 기관, 지방자치단체를 말한다. 그리고 '공공기관'이란 다음의 기관을 말한다.

① '공공기관의 운영에 관한 법률' 제4조에 따른 법인 · 단체 또는 기관

② '지방공기업법'에 따른 지방공사 및 지방공단

③ 특별법에 따라 설립된 특수법인

④ '초 · 중등교육법', '고등교육법' 및 그 밖의 다른 법률에 따라 설치된 각급 학교

⑤ 그 밖에 대통령령으로 정하는 법인 · 단체 또는 기관

다시 말하면, 전자정부는 다양한 행정 서비스를 온라인화함으로써 언제 어디서나 고객의 접근과 이용이 가능한 서비스형 정부를 말한다. 아울러 행정 서비스 체계를 일원화하고 공개함으로써 정부의 생산성과 투명성도 획기적으로 높일 수 있으며, 첨단 정보통신 기술을 활용한 정부 업무와 대민 서비스의 전자적 처리가 전자정부의 핵심이다.

---

2) '전자정부 구현을 위한 행정업무 등의 전자화 촉진에 관한 법률' 및 동법 시행령을 제정하여 2001년 7월 1일부터 시행해 오다가 2010년 2월 4일 더 광범위하고 세부적인 내용으로 '전자정부법'이 제정되어 시행되고 있다.

2 전자정부의 유형

전자정부는 정보통신 기반에 기초한 미래 지향적 정부로서 그 목표, 이념, 추진 방법, 정보통신 기술의 활용 정도, 행정개혁의 방향, 서비스 지향성 등의 평가 기준에 의하면 다음과 같이 세 가지로 나누어 볼 수 있다(이윤식, 2001: 506).

1) 작고 생산적인 능률형 정부

이는 더 적은 비용으로 더욱 향상된 업무를 수행하는 정부인 기업가형 정부를 재창출하거나 창조적인 것을 목적으로 하고 있다. 생산적인 업무 수행을 위해서는 복잡한 행정 절차에서 벗어나 단순화된 행정 과정과 절차를 기초로 하여 운영된다는 것이다. 결국 행정 업무 절차의 리엔지니어링이 이루어지지 않고는 제반 행정 업무 활동의 전자화는 무의미하다는 것이다.

2) 고객 지향적 서비스형 정부

이는 무엇보다도 공급자 중심의 행정 서비스 제공 활동에서 탈피하여 수요자 중심의 행정 서비스 제공 활동을 추구하는 정부를 말한다. 따라서 국민이 정부의 고객이라는 대국민 서비스 측면을 강조하는 전자정부의 개념이다. 즉, 국민이 바라는 조건으로 서비스한다는 것으로 행정 서비스의 질적 향상을 도모하게 되어 국민 편의의 행정 서비스를 제공하는 정부를 실현할 수 있게 된다는 것이다.

3) 결과에 책임을 지는 민주형 정부

이는 공무원들로 하여금 규칙을 준수하는 것보다 결과에 대하여 책임을 지게 하는 열린 정부로 탈바꿈하게 된다는 것이다. 이를 위해서는 많은 의사 결정 권한이 하층부로 위임되어야 하고 공무원의 개방적인 자세가 필요하다. 궁극적으로 전자민주주의의 구현 가능성이 상대적으로 높아질 것이다.

제 2 절 전자정부 추진계획

1 추진 현황 및 추진 방향

전자정부에 관한 한 우리 나라는 국제사회로부터 세계 최상위권 국가로 평가받고 있다. 2002년 6월 발간된 UN의 전자정부 벤치마킹 보고서에 따르면, 우리 나라의 전자정부 수준은 세계 최상위권 국가인 미국, 영국, 싱가포르 등과 함께 "인터넷을 통한 거래가 가능한 단계"에 도달한 것으로 평가되고 있다. UN이 정한 전자정부 지수(指數)상으로도 우리 나라는 세계 평균 1.62를 크게 상회하는 2.30으로 191개 UN 회원국 중 15위를 기록하였다. 또한 2003년 스위스 제네바에서 열린 세계정보사회정상회의(WSIS)를 위하여 국제전기통신연합(ITU)이 당시 UN 회원국 191개국에 대하여 조사한 디지털 접근성에서 우리 나라는 세계 3위를 차지하였고, 전자정부 준비도와 온라인 참여도에서도 비교적 상위권으로 평가되었다.

2010년 6월 23일 스페인 바르셀로나에서 열린 'UN 공공행정의 날' 기념식에서 우리 나라는 '2010년 UN 전자정부 글로벌 대상'을 수상하였다. 미국과 캐나다는 글로벌 2위, 3위를 각각 수상하였으며, 대륙별로는 아메리카 지역은 미국, 유럽 지역은 영국, 아프리카 지역은 튀니지, 오세아니아 지역은 호주 등이 각각 수상하였다. 이번 192개국을 대상으로 한 UN 평가를 통하여 한국의 전자정부는 전자정부 수준에서 세계 최고임을 국제적으로 공인받은 것이다.

우리 나라는 행정 서비스 이용 편의 제고를 통하여 국민의 행정 서비스 만족을 극대화하는 '한 번에 서비스되는 정부' 지향, 행정 업무 처리 절차의 개선과 행정정보의 공동 이용을 통한 공무원의 생산성 향상으로 '일류 정부' 추구 및 국제표준화된 개방형 정보 기술을 바탕으로 행정정보 기반을 정비하고 관련 법규를 개선하여 쌍방형적 의사소통이 원활히 이루어지는 '투명한 정부' 실현을 성취하기 위하여 그 추진 방향을 다음과 같이 제시하고 있다.

1) 더 많은 온라인 서비스

관공서에 찾아가지 않고도 더 많은 민원을 처리하기 위하여 약 400여 종의 민원 서비스 이외에 전입 신고, 자동차 이전 등록, 출생 신고 등 국민에게 빈번히 발생하는 민원 업무의 온라인 서비스 제공이 필요하다. 이를 위하여 행정 절차를 개선하고, 온라인 처리 기법 및 정보 공동 활용 방식을 지속적으로 강화해 나갈 예정이다.

2) 더 쉬운 전자정부 서비스

전자정부 서비스의 대부분은 인터넷을 통하여 서비스되고 있다. 우리 국민들의 인터넷 활용률은 세계 최고 수준으로 국민이 쉽게 인터넷 서비스를 이용할 수 있기 때문이다. 여기서 한 걸음 더 나아가 앞으로는 우리 생활에서 쉽게 사용하는 전화나 팩스, 무인 민원 발급기 등 여러 가지 매체를 통하여 서비스를 제공하여 국민이 더 쉽고 편하게 전자정부 서비스를 활용할 수 있게 할 예정이다.

3) 업그레이드된 전자정부

정부는 전자민원 G4C(Government For Citizen)[3] 포털 사이트를 통하여 온라인 민원 서비스 제공 범위를 전체 민원 업무로 확대하고, PDA·휴대폰 등 모바일 기기를 활용한 행정 처리 및 민원 서비스를 제공함으로써 생산적이고 투명한 스마트 정부를 만들어 갈 예정이다. 또한 맞춤형 서비스(e-CRM) 기법을 도입하여 국민에게 다가가는 정부를 만드는 것은 물론

3) 전자민원 G4C란 국민 누구나 행정기관 방문 없이 집, 사무실 등 어디서나 24시간 365일 인터넷으로 필요한 민원을 안내받고, 신청하고, 발급·열람할 수 있는 서비스를 말한다.

정책 과정에 국민들의 전자적 참여를 통한 전자 민주주의의 확산에도 정책적 노력을 기울여 나갈 예정이다.

이와 같은 추진 방향을 가지고 그 동안 준비해 온 전자정부 단일창구 서비스를 2002년 11월 1일부터 실시하였다. 실시 범위는 4,000여 종의 민원에 대한 안내, 393종의 민원 신청, 20종의 행정정보 공동 이용을 통한 민원 구비 서류 감축 등이다. 온라인 신청 가능 민원 수를 살펴보면 2004년에 452종, 2005년에 499종이고, 2006년에 800종, 2007년에는 약 1,000종(전체 민원 1,020종 가운데)으로 추진 전망하였으나.[4] 2010년 7월 9일 현재 인터넷 민원 안내는 총 4,943종, 인터넷 신청 가능 민원은 1,763종, 인터넷 발급 가능 민원은 452종, 인터넷 열람 가능 민원은 22종으로 늘었다.

2 추진 전략

1970~80년대 행정 업무의 전자화로부터 시작된 우리 나라의 전자정부는 1990년대 초고속정보통신망 구축, 2000년대 전자정부 11대 과제와 전자정부 로드맵 31대 과제 추진을 통하여 행정의 효율성 및 국민 편의성 향상은 물론 국민의 국정 참여를 확대하여 지식기반 정보사회의 기반을 구축하는 데 크게 기여하였다.

한편, 2008년 2월 이명박 정부의 출범과 함께 정부조직법 개정을 통하여 국가사회 정보화 총괄 조정기관[5]으로 자리잡은 행정안전부는 정보화추진실무위원회와 함께 '활용', '통합과 연계', '소통과 융합' 중심의 새로운 국가

---

4) 행정자치부, 전자정부 로드맵 추진 현황 및 계획. 2005. 8.

5) 제17대 대통령직 인수위원회는 신정부의 조직개편 기자 회견에서 정보통신부의 '전자정부 및 정보 보호' 기능을 행정안전부로 이관한다고 하여 '국가정보화'라는 표현 대신 '전자정부'라는 용어를 사용함으로써 '국가정보화' 기능이 무주공산이 되었다는 의견도 분분하였으나, 실제로 정부조직법 개정(안)에 따르면 정보화촉진기본법의 '국가정보화' 기능은 행정안전부로 변경되어 있어, '전자정부를 포함한 국가정보화' 기능을 행정안전부로 이관시켰다고 보는 것이 타당하다.

정보화 패러다임에 입각한 국가정보화 기본 계획을 수립하여 국가사회 정보화와 국정 비전 간의 연계성을 강화하였다.

최근 정보화의 패러다임이 변화함에 따라 정부는 2007년 9월 기존의 전자정부 로드맵을 대체하는 '차세대 전자정부 기본계획(2008~2012년)'을 수립하였다. 이 계획에 따르면, 차세대 전자정부 추진전략은 수요자 중심으로의 서비스 체계 전환, 개인정보 보호 및 보안 강화, 거버넌스 체계 정립, 성과관리 강화 그리고 글로벌 리더십 강화로 요약된다.

첫째, 수요자 중심으로의 서비스 체계 전환이란 전자정부 서비스가 국민과 기업에게 실질적인 가치를 제공할 수 있어야 한다는 것을 의미한다. 따라서 정부 내 업무, 데이터, 서비스와 정보 시스템이 행정 편의가 아닌 고객 중심으로 연계·통합되어야 한다.

둘째, 개인정보 보호 및 보안 강화는 전자정부를 통한 행정 서비스의 제공과 이용이 보편화되면서 해킹, 바이러스 등 악성 코드의 범람과 사이버 테러로 인해 개인정보 유출 및 불법·유해정보의 유통이 지속적으로 증가하고 있는 상황에서 국민이 안심하고 전자정부 서비스를 이용할 수 있도록 기반을 조성하는 것이다. 이를 위하여 전자정부 시스템에 대한 상시 모니터링 시스템 및 범정부적 대응 체계를 구축하여 전자정부 시스템에 대한 보안을 강화하고, 개인정보 상시 모니터링 체계의 구축을 통하여 개인정보에 대한 철저한 관리 및 통제권을 강화하여야 한다.

셋째, 거버넌스 체계 정립은 변화하는 행정환경에 맞는 새로운 국가정보화의 비전 수립과 방향성을 제시하고, 이를 추진하고 관리할 거버넌스 체계를 확립하는 것이다. 신정부는 정보화를 우리 사회와 경제의 근본적인 체질을 선진국형으로 전환시키고 국가의 중장기적인 성장과 발전을 가능케 하는 성장 엔진으로 정의하였다. 따라서 저탄소 녹색 성장 등 우리가 당면한 현안을 창조적으로 해결하여 창의와 신뢰의 선진 지식정보사회를 이룩할 수 있는 범정부적이며 효율적인 조직 체계의 구축이 필요하다.

넷째, 성과관리 강화는 행정에서 IT의 역할이 확대되고 중요해짐에 따라 IT가 예산에서 차지하는 비중도 증가하고 있다. 따라서 체계적이고 지속적인 성과관리를 통하여 기획, 실행, 평가가 긴밀히 연계된 선순환 구조를 구축하여야 한다. 또한, 우리 나라의 전자정부를 글로벌 경쟁력을 갖춘 국가 브랜드로 육성하여 국가 간 협력의 매개체로 활용함은 물론, 향후 우리 기업이 세계로 진출할 수 있는 토대를 마련하여야 한다.

다섯째, 글로벌 리더십 강화는 세계 최고 수준의 전자정부를 지속적으로 유지하기 위하여 국가 간 전자정부 협력을 더욱 활성화하며, 우리 나라의 우수한 전자정부 솔루션들이 해외에 진출할 수 있도록 체계적으로 홍보하고 기업에 대한 지원 방안을 마련하는 것이다.

한편 2008년 2월에 출범한 새 정부는 지식기반 사회의 진전에 따라 사회적 신뢰 기반, 아이디어, 창의성 등 소프트 자원과 녹색성장 역량이 경쟁의 핵심 원천으로 부상하는 등 대내외적인 환경 변화와 정보화에 대한 새로운 요구가 증가함에 따라 기존의 차세대 전자정부 추진계획을 일부 수정・보완하여 새 정부의 국정철학을 효과적으로 구현할 수 있도록 하였다. 이에 따라, 기존에 4대 목표, 9개 영역, 24개 세부 과제로 이루어져 있던 차세대 전자정부 추진계획을 5대 중점 추진 분야, 20개 세부 목표, 65개 세부 추진 과제로 수정・보완하여 2008년 11월에 새 정부의 국가정보화 기본 계획을 확정하였다.

Chapter

02 전자정부와 전자문서

제 1 절 전자문서의 의의

1 전자문서의 개념

전자정부에서는 전자문서(電子文書)가 필수적이며, 부득이한 경우에 한하여 종이문서를 사용하지만 대체로 전자문서를 사용한다. 전자문서에 대한 정의도 법규마다 약간씩 다르게 정의하고 있다. 사무관리규정에서는 전자문서를 "컴퓨터 등 정보 처리 능력을 가진 장치에 의하여 전자적인 행태로 작성, 송·수신 또는 저장된 문서"로 정의하고 있으며, 무역업무 자동화 촉진에 관한 법률에서는 전자문서를 "컴퓨터 간에 전송 등이 되거나 출력된 전자서명을 포함한 전자 자료"로 정의하였다. 그리고 전자정부법에서는 전자문서를 "컴퓨터 등 정보 처리 능력을 지닌 장치에 의하여 전자적인 형태로 작성되어 송·수신되거나 저장되는 표준화된 정보"로 정의하였다.

따라서 전자문서는 일반적인 전산망을 활용하여 작성, 발신, 수신, 저장되는 문서 외에 전자우편(e-mail), EDI, 텔레그램, 텔레카피, 텔렉스 등을 포함하여 전자적·광학적인 방법에 의하여 작성, 발신, 수신, 저장되는 정보를 포괄적으로 의미한다.

2 전자문서의 효력

사무관리규정에서는 "문서는 당해 문서에 대한 서명(전자문자서명, 전자이미지서명 및 행정전자서명을 포함한다)에 의한 결재가 있음으로써 성립한다"고 하여 문서의 성립 요건을 규정하고 있다. 또한 "문서는 수신자에게 도달(전자문서는 수신자의 컴퓨터 파일에 기록되는 것을 말한다)됨으로써 그 효력을 발생한다"고 하여 문서의 효력 발생에 대하여 규정하고 있다. 이는 민법상의 도달주의 원칙을 적용함을 알 수 있다. 그리고 민원문서를 정보통신망을 이용하여 접수, 처리한 경우에는 당해 민원 사항을 규정한 법령에서 정한 절차에 따라 접수, 처리된 것으로 보고 있다.

3 전자문서화의 필요성

사무관리규정에서 문서의 기안은 전자문서로 함을 원칙으로 하고, 업무의 성격, 기타 특별한 사정이 있는 경우에는 그러하지 아니한 것으로 규정하고 있으며, 전자정부법에서도 문서는 전자문서를 기본으로 하여 작성, 발송, 접수, 보관, 보존 및 활용되어야 하며, 업무의 성격, 그 밖의 특별한 사정이 있는 경우에는 그러하지 아니하다고 규정하고 있다. 이와 같은 전자문서의 유통이 필요한 이유를 살펴보면 다음과 같다.[1]

---

1) 행정안전부 장관은 행정기관 및 공공기관 간 전자문서의 원활한 유통을 지원하기 위하여 행정안전부에 정부전자문서유통지원센터를 둔다. 다만, 행정안전부 장관은 정부전자문서유통지원센터의 안정성 및 관리의 용이성 등을 위하여 필요한 경우에는 그 기능의 일부를 다른 행정기관으로 하여금 수행하게 할 수 있다. 정부전자문서유통센터는 다음의 업무를 담당한다.

1. 전자문서 또는 행정정보의 원활한 유통을 위한 지원 및 규격표준·유통표준 등의 운영
2. 전자문서 시스템 및 행정정보 시스템의 전자적 주소 등의 배포 및 관리
3. 전자문서 또는 행정정보의 효율적인 유통을 위한 프로그램의 개발·보급
4. 전자문서 또는 행정정보의 유통시 발생하는 장애의 복구를 위한 지원

1) 문서 처리에 많은 시간 소요

문서의 결재 경로를 분석해 보면 문서를 기안하여 결재를 받기까지 많은 시간이 소요되고 있다. 업무의 타당성을 검토하고 분석하며 판단하는 본질적인 부문에 많은 시간을 할애하여야 하는데, 그렇지 않고 문서의 작성, 배부, 협조, 결재 대기, 검색 등 수단적인 부문에 많은 시간을 소요하고 있는 실정이다. 따라서 이러한 문제를 해결하기 위하여 전자문서의 사용과 이의 유통 시스템이 필요하다.

2) 권위적이고 비효율적인 업무 수행 방식

대규모 조직인 관료제는 실무자, 주무자, 과장, 국장, 부기관장, 기관장 등 많은 계층을 형성하고 있다. 전자문서가 아닌 경우의 대면결재(對面決裁)시에는 문서가 작성되어 결재권자에게 최종 결재를 받기까지는 중간의 검토자(보조기관이나 보좌기관)나 협조자의 여러 과정을 거치면서 매우 권위적인 행태가 자연스럽게 나타나고 있으며, 상위 계층으로 올라가면서 수시로 관련자의 의견에 따라 기안 내용이 수정되어 당초의 의도가 왜곡되거나 그 중간 과정에서 많은 시간이 소요되는 등 업무가 비효율적으로 수행되고 있다. 따라서 이와 같은 권위적이고 비효율적인 업무 수행 방식을 바꾸려면 전자문서의 유통이 활성화되어야 한다.

3) 리엔지니어링의 필요성 대두

리엔지니어링(reengineering)이란 단어는 '재설계'한다는 의미로서, 미국의 해머(M. Hammer)가 1990년에 논문에서 처음 사용한 이후 각 분야에서 생산성 향상을 위한 노력의 일환으로 이를 활용하고 있다. 현재 상태로는 조직의 생산성 향상, 서비스 향상, 비용 감축 등 변화하는 사회의 욕구를 충족시키지 못하기 때문에 민간 부문에서 많이 활용되고 있으며, 공공 부문에서도 예산의 효율적 집행, 국민의 요구에 대한 신속한 대응, 작은 정부 구현을 위한 구조 조정 등에 따라 이에 적합한 조직을 재설계하고, 업무를 재설계하여야 할 필요성이 대두되었다.

4) 전자정부 구현의 필요성 대두

정보 기술의 급속한 발달은 전자문서를 바탕으로 한 전자정부의 구현을 가능하게 하였다. 전자정부는 행정 업무를 전자적으로 처리함으로써 행정의 생산성, 투명성, 민주성을 높여 지식정보화 시대의 국민의 삶이 질을 향상시키는 것이 목적이다. 따라서 전자정부를 효율적으로 추진하기 위한 멀티미디어 기술, 가상현실 기술, 인터넷 · 인트라넷 기술 등 정보 기술이 어느 정도 충족된 상태이기 때문에 이제는 전자문서의 유통은 필수적이라고 할 수 있다.

제 2 절 전자문서의 처리 절차

사무 능률을 향상시키고, 전자문서에 의한 문서관리 체계의 정착을 위하여 각 기관에서 사용할 전자문서의 생산(작성 및 결재), 유통(발송 및 접수), 관리(보관 및 보존) 등 전자문서 시스템의 규격을 표준화시켜야 하며, 그 처리 절차를 살펴보면 다음과 같다.

1 전자문서의 생산 단계

1) 문서의 작성 · 기안

(1) 서식 작성 · 지정

행정기관에서 사용하는 기안문(시행문 겸용)과 간이기안문(내부 결재문)을 기본적으로 제공하여야 하며, 일반적으로 많이 사용하는 서식 등을 자체 편집기(별도의 폼제너레이터 포함) 또는 XML 편집기 등을 사용하여 작성하고 지정하는 기능을 제공하여야 한다.

(2) 전자문서의 구성

일반 기안문(시행문 겸용)의 구성을 두문·본문 및 결문(또는 두문·본문·결문 및 붙임)으로 하지 않고, 전자문서로서 전자기안문(시행문 겸용)을 표제부와 본문부로 나누는 경우에는 서로 다른 파일로 구성하되, 표제부는 두문, 본문 중 제목 및 결문으로, 본문부는 제목·내용 및 붙임으로 구성할 수 있는 기능을 말한다.

간이기안문의 경우에는 왼쪽 상단에 위치한 문서 등록의 표시(등록번호, 보존 기간, 결재 일자 및 공개 구분), 오른쪽 상단에 위치한 결재란의 표시(기안자, 검토자, 협조자, 결재권자), 제목, 요약 설명문의 표시, 작성 일자, 작성기관의 표시(아래 중앙)를 할 수 있는 기능을 말한다.

(3) 지정 서식 불러오기

이미 지정한 서식을 불러오는 기능을 말한다.

(4) 등급 지정·변경

문서 등급에 따라 접근자의 범위 및 문서의 보기 권한을 지정하는 기능 및 작성한 문서를 서식 작성시 지정한 보안 등급과 다른 등급으로 지정할 필요가 있는 경우, 기안자, 검토자 또는 결재권자가 등급을 조정할 수 있도록 하는 기능을 말한다.

(5) 등록번호 지정(문서번호)

사용자가 생산부서명을 선택하거나 시스템에서 자동 부여하는 기능을 말한다. 생산부서명과 처리기관 코드 7자리와는 내부적으로는 상호 연계되어야 한다.

(6) 수신자 지정

수신자와 참조를 한 난에 같이 표시하여야 하며, 수신자가 많은 경우에 한하여 발신 명의의 왼쪽 아래에 수신자를 표시하여야 한다.

(7) 공개 구분 표시

공개 구분란에 기안자, 검토자 또는 결재권자의 지정에 의하여 공개, 부분 공개, 비공개로 표시할 수 있는 기능을 말하고, 부분 공개, 비공개인 경우에는 공개 여부 구분 번호를 선택하여 ( ) 안에 표시할 수 있도록 하여야 한다. 복수 선택이 가능하다.

(8) 제목 작성

작성한 문서의 제목을 정하는 기능을 말한다.

(9) 본문 작성

새로운 문서를 작성하거나 기존에 작성된 문서의 내용을 바꿀 수 있는 기능으로 수정, 삭제 및 복사 등의 기능을 말한다.

(10) 문서 인쇄

작성한 문서를 인쇄하는 기능을 말한다.

(11) 문서 첨부

문서 작성시 한 개의 문서 내용에 여러 개의 파일을 첨부할 수 있게 하는 기능을 제공하여야 하며, 첨부할 수 있는 파일로는 아스키 텍스트와 이미지 파일 등 다양한 형태의 파일 첨부도 가능하여야 한다.

(12) 문서 임시 보관 · 호출

작성 중인 문서를 임시 보관하는 기능 및 보관된 문서를 호출하여 문서 작성시 이용할 수 있는 기능을 제공하여야 한다.

(13) 사용자 인증

비밀번호, 또는 지문 인식과 스마트 카드(Smart Card) 등의 방법으로 보안 및 사용자 인증에 필요한 기능을 제공하여야 한다. 스마트 카드를 이용한 사용자 인증은 '행정기관 IC카드 표준규격'(행정자치부, 2001. 12)을 적용한다.

(14) 요약문 첨부

작성한 문서의 부가 설명 또는 요약문을 첨부할 수 있는 기능을 제공하여야 한다.

(15) 내용 검사

문서 작성시 문서의 철자 오류 검사, 한자로 변환하는 기능 등을 제공할 수 있다.

(16) 긴급 결재 표시

긴급히 처리할 문서에 긴급 결재를 표시하는 기능을 말한다.

(17) 외국어 입력

영어, 일본어, 러시아어 등 외국어를 입력하는 기능을 제공할 수 있어야 한다.

(18) 우편번호 검색 기능 및 주소 입력 기능

민원인에게 민원회신 문서를 발신할 경우 우편번호 검색을 통한 주소 입력 기능을 제공하여야 한다.

(19) 국제 표준 시각으로 동기화 기능

행정전자 서명 인증서 검증의 기준 시점 등에 활용 가능하도록 국제 표준 시각으로 동기화하는 기능을 제공하여야 한다.

(20) 간이기안문(내부 결재문) 및 시행문서 구분 표시

기안문(시행문 겸용)에서 간이기안문(내부 결재문) 및 시행문서인지를 구별할 수 있는 기능을 제공하여야 한다.

(21) 주요 문서의 보안 강화

주요 문서의 작성 및 결재 단계에서 정보 유출 방지 또는 암호화 등의 보안을 강화할 수 있는 기능을 제공할 수 있다.

(22) 발의자 표시

기안자, 검토자 또는 결재권자의 직위 또는 직급란에 발의자 항목을 표시 및 관리할 수 있어야 한다.

(23) 지식관리 시스템 등과의 연계

결재가 완료된 문서를 지식관리 시스템이나 인터넷 홈페이지 등으로 문서 내용이나 문서의 제목을 전송하는 기능을 제공할 수 있어야 한다.

2) 결재, 분류 및 편철

(1) 결재문서 도착 알림

검토·협조·결재할 문서가 도착되었다는 것을 검토자·협조자 또는 결재권자가 알 수 있도록 하는 기능을 제공하여야 하며, 검토자·협조자 또는 결재권자가 도착된 문서를 동시에 볼 수 있도록 하는 기능을 제공하여야 한다. 우선적으로 처리하여야 할 긴급 결재 문서를 알리는 기능을 따로 제공할 수 있다.

(2) 결재선 지정·수정

결재를 받아야 하는 결재선을 단계별로 지정하거나 지정된 결재선을 기안자, 검토자 또는 결재권자가 수정하는 기능을 제공하여야 한다. 결재선 지정시 결재 단계가 3단계를 초과하면 초과하였음을 알려 주는 기능을 제공하여야 한다. 결재 단계는 기안자를 제외한 검토자와 결재권자의 단계 수를 말한다.

(3) 결재 처리(결재, 반려, 전결, 대결)

결재자가 결재 암호 입력에 의한 서명을 함으로써 결재를 처리하는 것으로 다음과 같은 기능을 제공하여야 한다. 이 때 전결시는 전결하는 자의 서명란에 전결을 표시하고 서명하고, 대결시는 원래의 전결하는 자의 서명란에 전결 표시를 하고 대결하는 자의 서명란에 대결 표시를 하고 서명하는 기능을 제공하여야 한다. 단, 전결자가 없을 경우에는 대결하는 자의 서명란에 대결 표시를 하고 서명한다.

① 결재(決裁)는 기안자가 올린 문서를 결재권자가 서명하는 것을 말한다.

② 반려(反戾)는 기안자가 올린 문서에 대하여 결재를 하지 않고 되돌려 보내는 것과 기안자는 이에 대하여 재상신하는 것을 말한다.

③ 전결(專決)은 위임 전결규정 또는 사무 전결처리 규칙에 따라 행정기관의 장으로부터 결재권을 위임받은 자가 결재를 하는 것을 말한다.

④ 대결(代決)은 결재권자의 사정에 의하여 결재를 받을 수 없는 때에

그 직무를 대리하는 자(그 권한 또는 직무를 대행하는 자를 포함한다)가 대신 결재하되, 내용이 중요한 문서에 대해서는 그 결재권자에게 사후에 보고하는 것을 말한다.

(4) 직위(직급)에 의한 결재 표시

결재선상에 있는 자가 서명란에 전자이미지서명과 전자문자서명에 의하여 서명하는 기능을 제공하여야 하며, 직위(직급) 정보를 표시하여야 한다. 또한 결재선상에 있는 자가 서명시에 서명 일시 정보를 관리하여야 한다. 현 품의제 하에서는 행정전자서명을 적용하지 않는다. 향후 직위분류제 도입 등 책임행정 제도 도입시 행정전자서명의 적용을 검트할 예정이다.

(5) 결재 순서에 따른 문서의 자동 전송

기안을 한 경우에 문서가 결재선을 따라 다음 검토자·협조자 및 결재권자에게 자동적으로 전달되는 기능을 제공하여야 한다.

(6) 결재 진행 상태 조회

기안자가 결재를 올린 후 결재문서에 대한 결재 진행 상태를 조회하는 기능을 제공하여야 하며, 결재 진행중 수정된 정보도 함께 제공하여야 한다.

(7) 분류 및 기록물철 지정/수정

결재 완료된 문서에 대하여 자료관에서 제공된 기록물분류기준표를 검색하여 단위 업무 코드를 지정하고, 지정된 단위 업무 코드의 하위 기록물철 목록을 조회하여 결재 완료된 문서가 등록시 자동 편철될 기록물철을 지정할 수 있는 기능을 제공하여야 한다. 또한 편철된 기록물철 분류번호는 기록물 정리 기간의 편철 확정 전까지는 재편철할 수 있는 기능을 제공하여야 한다.

(8) 기록물철 생성(기록물등록대장)

기록물분류기준표를 검색하여 단위 업무 코드를 지정하고, 지정된 단위 업무 코드의 하위 기록물철(처리과 코드+단위 업무 코드+기록물철 연번)

을 생성할 수 있는 기능을 제공하여야 한다. 단, 기록물철 등록 후 편철에 활용할 수 있도록 한다. 편철량이 기준량을 초과할 경우에는 권호수를 추가하여 편철할 수 있도록 기능을 제공하여야 한다. 즉, 처리과 기관코드+단위 업무코드+기록물철 연번+권호수가 된다. 권호수는 추가되는 권호수의 일련번호를 기입하고, 기록물철에 편철되는 기록물의 유형이 다를 경우에는 별도로 등록하여 기록물철 연번을 생성하여야 한다.

(9) 결재문서 및 반려문서의 편철 후 등록

문서가 편철 될 기록물철을 지정한 후 결재 완료 후 등록대장에 결재문서가 등록되고, 등록번호가 부여되어야 하며, 반려된 문서 중 수정 후 재기안한 문서를 제외한 중요하다고 판단되는 문서의 경우에는 기안자가 확인 후 등록대장에 등록할 수 있어야 한다. 반려문서의 대장 등록시에는 반려권자를 결재권자로 표시하고, 반려 유무를 기재하여야 한다.

(10) 기록물분류기준표 갱신

기록물분류기준표가 수정되었을 경우 전자문서 시스템은 자료관 시스템의 기록물분류기준표 관리 모듈(module)로부터 최신의 기록물분류기준표를 다운(down)받아 시스템에 반영시킬 수 있는 기능을 제공하여야 한다.

(11) 문서 회수 및 처리

기안자가 기안 후 기안자의 첫 번째 상위 검토자・협조자・결재권자의 검토・협조・결재 전에 문서 내용에 오류 등을 발견하였을 경우 문서를 회수하여 처리할 수 있는 기능을 제공하여야 하며, 기안자의 상위 검토자・협조자・결재권자의 검토・협조・결재가 끝난 후에는 상위 검토자・협조자・결재권자가 반려 처리하도록 하여야 한다.

(12) 결재문서 수정

결재 중에 문서의 일부분을 수정할 수 있는 기능을 제공하여야 하며, 수정 전의 문서는 이를 보존하고 이력으로 남겨서 관리할 수 있는 기능을 제공하여야 한다.

(13) **의견 첨부**

결재 본문 마지막 부분에 의견 개진 내용 등을 작성 후 서명시에는 서명란에 의견 첨부 표시 후 서명하는 기능을 제공하여야 한다.

(14) **의견 조회**

결재 또는 반려문서에 의견이 작성되면, 의견 작성 여부를 조회하는 기능을 제공하여야 한다.

(15) **첨부문서 보기**

결재문서와 함께 첨부된 문서를 열람·인쇄하는 기능을 말한다.

(16) **미결문서 현황**

결재하지 않은 문서의 목록을 열람할 수 있는 기능을 제공하여야 한다.

(17) **결재 처리 보류**

결재의 처리를 보류할 수 있는 기능을 제공하여야 한다.

(18) **문서의 수정 이력 관리**

검토시 수정된 내용에 대한 정보 및 이력을 관리하는 기능을 제공하여야 한다. 여기에는 일시, 수정자, 수정 전 문서 등에 대한 정보를 포함한다.

(19) **결재 완료시 기안자 통보 기능**

결재가 완료된 경우 기안문(시행문 겸용) 상신시에 지정한 내부결재 및 시행문서 지정에 의거하여 시행문서의 경우는 기안자가 결재 완료된 문서를 확인하고, 문서 수발자에게 발송 의뢰할 수 있는 기능을 제공하여야 한다.

2 전자문서의 유통 단계

1) 문서의 발송

(1) **발송**

결재가 끝난 문서는 기안자가 확인을 한 후 문서 수발자가 지정한 수신자로 보내는 기능을 말하며, 관인(전자이미지관인, 전자관인) 날인 및 서명 후 전송 등의 과정을 포함한다. 행정기관이 아닌 자(민원인, 법인, 단체, 입법기관, 사법기관 등)에 발송할 경우도 동일한 양식으로 발송하여야 한다.

(2) **재발송**

문서 전송시에 정상적으로 전송되지 않았을 경우에 전체 및 수신자별로 문서 수발자가 재전송하는 기능을 말한다.

(3) **문서 내용의 무결성(無缺性)**

대외문서 발송시 전자관인 등을 이용하여 문서의 내용이 변조되지 않도록 하는 기능을 말한다.

(4) **관인 및 서명**

전자관인을 통하여 문서를 발송한 행정기관 또는 보조기관, 보좌기관의 신원을 확인하는 기능을 제공하여야 하며, 보조기관 또는 보좌기관 간에 발신하는 문서에 대해서는 전자이미지서명 또는 전자문자서명을 표시하는 기능을 제공하여야 한다.

(5) **단순 공문서 게시**

행정기관의 장이 소속 공무원 또는 소속기관에 단순 지시, 단순한 자료 요구, 업무연락, 통보, 공지 사항, 일일명령 등의 발송 문서를 전자문서 시스템의 게시판 등을 통하여 게시한 때에는 당해 문서를 시행한 것으로 보기 때문에, 이와같이 기관 내 전자게시판에 시행할 수 있는 기능이 제공되어야 하며, 이 때 수신기관(보조기관)에서는 게시된 문서를 열람할 수 있어야 한다.

2) 문서의 접수

(1) **문서 도착 알림**

새로운 문서가 도착되면 새로운 문서가 도착되었음을 알려 주는 기능을 말한다.

(2) 문서의 배부 및 접수

문서과에서 문서를 받으면 접수 일시를 문서에 기입 후 기록물배부대장에 등록하고, 해당 처리과로 보내야 하며, 해당 처리과는 문서과로부터 배부받은 문서에 접수 등록번호가 입력되는 기능을 제공하여야 한다. 처리과에서 직접 접수하는 문서는 접수 일시와 접수 등록번호가 모두 입력되는 기능을 제공하여야 하며, 이 때 접수 담당자는 업무 담당자를 지정하여 배부하는 기능을 제공하고, 문서를 배부받은 담당자가 올바르지 않을 경우 이를 접수 담당자에게 반송하고 접수 담당자가 다시 올바른 업무 담당자에게로 재배부하는 기능을 제공하여야 한다.

- 접수 등록번호=처리기관 코드 7자리+연도별 일련번호
- 배부번호=연도별 배부 일련번호

(3) 접수문서 분류 및 등록 · 편철

접수문서 접수시 기록물철 정보에 따라 분류 등록을 할 수 있는 기능을 제공하여야 하며, 분류 편철을 통한 접수문서에 대하여 지정된 기록물등록대장에 저장하는 기능을 제공하여야 한다. 접수 완료 후에도 문서 정리 기간까지는 분류 등록 사항을 변경할 수 있는 기능을 제공하여야 한다.

(4) 접수문서 보호

접수문서의 본문 및 결문 내용 중 그 일부를 추출하거나 편집할 수 없도록 하는 기능을 제공하여야 한다.

(5) 반송 · 이송 · 재배부

접수문서가 형식상의 흠이 있거나 소관에 속하지 않는 경우에 반송, 이송 또는 재배부할 수 있는 기능을 제공하여야 한다.

① 반송(返送)은 행정기관의 장 또는 행정기관은 접수한 문서에 형식상의 흠이 있을 때에는 반송문서의 생산 등록번호, 시행 일자, 제목과 반송 사유를 명시하여 발신 행정기관의 장 또는 행정기관에 반송할 수 있다.

② 재배부(再配付)는 반송 처리된 문서를 재배부하는 것을 말한다.

- 문서과에서는 처리과로부터 반송되어 온 문서를 즉시 재배부하되,

문서과의 장이 지정하는 처리과로 보내야 한다.

- 처리과는 문서과로부터 그 소관에 속하지 아니하는 문서를 인계받은 때에는 지체없이 문서과에 반송하여야 한다. 배부받은 문서에 대한 처리과 반송시에는 반송 사유만을 명시하여 접수 처리 없이 문서과로 반송한다.

③ 이송(移送)은 행정기관의 장 또는 행정기관은 접수한 문서가 다른 기관의 소관 사항인 경우에는 이를 지체없이 해당 소관기관의 장 또는 소관기관에 이송하여야 하며, 기관 내 처리과의 이송 처리 기능도 제공하여야 한다.

(6) 경유문서 처리

경유기관에서 경유문서를 접수한 때에는 접수 절차를 거친 후 이를 검토하여 의견이 있는 때에는 의견을 달아 경유기관의 장의 명의로 다른 경유기관의 장 또는 최종 수신자에게 이송하되, 경유문서를 붙여 이송하는 기능을 제공하여야 한다. 의견이 없는 경우에도 경유문서를 이송한다는 내용으로 결재권자의 결재를 받아 경유기관의 장의 명의로 발송하는 문서에 경유문서를 붙여 이송하는 기능을 제공하여야 한다.

- 경유문서인 경우에 (경유)란에 "이 문서는 경유기관의 장은 ○○○(또는 1차 경유기관의 장은 ○○○, 2차 경유기관의 장은 ○○○)이고, 최종 수신기관의 장은 ○○○ 입니다"라고 표시하고, 경유기관의 장은 제목란에는 "경유문서의 이송"이라고 표시하여 순차적으로 이송하여야 한다.

(7) 문서 내용의 무결성

대외문서 접수시 전자관인 등을 이용하여 문서의 내용이 변조되지 않도록 하는 기능을 제공하여야 한다.

(8) 공람 대상자 지정 및 확인

지정 공람 대상자에게 알려 주는 기능 및 공람자의 공람 시간 및 공람 여부를 확인하는 기능을 제공하여야 한다.

3) 사용자 환경 설정

(1) 사용자 비밀번호 변경

사용자가 자신의 비밀번호를 변경할 수 있는 기능을 제공하여야 한다.

(2) 직무대리자 지정 · 해제

결재자 부재시 대리로 결재할 직무대리자를 지정하고 해제할 수 있는 기능을 제공하여야 하며, 결재선 지정 및 수정에 이 기능을 포함하여야 한다.

(3) 부재 설정 · 해제

결재자가 자리를 비울 경우에 이를 설정 및 해제하는 기능을 제공하여야 한다.

(4) 결재선 그룹 등록 및 수정 삭제 기능

결재선 그룹을 등록 · 수정 · 삭제할 수 있는 기능을 제공하여야 한다. 결재선 그룹 적용시 결재선상에 있는 사용자의 변경 사항에 대하여 기안자에게 알려 주는 기능을 제공할 수 있다.

(5) 수신자 그룹 등록 및 수정 삭제 기능

수신자 그룹을 등록 · 수정 · 삭제할 수 있는 기능을 제공하여야 한다. 수신자 그룹 적용시 수신자 그룹 안에 있는 수신자의 변경 사항에 대하여 알려 주는 기능을 제공할 수 있다.

3 전자문서의 관리 단계

1) 전자문서 관리의 필수 기능(문서함 관리)

(1) 기록물철등록부 정보 입력

기록물철등록부 정보를 입력/지정하는 기능을 제공하여야 하며, 전자문서의 경우에는 자동 입력이 원칙이다. 자동 입력이 불가능한 경우나 항목은 수동 입력이 가능하여야 한다.

(2) 기록물철등록부 관리 및 수정

기록물철등록부를 열람·인쇄할 수 있는 기능을 제공하여야 하며, 등록부의 항목별로 목록을 열람·인쇄할 수 있는 기능이 제공되어야 하고, 인쇄되는 모든 목록은 파일로 저장할 수 있다. 기록물철의 보존 기간, 비치 종결 일자, 비치 사유를 기록물철의 업무 담당자가 수정할 수 있어야 하며, 등록부의 기본 등록 사항은 기록물 관리책임자만 수정할 수 있다. 자동 입력 항목은 수정이 불가능하며, 수동 입력 항목의 경우에만 수정 가능하다.

(3) 기록물철 변경 이력관리 및 조회

기록물철의 변경된 대장정보를 기록물 관리책임자가 조회할 수 있도록 변경 이력을 저장하고 조회할 수 있는 기능을 제공하여야 한다. 기본 등록 사항의 변경시에는 변경일, 변경자, 변경 사유, 변경 전후 등록 내용을 이력정보로 남겨야 하고, 보존 분류 사항의 변경시에는 변경일, 변경자, 변경 사유를 이력정보로 남겨야 한다.

(4) 기록물철의 보존 기간 지정 및 변경

기록물철 등록시 단위 업무를 검색할 수 있는 기능을 제공하여야 하며, 지정된 단위 업무에 해당하는 보존 기간이 등록하는 기록물철 보존 기간으로 기본 지정되는 기능을 제공하여야 하고, 보존 기간은 변경할 수 있다.

(5) 기록물등록대장 정보 입력 기능

기록물의 등록번호, 기록물 형태, 쪽수, 첨부 번호, 기안자, 제목, 등록 일자, 결재권자 등을 기록물 등록대장에 입력하는 기능을 제공하여야 한다. 다만 전자문서인 경우에는 쪽수, 첨부 번호는 수동 입력 가능하며 나머지 항목은 자동 입력되어야 한다.

(6) 기록물등록대장 관리 및 수정

기록물등록대장에 등록된 모든 문서의 대장 내용을 열람·인쇄할 수 있는 기능을 제공하여야 하고, 등록대장의 항목별로 목록을 열람·인쇄할 수 있는 기능이 제공되어야 하며, 인쇄되는 모든 목록은 파일로 저장할 수 있다. 등록된 기록물 대장정보를 수정할 수 있는 기능을 제공하여야 한다. 자동 입력 항목은 제외하고 수동 입력 가능한 항목에 대해서만 수정이 가능하다.

(7) 첨부문서 관리

등록대상 기록물 중 본문과 기록물 유형이 상이한 경우에는 분리 등록할 수 있는 기능을 제공하여야 한다. 예를 들어, 문서에 도면, 카드, 시청각류 기록물이 첨부된 경우의 등록 항목은 본 건의 등록 항목과 동일하다. 다만 제목은 본문에 기재되어 있는 첨부 기록물의 제목을 기입하여야 하며, 쪽수도 해당 첨부 기록물의 쪽수를 기입하여야 한다.

(8) 전자문서의 활용 및 게시판 이용

등록대장에 등록된 전자문서를 기안문서의 첨부 또는 게시판의 첨부로 활용할 수 있는 기능을 제공할 수 있다.

(9) 열람 처리

열람한 문서 중 모든 구성원 또는 일부 구성원이 열람·인쇄하는 기능을 제공하여야 하며, 문서 열람시 이를 확인하는 기능을 제공하여야 한다.

(10) 기록물 접수문서 목록관리

접수문서의 목록을 입력·열람·인쇄할 수 있는 기능을 제공하여야 하며, 접수한 문서가 전자문서가 아닐 경우에도 목록을 입력하여 관리하는 기능을 제공하여야 한다.

(11) 접수문서 관리

접수한 문서의 내용을 열람·인쇄·저장할 수 있는 기능을 제공하여야 한다.

(12) 발송문서 목록관리

발송문서의 목록을 입력·열람·인쇄할 수 있는 기능을 제공하여야 하며, 발송한 문서가 전자문서가 아닐 경우에도 목록을 입력하여 관리하는 기능을 제공하여야 한다.

(13) **발송문서 관리**

발송한 문서의 내용을 열람·인쇄·저장할 수 있는 기능을 제공하여야 한다.

(14) **기록물 정리 기능(편철 확정)**

기록물 정리 기간에 기록물 정리를 수행하고 기록물 관리책임자에 의하여 편철 확정하면, 편철 확정된 전자결재 문서에 대하여 기관의 일반 사용자는 기록물철과 기록물등록대장의 내용에 대하여 임의 변경은 불가능하여야 한다. 변경이 필요한 경우에는 처리과 내 기록물 관리책임자 또는 전자문서 시스템 관리자만 변경할 수 있다.

(15) **기록물 생산 현황**

처리과의 기록물 관리책임자는 기록물 정리가 완료된 당해 연도 기록물 등록대장, 기록물배부대장, 기록물철등록부 현황을 목록관리 모듈로 전송하고, 처리과별, 보존 기간별, 단위 업무별, 기록물 형태별로 생산 기록물 수량을 집계하여 전자 파일로 작성할 수 있어야 한다. 통신망에 의한 통보가 불가능한 경우 생산 기록물등록대장, 기록물배부대장, 기록물철등록부 현황을 전자 파일을 작성하여 전송한다.

(16) **기록물 이관**

기록물철 등록대장에 자료관 이관으로 구분된 기록물철과 기록물등록대장 정보를 자료관 시스템 내 기록물 목록관리 모듈로 이관 전송하고, 이 결과인 '목록 이관 여부'를 전자문서 시스템 기록물철과 기록물 등록정보에 자동 기록한다. 기록물철과 기록물 등록정보에 목록 이관으로 기록된 해당 전자문서 파일을 전자문서 시스템에서는 자료관 시스템 내 전자문서 보존 모듈로 이관하고, 전자문서 시스템 내에서는 삭제한다. 이러한 '문서 이관 여부'를 기록물철과 기록물등록정보에 자동 기록하는 기능을 제공하여야 한다.

2) 전자문서관리 선택 기능(일반 전자문서관리)

(1) 문서함 생성, 변경, 이동, 삭제

개인 문서함을 관리하기 위하여 문서함을 생성하고 변경하고 이동하고 삭제한다.

(2) 문서 등록정보(속성) 입력

문서를 등록할 때 각 문서가 갖는 속성인 문서 종류, 작성자, 제목, 작성일, 등록일, 설명, 주제어, 보안 등급 등을 입력한다.

(3) 계층구조에 따른 문서 등록

문서를 조직도나 문서함의 계층 구조에 따라 등록할 수 있다.

(4) 하나의 문서를 여러 문서함에 등록

한 문서를 여러 문서함에 동시에 등록할 수 있다.

(5) 문서의 삭제

개인과 부서의 참고 문서에 대하여 삭제할 수 있다.

(6) 삭제된 문서의 임시 보관

문서 삭제 후 삭제된 문서를 임시 보관할 수 있다.

(7) 삭제된 문서의 폐기 및 복구

삭제 후 임시 보관된 문서를 폐기하는 기능과 임시 보관하던 문서를 복구할 수 있다.

(8) 삭제된 문서의 보관 기간 지정

삭제된 문서의 임시 보관시 보관 기간을 지정할 수 있다.

(9) 보존 기간 설정 및 변경

문서의 등록정보 중 보존 기간에 대한 변경을 할 수 있다.

(10) 보존 기간 경과 문서에 대한 폐기

문서 폐기 권한을 가진 사용자가 보존 기간이 경과한 문서를 폐기할 수 있다.

제 3 절 전자문서의 편익과 한계

1 전자문서 유통 · 관리의 편익

1) 전자문서 유통 · 관리의 직접적 편익

(1) 인력 절감

종이문서로 사무를 처리하는 것보다 전자문서로 사무를 처리함으로써 문서의 접수, 검토, 협조, 결재, 보관, 보존, 검색 등에 소요되는 시간이 많이 절약되어 결국 인원의 감축 효과를 가져온다. 따라서 여기에 관련된 직원들은 다른 부서에 배치 · 활용할 수 있다.

(2) 문서 처리 비용 절감

전자문서는 컴퓨터 파일로 결재되고 시행됨으로써 용지 구입비, 토너 구입비, 서류 보관 비용, 우편료 등 문서 처리에 소요되는 비용이 절감된다.

(3) 정보비용 절감

종이문서보다 체계적인 분류와 보관이 가능하고 이로 인하여 정보의 축적과 새로운 정보의 생성이 가능하여 정보 획득에 소요되는 비용을 절감하게 된다. 즉, 새로운 정보를 얻기 위하여 해마다 새로운 법규집이나 편람 등 자료를 구입하고 배포하여야 하기 때문에 그에 따른 경비가 많이 소요된다.

2) 전자문서 유통 · 관리의 간접적 편익

① 업무의 신속한 처리

② 행정에 대한 신뢰성 증대

③ 고객에 대한 서비스 증가
④ 여유 인원의 효율적 활용
⑤ 업무 절차의 개선

2 전자문서 유통 · 관리의 한계

1) 대량정보 손실 우려

전자문서의 보관 장치인 테이프나 디스크 등은 시간이 경과함에 따라 가치가 약화되기 쉽고, 열과 습기, 자기장 등에 노출되었을 때 손상되기 쉽다. 손상시에는 종이문서에 비교하여 대량 정보의 손실이 우려된다.

2) 인식의 문제

오랜 관습상 종이문서에 관인이 찍힌 것에 비교하여 전자문서는 덜 중요한 것으로 인식하려는 경향이 있다.

3) 복잡한 업무의 처리 곤란

복잡한 설계 도면, 절차상 첨부 서류가 많은 회계 관계 서류, 개별적 사안이 복잡한 인사 서류 등 복잡한 업무는 전자문서로 처리하기가 곤란하다.

제 4 절 EDI

1 EDI의 의의

EDI(Electronic Data Interchange)는 전자 자료 교환, 전자 데이터 교환,

전자 문서 교환 등으로 불리며, 이는 공급자와 수요자 간의 거래가 과거에는 주문서, 전화, 팩시밀리, 우편 등에 의하여 이루어지던 것이 전기통신 회선을 통한 컴퓨터 간에 자료를 교환하는 방식으로 이루어지는 것을 말한다. 즉, 전자 데이터를 통신망을 통하여 컴퓨터와 컴퓨터 간에 교환하여 재입력 과정 없이 직접 업무에 활용할 수 있도록 하는 정보 전달 방식이다. EDI는 전자적으로 데이터를 전송하는 점에서 전자우편(e-mail)과 비슷하나 데이터를 표현하는 구조적인 표준 형태를 가지고 있는 점에서 다르다. 즉, 정형적인 양식의 사용, 기기 간의 자료 교환, 계약된 거래 상대자만 사용이 가능하다는 점이 전자우편과 다르다.

기존의 종이문서를 이용한 사무관리는 EDI를 이용하는 것에 비하여 업무 처리 시간이 지연되거나 처리된 데이터의 정확도가 떨어지고, 많은 인력이 소요되는 단점이 있다. 따라서 EDI를 활용하면 거래가 매우 신속 · 정확하고, 경제적이고 효율적으로 업무를 처리할 수 있다.

2 EDI의 구성 요소

EDI를 이용하여 정보를 교환하기 위하여는 서로 합의된 표준화된 자료, EDI 소프트웨어, EDI Network 등이 반드시 필요하다.

1) EDI 표준

EDI의 표준은 거래 서식에 포함되는 내용 등 일정한 형식의 표준과 통신에 대한 일정한 규칙인 통신의 표준이 있다.

(1) 형식 표준

형식 표준(Format Standard)은 전자문서의 표준으로서 컴퓨터로 송수신이 가능하도록 정보의 유형이나 규격, 양식 등을 표준화하는 것을 말한다. 즉 문서의 형식과 데이터의 내용을 규정하는 것이다. 형식 표준의 구성 요소로는 데이터 구성 요소, 데이터 세그먼트, 거래 집합 등이 있다.

(2) 통신 표준

통신 표준(Communication Standard)은 데이터 전달 방식의 표준으로서 형식 표준에 의하여 작성된 전자문서를 컴퓨터를 이용하여 송・수신하는 과정에서 거래 쌍방이 전달 방식에 관한 사항을 표준화하는 것을 말한다. 통신 표준의 구성 요소로는 전송 방식, 통신 수단과 네트워크, 통신 전송 규정 등이 있다.

2) EDI 소프트웨어

상기와 같이 EDI 표준을 통하여 전자문서의 양식과 규격이 표준화되고 데이터 전달 방식이 표준화되었으나 거래처 간 데이터베이스를 통일한다는 것은 매우 어려운 실정이다. 따라서 쌍방 간 전자문서 교환을 위해서는 이를 변환시켜 수신할 수 있는 소프트웨어가 필요하다. 이의 종류는 데이터 변환 소프트웨어, 형식 변환 소프트웨어, 통신 소프트웨어 등이 있다.

3) EDI Network

EDI 표준과 EDI 소프트웨어를 통하여 생성된 거래정보를 상대방과 송・수신하기 위하여는 EDI Network(통신망)가 필요하다. 이는 거래 당사자 간 직접 연결하는 방법과 제3자를 통하여 연결하는 방법이 있다. 전자는 다이얼 업 모뎀을 이용하여 거래선의 컴퓨터에 직접 연결하는 것으로 거래선이 적을 경우에 유리하고, 후자는 VAN(부가가치 통신망)이라고 하며 거래선이 많을 경우에 유리하다. 이는 중간 매체로 제3의 통신업체 서비스를 이용하는 것으로 부가가치 서비스도 받을 수 있다.

3 EDIFACT

EDIFACT(EDI for Administration, Commerce and Transport: 행정, 무역 및 운송에 관한 EDI 국제 표준)는 행정기관, 무역, 운송업체 간의 전자적 데이터 교환을 위하여 UN 유럽경제사회이사회에서 연구 개발한 국제적 표준을 말한다. EDIFACT를 이용하면 세계의 어느 나라와도 컴퓨터를 통한 상거래를 할 수 있으며, 다양한 전산 시스템과도 쉽게 호환이 가능하다.

제 5 절 전자서명

1 전자서명의 개념

일반적으로 서명(署名, signature)이란 자필로 자기의 성명을 다른 사람이 알아볼 수 있도록 한글로 표시하는 것을 말한다. 서명은 인증 책임자가 당해 서류를 확인하고 그 내용이 맞거나 그 내용을 책임지겠다는 증거의 표시이다. 종전에는 본인만 알 수 있는 문자로 표시하는 서명을 사용함으로써 후일에 서명자가 불분명하여 책임 소재를 가리기가 곤란하기 때문에 사무관리규정에서는 서명의 개념을 좀더 명확히 규정하고 있는 것이다.

전자서명(電子署名)은 위조와 변조를 방지하기 위하여 데이터를 암호화하여 사용하여야 한다. 사무관리규정에서는 이를 전자이미지서명이라 칭하고 '전자문서상에 표시한 서명'을 의미한다. 한편 전자서명법에서는 "서명자를 확인하고 서명자가 당해 전자문서에 서명하였음을 나타내는 데 이용하기 위하여 당해 전자문서에 첨부되거나 논리적으로 결합된 전자적 형태의 정보"를 말하고 있다.

2 전자서명의 효력

전자서명의 법적 효력을 위하여 전자서명법이 있다. 전자서명법은 전자문서의 안전성과 신뢰성을 확보하고 그 이용을 활성화하기 위하여 전자서명에 관한 기본적인 사항을 정함으로써 국가사회의 정보화를 촉진하고 국민 생활의 편익을 증진함을 목적으로 하고 있다. 인증기관의 인증을 받은 전자문서는 다른 법률에 특별한 규정이 있는 경우를 제외하고는 문서에 사용된 인장이나 서명과 동일한 효력을 갖는 것으로 본다.

Chapter 03 전자정부와 정보공개

제1절 정보공개의 의의

1 정보공개의 개념

정보공개(情報公開)는 “공공기관이 보유하고 있는 정보를 외부인에게 제공하는 일체의 행위”를 의미한다.[1] 정보공개 제도의 핵심은 정보공개청구 제도이다. 이는 공공기관이 보유한 정보에 대하여 국민으로부터 청구가 있을 때 당해 정보를 청구자에게 의무적으로 공개하도록 하는 제도이다. 공개 제도의 또 하나의 유형은 공표(公表) 제도이다. 이는 공공기관이 법령 등 관계 규정에 의하여 특정 사항을 국민에게 의무적으로 알려 주는 제도로서 공고, 고시, 법령 공포 등이 있다.

---

1) 공공기관의 정보공개에 관한 법률 제2조(정의)에 ‘정보’와 ‘공개’를 따로 정의하고 있다.
① ‘정보’라 함은 공공기관이 직무상 작성 또는 취득하여 관리하고 있는 문서・도면・사진・필름・테이프・슬라이드 및 컴퓨터에 의하여 처리되는 매체 등에 기록된 사항을 말한다.
② ‘공개’라 함은 공공기관이 이 법의 규정에 의하여 정보를 열람하게 하거나 그 사본 또는 복제물을 교부하는 것 또는 전자정부법에 의한 정보통신망을 통하여 정보를 제공하는 것 등을 말한다.

2 정보공개의 목적과 중요성

민주화의 급속한 진행과 전자정부의 시행에 따라 공공정보의 공개 문제가 중요한 사회 이슈로 등장하게 되었다. 정보공개의 목적과 중요성을 살펴보면 다음과 같다(김성태, 1999: 548).

1) 투명한 정부 구현

행정 과정에 대한 정보공개를 통하여 국민이 국정 감시 기능을 수행할 수 있도록 해 줌으로써 투명한 정부 구현이 가능하다.

2) 행정 과정에 대한 국민의 이해 증진

정보공개를 통하여 국민에게 정책 및 행정 과정을 정확하게 이해시키는 기회를 제공하므로 가능한 한 정보공개를 확대하여야 한다.

3) 국민의 알 권리 보장

자신의 권익과 관련된 정책 및 행정처분에 관하여 알고자 하는 권리는 국민의 기본적 인권이기 때문에 이를 보장해 주어야 한다.

4) 행정의 신뢰성 확보

행정정보를 국민에게 공개함으로써 행정에 대한 불신을 없애고 신뢰성을 높여 준다.

제 2 절 한국의 정보공개 제도와 촉진 방안

1 한국의 정보공개 제도

우리 나라는 공공기관의 정보공개에 관한 법률(이하 '정보공개법'이라 한다)이 1996년 12월 31일 제정되어 1998년 1월 1일부터 시행되고 있다. 정보공개법 제정 이전에도 1991년 청주시의 조례를 시작으로 178개의 지방자치단체에서 조례를 제정하여 운영 중에 있다. 중앙정부 차원에서는 국무총리 훈령인 '행정정보공개운영지침'을 제정하여 1994년 7월부터 1997년 12월 말까지 시행하여 왔다.

정보공개법에 의하면 모든 국민은 정보의 공개를 청구할 권리를 가지며, 공공기관은 청구한 날로부터 10일 이내(부득이한 경우에 10일 연장 가능)에 공개 여부를 결정하여야 한다. 공개하는 경우에는 지체없이 서면으로 하여야 한다. 비공개로 결정을 한 때에는 비공개 사유, 불복 방법 및 불복 절차를 명시하여 그 내용을 청구인에게 지체없이 서면으로 통지하여야 한다.

2 현행 정보공개 제도의 촉진 방안

우리 나라의 정보공개는 행정부를 비롯하여 입법, 사법을 모두 포함한 공공기관의 정보를 대상으로 한다는 점에서 상당한 의의가 있다. 그러나 여러 측면에서 전자정부 구현을 위한 시점에서 적합하지 못한 경우도 있다. 예상되는 문제점을 점차로 감소시키면서 이를 촉진할 수 있는 방안을 살펴보면 다음과 같다.

1) 비공개 대상 정보의 최소화 및 구체화

정보공개법 적용의 제한 범위를 최소화하고 이를 구체화하여야 한다. 국가정보원법, 군사기밀보호법 등은 정보공개에서 많은 부분이 제외되었다. 이 경우에도 일정 시간 후에는 공개하는 등 비공개 범위를 최소화시키고 그 이유를 명확히 할 필요가 있다.

2) 정보공개 관리 체계의 일원화

행정정보의 공개에 관하여는 현재 행정안전부에서 총괄하고 있으나 행정부 이외에 국회, 법원, 헌법재판소, 중앙선거관리위원회 등 전 공공기관의 정보공개를 총괄하는 독립적 기구가 필요하다. 또한 정보공개에 관한 내용도 공공기관의 정보공개에 관한 법률을 비롯하여 전자정부법 제12조, 공공기관의 기록물 관리에 관한 법률 제17조 및 개별 법령에 각각 규정되어 있어서 일관성 있는 관리 체계가 요구된다.

3) 공공기관의 적극적인 사고와 행동

누구나 개인이 소유하고 있는 정보를 가능한 한 공개하지 않으려고 한다. 공공기관에서도 그러한 행태는 마찬가지이다. 그러나 법령에 공개하도록 정해져 있어서 그를 기대하는 국민도 있고, 법령에 공개 규정이 없는 경우에도 국민이 낸 세금으로 운영되는 공공기관이 소유하고 있는 정보를 국민에게 공개하는 것은 당연한 일이다. 따라서 공공기관은 당해 정보를 적극적으로 공개하여야 한다.

4) 정보공개 성과와 인센티브 연계

당해 정보를 적극적으로 공개하여 그 성과가 좋은 기관은 이에 상응하는 인센티브를 제공해 주어야 한다. 예를 들면, 예산을 기준보다 더 많이 배정한다든지, 담당자를 표창한다든지, 일정 기간의 성과를 평가하여 순위를 정하여 발표한다든지 하여 경쟁력을 높여 주고 선순위에 따라 인센티브제를 연계시키는 것이 좋을 것이다.

Chapter 04

전자정부와 정보보안

제 1 절 정보보안의 의의

1 정보보안의 개념

정보보안(情報保安)은 가시적인 정보 및 그 가치를 보호하는 것을 의미하며, 더욱 적극적으로 정보보안은 정보의 새롭고 잠재적인 가치 및 시장을 창조하는 데에 기여하는 역할을 강조한다.

정보보안은 국민들이 알 권리를 요구하여 점차로 증대되어 가고 있는 정보공개의 시대적인 추세와 전자정부 시대를 맞이하여 그 중요성이 더해 가고 있다. 자칫하면 개인의 중요한 정보가 자신도 모르게 공개되는 경우가 있을 수 있기 때문이다. 특히 민간 분야에서 더욱 활발해진 전자상거래에서 정보보안은 매우 중요하다.

2 환경 변화와 정보보안

과거의 정보보안은 대외비 문서의 누설을 예방하고 최소화하는 데 최선을 다하였다. 그러나 이제는 정보통신 기술이 발달하는 등 많은 환경의 변화에 따라 정보보안도 변화하게 되었다.

정보통신 기술의 발달로 인하여 통신망을 통한 정보의 양이 크게 늘어나고, 아날로그에서 디지털 방식으로, 인트라넷 및 엑스트라넷 환경 등으로의 변화에 따라 정보보안의 중요성은 더욱 증대되어 가고 있다.

제 2 절 네트워크 보안

1 네트워크 보안의 의의

네트워크 통신은 사람 및 기계 간에 거리에 관계 없이 데이터를 전달하는 일련의 전기·전자적 활동을 의미한다. 네트워크는 그 경로와 사용자가 다양하여 문제가 발생하여도 이를 감지하고 보호하는 것이 매우 어렵고 피해자의 수가 많기 때문에 보안 문제가 특별히 중요하다. 따라서 네트워크 관리자는 평소에 보안 문제에 특별한 관심을 가져야 하고 사용자들도 보안의 중요성에 대한 인식이 필요하다.

2 네트워크 유형별 보안

네트워크 시스템 측면에서 네트워크 외부와 내부의 보안으로 나누어 볼 수도 있으나 유형별로 나누어 살펴보면 다음과 같다.

1) LAN 보안

LAN(Local Area Network)은 지리적으로 가까운 동일 건물이나 동일 지역 내에서 활용하는 네트워크로서 LAN으로 연결된 단말기만 접근할 수 있으며, 허가되지 않은 단말기는 사용할 수 없다. 따라서 허가되지 않은 자의 접근을 통제하는 자체 접근 통제 시스템을 갖추고 있어야 한다.

2) WAN 보안

WAN(Wide Area Network)은 원격지 간을 연결하는 네트워크로서 서로 다른 LAN은 WAN을 통하여 서로 연결할 수 있다. 이는 다양한 사용조직들로 연결되어 있어서 데이터가 한번 전송되면 그 순간부터 직접 통제가 곤란하다. 따라서 각 사용자가 데이터 관리에 특별히 유의하여야 한다.

3) 전용 네트워크 보안

전용 네트워크는 임대자가 독점 사용하는 네트워크로서 경로 지정도 고정적이어서 허가되지 않은 사람의 접근이 용이할 수 있다. 따라서 동적 경로 지정 기법을 사용하여 이를 차단하여야 한다.

제 3 절 정보보안의 암호화와 국가정책

1 암호의 의의

암호(暗號, cryptography)는 통신문의 내용을 제3자가 판독할 수 없는 글자, 숫자, 부호 등으로 변경시킨 것을 말한다. 암호는 보안의 기초적인 기능인 기밀성을 비롯한 다양한 기능을 가지고 있다. 정보보안에서의 암호화는 비용 측면에서 큰 장점이 있고 보안과 미디어 발전 원리를 동시에 추구할 수 있다.

2 한국의 암호 정책

우리 나라에서도 공공 부문에서 전자정부의 구현과 민간 부문에서 전자상거래(Electronic Commerce)의 활성화에 대비하여 암호에 대한 규제를 완화해 나가는 추세이다. 아직까지는 암호의 수요 기반이 미약하고 암호 관련 환경이 성숙되어 있지 못한 점이 암호 관련 정책형성의 장애 요인이 되고 있으며, 법적·제도적으로도 명확히 규정되어 있지 않은 것이 암호 정책의 문제점이다.

정보 보호를 위한 암호 정책의 발전을 위하여는 암호 관련 전담 부서를 지정하여 암호 정책을 일관성 있게 추진하고 지원할 수 있도록 하여야 한다. 예를 들면, 암호 정책과 관련이 가장 많을 것으로 예상되는 국가정보원이나 국방부 등을 지정하여 암호 정책을 추진해 나가도록 하는 것이다. 또한 국제 표준을 참고하여 암호 관련 기술 및 국내 표준에 대한 적극적인 지원도 필요하다.

P·a·r·t

05

예산 · 회계사무

제 1 장 예산 · 회계의 개요 / 279

제 2 장 예산의 성격 / 286

제 3 장 예산의 과정 / 301

제 4 장 수입회계 / 317

제 5 장 지출회계 / 331

제 6 장 계약사무 / 348

Chapter 01 예산 · 회계의 개요

제 1 절 예산 · 회계의 의의

1 예산의 개념

정부에서 어떠한 사업을 하고자 할 때에는 먼저 예산이 뒷받침될 수 있는가를 파악해 보아야 한다. 왜냐 하면 아무리 좋은 정책이나 사업계획을 구상하였다고 하더라도 예산이 없으면 그 자체가 실행될 수 없기 때문이다. 그럼 예산(豫算)[1)]이란 무엇을 의미하는가? 이에 대한 대표적인 학자들의 견해를 살펴보면 다음과 같다.

버크헤드(Burkhead, 1956: 59)는 예산을 "국가가 수행하는 집단적 활동

1) 예산은 영어로 budget란 단어를 사용하고 있다. 이 단어의 어원을 살펴보면 예산의 의미를 쉽게 이해할 수 있을 것 같다. 어원에 대하여는 다소 이론(異論)이 있긴 하지만 고대불어(古代佛語)의 bougette(가죽으로 된 여행용 가방의 뜻)에서 유래된 말이라고 한다. 이것은 또한 영국에서 재무장관이 의회에서 재정 연설을 할 대에 필요한 서류를 넣어 가지고 다니는 가방을 뜻하기도 하였다. 그리고 재무장관이 재정 연설을 하는 것을 opening the budget라고 하였으며, 이후 budget라는 단어의 뜻도 가방 속에 든 서류, 즉 오늘날의 예산을 의미하게 되었다(Stourm, 1917: 2-3; Buck, 1934: 4-5; 김규정, 1986: 650; 유훈, 1991: 684; 유종해, 1992: 603).

의 종류를 금전으로 표현한 것"이라고 하였으며, 그 후 마이너(J. Miner)와의 공동 저서(1971: 12)에서는 예산을 "일정 기간 동안 수입 · 지출의 예정적 계산"이라고 정의하였다.

한편, 화이트(White, 1958: 268)는 예산을 "사업계획의 집행에 필요한 자금의 수입 · 지출을 견적한 것"이라고 하였으며, 백완기(1992: 535)는 예산은 "어떠한 기관의 활동에 필요한 경비를 예정된 수입 · 지출로 표현한 것"이라고 정의하였다.

그리고 유훈(1991; 683)과 유종해(1992: 604)는 예산을 "1회계연도의 세입 · 세출의 예정적 계산"이라고 정의하였다.

앞에서 주장한 학자들의 예산에 대한 견해는 거의 유사하다. 이에 따라 예산의 개념을 정의해 보면, 예산이란 "1회계연도의 국가의 수입 · 지출에 대한 예정적 계획표"라고 말할 수 있다. 여기서 말하는 1회계연도는 당해 회계연도의 1년 동안을 의미한다.

우리 나라의 회계연도 사용 역사를 살펴보면, 1949년부터 1954년까지는 4월 1일부터 다음 해 3월 말일까지를 사용하다가, 1955년과 1956년은 7월 1일부터 다음 해 6월 말일까지를 사용하였으며, 1957년 이후부터 현재에 이르기까지는 1월 1일부터 12월 말일까지를 회계연도로 하고 있다.

회계연도도 국가에 따라 다르게 정하고 있으나 주로 많이 사용하고 있는 회계연도의 구분과 주요 국가를 살펴보면 다음과 같다.

- 1월 1일 ~ 그 해 12월 말일: 한국, 프랑스, 독일, 이탈리아, 스위스, 말레이시아, 인도네시아, 브라질, 벨기에, 노르웨이, 러시아 등
- 4월 1일 ~ 다음 해 3월 말일: 일본, 영국, 캐나다, 이스라엘, 인도, 덴마크, 뉴질랜드, 리비아 등
- 7월 1일 ~ 다음 해 6월 말일: 필리핀, 대만, 호주, 이집트, 스웨덴, 우간다, 푸에르토리코 등
- 10월 1일 ~ 다음 해 9월 말일: 미국, 태국, 미얀마, 스리랑카, 라이베리아 등

2 회계의 개념

종래에 우리 나라에서는 회계를 곧 부기(簿記, book keeping)로 보는 경향이 있었으나 이는 회계의 일부, 즉 좁은 의미의 회계를 설명할 수는 있어도 오늘날의 광범한 회계의 개념을 모두 설명하기에는 부족하다고 할 수 있다. 회계란 우리가 주위에서 많이 사용하고 있는 용어이지만 개념 정의가 그리 쉽지는 않다. 따라서 회계(會計, accounting)의 개념에 대하여는 이를 체계적으로 정의하고 발달시킨(편호범, 1992: 21) 미국에서의 회계 개념을 살펴보고자 한다.

1970년 미국공인회계사회(American Institute of Certified Public Accountants: AICPA)의 회계원리위원회(Accounting Principle Board: APB)에서는 "회계는 일종의 서비스 활동으로서 그 기능은 경제 주체에 경제적인 의사 결정에 유용하도록 계량화된 재무적 정보를 제공하는 것"이라고 정의하였다. 미국에서도 회계의 개념 정의가 시대에 따라 변천되어 가고 있는 실정이다.

한편, 원사봉(1974: 9)은 "회계란 금전 가치의 출납 증감을 기록 · 계산하여, 사실과 원인을 대조하는 사무"라고 정의하였으며, 이종익(1992: 409)은 회계를 "금전의 관점에서 전체적으로 또는 부분적으로 재정적 성질을 가진 업무를 기록 · 분류 · 요약 · 처리하고 그 결과를 평가하는 기술을 의미하는 것"이라고 정의하였다.

따라서 회계(會計)란 "정부나 기업 활동을 돕는 일종의 재무적(財務的) 성질의 서비스를 총칭하는 것으로서 일정한 거래(去來)와 사상(事象)에 의거 발생하는 금전적 가치의 출납과 이의 증감을 기록 · 계산 · 분류 · 처리하여 사실과 원인을 구분하고 평가하는 사무 기술"을 의미한다.

회계는 그 주체의 경제적 성질에 따라 소비경제회계(消費經濟會計)와 기업회계(企業會計)로 구분할 수 있으며, 이들은 그 목적과 법 적용 및 회계 절차에서 크게 다르다. 소비경제회계는 정부나 가계처럼 비영리를 목적으로 하는 경우에 사용되며, 주로 금전의 수입과 지출을 기록·계산하는 금전회계이다. 반면에 기업회계는 영리를 목적으로 하는 사업의 회계이다. 따라서 소비경제회계와 기업회계는 그 목적에서 전혀 별개의 양상을 가진다.

한편, 기업회계는 어느 정도 이론적인 체계가 이루어져 있다고 볼 수 있으나 이에 비하여 소비경제회계의 일종인 정부회계(政府會計)는 이론적인 체계가 아직 미숙한 상태이다. 이 편에서는 주로 정부회계에 관하여 다루되, 정부회계도 현금회계, 물품회계, 국가채권회계, 재산회계 등으로 광범위하게 구분할 수 있으나 여기서는 주로 현금회계만을 살펴보고자 한다.

제 2 절 예산과 회계의 관계

정부 예산은 대체로 각 기관의 회계 부서에서 집행하고 있다. 따라서 예산 부서에서 예산을 아무리 잘 편성하였다 하더라도 회계 부서의 담당자들이 집행 과정에서 효과적으로 사용하지 않으면 아무 소용이 없다. 이처럼 예산과 회계가 밀접한 상호 관계에 있기 때문에 이를 특별히 별개로 분리하지 않고 예산회계를 함께 설명하고 있다. 따라서 관계 법령도 예산회계를 동시에 규율할 수 있도록 예산회계법(중앙정부 예산의 경우)과 지방재정법(지방자치단체 예산의 경우)으로 되어 있었다. 그러나 최근에 국가재정법과 국가회계법으로 구분하여 제정·시행하고 있다.

예산과 회계의 차이를 살펴본다면, 정부회계가 정부의 재정적인 역사를 보고하는 것이라면 예산은 미래 운영에 대한 재정적인 계획이다. 따라서 회계 자료는 재정 상태를 분석하고, 세입 및 지출을 예측하며, 예산의 집행을 통제하여 예산 과정에 유용한 정보를 제공하는 데 반하여 예산은 회계자료를 비교하는 근거가 된다(Berne & Schramm, 1986: 14; 이종수 외, 1996: 501).

또한, 예산과 그 집행 내역에 관한 적정 여부는 회계연도별 예산서, 중기사업계획서, 수입징수액계산서, 지출계산서, 관서운영경비 출납계산서, 기금수입계산서, 수입금출납계산서, 세입세출외 현금출납계산서, 선사용자금 출납계산서, 수입대체경비 출납계산서 등 각종 회계보고서를 통하여 알 수 있으며, 담당자나 담당기관의 회계책임성도 함께 확보할 수 있다.

제 3 절 한국의 예산회계 제도

우리 나라의 예산회계 제도를 문헌상으로 파악할 수 있는 것은 대체로 조선 시대 이후로 볼 수 있다. 그러나 조선 시대로부터 정부 수립 이전까지는 생략하고 정부 수립 이후 재정법 시대와 현재 사용하고 있는 예산회계법이 처음 등장한 5·16 이후를 중심으로 하여 살펴보고자 한다.

정부 수립 후 1951년 9월 24일 법률 제217호로 최초의 재정법이 탄생하였다. 이 재정법은 일본의 재정법과 회계법을 모방하였을 뿐만 아니라 짧은 기간 내에 만든 탓에 많은 결함을 지니고 있다. 이 재정법에서 지적되고 있는 문제점은 대체로 다음과 같다.

① 지나치게 형식적이고 후진적이며 통제 중심

② 제도의 완전성 결여

③ 예산 집행상의 신축성 부족

④ 국가 목표 달성을 위한 효율적 재정관리의 미흡

상기와 같은 문제점이 많이 거론되었고, 또한 5·16 이후 국가 정책의 효율적인 수행을 위하여 정부가 기본운영 계획제도를 도입하였으며, 그 목표 달성에 필요한 예산회계적인 적극적인 지원이 요구됨에 따라 새로운 예산회계법이 1961년 12월 19일 법률 제849호로 제정되었다.

기업예산회계법(企業豫算會計法)은 당시 예산회계법 제13조에 근거하여 제정된 것으로서 재무부안을 토대로 하여 재정회계제도개혁위원회가 심의 결정한 안이 1961년 12월 17일 법률 제928호로 제정되었다. 이후 정부기업예산법이 2009년 1월 1일부터 제정·시행되어 현재 사용되고 있다.

정부투자기관예산회계법(政府投資機關豫算會計法)은 당시 예산회계법

제14조에 근거하여 제정된 것으로서 경제기획원에 설치된 예산회계제도심의회의 검토를 거쳐 1962년 8월 13일 제정·공포되었다. 그 후 이를 폐지하고 1983년 12월 31일 정부투자기관관리기본법(政府投資機關管理基本法)이 제정·공포되어 사용하고 있었으나 최근 이를 폐지하고 2007년 4월 1일부터 공공기관의 운영에 관한 법률이 제정·시행되어 현재 사용되고 있다. 한편, 지방자치단체에 적용되는 예산회계법은 별도로 지방재정법과 지방공기업법이 있다.

이 때 제정된 새로운 예산회계법의 특징을 요약하면 다음과 같다.

① 중앙관서의 내부통제 제도(內部統制制度) 신설

② 성과주의(成果主義) 예산 제도의 채택

③ 기업회계 제도에 의한 사업별 특별회계의 운영 가능

④ 예산의 계획적인 배정과 중앙관서에 대한 자금의 일괄 배정

⑤ 계속비(繼續費) 제도의 신설

⑥ 예산회계심의회의 신설

그 후 여러 차례의 개정을 거친 예산회계법은 어느 정도 현실을 고려하여 개정한 바 예산회계 제도면에 많은 발전을 가져왔으며, 특히 특징적인 것은 계약에 관한 사항은 예산회계법과는 별도로 국가를 당사자로 하는 계약에 관한 법률(1995. 1. 1. 법률 제4868호)을, 수입과 지출에 관한 사항은 국고금관리법(2002. 12. 30. 법률 제6836호)을 제정하여 사용하도록 한 것을 지적할 수 있다.

지금까지 국가 회계 제도상 나타난 문제점을 대폭 수정·보완하기 위하여 예산회계법 및 동 시행령이 폐지되고, 국가재정법이 2006년 10월 4일 새로이 제정되어 2007년 1월 1일부터 시행되고, 국가회계법이 2007년 10월 17일 새로이 제정되어 2009년 1월 1일부터 시행됨으로써 우리 나라 예산·회계 제도에 많은 변화를 가져왔다. 새로운 제정된 국가재정법과 국가회계법의 특징을 요약하면 다음과 같다.

① 성과계획서, 성과보고서 및 성과검사보고서 제출

② 성인지(性認知) 예산서, 성인지 결산서 작성·제출

③ 조세지출예산서의 작성·제출

④ 중기사업계획서 작성·제출

⑤ 복식부기, 발생주의 방식의 회계제도 채택

⑥ 국가회계제도개선실무위원회의 설치

⑦ 재무보고서 작성·제출

Chapter

02 예산의 성격

제 1 절 예산의 기능

예산을 편성·집행하는 과정에서 예산은 정부의 여러 기능에 영향을 미치게 된다. 이러한 예산의 기능은 학자[1])에 따라 다소 견해의 차이가 있으나 일반적으로 다음과 같다.

1 정치적 기능

윌다브스키(Wildavsky, 1964: 4-5)는 예산은 국가 정책을 결정하는 과정에서 나타나는 투쟁 결과의 기록이라고 하여 예산을 정치적인 것이라고 지

1) 예산의 기능에 대한 대표적인 학자들의 견해를 살펴보면 다음과 같다(이종익, 1992; 126).

① 노이마르크(Neumark, 1929)는 ㉠ 재정정책적 기능, ㉡ 재정통제적 기능, ㉢ 행정부통제적 기능, ㉣ 법적 기능 등 네 가지를 들고 있다.

② 슐츠(Schultze, 1968)는 ㉠ 재정적 통제, ㉡ 관리적 통제, ㉢ 전략계획 등으로 구분하여 제시하였다.

③ 쉬크(Schick, 1971)는 ㉠ 통제 기능, ㉡ 관리 기능, ㉢ 계획 기능 등 세 가지를 들고 있다.

적하였다. 이와 같은 주장은 윌다브스키(A. Wildavsky) 이전에도 여러 학자가 주장해 온 바이다. 버크(Buck, 1934: 70)는 예산을 "정치적 프로그램"이라고 하였고, 스미스(Smith, 1945: 81)도 예산을 입법부나 행정부를 통하여 그들의 주장을 관철하려는 정치적 · 경제적 · 사회적인 세력들의 산물이라고 규정하였다.

이와같이 예산은 재정적 욕구를 가진 정당, 정부, 국회의원, 이익집단 등 이해관계자들의 투쟁의 결과이며 타협 · 조정의 산물이다. 또한 예산은 정치 활동의 초점으로서 정치 과정을 통하여 현실적으로 가치를 배분하고 국민의 이해 관계를 조정하는 기능을 가진다.

따라서 예산의 정치적 기능은 의회가 예산 심의 결정권, 결산 승인권, 기채 동의권 등을 통하여 행정부를 통제하는 수단으로서의 역할을 의미한다.

2 법적 기능

예산은 정부의 세입과 세출에 대한 예정적 계획의 표시이지만 예산의 다른 기능을 원만히 수행하기 위하여는 예산의 집행 과정이 제도적으로 보장되어야 한다. 특히 세출의 집행면에서는 엄격한 구속력이 요구된다.

따라서 우리 나라에서도 세출예산 과목의 과목 해소를 세밀하게 규정하여 세출예산 집행시 엄격히 적용시키고 있으며, 예산의 변경시 입법 과목(장, 관, 항)은 의회의 의결을 거치도록 하는 등 법적인 강제력이 부여되고 이를 통하여 행정부를 구속하는 기능을 한다.

예산은 엄격한 구속력을 갖기 때문에 미국, 독일, 영국처럼 법률과 같이 (세출)예산법으로 의결하는 나라도 있고, 일본이나 우리 나라처럼 법률과 별개의 예산안으로 의결하는 나라도 있다. 그러나 예산은 법률과 같이 의회의 의결을 성립 요건으로 하지만 다음과 같은 서로 다른 성격을 가지고 있다(차병권, 1973: 40-41).

① 법률은 국민에 대한 국가의 의사 표시이지만 예산은 정부에 대한 의회의 의사 표시이다.

② 법률은 영속성이 있지만 예산은 당해 회계연도에 한하여 그 효력이 인정된다.

③ 법률은 모든 국민에게 효력을 가지며 쌍방의 권리·의무를 구속하지만 예산은 행정부와 의회 간에 효력이 발생하고 의회와의 관계에서 정부가 구속된다고 볼 수 있다.

이상과 같이 법률과 예산의 차이점이 지적되고 있으나 현실적으로 예산 성립 후 집행 과정에서 이미 편성된 예산서의 내용에 따르지 않을 경우 회계직 공무원이 책임을 면하기 어렵다. 따라서 예산의 법률적 성격을 부인할 수는 없다고 본다.

3 행정적 기능

경쟁성이 없는 공공 부문에서도 예산은 목표 달성을 위하여 가장 효율적으로 인적·물적 자원을 조직하고 배분하는 관리 기능으로서 가장 유효한 수단이다. 따라서 행정관리 수단으로서의 예산 기능은 매우 중요하다.

이러한 행정적 기능을 계획 기능, 관리 기능, 통제 기능 등으로 세분하여 볼 수 있다. 정부는 관리 기능을 통하여 중요 시책의 진행 관리를 행할 수 있다. 예산은 사정, 배정, 집행의 여러 단계에서 정책이나 사업의 효과를 측정하고 조정을 도모하여 능률을 향상시키는 데 기여한다. 한편, 예산은 정책 결정 내지 사업계획의 수립과 불가분의 관계를 가지며 계획의 수단이다. 예산을 책정하는 것은 곧 계획의 행위이다. 또한 수입과 지출의 적정화를 기하고 세출에서 부당 지출을 방지하여 낭비를 방지할 수 있는 기능이 곧 행정적 기능이다.

4 경제적 기능

예산은 크게 세입과 세출로 구분된다. 세입은 국민경제의 민간 부문에서 사용할 수 있는 자원의 일부를 공공 부문으로 투입시키는 것이고, 세출은 국민경제의 민간 부문으로 되돌려 주는 것이다. 이 과정에서 국민경제의 여러 면에 영향을 미치게 된다. 예산의 경제적 기능으로는 경제 안정 기능, 경제 성장 촉진 기능, 자원 배분 기능, 소득 재분배 기능 등을 들 수 있다.

1) 경제 안정 기능

국민경제의 여건, 즉 호황기·불황기 등 경기 변동에 다라 정부는 예산을 통하여 적절한 경제정책을 추진한다. 즉, 호황기에는 지출 규모를 축소·억제하고, 경기 과열을 막으며, 불황기에는 지출 규모를 확대하고, 경기 회복을 활성화시킴으로써 경제의 안정을 도모한다.

2) 경제 성장 촉진 기능

정부는 사회간접시설을 포함한 경제 기반 시설에 예산을 투자함으로써 국민경제의 구조적 변화와 성장에 기여하게 된다. 이는 선·후진국을 막론하고 해당되지만, 특히 개발도상국에서는 예산이 경제 성장 촉진 기능의 중요한 역할을 담당한다.

3) 자원 배분 기능

자유시장 경제는 시장이 자원 배분 기능의 큰 구실을 하나 항상 바람직한 성과를 얻는 것은 아니다. 특히 국방, 치안 유지 등에 필요한 공공재의 수요 공급은 시장에만 맡길 수 없으며, 정부가 개입할 수밖에 없다. 즉, 조세를 징수하여 공급할 수밖에 없는 것이다.

자원의 배분에는 여러 가지 방법이 있겠으나 한정된 자원량을 전제로 하여 사회복지를 최대화하는 배분 방법이 가장 좋을 것이고, 그와 같은 최적의 자원 배분이 가장 좋은 예산의 내용일 것이다.

4) 소득 재분배 기능

예산의 세입면에서 조세정책, 즉 상속세나 소득세를 징수할 때에 누진세를 적용하는 경우, 또는 세출면에서 사회보장 부문의 지출, 국채 이자 등은 소득재분배의 기능에 크게 기여한다고 할 수 있다. 소득재분배 기능은 특히 자유주의 경제 체제에서 흔히 나타날 수 있는 부(富)의 지나친 편재 현상을 감소시켜 줄 수 있는 예산의 중요한 기능의 하나이다. 예를 들면, 생활보호 대상자로서 소득이 일정액보다 적어서 세금을 내지 않는 사람은 세입에 기여한 바는 없다고 볼 수 있다. 그러나 이 사람이 세출예산에 편성된 생활보호 대상자에 대한 각종 혜택을 받게 된다면 이는 곧 예산 제도에 의거, 소득 재분배의 현상이 나타난 하나의 예가 된다.

제 2 절 예산의 원칙

예산을 편성·집행하는 데 일정한 원칙이 있어야 의회나 국민이 행정부의 독주를 막고 효과적으로 감독할 수 있다. 여기서는 예산의 원칙을 입법부 중심의 전통적 예산 원칙과 행정부 중심의 현대적 예산 원칙으로 나누어 살펴보고자 한다.

1 입법부 중심의 예산 원칙

입법부 중심의 예산 원칙 또는 전통적 예산의 원칙은 예산의 과정에서 국민의 감독권을 국회가 대신하여 철저하게 해 줌으로써 행정부의 독주를 사전에 예방하려는 것이 목적이다. 스미스(Smith, 1945: 84-85)는 이러한 전통적 예산의 원칙으로 공개의 원칙, 명료의 원칙, 포괄성의 원칙, 예산 통일성의 원칙, 명세의 원칙, 사전 승인의 원칙, 한정성의 원칙, 정확성의 원칙 등 여덟 가지를 제시하였으나 입법부 중심의 전통적 예산의 원칙으로 가장 많이 인용되는 노이마르크(Neumark, 1929)의 주장을 중심으로 살펴보면 다음과 같다.

1) 예산 공개성(publicity)의 원칙

국가의 재정 상태를 국민에게 공개하여야 한다는 원칙을 말하며, 이를 통하여 행정부에서 예산 집행시 부정과 낭비의 초래를 예방하고 담당 공무원의 책임 소재를 확실하게 할 수 있다. 정부는 예산이 성립되면 이를 국민에게 알리도록 되어 있다.[2]

2) 예산 명료성(clarity)의 원칙

예산의 내용은 모든 국민이 이해할 수 있도록 뚜렷하게 편성하여야 한다는 원칙을 말하며, 이는 예산의 수입과 지출이 명백하지 않고 모호하게 편성되면 앞의 예산 공개의 원칙에 의거 예산이 공개되더라도 국민이 예산의 내용을 파악할 수가 없기 때문에 아무 소용이 없다는 것이다.

3) 예산 사전 의결(prior authorization)의 원칙

예산은 집행하기 전에 의회의 의결을 거쳐야 한다는 것이다. 따라서 예산의 집행도 의회에서 의결된 범위 내에서 이루어져야 한다. 대부분의 국가는 이 원칙을 헌법에 규정하고 있으며, 우리 나라도 헌법 제54조 제2항[3]에서 이 원칙을 정해 놓고 있다.

4) 예산 엄밀성(accuracy)의 원칙

예산상 세입의 추계와 세출은 가능한 한 정확하여야 한다는 원칙이다. 세입예산의 편성시 세출예산의 과대 편성을 위하여 편의상 과대 계상한다든지 추가경정예산을 미리 예측하여 과소 계상하는 등 조작을 한다면 결산시 많은 차이가 생길 것이다. 이는 공개성의 원칙이나 사전 의결의 원칙의

---

2) 국가재정법 제9조(재정정보의 공표)에 정부는 예산, 기금, 결산, 국채, 차입금, 국유재산의 현재액 및 통합재정수지 그 밖에 대통령령이 정하는 국가와 지방자치단체의 재정에 관한 중요한 사항을 매년 1회 이상 정보통신 매체·인쇄물 등 적당한 방법으로 알기 쉽고 투명하게 공표하여야 한다고 정하고 있다.

3) 헌법 제54조 제2항에서는 정부는 회계연도마다 예산안을 편성하여 회계연도 개시 90일 전까지 국회에 제출하고, 국회는 회계연도 개시 30일 전까지 이를 의결하여야 한다고 규정하고 있다.

필요성을 반감시키는 원인이 된다. 따라서 세입과 세출은 정확히 계상되어야 한다.

5) 예산 완전성(comprehensiveness)의 원칙

예산에는 모든 세입·세출이 빠짐없이 계상되어야 한다는 원칙이다. 이는 예산총계주의를 의미한다. 우리 나라도 국가재정법[4]에 의거 모든 세입·세출을 예산에 편입시키고 있다. 예를 들면, 세입에 편입시켜야 할 금액이 10억 원이고 그 중 일부인 3억 원을 되돌려 주어야 하는 경우에는, 되돌려 주어야 하는 3억 원을 공제하고 그 나머지인 7억 원을 세입으로 계상하기 쉬우나 그렇게 하지 않고, 10억 원 전액을 세입으로 계상하여야 하고 되돌려 주어야 하는 3억 원을 세출예산에 편성하여 지출하여야 한다는 것이다.

6) 예산 한정성(preiodicity)의 원칙

예산은 사용 목적, 사용 범위, 사용 기간에서 서로 명확한 한계가 있어야 한다는 원칙이다. 다시 말해서 이 원칙은 예산이 정해진 목적 이외에는 사용될 수 없다는 질적(質的) 한정, 예산에 계상된 금액 이상을 지출할 수 없다는 양적(量的) 한정, 예산은 회계연도를 경과하여 사용될 수 없다는 시간적 한정을 의미하는 것이다. 이 원칙은 우리 나라의 경우 국가재정법[5]에 규정하고 있으나 예산의 이월, 이용, 전용, 예비비, 계속비, 과년도 수입, 과

4) 국가재정법 제17조(예산총계주의 원칙)에서는 한 회계연도의 모든 수입은 세입으로 하고 모든 지출은 세출로 하되 모두 예산에 계상하여야 한다고 규정하고 있다. 다만, 국가재정법 제53조(예산총계주의 원칙의 예외)에서 수입대체경비의 경우에는 예산 대비 초과수입은 초과지출이 허용되며, 국가가 현물로 출자하는 경우 및 외국 차관을 도입하여 전대하는 경우에는 이를 세입세출예산 외로 처리할 수 있고, 또한 차관물자대의 경우 전년도 인출 예정분의 부득이한 이월 또는 환율의 변동으로 인하여 세입이 예산을 초과하게 되는 경우에는 당해 세출예산을 초과하여 지출할 수 있다고 있다.

5) 국가재정법 제45조, 제47조에서는 각 중앙관서의 장은 세출예산이 정한 목적 이외에 경비를 사용하거나 예산이 정한 각 기관 간, 각 장·관·항 간에 상호 이용할 수 없다. 다만, 예산 집행상 필요에 의하여 미리 예산으로서 국회의 의결을 얻었을 때에는 기획재정부 장관의 승인을 얻어 이용할 수 있다고 규정하고 있다.

년도 지출 등의 예외[6]도 함께 규정하고 있다. 따라서 이 원칙에는 다른 원칙에 비하여 예산 집행의 신축성을 기하기 위하여 예외를 많이 인정하고 있다고 할 수 있다.

7) 예산 단일성(unity)의 원칙

국가의 예산은 하나로 존재하여야 한다는 원칙이다. 복수의 예산으로 존재하면 통제력도 약화되고 명료하지 않기 때문이다. 이 원칙의 예외로는 특별회계예산과 추가경정예산[7]이 있다.

8) 예산 통일성(non-affection)의 원칙

특정한 세입과 세출을 직접 연관시켜서는 안 되며, 모든 세입은 국고로 수납되어야 하고, 모든 세출은 국고에서 지출되어야 한다는 것이다. 즉, 특정의 수입으로 특정의 지출을 할 수 없다는 것을 의미한다. 이를 목적 구속 금지의 원칙 또는 수지간 비연결성(收支間 非連結性)의 원칙이라고도 한다. 이 원칙의 예외로서 특별회계와 목적세가 있다. 우리 나라의 경우 목적세로 국세에는 교육세가 있고 지방세로는 도시계획세가 있다.

2 행정부 중심의 예산 원칙

현대 사회가 복잡 다양하게 변화되어 감에 따라 행정부의 기능도 과거에 비하여 한층 확대됨으로써 행정부의 재량이 점점 커질 수밖에 없다. 따라서 종래의 행정부의 통제에 중점을 둔 입법부 중심의 전통적인 예산 원칙

---

6) 국가재정법 제22조(예비비), 동법 제23조(계속비), 동법 제47조(예산의 이용·이체), 동법 제46조(예산의 전용), 동법 제48조(세출예산의 이월)에 예산 한정성의 원칙의 예외 규정을 두고 있다.

7) 국가재정법 제4조(회계 구분)에서는 국가가 특정한 사업을 운영할 때, 특정한 자금을 보유하여 운용할 때, 기타 특정한 세입으로 특정한 세출에 충당함으로써 일반회계와 구분하여 계리할 필요가 있을 때에 법률로 설치할 수 있도록 규정하고 있으며, 동법 제89조(추가경정예산안의 편성)에서 정부는 예산 성립 후 생긴 사유로 인하여 변경을 가할 필요가 있을 때에는 추가경정예산안을 편성할 수 있도록 규정하고 있다.

으로는 효율적인 행정관리가 어렵기 때문에 행정부 중심의 새로운 예산 원칙이 제기되었다. 여기서는 스미스(Smith, 1945: 90-94)의 주장을 중심으로 살펴보고자 한다.

1) 행정부 사업계획(executive programming)의 원칙

예산은 정부의 행정 활동에 대한 사업계획을 반영한 것이며, 이는 사업계획과 집행에 편리하도록 편성되어야 한다.

2) 행정부 책임(executive responsibility)의 원칙

정부는 예산을 가장 경제적으로 사용하여야 하며, 공공복리를 증진하도록 운용하여야 할 책임이 있다.

3) 보고(reporting)의 원칙

예산의 맹목적·자의(恣意)적 편성을 방지하기 위하여 예산의 모든 과정은 각 기관으로부터 제출받는 각종 업무 보고나 재정 관련 보고에 기초하여야 한다.

4) 적절한 수단(adequate tools) 구비의 원칙

예산을 좀더 책임 있고 효율적으로 운용하려면 적절한 법적·제도적인 수단을 구비하여야 한다. 예를 들면, 중앙예산기관의 설치, 정기적인 예산 배정의 권한, 예산회계에 관한 특례규정 등을 말한다.

5) 다양한 절차(multiple procedures)의 원칙

현대에는 행정 현상이 매우 다양하므로 예산의 절차도 다양화를 요구한다. 사업에 따라 신축성을 가진 절차가 필요하다는 것이다. 따라서 다양한 종류의 예산 내용을 하나의 형식과 절차로서 운용한다면 매우 비효율적인 결과를 초래할 것이다.

6) 행정부 재량(executive discretion)의 원칙

행정부의 예산이 의회에 제출되면 의회는 총괄예산으로 의결하여 행정부의 예산에 대한 재량의 여지를 부여하여야 하며, 예산의 운용시에도 너무 통제 위주로 하지 말고 사업의 효율성을 높이기 위하여 재량이 부여되어야 한다.

7) 시기적 신축성(flexibility in timing)의 원칙

예산은 경제 상황이나 정세 변화에 신속히 적응할 수 있도록 관련 사항을 규정하여야 하며, 사업 집행의 시기도 현실 여건에 따라 신축성 있게 조절할 수 있어야 한다.

8) 상호 교류적 예산 기구(two-way budget organization)의 원칙

중앙예산기관과 각 부처의 예산 담당기관이 전체적인 정책 방향이나 세부적인 사업계획 등 예산에 관련된 각종 정보의 상호 교류가 원활하게 적극적으로 이루어져야 효율적인 예산의 운용이 가능할 것이다.

제 3 절 예산의 종류

1 일반회계예산, 특별회계예산

1) 일반회계예산

일반회계예산(一般會計豫算)은 일반적 국가 활동에 관한 세입·세출을 포괄하는 예산으로서 보통 예산이라고 하면 일반회계예산을 칭하는 경우가 많다. 일반회계예산은 국가 고유의 기능을 수행하기 위하여 필요한 예산이기 때문에 정부 예산의 근간이 된다. 세입은 조세수입이 기본 재원이며, 세출은 주로 국가의 존립과 유지를 위한 기본적 경비지출로 구성된다.

2) 특별회계예산

특별회계예산(特別會計豫算)은 일반회계예산과 독립시켜 편성한 예산으로서 국가에서 특정한 사업을 운영할 경우, 특정한 자금을 보유하여 운영할 경우, 기타 특정한 세입으로 특정한 세출에 충당함으로써 일반의 세입·세출과 구분하여 계리할 필요가 있는 경우에만 법률에 의거 설치할 수 있도록 정하고 있다.[8] 이 원칙은 예산 단일의 원칙에는 위배되지만, 정부의 특정 사업에 대한 수지(收支) 관계를 좀더 명백히 밝힐 수 있고 행정기관의 재량권을 확대시켜 줌으로써 능률성이 향상되고 사업 성과를 높이는 결과를 가져온다.

2 본예산, 수정예산, 추가경정예산

1) 본예산

본예산(本豫算)은 당초에 편성되어 국회에서 의결·확정된 예산으로 당초예산이라고도 한다. 본예산이 성립된 후 특별한 사정으로 인하여 변경되는 경우도 있으나 당해 회계연도의 예산 중 가장 기본이 되는 예산이다. 정부는 회계연도마다 예산안을 편성하여 회계연도 개시 90일 전까지 국회에 제출하여야 하며, 국회는 이를 회계연도 개시 30일 전까지 의결하여야 한다.[9]

2) 수정예산

수정예산(修正豫算)은 정부가 예산안을 국회에 제출한 후 부득이한 사유로 인하여 그 내용의 일부를 수정하여 제출하는 예산을 말한다.[10] 수정예

8) 국가재정법 제4조 제3항.
9) 헌법 제54조 제2항, 국가재정법 제33조.
10) 국가재정법 제35조.

산안을 제출하고자 할 때에는 국무회의의 심의를 거쳐 대통령의 승인을 얻은 후 국회에 제출하여야 한다. 수정예산안의 제출은 이미 국회에 제출된 예산안이 의결되기 전에만 가능하다. 그러므로 이미 국회에서 예산안이 의결된 후이면 수정예산의 성립은 불가능하다.

3) 추가경정예산

추가경정예산(追加更正豫算)은 예산이 국회의 의결을 거쳐 확정된 후에 생긴 사유로 인하여 이미 성립된 예산에 변경을 가할 필요가 있는 경우에 추가로 편성하게 되는 예산을 말한다.[11] 추가경정예산은 예산안이 국회의 의결을 거쳐 예산으로 확정된 후에 그 내용을 변경하는 것이고, 수정예산은 예산안이 국회에 제출되었으나 국회에서 의결이 되기 전에 그 내용을 변경하는 것이다. 따라서 이들 두 예산의 다른 점은 예산을 변경하고자 하는 시점이 이미 제출된 예산안이 국회에서 의결되기 전이냐 또는 의결된 후이냐의 문제이다.

3 잠정예산, 가예산, 준예산

1) 잠정예산

잠정예산(暫定豫算)은 예산안이 회계연도 개시 전까지 의회를 통과하지 못할 경우에 일정 기간(최초 몇 개월 동안)의 일정 금액(필요적 경비)에 대하여 국고에서 지출하도록 허용하는 예산을 말한다. 본예산이 성립되는 경우에는 잠정예산으로 집행한 것은 모두 자동적으로 본예산에서 집행된 것으로 처리된다. 우리 나라에서는 잠정예산 제도를 채택한 적이 없으며, 영국, 캐나다, 미국, 일본이 이 제도를 채택·활용하고 있다.

---

11) 국가재정법 第89조.

2) 가예산

가예산(假豫算)은 예산안이 부득이한 사정으로 인하여 회계연도 개시 전에 의결되지 못하는 경우에 약 1개월 정도의 예산을 편성 · 의결하여 운용할 수 있도록 한 한시적인 예산을 말한다. 이 제도는 우리 나라의 제1공화국과 프랑스의 3, 4공화국에서 채택하여 사용한 바 있다.

3) 준예산

준예산(準豫算)은 예산안이 회계연도 개시 전까지 국회에서 의결되지 못하는 경우에 의결될 때까지 헌법이나 법률에 정하는 범위[12] 내에서 정부가 전년도 예산에 준하여 지출할 수 있는 예산을 말한다. 준예산에 의거 집행된 예산은 당해 연도의 예산이 성립되면 그 성립된 예산에 의거 집행된 것으로 간주하도록 국가재정법[13]에서 규정하고 있다.

제 4 절 예산의 형식

예산이라고 하면 흔히 세입 · 세출만을 말하는 경우가 많다. 그러나 세입 · 세출이 예산의 핵심이라는 점을 부인하지는 않지만 우리 나라의 경우 국가재정법 제20조에서 예산은 예산총칙, 세입세출예산, 계속비, 명시이월비와 국고채무부담행위를 총칭한다고 하여 예산의 형식을 규정하고 있다.

---

12) 헌법 제54조 제3항에 다음의 목적을 위한 경비는 전년도 예산에 준하여 집행할 수 있도록 규정하고 있다.
   1. 헌법이나 법률에 의하여 설치된 기관 또는 시설의 유지 · 운영
   2. 법률상 지출 의무의 이행
   3. 이미 예산으로 승인된 사업의 계속

   또한, 국가재정법 제55조 제1항에 국회에서 부득이한 사유로 회계연도 개시 전까지 예산안이 의결되지 못할 때에는 헌법 제54조 제3항에 의하여 예산을 집행하도록 규정하고 있다.

13) 국가재정법 제55조 제2항.

1 예산총칙

예산총칙(豫算總則)은 보통 조문 형식으로 예산서 앞에 표시되므로 예산에 대한 법조문이라 할 수 있다. 국가재정법 제20조에서 예산총칙에는 세입·세출예산, 계속비, 명시이월비와 국고채무부담행위에 관한 총괄적 규정과 이외에 ① 국채 또는 차입금의 한도액, ② 재정증권의 발행과 일시차입금의 최고액, ③ 기타 예산 집행에 관하여 필요한 사항을 규정하고 있다.

2 세입·세출예산

세입세출예산(歲入歲出豫算)은 예산의 가장 핵심적인 것으로서 1회계연도의 모든 수입과 지출의 예정액을 나타내며 예산의 실질적인 내용을 표시한 본체이다. 우리 나라의 경우 품목별 예산이 편성되고 있으며 최근 들어 지방정부에서는 사업별로 품목별 예산을 편성하고 있다.

3 계속비

국가재정법 제23조에서 완성에 수년도를 요하는 공사나 제조 및 연구개발사업은 경비의 총액과 연부액(年賦額)을 정하여 미리 국회의 의결을 얻은 범위 안에서 수년도에 걸쳐서 지출할 수 있도록 규정하여 계속비(繼續費) 제도를 인정하고 있다.

한편, 국가가 지출할 수 있는 연한은 당해 회계연도로부터 5년 이내로 하며, 필요하다고 인정할 때에는 국회의 의결을 거쳐 다시 그 연한을 연장할 수 있도록 하고 있다.

4 명시이월비

국가재정법 第24조에서 세출예산 중 경비의 성질상 연도 내에 그 지출을 끝내지 못할 것이 예측될 때에는 특히 그 취지를 세입세출예산에 명시하여 미리 국회의 승인을 얻어 다음 연도에 이월하여 사용할 수 있도록 규정하여 명시이월(明示移越) 제도를 인정하고 있다.

5 국고채무부담행위

국가재정법 第25조에서 법률에 의한 것과 세출예산 금액 또는 계속비의 총액의 범위 안의 것 이외에 국가가 채무를 부담하는 행위를 할 때는 미리 예산으로서 국회의 의결을 얻어야 한다고 규정하고 있다.

국고채무부담행위(國庫債務負擔行爲)는 사항마다 그 필요한 이유를 명백히 하고 그 행위를 할 연도 및 상환 연도와 채무 부담의 금액을 표시하여야 한다.[14]

14) 국가재정법 第25조 제3항.

Chapter

03 예산의 과정

예산의 과정은 예산안의 편성에서부터 결산에 이르기까지 여러 단계의 절차, 즉 예산의 동태적인 과정을 의미한다. 예산의 과정에는 일반적으로 예산안 편성, 예산안 심의·의결, 예산집행, 결산과 회계검사 등 네 단계가 있다.

제 1 절 예산안 편성

예산안 편성을 위하여 미국의 관리예산처(Office of Management and Budget: OMB)처럼 특별한 기관을 설치하는 나라도 있으나 우리 나라는 기획재정부 장관이 예산안을 편성하고 있다. 우리 나라의 예산안 편성에 관한 절차를 살펴보면 다음과 같다.

1 예산안의 요구

1) 중기사업계획서의 제출

각 중앙관서의 장은 예산 요구에 앞서 국가재정법 제28조에 의하여 매년

1월 말일까지 다음 연도 신규 사업 및 기획재정부 장관이 정하는 주요 계속사업에 대한 중기사업계획서를 기획재정부 장관에게 제출한다.

2) 예산안편성지침 시달

기획재정부 장관은 국가재정법 제29조 제1항에 의하여 매년 4월 30일까지 국무회의의 심의를 거쳐 대통령의 승인을 얻은 다음 연도의 예산안 편성지침을 각 중앙관서의 장에게 시달한다.

예산안편성지침을 작성하는 과정은 대체로 다음과 같다.

첫째, 자료의 수집 과정이다. 주로 대통령의 지시 사항, 연두 기자회견의 내용 및 여당과 관계 부처로부터 자료를 수집한다.

둘째, 시안(試案) 작성의 과정이다. 수집된 자료와 당해 연도의 경제 동향과 전망 및 당면 과제를 파악하고 이를 근거로 하여 시안, 즉 예산 편성의 방향, 예산요구서 작성지침 등을 마련한다. 시안 작성의 과정에는 수차에 걸친 수정 작업이 따르게 된다.

셋째, 관계 기관과의 협의 과정이다. 여당, 예산자문위, 청와대, 국무총리실을 포함한 관계 기관과의 협의를 거치고 있으나 주로 청와대와 여당과의 협의에 중점을 두게 된다.

넷째, 국무회의의 심의와 대통령의 승인 과정이다. 이 과정에서는 이미 실무진과의 사전 협의 과정을 거쳤기 때문에 크게 수정되지는 않는다고 볼 수 있다.

이와같이 여러 과정을 거쳐 작성된 예산안편성지침에는 예산안을 편성하는 데 기초가 되는 각종 정보, 즉 정책 및 재정 운영의 기본 방향, 공무원 급여 기준, 예산 산정에 필요한 정부 노임 단가, 수당 등을 포함하는 단위·단가, 세입세출 과목 해소, 예산안 요구서의 작성 요령 등의 내용이 포괄적으로 언급되어 있다.

3) 예산요구서의 제출

각 중앙관서의 장은 국가재정법 제31조 제1항에 의하여 그 소관에 속하는 다음 연도의 세입세출예산, 계속비, 명시이월비 및 국고채무부담행위요구서를 예산안편성지침에 따라 작성하여 매년 6월 30일까지 기획재정부 장관에게 제출한다.

2 예산안 사정

1) 예산 규모의 추정

각 중앙관서에서 예산요구서를 제출하면 기획재정부 예산실에서는 이를 취합・정리하여 전체적으로 요구된 예산액을 집계해 본다. 집계된 예산요구액과 총세입 규모, 방위비, 교부금 등 재정 수요를 정확히 판단하여 국가재정 규모를 추정하여야 하고, 이에 따라 각 중앙관서에서 요구한 세출예산안을 여러 면에서 신중히 검토하여야 한다.

2) 예산안 시안 작성

각 중앙관서에서 요구된 예산액의 집계 및 재정 수요에 의거, 전체 예산 규모가 추정되면 기획재정부는 각 중앙관서의 예산요구액을 좀더 합리적으로 배분하도록 노력하여야 한다. 이 때에 부처별로는 전년도 예산, 신규 사업, 주요 사업계획 등이 중요한 기준이 된다. 각 중앙관서의 예산요구액을 살펴보면 예산안 시안 작성 과정에서 삭감될 것을 미리 감안하여 과대 요구를 하는 경우가 많다. 그러므로 각 중앙관서의 예산요구액을 그대로 예산에 반영하기는 현실적으로 매우 어려운 실정이다.

따라서 기획재정부 예산실 내의 각 담당관들은 예산요구 사정의 일반 원칙과 각 중앙관서 예산 담당자들의 예산요구서에 대한 설명을 토대로 하여 수차례의 수정 작업을 거쳐 예산사정을 마친 후에 예산안 시안을 작성한다.

3) 관련 기관과의 협의

예산안 시안, 즉 기획재정부안이 작성되면 여당, 청와대, 관계 부처의 담당자들과 여러 차례의 협의를 거쳐 조정된다. 이 협의 과정이 법적인 절차는 아니지만 이 과정에서 기획재정부의 당초 예산안이 수시로 변경・조정되기도 한다.

특히, 기획재정부 장관이 국회, 대법원, 헌법재판소, 감사원, 중앙선거관리위원회 등 독립기관의 예산안을 조정할 때에는 재정상 독립성을 존중해 주는 의미에서 요구액의 감액 이유, 예산액과 요구액의 비교표, 기타 심의에 필요한 서류를 첨부하여 국무회의에 상정하도록 하고 있다.

3 예산안의 확정 및 국회 제출

1) 국무회의 심의 및 대통령의 승인

관련 부처와의 협의·조정을 거쳐 작성된 예산안은 먼저 차관회의를 거치고, 국가재정법 제32조에 의거 국무회의에 상정하여 심의를 거친 다음, 대통령의 승인을 얻음으로써 정부안으로 확정된다.

2) 국회 제출

정부의 예산안이 확정되면 국가재정법이 정한 예산의 형식을 갖추어 국가재정법 제33조에 의하여 회계연도 개시 90일 전까지 국회에 제출하여야 한다. 국회에 제출하는 예산안에는 국가재정법 제34조에 의하여 다음 서류를 첨부하여야 한다.

① 세입세출예산 총계표 및 순계표

② 세입세출예산사업별 설명서

③ 계속비에 관한 전년도 말까지의 지출액 또는 지출추정액, 당해 연도 이후의 지출예정액과 사업 전체의 계획 및 진행 상황에 관한 명세서

④ 국고채무부담행위 설명서

⑤ 국고채무부담행위로서 다음 연도 이후에 걸치는 것에 있어서는 전년도 말까지의 지출액 또는 지출추정액과 당해 연도 이후의 지출예정액에 관한 명세서

⑥ 예산정원표와 예산안편성 기준단가

⑦ 국유재산의 전전년도 말의 현재액과 전년도 말과 당해 연도 말의 현재액 추정에 관한 명세서

⑧ 제8조 제2항의 규정에 따른 성과계획서

⑨ 성인지 예산서

⑩ 조세지출예산서

⑪ 독립기관의 세출예산요구액을 감액하거나 감사원의 세출예산요구액을 감액한 때에는 그 규모 및 이유와 감액에 대한 당해 기관장의 의견

⑫ 회계와 기금 간 또는 회계 상호 간 여유재원의 전입·전출 명세서 그 밖에 재정의 상황과 예산안의 내용을 명백히 할 수 있는 서류

제 2 절 예산안의 심의·의결

1 예산안 심의·의결의 의의

행정부에서 확정된 예산안이 국회에 제출되면 국회에서는 일정한 절차에 따라 이를 심의·의결하게 된다. 예산안의 심의는 정부의 정책과 주요 사업계획을 검토하고 국가의 재정 규모를 결정하는 과정이다. 국회는 예산안의 심의·의결 과정을 통하여 행정부를 통제하는 기능을 가지게 된다.

2 예산안의 심의·의결 절차

1) 시정 연설

정부의 예산안이 국회에 제출되면 정기국회가 열리고 예산안이 상정된다. 먼저 대통령은 예산과 관련하여 정부의 주요 정책과 예산 편성의 기본 방향 및 시정 방침을 밝히는 시정 연설을 하는데, 대개 국무총리가 대신하

여 대독하는 것이 관례로 되어 있다.

2) 정책 질의 및 예비심사

상임위원회별로 각 중앙관서의 장이 제안 설명을 하고, 각 상임위원회의 전문위원으로부터 예산안에 대하여 예비 검토한 내용을 보고받는다. 그 다음에 정책 질의를 하는데, 이 때에는 국무총리를 비롯하여 각 부처 장관이 참석하여 질의에 답변하여야 한다. 정책 질의가 끝나면 부별 심의에 들어가게 되며, 필요시 부별 심의나 계수 조정을 위하여 소위원회를 구성하여 심의한다. 소위원회에서 결정된 안을 상임위원회 전체회의에 부쳐 찬반 토론을 하고 여기서 결정된 안을 상임위원회안으로 하여 예비심사를 마친다.

3) 종합심사

상임위원회의 예비심사 결과를 예산결산특별위원회에 상정하면 ① 기획재정부 장관의 예산안 제안 설명, ② 예산결산특별위원회 소속 전문위원의 예산안에 대한 종합검토 보고, ③ 종합 정책 질의 및 관계 장관 답변, ④ 부처별 질의 응답 및 분과별 심의, ⑤ 계수조정소위원회의 계수 조정, ⑥ 예산결산특별위원회 전체회의에서 소위원회의 조정안 승인 등의 순으로 종합심사가 진행된다.

4) 국회본회의 상정 및 의결

예산결산특별위원회의 종합심사가 끝나면 예산안은 본회의에 상정된다. 본회의에서는 정부측의 예산안에 대한 설명과 예산결산특별위원장으로부터 예산안 심사 경과와 그 결과를 보고받고 정책 질의를 한다. 정책 질의가 끝나면 부문별로 토론·표결을 거쳐 최종적인 예산으로 의결·확정된다. 1953년 이후 현재까지 예산결산특별위원회안이 약간 수정 통과된 경우도 있었으나 거의 원안 그대로 가결되었다.

이와 같은 과정을 거쳐 국회가 의결한 예산이 정부에 이송되면 대통령이 공고한다. 예산의 공고는 전문을 붙여 대통령이 서명하고 국무총리와 관계 국무위원이 부서(副署)한 다음 관보에 게재하면 된다.

제 3 절 예산의 집행

1 예산 집행의 의의

정부는 국회에서 의결된 예산의 범위 내에서 그대로 집행하여야 한다. 예산 집행(豫算執行)은 세입예산에 따라 수입을 조달하고 세출예산에 따라 사안이 발생할 때 지출하는 모든 활동, 즉 예산에 관한 실행을 의미한다. 이와 같은 예산의 집행으로 인하여 곧 예산의 효력이 나타나는 것이다.

예산의 과정 중 예산의 집행이 가장 중요하다고 할 수 있다. 왜냐 하면 예산 집행은 예산의 효력이 나타나는 활동이며, 또한 예산의 편성이나 결산, 그리고 회계검사가 모두 예산 집행을 중심으로 이루어지기 때문이다.

2 예산 집행의 절차

1) 예산 배정

예산을 집행하려면 우선 편성된 예산의 범위 안에서 예산이 배정(配定)되어야 한다. 국가재정법 제43조에서 규정하고 있는 예산 배정 절차를 살펴보면 다음과 같다.

① 예산이 성립되면 각 중앙관서의 장은 사업운영계획 및 이에 의한 세입세출예산・계속비와 국고채무부담행위를 포함하여 예산배정요구서를 기획재정부 장관에게 제출하여야 한다.

② 기획재정부 장관은 각 중앙관서의 장이 제출한 예산배정요구서와 기획재정부의 월별 자금계획에 의거하여 4분기별 예산배정계획을 작성하고 국무회의의 심의를 거쳐 대통령의 승인을 얻어야 한다.

③ 기획재정부 장관은 각 중앙관서의 장에게 예산을 배정한 때에는 감사원에 통지하여야 한다.

④ 기획재정부 장관은 필요한 경우에는 대통령령이 정하는 바에 의하여 회계연도 개시 전에 예산을 배정할 수 있다.

⑤ 각 중앙관서의 장은 예산에 총액으로 계상된 사업으로서 대통령령으로 정하는 사업에 대하여는 예산 배정 전에 사업 시행 계획을 수립하여 기획재정부 장관과 협의하여야 한다.

2) 예산의 재배정

중앙예산기관에서 각 중앙관서의 장에게 예산 배정이 되면 중앙관서의 장은 산하기관에 재무관별로 예산의 재배정(再配定)이 이루어진다. 각 중앙관서의 장은 세출예산을 재배정한 때에는 이를 지출관에게 통지하여야 하며, 필요한 경우에는 상급 관서의 재무관으로 하여금 재배정받은 세출예산의 범위 안에서 그 하급 관서의 재무관에게 이를 재배정(이 경우 '재재배정'이 된다)하게 할 수 있다.[1] 예산의 재배정은 중앙관서의 장이 산하기관의 예산 집행 상황을 감독·통제함으로써 세출예산의 한도 내에서 예산 집행의 효율화를 기하도록 하는 데 그 목적이 있다.

3) 세입예산의 집행

세입예산의 결손을 예방하기 위하여 과목별 미징수 현황을 수시로 파악하여야 하며, 세입원(歲入源)을 정확히 포착하여 세입 업무를 처리하여야 한다. 흔히 세출예산에만 신경을 쓰고 세입예산은 소홀히 다루는 경우가 있다. 그러나 모든 예산에서 세입 결손이 생기면 그만큼 세출예산을 집행하지 못하기 때문에 사업 추진에 차질이 생긴다. 그러므로 세출예산 집행에 충실을 기하기 위해서는 세입예산의 결손을 최소화하는 것이 선결 과제이다.

---

1) 국가재정법시행령 제17조 제1항, 제4항.

4) 세출예산의 집행

세출예산의 집행은 수요 부서의 물품요구서나 기안에 의한 내부 품의를 근거로 하여 재무관이 계약 체결(중앙관서의 장이 계약사무에 관하여 계약 담당 공무원, 즉 계약관에 위임시는 계약관이 담당한다) 등 지출원인행위를 하고 납품이나 준공 등 당초의 계약 목적이 달성된 후 일정한 형식을 갖추는 등 회계 절차에 따라 지출관이 지출한다. 재무관과 지출관은 서로 겸임하지 못하도록 국가재정법에서 규정하고 있다.

3 예산 집행의 신축성 유지 방안

예산을 집행하는 데 계획대로 진행되지 못하고 예기치 못한 천재지변, 국제적인 경제 상황의 급변, 국회의 사정 등으로 인하여 부득이 예산을 변동시키지 않으면 안 되거나 예비적인 조치를 취하게 될 경우에 대비하여 예산회계에 관한 법규에서는 예산 집행의 신축적인 제도를 몇 가지 규정하고 있다. 이에는 예산의 이용과 전용, 이체, 이월, 예비비, 계속비, 수입대체경비, 국고채무부담행위, 회계연도 개시 전 예산 배정, 추가경정예산, 수입지출의 특례 등이 이에 해당한다. 여기서는 주요한 몇 가지만 살펴보고자 한다.

1) 예산의 이용과 전용

예산의 이용(移用)은 예산이 정한 각 기관 간, 입법 과목(장, 관, 항) 간의 예산액을 상호 융통하는 것을 말한다. 예산의 이용은 미리 예산으로서 국회의 의결을 얻었을 경우에 한하여 기획재정부 장관의 승인을 얻어 허용된다.[2] 다시 말해서 예산의 이용은 의회에서 사전 의결이 있어야 한다.

예산의 전용(轉用)은 행정 과목(세항, 목) 간의 예산을 상호 융통하는 것을 의미한다. 예산 과목 중 세항과 목을 행정 과목이라고 부르는 것은 국회

2) 국가재정법 제47조 제1항.

의 의결을 거치지 않고 변경 사용할 수 있는 과목이기 때문이다. 예산의 전용은 기획재정부 장관의 승인을 얻어야 한다.[3] 기획재정부 장관은 예산의 전용을 승인한 때에는 그 전용명세서를 중앙관서의 장과 감사원에 송부하여야 한다.[4] 그러나 중앙관서의 장은 회계연도마다 기획재정부 장관이 정한 범위 안에서 각 세항 또는 목의 금액을 전용할 수 있다.[5] 이 때에 중앙관서의 장은 그 전용을 한 과목별 금액 및 이유를 명시한 명세서를 기획재정부 장관과 감사원에 송부하여야 한다. 전용한 모든 경비의 금액은 세입세출결산보고서에 이를 명백히 하고 그 이유를 기재하여야 한다.

2) 예산의 이체

예산의 이체(移替)는 정부조직 등에 관한 법령의 제정·개정 또는 폐지로 인하여 그 직무와 권한에 변동이 있을 때에 예산의 책임 소관을 변경시키는 것을 말한다. 예산의 이체는 이체받을 중앙관서의 장이 이체하여야 할 중앙관서의 장과 협의하여 과목과 금액을 명백히 하고 관계 서류를 기획재정부 장관에게 제출하여 승인을 얻어야 한다. 기획재정부 장관은 이를 승인한 때에는 당해 중앙관서의 장과 감사원에 이체의 내용을 통지하여야 한다.[6]

3) 예산의 이월

예산의 이월(移越)은 예산을 다음 회계연도로 넘겨서 사용하는 것을 말한다. 이는 회계연도 독립의 원칙의 예외가 된다. 다음 회계연도로 이월하여 사용할 수 있는 경비는 다음과 같다.[7]

① 명시이월비

② 연도 내에 지출원인행위를 하고 불가피한 사유로 인하여 연도 내에 지출하지 못한 경비와 지출원인행위를 하지 아니한 그 부대경비

---

3) 국가재정법 제46조 제1항.
4) 국가재정법 제46조 제3항.
5) 국가재정법 제46조 제2항.
6) 국가재정법 제47조 제3항.
7) 국가재정법 제48조 제2항.

③ 지출원인행위를 위하여 입찰 공고를 한 경비 중 입찰 공고 후 지출원인행위까지 장기간이 소요되는 경우로서 대통령령이 정하는 경비

각 중앙관서의 장은 상기 사항에 의하여 예산을 이월하는 때에는 대통령령이 정하는 바에 의하여 이월명세서를 작성하고, 이를 다음 연도 1월 31일까지 기획재정부 장관과 감사원에 송부하여야 한다.

한편, 각 중앙관서의 장이 예산을 이월하는 때에는 그 이월하는 과목별 금액은 다음 연도의 이월예산으로 배정된 것으로 본다.

예산의 이월은 앞에서 지적한 내용과 같이 명시이월과 사고이월로 구분해 볼 수 있다. 먼저, 명시이월(明示移越)은 세출예산 중 당해 회계연도 내에 그 지출을 마감하지 못할 것이 예측될 때에는 미리 국회의 승인을 얻어 다음 회계연도로 이월하여 사용할 수 있는 것을 말한다. 다음으로 사고이월(事故移越)은 당해 연도에 지출원인행위를 하고 불가피한 사유로 인하여 연도 내에 지출하지 못한 경비와 지출원인행위를 하지 아니한 그 부대경비를 이월하여 사용할 수 있는 것을 말한다.

4) 예비비

예비비(豫備費)는 예측할 수 없는 예산 외 지출이나 예산 초과 지출에 충당하기 위한 목적 외 예산으로서, 종전의 예산회계법에서는 일반회계의 경우 세출예산의 1/100 이상의 금액을 예비비로 계상하도록 하고 있었으나, 현행 국가재정법 제22조에서는 1/100 이내의 금액을 예비비로 계상할 수 있으며, 지방재정법 제43조에서는 상당하다고 인정되는 금액을 세입세출에 계상할 수 있다고 규정하고 있다.

예비비의 관리는 기획재정부 장관이 하도록 하고 있다. 각 중앙관서의 장은 예비비의 사용을 필요로 할 경우에는 그 이유, 금액과 추산의 기초를 명백히 한 명세서를 작성하여 기획재정부 장관에게 제출하여야 하며, 기획재정부 장관은 이 요구를 심사한 후 필요하다고 인정하는 때에는 이를 조정하고 예비비 사용명세서를 작성하여 국무회의의 심의를 거쳐 대통령의 승인을 얻어야 한다.

또한, 예비비를 사용한 후에는 각 중앙관서의 장은 예비비로 사용한 금

액의 명세서를 작성하여 기획재정부 장관에게 제출하여야 하며, 기획재정부 장관은 이에 대한 총괄표를 작성하여 국무회의의 심의를 거쳐 대통령의 승인을 얻어야 한다. 기획재정부 장관은 상기 작성된 총괄표를 감사원에 제출하여야 한다. 아울러 예비비로 사용한 총괄표를 다음 연도 5월 31일까지 국회에 제출하여 그 승인을 얻어야 한다.8)

제 4 절 예산결산 및 회계검사

1 결산의 의의

1) 결산의 개념

예산이 1회계연도의 수입 · 지출의 예정적 계수라고 보면, 결산은 예산을 집행한 결과에 의한 수입 · 지출의 확정적 계수이다(심정근, 1983: 310). 다시 말하면, 결산(決算)이란 예산과 그 집행 실적을 대비하는 것으로서 예산에 대한 일종의 사후적 재정보고를 말한다.

결산의 목적은 국회에서 심의 · 의결한 예산과 행정부에서의 예산 집행 결과를 대비하여 세입세출의 과다 또는 결손 사유를 파악하고, 이를 다음 예산 편성이나 집행에 반영하여 효율적인 예산 집행이 되도록 하고자 하는 데 있다. 또한 사기업에서는 결산을 통하여 1영업 기간 동안의 경영 성과와 재정 상태를 파악하여 차후 경영 활동에 반영시킴으로써 이윤의 극대화를 꾀한다.

2) 결산의 기능

결산은 다음과 같은 기능을 가지고 있다(이종익, 1992: 280-281).

---

8) 국가재정법 제52조 제4항.

① 정부가 예산의 범위 안에서 재정 활동을 하였느냐를 확인할 수 있다. 이와 같은 확인을 위하여는 결산보고서가 객관적 사실에 입각하여 정확한 계수로써 작성되어야 하며 회계검사기관의 확인을 받아야 한다.

② 장래에 대비하여 예산의 편성·심의와 재정계획의 좀더 효율적인 운용을 위한 자료로서 기능한다. 그것은 결산의 내용을 검사함으로써 얻은 과거의 경험을 토대로 효율적인 재정 운용의 참고 자료로 활용할 수 있기 때문이다.

2 결산의 절차

1) 출납의 완결

결산을 위한 첫 단계는 출납사무의 완결이다. 원칙적으로 출납사무의 완결 시기, 즉 출납 기한은 당해 회계연도 말인 12월 말이다. 그러나 국고금관리법시행령에서는 다음 연도 1월 15일까지를 출납정리기한으로 정하고 있으므로 늦어도 이 날까지는 출납사무를 마쳐야 하며, 최종적으로는 국고금관리법 제4조의 2에 의하여 1회계연도에 속하는 세입세출의 출납에 관한 모든 사무를 다음 연도 2월 10일까지 완결하여야 한다.

현행 국고금관리법에서는 출납정리기한을 총세입부와 총세출부 마감 기한과 일치시켰다. 소관별로 각급 기관의 관계 장부를 마감한 후 기획재정부 장관에게 보고하고 기획재정부 장관이 총세입부와 총세출부를 마감함으로써 출납사무가 완결된다. 여기서 말하는 총세입부와 총세출부는 국가세입·세출의 출납사무 일체를 회계별, 소관별, 계정별·목별 그리고 집행 월별로 구분하여 정리하는 기획재정부가 관리하는 주된 장부이다.

국고금관리법시행령 제5조 내지 제7조에서 규정하고 있는 출납정리기한은 다음과 같다.

(1) 수입금의 경우

① 출납공무원은 매 회계연도 소속의 수입금을 그 회계연도 말일까지 수

납하여야 한다.

② 한국은행 등은 매 회계연도의 수입금을 당해 회계연도 말일까지 수납하여야 한다. 다만, 다음의 경우에는 다음 회계연도 1월 15일까지 수납할 수 있다.

- 출납공무원이 당해 회계연도에 수납한 수입금을 한국은행 등에 납입하는 경우
- 지방세에 부가되어 징수된 수입금을 납입하는 경우

(2) 지출금의 경우

① 지출관은 매 회계연도의 경비를 당해 회계연도 말일까지 지출하여야 한다. 다만, 다음과 같은 경우에는 다음 회계연도 1월 15일까지 지출할 수 있다.

- 정부 계정 상호간의 국고금 대체를 위하여 지출하는 경우
- 선사용자금의 지급 금액을 대체 납입하기 위하여 지출하는 경우

② 관서운영경비출납공무원은 매 회계연도의 경비를 당해 회계연도 말일까지 지급하여야 한다. 다만, 당해 회계연도에 사용한 정부 구매 카드의 사용대금을 지급하는 경우에는 다음 회계연도 1월 15일까지 지급할 수 있다.

③ 한국은행 등은 매 회계연도의 경비를 당해 회계연도 말일까지 지급하여야 한다. 다만, ①항 단서의 규정에 해당하는 경우에는 다음 회계연도 1월 15일까지 지급할 수 있다.

(3) 지출금 반납의 경우

이미 지출된 국고금을 당해 지출 과목에 반납하고자 하는 경우에는 당해 회계연도 말일까지 반납하여야 한다. 다만, 관서운영경비출납공무원이 교부받은 관서운영경비를 반납하는 경우에는 다음 회계연도 1월 15일까지 반납할 수 있다.

2) 결산 서류의 작성 제출

출납이 완결되면 장부를 마감하고 결산 관계 서류를 작성한다. 국가재정

법 제42조에 의하여 각 중앙관서의 장은 ① 세입세출 결산의 분석에 관한 서류, ② 수입대체경비의 세입세출결산보고서, ③ 세입세출 결산의 개요 설명서, ④ 기타 세입세출 결산의 내용을 명백히 함에 필요한 서류 등을 첨부하여 매 회계연도마다 그 소관에 속하는 세입세출의 결산보고서, 계속비결산보고서 및 국가의 채무에 관한 계산서를 작성하여 다음 연도 2월 말일까지 기획재정부 장관에게 제출하여야 한다.

세입세출의 결산은 세입세출 예산과 동일한 구분에 의하여 이를 작성하며 다음 사항을 명백히 하여야 한다.

① 세입의 경우: 세입예산액, 이체등 증가액, 세입예산현액, 징수결정액, 수납액, 불납결손액, 미수납액

② 세출의 경우: 세출예산액, 전년도 이월액, 예비비 사용액, 전용 등 증감액, 수입대체경비의 초과지출액, 세출예산 현황, 지출액, 불용액

기획재정부 장관은 세입세출결산서에 각 중앙관서의 세입세출결산보고서, 계속비결산보고서 및 국가의 채무에 관한 계산서를 첨부하여 이를 다음 연도 4월 10일까지 감사원에 제출하여야 한다.

3) 결산의 확인(회계검사)

기획재정부로부터 결산 서류가 감사원에 제출되면 감사원에서는 결산에 대한 확인, 즉 회계검사가 실시된다. 감사원에서 회계검사가 끝나면 결산검사보고서를 작성하여 5월 20일까지 기획재정부 장관에게 송부하고 동시에 국회에도 제출한다. 여기서는 주로 합법성에 의한 예산의 집행 여부와 계수의 정확성 등을 검토하게 된다.

결산검사는 기획재정부에서 제출한 결산 서류와 각급 기관에서 매월 제출하는 각종 계산증명서류, 그리고 한국은행에서 작성한 국고금출납계산서를 상호 대조하여 비교·검토함으로써 이루어지며, 결산검사를 토대로 하여 결산검사보고서가 작성된다.

헌법 제99조에서 감사원은 세입·세출의 결산을 매년 검사하여 대통령과 차년도 국회에 그 결과를 보고하여야 한다고 규정하여 감사원의 결산검사에 대한 권한을 헌법에서 인정하고 있다.

4) 국무회의의 심의와 대통령의 승인

기획재정부 장관은 국가회계법에서 정하는 바에 따라 회계연도마다 작성된 국가결산보고서와 감사원의 결산검사보고서 등을 첨부하여 국무회의에 제출한다. 국무회의의 심의가 끝나면 대통령의 승인을 얻은 후 국회에 제출한다. 국가재정법 제61조에서 정부는 감사원의 검사를 거친 국가결산보고서를 회계연도마다 다음 연도 5월 31까지 국회에 제출하도록 규정하고 있다.

5) 국회의 결산 심의

결산에 대하여 이미 독립기관인 감사원의 결산검사를 거쳤으나 이중적으로 다시 국회의 결산 심의를 받는 이유는 행정부의 예산 집행에 더욱 신중을 기하도록 통제하는 의미가 있다.

국회의 결산 심의는 예산 심의와 동일한 절차를 밟는다. 먼저 각 상임위원회에 회부하여 심사를 거치게 되며, 그 심사 결과를 첨부하여 예산결산특별위원회에 회부하여 심사를 마친 후 본회의에 상정하게 된다. 본회의에 상정된 결산안이 심의・의결되면 비로소 결산으로 확정된다.

Chapter

04 수입회계

제1절 수입의 의의

1 수입의 개념

국고금관리법에서는 수입(收入)을 법령 또는 계약 등에 의한 조세 등의 국고금이 세입으로 납입되거나 기금에 납입되는 것으로 규정하고 있으며, 더 넓은 의미로 수입은 국가의 정책이나 사업 시행 등 제반 수요의 충족에 소요되는 경비를 조달하기 위한 현금 수납과 이에 준하는 일체의 행위를 말한다. 따라서 현금 수납이 있다고 하더라도 보관금, 공탁금, 예탁금과 같이 지출재원이 아닌 것은 수입이라고 할 수 없다. 이와 같은 수입을 1회계연도라는 기간적 개념의 기준으로 보아 국가재정법 제17조 제1항에서는 세입(歲入)이라고 한다.

기업회계에서는 수입과 수익(收益)을 동일 또는 유사한 개념으로 보는 경우도 있으나, 정부회계에서는 자산을 증대시키는 수익과 다른 의미로 파악된다. 즉, 정부회계에서의 수입은 이윤 개념이 아닌 단순한 현금 가치의 수납을 의미한다.

2 수입의 종류

수입은 국민이 납부하는 세금의 수입, 즉 조세수입과 그 밖에 조세 외의 수입인 세외수입으로 크게 구분할 수 있다. 지방자치단체의 경우는 국가로부터 받는 지방교부세와 보조금도 수입으로 본다.

1) 조세수입

조세(租稅)에는 과세 주체에 따라 국세와 지방세가 있다. 국세는 국세청과 그 산하기관인 세무서에서 관련 사무를 담당하고, 지방세는 지방자치단체에서 담당하고 있다.

국세(國稅)는 내국세, 관세, 교육세 등이 있으며, 내국세는 다시 직접세와 간접세로 구분된다. 직접세는 소득세, 법인세, 상속세, 증여세 등이 있고, 간접세는 부가가치세, 주세, 전화세, 인지세, 증권거래세 등이 있다.

지방세(地方稅)는 과세권에 따라 광역시·도세와 시·군·구세로 구분하는 경우도 있고, 과세 목적에 따라 보통세와 목적세로 구분하기도 한다.

2) 세외수입

수입은 조세수입이 주된 것이지만 이 밖에도 사용료, 수수료, 임대료, 이자수입 등 여러 가지의 원인에 의거 발생되는 수입이 있다. 이를 통틀어 세외수입(稅外收入)이라고 한다. 세외수입에는 매 회계연도마다 예측 가능한 경상적 세외수입과 그렇지 않은 임시적 세외수입이 있다.

경상적 세외수입으로는 재산임대료수입, 사용료수입, 수수료수입 등이 있으며, 임시적 세외수입으로는 이월금, 기부금, 재산매각수입 등이 있다.

3 수입행위

수입행위(收入行爲)는 수입의 원인을 조사하여 결정하고 그것을 납부 의무자에게 통지하는 행위인 징수행위(徵收行爲)와 납부 의무자가 납부하는 현금을 받는 행위인 수납행위(收納行爲)로 구분해 볼 수 있다. 징수행위는 다시 징수 결정행위와 납입 고지행위로 세분할 수 있다.

제 2 절 수입의 징수와 수납

1 수입의 징수

기획재정부 장관은 수입의 징수(徵收)와 수납(收納)에 관한 사무를 총괄하고 각 중앙관서의 장은 그 소관의 수입의 징수와 수납에 관한 사무를 관리하고 있다. 각 중앙관서의 장은 국고금관리법 제9조 제1항에서 수입의 징수에 관한 사무를 위임할 수 있도록 규정하고 있다. 이를 위임받은 공무원을 수입징수관(收入徵收官)이라고 한다. 조세, 기타의 수입은 수입징수관이 아니면 이를 징수할 수 없다. 수입징수관은 조세, 기타의 수입을 징수하고자 할 때에는 이를 조사·결정하여 납세 의무자, 그 밖의 채무자에 대하여 납입의 고지를 하여야 한다.

2 징수 절차

국고금관리법 제10조, 동법 시행령 제8조 및 동법 시행규칙 제4조에 의하면 수입의 징수 절차는 먼저 징수 결정을 하고, 다음에 징수 결정 사항에 따라 납입 의무자로 하여금 납입할 수 있도록 납입의 고지를 하면 된다.

1) 징수 결정

수입징수관은 법령 또는 계약 및 그 밖의 사유로 인하여 수입으로 징수하여야 할 금액이 있거나 그 통지를 받은 때에는 다음 각 호의 사항을 조사하여 이를 수입징수결의서에 따라 수입금으로 징수 결정(徵收決定)하고 수입징수부에 기록하여야 한다.

① 수입의 근거
② 납세 의무자 등의 명칭(성명) 및 주소
③ 납세 의무자 등의 실명확인번호(주민등록번호·사업자등록번호)
④ 납부 금액과 그 산정 근거
⑤ 납부 기한 및 납부 장소
⑥ 소속 회계연도
⑦ 회계·기금 및 소관의 구분
⑧ 수입 과목
⑨ 그 밖에 필요한 사항

이 조사 결정의 과정은 수입징수관이 소속되어 있는 조직 내부에서 이루어지는 것이 대부분이다. 따라서 수입의 징수 결정은 수입의 내용을 구체적으로 확정하는 조직 내부의 의사 결정이라고 할 수 있다.

한편 수입징수관은 납입의 고지에 의하지 아니하고 수입금이 출납공무원, 한국은행 등, 국고대리점, 체신관서, 국고금납부 대행기관에 납입된 경우에는 당해 출납공무원, 한국은행 등, 국고대리점, 체신관서 및 국고금납부대행기관으로부터 송부된 수납 증빙서류에 따라 징수 결정하여야 한다.

또한 수입징수관은 법령 또는 그 밖의 사유로 인하여 수입금을 분할하여 납부하게 하는 때에는 그 수입금을 분할 납부하게 한 횟수로 분할하여 새로이 징수 결정하여야 하고, 반납금이 수입에 편입된 때에도 즉시 징수 결정하여야 하며, 징수 결정한 수입이 다른 법령의 규정에 따라 수입인지 또는 우표로써 납부되거나 물납(物納)된 경우에는 그 대납에 상당한 금액을 수납 처리하고 대납 금액에 대하여 감액의 징수 결정을 하여야 한다.

그리고 수입징수관은 법령 등의 변경, 계산의 착오 및 그 밖의 사유로 인하여 이미 징수 결정한 금액 또는 과목 등을 변경하고자 하는 때에는 그 근거를 분명히 하고 과목정정결의서 및 오류정정(감)결의서에 따라 징수 결정 내용을 변경하여야 한다.

2) 납입고지

(1) 납입고지의 방법

수입징수관이 수입에 관한 사항을 조사 결정하면 곧 납입 의무자, 즉 채무자에게 그를 납입하도록 납입고지(納入告知)를 하여야 한다. 채무자에 대한 법적 효력은 징수 결정으로 나타나는 것이 아니라 납입 의무자에 대한 납입의 고지로써 나타난다고 할 수 있다. 수입의 징수 결정이 조직 내부에서 이루어지는 행정행위라고 보면, 납입의 고지는 조직 외부에 대한 행정행위이다. 따라서 조직 외부와의 관계인 납입고지의 과정에서 상대방인 납입 의무자와 시효의 문제, 적법성의 문제, 고지 금액의 다과(多寡) 등으로 인한 분쟁이 나타날 수도 있다.

납입고지의 방법은 국고금관리법시행령 제9조에서 납세 의무자 등에 대하여 수입 과목, 납부할 금액, 납부 기한 및 납부 장소를 기재하되 문서로 하는 것을 원칙으로 규정하고 있다. 따라서 납입고지의 일반적인 방법으로는 문서인 납입고지서(納入告知書)를 발부하며, 국세나 지방세의 경우에는 납세고지서(納稅告知書)를 발부한다.

수입징수관은 납세 의무자 등이 신청하는 경우 납입고지서를 정보통신망을 이용하여 송달(이하 '전자송달'이라 한다)할 수 있으며, 기획재정부 장관은 전자 송달 업무를 대행할 금융기관(이하 '전자송달 대행기관'이라 한다)을 신청받아 이를 지정하고 납입고지서를 전자 송달받고자 하는 납세 의무자 등은 전자 송달 대행기관에 신청하여야 한다.

수입징수관은 납입의 고지를 하는 때에는 납입자의 성명을 ① 법인에서는 그 법인의 명칭, ② 개인에서는 그 개인의 성명, ③ 관공서에서는 당해 기관의 명칭을 구분하여 명시하여야 한다.

수입징수관은 납부자의 주소 불명 등으로 인하여 납입고지서가 반송된 때에는 납부자의 명칭(성명) 및 주소 등을 확인하여 등기우편으로 송달하고, 납부자가 송달할 장소에 없는 경우로서 등기우편으로 송달하였으나 납입고지서가 반송된 때에는 공시송달의 방법으로 송달하여야 한다.

수입징수관은 납입고지서 또는 납부서를 발송하는 때에는 수입금출납공무원, 선사용자금출납공무원, 한국은행 등 또는 국고대리점을 납부 장소로 하여야 한다. 다만, 공고에 의한 납입의 고지를 하는 경우에는 수입금출납공무원 또는 선사용자금출납공무원을 납부 장소로 하여야 하며, 한국은행 등 또는 국고대리점을 납부 장소로 하는 때에는 특정 금융기관 또는 그 영업점을 납부 장소로 지정하여서는 아니 된다. 다만, 국고금의 회수금을 한국은행에 납부하게 하는 경우에는 그러하지 아니하다.

수입징수관은 납입의 고지를 하고자 하는 때에는 관계 법령 또는 당해 계약 등에서 납부 기한이 정하여진 경우를 제외하고는 고지한 날부터 15일 이내의 범위에서 납부 기한을 정하여 고지하여야 하며, 관계 법령 또는 당해 계약 등에서 정하는 바에 따라 납부 기한이 정하여진 수입금을 납입고지할 때에는 납부 기한이 개시되기 5일 전에 납입고지서를 발행하여 납세의무자 등에게 송부하여야 하고, 납부 기한이 공휴일, 토요일 또는 관계법에 의한 근로자의 날인 경우에는 그 다음 날을 납부 기한으로 한다.[1)]

(2) 납입고지의 예외적인 경우

납입고지의 방법은 일반적으로 납입고지서를 문서로서 작성하여 납부자에게 직접 교부하거나 우편으로 발송하는 것이 원칙이나 다음과 같이 예외적인 경우도 있다.

① 말에 따른 납입고지: 수입징수관이 출납공무원에게 즉시 납입하도록 하는 경우에는 말로써 이를 할 수 있다.[2)] 특히 말로써 즉시 납입하도록 납입고지를 하는 경우에는 납입할 금액과 기타 납입에 관한 필요한 사항을 당해 수입금출납공무원 또는 선사용자금출납공무원에게 통지하여야 한다.[3)]

1) 국고금관리법시행령 제13조.
2) 국고금관리법시행령 제9조 및 국고금관리법시행규칙 제11조.

② 공고(公告)에 의한 납입고지: 수입징수관은 법령의 규정에 의하여 공고로써 수입금의 납입을 고지할 때에는 납입자의 주소, 성명, 납입 금액, 납입 장소, 회계연도, 회계 구분 및 소관 세입 과목과 기타 납입에 관하여 필요한 사항 등 납입고지 사항을 명백히 하여야 한다.[4] 한편, 관세법[5]에서도 납세 의무자의 주소, 거소, 영업소 또는 사무소가 모두 불분명할 대에는 공고에 의하도록 하고 있다.

③ 전자송달(電子送達)에 따른 납입의 고지: 전자송달 대행기관이 납입고지서의 전자송달을 하는 경우에 납입고지서 발행일부터 3일 이내의 기간 동안 2회 이상 납입고지서의 발송을 시도하였으나 납부자의 전자우편주소의 폐쇄 등으로 인하여 송달되지 아니하는 경우에는 이를 즉시 수입징수관에게 통보하여야 하며, 이 경우에 수입징수관은 납입고지서를 문서에 의하여 고지하여야 한다.

④ 납부서(納付書)에 의한 납입의 고지: 다음과 같은 경우에는 납입고지서가 아닌 납부서를 발행하여 납부하도록 한다.

- 납부자가 이미 발송된 납입고지서의 납부 기한 내에 분할 납입할 것을 신청한 경우
- 납부자가 납입고지서의 재발송을 신청한 경우
- 납입고지서 발송 후 수납되지 아니한 수입금의 소관 수입징수관이 변경된 경우
- 납입고지서 또는 납부서의 기재 사항이 징수 결정한 내용과 다르게 기재되어 이를 변경하고자 하는 경우
- 납입고지서 발송 후 과목 변경을 하거나 징수 결정한 금액을 감액하여 납입하게 하는 경우
- 납입고지서 발송 후 상계가 있는 경우로서 수납할 금액이 남아 있을 경우

---

3) 국고금관리법시행규칙 제11조..
4) 국고금관리법시행규칙 제12조.
5) 관세법 제18조.

3 수납 절차

1) 수입금 수납 및 납입 절차

수입금은 이를 수납하는 출납공무원(이하 '수입금출납공무원'이라 한다)이 아니면 수납할 수 없다. 다만, 한국은행 또는 금고은행(중앙관서의 장이 정부기업예산법에 따른 특별회계 또는 기금의 출납사무를 담당하는 금융기관을 말한다)에 수납의 사무를 취급시킬 경우에는 그러하지 아니하며, 수입금출납공무원이 수입금을 수납한 때에는 지체없이 그 수납금을 한국은행 또는 금고은행에 납입하여야 한다.[6]

수입금출납공무원이 수입금을 수납한 때에는 당해 납부자에게 영수증을 교부하고, 기획재정부령이 정하는 바에 따라 수입징수관에게 수납 내역을 통지하여야 한다. 중앙관서의 장은 외국에서 수입금을 수납한 경우 그 수납기관에 교부할 관서운영경비에서 수입금을 차감하고 당해 관서운영경비를 교부하는 관서운영경비출납공무원으로 하여금 관서운영경비 중 차감한 금액을 한국은행 등에 납입하게 할 수 있다.[7]

한국은행 등(한국은행 등을 대리하여 국고금 출납의 사무를 취급하는 금융기관을 포함한다)은 수입금을 수납한 때에는 당해 납부자에게 영수증을 교부하고 수입징수관에게 수납 내역을 통지하여야 한다. 다만, 당해 납부자가 수입금을 정보통신 매체를 이용하여 전자적으로 납부하는 경우에는 영수증을 교부하지 아니하며, 납입고지서에 기재된 납부 기한 또는 다른 법령의 규정에 의한 납부 기한이 한국은행 등의 휴무일인 경우에는 납부자는 그 다음 날까지 수입금을 납부할 수 있다.[8]

수입금출납공무원은 수입금을 수납한 때에는 납부영수증서 사본을 첨부

---

6) 국고금관리법 제12조.
7) 국고금관리법시행령 제14조.
8) 국고금관리법시행령 제15조.

하여 수납 내역을 수입징수관에게 통지하여야 하며,[9] 영수한 현금 등을 납부서에 따라 지체없이 한국은행 등 국고대리점 및 체신관서에 납부하고 영수증서를 받아야 한다. 다만, 한국은행 등 국고대리점 및 체신관서의 영업을 마감한 후에 영수한 현금 등은 다음 날 즉시 납부하여야 한다.[10] 한편 외국에서 수입금을 수납한 경우에도 이를 준용하며, 외국 화폐로 수납한 경우에는 한국은행 등에 외국 화폐로 납부하여야 한다. 이 경우에 납부자에게 교부하는 영수증과 수납기관에서 보관하는 영수증서에는 수납 금액을 원화액으로 기재하되, 외국 화폐로 수납한 경우에는 당해 외국 화폐액과 당시의 환율을 부기하여야 한다.

수입금출납공무원은 수입금을 외국에서 수납한 경우에 당해 소재지에 한국은행 등의 영업점이 없는 경우에는 국내의 한국은행 등에 송금하여 납입하여야 하며, 외국에서 수납한 수입금을 즉시 납입할 수 없는 경우에는 매월분을 환(換)으로 하여 납부서와 함께 이를 다음 달 1일에 한국은행 등에 납입할 수 있다. 이 경우 납부서에는 원화액을 기재하고 환의 액면 금액을 부기하여야 한다.[11]

한국은행 등 및 국고대리점은 납부자로부터 회계연도 소속의 수입금을 회계연도 내에 수납한 때에는 당해 회계연도의 수입금으로 회계 처리하고, 회계연도를 경과하여 수납한 때에는 다음 회계연도의 수입금으로 회계 처리하여야 하며, 한국은행 등 국고대리점, 체신관서 및 국고금납부 대행기관이 수입금을 수납한 때에는 디지털예산·회계 시스템을 이용하여 수납 내역을 수입징수관에게 통지하여야 한다.[12]

2) 현금 납입보고

수입금출납공무원은 자금출납부에 따라서 매월 수입금납입명세서를 작성하여 다음 달 3일까지 이를 수입징수관에게 제출하여야 한다.[13]

---

9) 국고금관리법시행규칙 第23조.
10) 국고금관리법시행규칙 第24조.
11) 국고금관리법시행규칙 第26조.
12) 국고금관리법시행규칙 第28조.

4 납입의 독촉 및 불납결손

수입징수관은 납부자가 수입금을 납부 기한 내에 납부하지 아니하는 경우에는 독촉장을 납부 기한 경과 후 7일 이내에 발송하되, 독촉한 납부 기한 내에 납부하지 아니한 경우에는 1차에 한하여 독촉장을 추가로 발송할 수 있으며, 독촉장을 발송하는 경우의 납부 기한은 당해 발송일부터 10일 이내로 한다. 또한 납부자에게 통지되지 않아 공시송달을 하여도 납부 기한까지 납입하지 아니하는 때에는 이를 당해 채권의 소관기관에 통지하여야 한다.[14]

수입징수관은 매 회계연도의 징수 결정 금액 중 미수납액은 다음 회계연도의 수입의 징수 결정 금액으로 이월하여야 하며, 이월액은 다음 회계연도 1월 1일자로 수입징수부의 해당 과목에 해당 회계연도분과 구분하여 기재하고, 전 회계연도로부터 이월되었음을 표시하여야 한다. 다만, 정부 계정 상호간의 국고금 대체에 따라 발생한 이월액은 다음 회계연도 1월 16일자로 구분하여 기재하고, 전 회계연도로부터 이월되었음을 기재하여야 한다. 전 회계연도에서 이월된 징수 결정 금액으로서 계속하여 수납되지 아니한 경우에는 재차 이월하여야 한다.[15]

수입징수관은 다른 법령의 규정에 따라 채무 면제의 결정 통지가 있거나 시효의 완성 또는 그 밖의 사유로 인하여 징수 결정된 금액을 수납할 수 없게 된 때에는 그 사유를 기재한 서류를 갖추어 불납결손(不納缺損)의 결정을 하여야 하며, 이 때에는 수입징수결의서에 별도로 표기하여야 한다.[16]

---

13) 국고금관리법시행규칙 제27조.
14) 국고금관리시행규칙 제32조.
15) 국고금관리시행규칙 제34조.
16) 국고금관리시행규칙 제35조.

5 징수기관과 수납기관의 분립

수입징수관은 수입금출납공무원의 직무를 겸할 수 없다.17) 다만, 정원의 과소로 인하여 동일인이 그 직무를 겸하여야 할 부득이한 사유가 있는 경우에는 수입징수관과 수입금출납공무원의 직무 및 지출관과 출납공무원의 직무를 각각 동일인이 겸하게 할 수 있다.18)

제 3 절 과오납금의 반환

출납이 완결된 연도에 속하는 수입은 모두 현 연도의 수입에 편입하여야 하며, 과오납된 수입금이 있는 경우에는 세출예산 또는 기금운용계획에 관계 없이 반환하여야 한다. 그리고 수입으로서 납입된 금액 중 법률의 규정에 따라 환급할 금액이 있는 때에는 세출예산 또는 기금운용계획에 관계 없이 환급하여야 한다.19)

수입징수관은 과오납금(過誤納金)을 반환하고자 하는 경우에는 과오납된 수입 과목, 수입 연도 및 과오납 금액 등을 확인하여 과오납금반환결의서에 따라 과오납금 반환을 결정하고, 그 결과를 지체없이 과오납부자에게 과오납금반환결정통지서 또는 수입금환급결정통지서에 따라 통지하여야 하며, 과오납금의 반환을 결정한 때에는 한국은행 등에 과오납금의 반환금의 지급을 요구하여야 한다. 이를 반환 결정을 한 회계연도의 징수 결정 금액의 감액이 있는 것으로 본다. 과오납금의 반환 방법 및 그 절차 등에 대하여는 국고금관리법시행령 제28조의 규정을 준용한다. 이 경우 수입징수

---

17) 국고금관리법 제13조.
18) 국고금관리법시행령 제16조.
19) 국고금관리법 제14조, 제15조, 제16조.

관은 지출관 역할을 한다.[20]

한국은행 등은 과오납금을 반환하거나 수입금을 환급한 때에는 그 결과를 회계 처리하고 반환 및 환급 사실을 당해 수입징수관에게 통지하여야 한다.[21]

제 4 절 선사용자금

정부기업예산법에 따른 특별회계는 다른 규정에 불구하고 수입금을 선사용자금(국고에 납입하기 전에 미리 사용하고 지출금으로 대체 납입하는 자금을 말한다)으로 운용할 수 있으며, 중앙관서의 장은 선사용자금(先使用資金)을 운용하기 위하여 선사용자금출납명령관 및 선사용자금출납공무원을 임명할 수 있고, 선사용자금은 대통령령이 정하는 금융기관에 예치하여 관리한다.[22]

기업특별회계를 관장하는 중앙관서의 장은 선사용자금의 지출을 위하여 필요한 자금을 선사용자금출납공무원에게 교부할 것을 한국은행 등에 청구할 수 있다. 이 경우 청구 금액은 선사용자금 지출한도액을 초과할 수 없으며, 교부받은 자금은 당해 회계연도 내에 반환하여야 한다.[23]

선사용자금 지출한도액은 국가재정법 제43조의 규정에 따라 배정된 세출예산액을 초과할 수 없으며, 재무관은 지출원인행위에 따라 선사용자금을 지출하고자 하는 때에는 선사용자금출납명령관에게 지출원인행위 관계서류를 송부하여야 한다. 선사용자금출납명령관은 재무관으로부터 지출원인행위 관계 서류를 송부받은 때에는 배정된 예산 및 선사용자금 지출한도액의 범위 안에 해당되는지의 여부 및 당해 회계연도의 예산 과목에 적합

20) 국고금관리법시행령 제17조 제3항.
21) 국고금관리법시행령 제18조.
22) 국고금관리법 제18조.
23) 국고금관리법시행령 제20조.

한지 여부를 확인한 후 선사용자금출납공무원에게 선사용자금의 지출을 요구하여야 한다. 선사용자금출납공무원은 선사용자금출납명령관의 지출 요구에 의하여 선사용자금을 지출하여야 한다. 선사용자금출납공무원이 선사용자금을 채권자 등에게 지출하거나 관서운영경비 출납공무원에게 교부하여 지급하게 하고자 하는 때에는 계좌 이체의 방법으로 이를 지출하거나 교부하여야 한다.[24]

선사용자금출납공무원은 매월 말일 현재의 선사용자금 출납 현황을 다음 달 10일까지 지출관에게 통보하여야 하며, 지출관은 선사용자금의 출납 현황에 따라 다음 달 15일까지 선사용자금의 지출 금액을 수입징수관에게 납입하여야 한다.

예금 업무를 취급하는 선사용자금 운용기관의 장은 예금 수불 업무를 담당하는 공무원을 선사용자금출납공무원으로 임명하여서는 아니 된다. 다만, 정원의 과소 등으로 인하여 불가피하게 예금 수불 업무를 담당하는 공무원을 선사용자금출납공무원으로 임명하여야 할 필요가 있는 경우에는 예외로 하되, 이 경우에는 국고예금의 통장 및 인감을 선사용자금출납명령관이 보관·관리하여야 한다.[25]

제5절 과년도 수입과 지출금의 반납

출납이 완결된 연도에 속하는 수입과 지출은 모두 현 연도의 수입에 편입하여야 하며, 지난 연도에 속하는 채무확정액으로서 지출하지 아니한 경비는 현 연도 세출예산에서 지출하되, 그 경비 소속 연도의 해당 과목 가운데 쓰지 아니한 금액을 초과하지 못한다. 다만, 경비의 성질상 지출이 불가피하다고 대통령령으로 인정하는 경비에 대하여는 예외로 한다.

24) 국고금관리법시행령 제22조.
25) 국고금관리시행규칙 제37조.

지출관이 지출한 금액을 반납받고자 하는 때에는 반납 의무자에게 국고금반납고지서를 송부하여 반납의 고지를 하여야 한다. 이 경우 반납의 고지는 국고금관리법시행령 제9조의 규정에 따른 납입의 고지 방법을 준용한다.

한국은행 등이 반납금을 수납한 때에는 지출금의 반납자에게 영수증을 교부하고 기획재정부령이 정하는 바에 따라 수납 내역을 지출관에게 통지하여야 한다. 다만, 지출된 회계연도의 말일을 경과하여 반납된 경우에는 수입징수관에게 통지하여야 한다.

지출관은 계좌 이체한 지출금이 채권자 등의 계좌가 아닌 계좌로 이체되었거나 지출 금액을 초과하여 지출된 경우에는 즉시 반납 절차를 취하여야 하며, 지출금의 반납 의무자로부터 국고금반납고지서의 재발행 요청이 있는 경우에는 반납금 납부서를 송부하여야 한다.

Chapter

05 지출회계

제 1 절 지출의 의의

1 지출의 개념

국고금관리법에서는 지출(支出)을 세출예산 및 기금운용계획의 집행에 따라 국고에서 현금 등이 지급되는 것으로 규정하고 있으며, 더 구체적으로 정부회계에서 지출이란 광의, 협의, 최협의로 구분하여 개념을 정의할 수 있다. 여기에서 광의(廣義, 넓은 의미)의 지출이란 국가가 세출예산 및 기금운용계획을 집행하는 일련의 행위로서 지출원인행위(支出原因行爲), 지출(支出), 지급(支給)을 모두 포함하는 개념이다.

이에 비하여 협의(狹義, 좁은 의미)의 지출은 재무관이 한 지출원인행위에 따라 지출관이 국고금입금요구서나 국고금대체입금요구서를 작성하여 한국은행에 송부하거나 한국은행을 지급인으로 국고수표를 발행하는 최협의의 지출행위와, 한국은행이 당해 국고금입금요구서나 국고금대체입금요구서를 송부받고 계좌 이체하거나 또는 국고수표의 소지인에게 현금을 주는 지급행위를 포함하는 개념이다.

그리고 최협의(最狹義, 가장 좁은 의미)의 지출은 국고금관리법에서 규정하고 있는 지출관에 의한 국고금입금요구서나 국고금대체입금요구서를 작성하여 한국은행에 계좌 이체를 의뢰하거나 또는 국고수표의 발행만을 의미한다.

2 지출의 절차

국고금관리법 제19조에 의거 기획재정부 장관은 지출에 관한 사무를 총괄하고, 각 중앙관서의 장은 그 소관에 속하는 지출원인행위(국고금 지출의 원인이 되는 계약 그 밖의 행위를 말한다)와 지출에 관한 사무를 관리한다. 각 중앙관서의 장은 국고금관리법 제21조에 의거 위임받은 공무원, 즉 재무관(財務官)이 그 소관에 속하는 세출예산 및 기금운용계획에 의하여 지출하고자 할 때에는 대통령령이 정하는 바에 의하여 소속 중앙관서의 장이 임명한 공무원 즉 지출관(支出官)에게 지출원인행위 관계 서류를 송부하여야 한다.[1)]

광의의 지출의 세부적인 절차를 살펴보면 다음과 같다. 예산이 성립되면 각 중앙관서의 장은 예산배정요구서에 의거 세입예산 월별징수계획서와 세출예산 월별지출계획서를 기획재정부 장관에게 제출하고 기획재정부 장관은 이를 참고로 월별 자금계획을 작성하여 대통령의 승인을 얻은 후 월별로 표시한 지출한도액을 각 중앙관서의 장과 한국은행에 통지한다. 이에 따라 자금이 배정되고 재무관 등에 의한 지출원인행위가 이루어지며 재무관은 지출원인행위에 관련된 서류를 지출관에게 송부하고 지출관은 관계서류를 근거로 당해 내용이 완결(납품 또는 준공 등)되면 채권자를 상대로 계좌 이체를 의뢰하거나 국고수표를 발행하여 수표 소지인은 한국은행이나 국고대리점에서 현금을 지급받고 한국은행은 그 결과를 취합하여 보고함으로써 광의의 지출은 모두 마무리된다.

---

1) 지방자치단체는 지방재정법에 의거 지출원인행위에 관하여 위임받은 공무원은 경리관(經理官), 지출에 관하여 위임받은 공무원은 출납관(出納官)이다.

제2절 지출원인행위

1 지출원인행위의 개념

지출원인행위(支出原因行爲)란 세출예산, 계속비 또는 국고채무부담행위에 의하여 국가의 지출의 원인이 되는 계약 또는 그 밖의 행위를 하는 것을 말한다.

재무관은 지출원인행위부(중앙관서의 장의 승인을 얻은 보조부 포함)를 비치하여야 하며, 재무관이 지출원인행위를 하는 때에는 지출원인행위서를 작성하고 이를 지출원인행위부에 기재하여야 한다. 지출원인행위부에는 매월 말일 현재의 월계 및 누계를 기입하여야 한다.

2 지출원인행위의 준칙과 특례

지출원인행위는 국고금관리법 제20조에 중앙관서의 장이 법령, 국가재정법 제43조의 규정에 따라 배정된 예산 또는 기금운용계획의 금액 범위 안에서 하도록 준칙으로 규정하고 있다. 그러나 재무관이 국가재정법 제53조의 규정에 따라 예산을 초과하여 수입대체경비를 집행하고자 하는 때에는 국가재정법시행령 제24조의 규정에 따라 재무관별로 통지된 수입대체경비의 예산 초과 집행한도액 및 예산 초과 수입의 범위 안에서 지출원인행위를 할 수 있고, 기금을 관장하는 중앙관서의 장은 기금운용계획의 범위 안에서 기금의 월별 자금운용계획을 수립할 수 있으며, 기금의 재무관은 중앙관서의 장으로부터 월별 자금운용계획이 통지된 경우에는 그 월별 자금운용계획의 범위 안에서 지출원인행위를 하여야 한다.

또한 지출원인행위는 국고금관리법에 규정된 바와 같이 당해 회계연도 내에 모두 이루어져야 한다. 그러나 명시이월비(明示移越費)에 대하여 예산 집행상 부득이한 사유가 있을 때에는 사항마다 그 사유와 금액을 명백히 하여 기획재정부 장관의 승인을 얻은 금액의 범위 안에서 다음 연도에 걸쳐서 지출하여야 할 지출원인행위를 할 수 있다.[2]

지출원인행위시 지켜야 할 사항, 즉 준칙으로는 다음을 들 수 있다.

① 지출원인행위의 내용이나 절차가 관계 법령에 위배해서는 아니 되며 배정된 예산의 범위 안에서 이루어져야 한다.

② 예산에 정해진 목적과 배정된 세출예산, 계속비, 국고채무부담행위의 각 과목별 혹은 사업별 금액의 범위 안에서 집행되어야 한다.

③ 지출원인행위시 당해 사업의 긴급성이나 우선순위를 예산 집행의 효율성 측면에서 신중히 검토한다.

3 지출원인행위의 권한

지출원인행위를 할 수 있는 권한은 원칙적으로 중앙관서의 장에게 있다. 그러나 모든 예산의 지출원인행위를 중앙관서의 장이 한다는 것은 불가능하기 때문에 소속 공무원에게 지출원인행위에 관한 권한을 위임할 수밖에 없다. 중앙관서의 장으로부터 지출원인행위를 할 수 있는 권한을 위임받은 공무원을 재무관(財務官)이라고 한다. 중앙관서의 장 또는 위임받은 공무원은 필요하다고 인정할 때에는 소속 공무원에게 재무관의 사무의 전부를 대리하게 하거나 그 일부를 분장하게 할 수 있다. 이 경우에는 지출관과 기획재정부 장관 및 감사원에 이를 통지하여야 한다. 여기서 재무관의 사무를 전부 대리하는 자를 대리재무관(代理財務官), 일부를 분장하는 공무원을 분임재무관(分任財務官), 그리고 분임재무관의 사무를 대리하는 공무원을 대리분임재무관(代理分任財務官)이라고 칭한다.

재무관은 공사·제조·용역계약의 경우에는 총계약 금액을 지출원인행

2) 국가재정법 제48조 제2항.

위 금액으로 하고, 공사의 완성 정도 등에 따라 부분적으로 공사대금의 지급을 지출관에게 요구할 수 있다.

재무관은 법령 등에 따라 지출원인행위를 변경한 경우에는 그 변경된 사항을 지출관에게 통지하여야 하며, 계정 과목 등이 잘못 기재되어 이를 변경하는 경우에도 또한 같다.

재무관은 관련 법령 등에서 정한 지출의 시기가 도래하기 전에 지출원인행위서에 계약서, 설계서, 규격서, 검사조서 및 그 밖의 지출원인행위 관계서류를 붙여 지출관에게 송부하여야 하며, 이 때에 채권자 등의 금융기관 계좌번호가 표시된 예금통장 사본 등 계좌 이체에 필요한 자료를 함께 송부하여야 한다. 채권자 등의 금융기관 예금 계좌는 지출원인행위 관계 서류에 기재된 채권자 등의 실명으로 개설된 예금 계좌로 하여야 한다. 다만, 채권자 등의 사망 등으로 인하여 지출원인행위 관계 서류에 기재된 당사자의 명의로 된 금융기관 예금 계좌로 지급할 수 없는 경우에는 당해 채권을 승계한 자 명의의 예금 계좌로 지급할 수 있다. 이 경우에는 당해 채권의 승계를 증명할 수 있는 서류를 붙여 이를 지출관에게 송부하여야 한다.

공사, 제조 또는 구매의 계약이 '하도급거래 공정화에 관한 법률' 제2조 제1항의 규정에 따른 하도급에 해당되는 경우로서 당해 하도급의 수급 사업자에게 하도급의 대가를 직접 지급하는 경우에는 당해 수급 사업자를 제1항의 규정에 따른 채권자 등으로 본다.

제 3 절 가장 좁은 의미의 지출

1 지출기관

각 중앙관서의 장은 국고금관리법시행령 제26조의 규정에 따라 그 소관에 속하는 재무관의 지출원인행위에 대한 지출을 하게 하기 위하여 지출관을 임명하여야 하며, 이 때에는 재무관, 기획재정부 장관, 감사원 및 한국은행 등에 통지하여야 한다.

각 중앙관서의 장 또는 그 위임을 받은 공무원이 필요하다고 인정할 때에는 지출관의 사무의 전부를 대리하게 하거나 그 일부를 분장하는 공무원을 임명할 수 있다. 지출관의 사무의 전부를 대리하는 공무원을 대리지출관(代理支出官), 일부를 분장하는 공무원을 분임지출관(分任支出官), 분임지출관의 사무를 대리하는 공무원을 대리분임지출관(代理分任支出官)이라고 칭한다.

2 지출의 절차

1) 지출원인행위 서류의 접수 및 검토

재무관이 지출관으로 하여금 지출하게 하고자 할 때에는 지출원인행위에 관한 일체의 서류를 당해 지출관에게 송부하여야 하며, 지출관이 지출원인행위를 담당한 재무관으로부터 지출원인행위 서류에 관한 관계 서류를 송부받았을 때에는 다음의 지출 준칙을 철저히 검토·확인한 후 지출의 의사를 결정하는, 즉 지출에 대한 결의를 하여야 한다.

① 지출원인행위가 예산 배정액 범위 등 관계 규정에 따라 이루어졌을 것

② 지출원인행위 관계 서류가 송부되었을 것

③ 지출관별 월별 세부자금계획(전기까지의 미집행된 잔액을 포함한다)의 각 예산 과목의 금액 이내일 것

④ 지출원인행위부에 기재되었을 것

⑤ 기금의 경우 기금의 보유 금액에서 운용 중인 여유자금을 제외한 금액 이내(지출 예정일 이전에 수입 또는 회수될 자금을 포함한다)일 것

⑥ 지출에 관련된 구비 서류가 누락되지 않을 것

⑦ 지출의 반대급부에 대하여 완수(물건 제조·납품, 시설물 준공 등 계약 사항)되었을 것

⑧ 정당한 채권자일 것

2) 계좌 이체에 의한 지출

지출원인행위에 따라 지출관이 지출하고자 하는 때에는 대통령령이 정하는 바에 의하여 채권자 또는 법령이 정하는 바에 따라 국고금의 지급사무를 수탁하여 처리하는 자(이하 '채권자 등'이라 한다)의 금융기관의 예금계좌로 이체하여 지급하여야 하며, 이 때에는 디지털예산·회계 시스템에 의하여 그 업무를 수행한다.

지출관이 한국은행 등으로 하여금 채권자 등의 예금 계좌로 이체하도록 할 때에는 기획재정부 장관이 정하는 국고금입금요구서 또는 국고금대체입금요구서(정부 계정 상호간에 국고금을 대체하는 경우에 한한다)를 한국은행 등에 송부하여야 하며, 만약 국고금입금요구서 또는 국고금대체입금요구서를 한국은행 등에 송부할 때 정보통신 매체 및 프로그램의 장애 등으로 인하여 국가재정 정보 시스템을 이용할 수 없는 경우에는 국고금입금요구서 등을 출력하여 기획재정부령이 정하는 절차와 방법[3]으로 한국은행 등에 송부할 수 있다.

또한 지출관은 채권자 등의 예금 계좌가 개설된 금융기관의 정보통신 매체 및 프로그램에 장애가 발생하여 이체가 불가능한 경우에는 채권자 등의 협조를 얻어 계좌 이체가 가능한 금융기관의 예금 계좌로 이체할 수 있다.

금융기관의 예금 계좌로 이체시 국고금입금요구서 또는 국고금대체입금요구서에는 ① 회계연도와 회계명, ② 지급 금액, ③ 채권자의 실명 확인번호, ④ 채권자의 예금 계좌 번호, ⑤ 수입징수관 명칭(국고금대체입금의 경우), ⑥ 국고금입금요구서 등의 발행 연월일과 발행자 등을 기재하여야 하며, 한국은행 등은 계좌 이체를 완료한 경우에는 그 결과를 지출관에게 반드시 통지하여야 한다.

지출관은 한국은행 등에 계좌 이체를 요구할 때에는 채권자 등이 지정한 금융기관의 계좌번호가 정확한지 여부 등을 미리 확인하여야 하며, 한국은

---

3) 국고금관리법시행규칙 제46조.

행 등으로부터 이체하고자 하는 계좌에 오류가 있음을 통지받은 경우에는 그 내용을 확인한 후 한국은행 등에 새로운 계좌 번호를 기재한 국고금입금요구서 등을 재송부하여야 한다.

지출관은 지출할 금액 중 소득세법 또는 법인세법의 규정에 따른 원천징수세액과 지방세법의 규정에 따른 특별징수부가세액 및 그 밖의 공제할 금액이 있는 경우에는 공제 내역을 지출결의서에 기재하고 공제 후의 잔액을 지출하여야 하며, 이 때에는 공제한 금액을 관련 법령 등에서 정한 납부 기한 내에 납부하여야 한다.

지출관은 부득이 현금 등을 지급하는 경우에는 영수증서를 받아야 하며, 채권자 등이 부가가치세법상의 사업자에 해당하는 경우에는 부가가치세법 제16조의 규정에 따른 세금계산서, 소득세법 제163조의 규정에 따른 계산서 또는 법인세법 제121조의 규정에 따른 계산서를 수령하여야 한다.

지출관은 원칙적으로 채권자 등을 수취인으로 하는 경우 외에는 지출할 수 없으며, 출납공무원에 대하여 자금을 교부하는 경우에는 예외로 한다. 지출관은 지출결의서에 따라 지출을 하고 그 결과를 지출부에 꼭 기록하여야 한다.

3) 국고수표에 의한 지출

지출관은 모든 금융기관의 정보통신 매체 및 프로그램의 장애, 그 밖의 불가피한 사유로 인하여 계좌 이체의 방법으로 지급할 수 없는 경우에는 국고수표를 발행하여 채권자에게 직접 지급할 수 있으며, 이는 지출관별 월별 세부자금계획의 범위 안에서 하여야 한다. 기획재정부 장관은 국고수표 등으로 지출하는 경우에는 그 사실을 즉시 중앙관서의 장, 한국은행 등 금융기관에 각각 통지하고 일반에 공고하여야 하며, 불가피한 사유가 해소되어 국고수표 등에 의한 지출을 중단하는 경우에도 또한 같다.

기획재정부 장관은 국고수표를 발행하는 경우에는 소지인 출급식으로 하여야 하며, 국고수표에 의한 지출 통지를 받은 중앙관서의 장은 회계 계정별, 소관별, 기금별로 1인(기획재정부 장관의 승인을 얻은 경우에는 1인 이상)의 지출관을 임명하여 한국은행 등으로부터 수표용지를 교부받아 지출하게 하여야 한다. 이 경우 중앙관서의 장은 지출관별 월별 세부자금계획을 한국은행 등에 통지하여야 한다.

3 지출의 특례

지출관의 세출예산에 대한 지출은 예산 집행의 여러 절차 중 사실상 마무리 단계에 속하기 때문에 예산의 효율적인 운용 및 회계 서류의 마지막 점검이라는 의미에서 몇 가지의 제한적 원칙을 지키도록 요구하고 있다.

① 정당한 채권자를 수취인으로 하는 경우에만 지출하여야 한다.

② 채무가 확정되어야 하며, 반대급부의 경우 급부가 이루어지는 등 이행기가 도래하였을 경우에 지출하여야 한다.

③ 회계연도 독립의 원칙에 의거 당해 연도의 세출예산에서 지출하여야 한다.

④ 당해 회계연도의 개시 후에 지출하여야 한다.

그러나 이 원칙을 조금도 벗어나지 못하도록 엄격히 적용하다 보면 국제정세에 적절히 대응하지 못하여 국가적 손실을 가져올 수도 있고, 또한 국가 운영에서 적당한 시기를 상실하여 주요 사업에 차질을 빚거나 변태 경리를 조장하는 등 회계 절차가 부적절하여 전체적인 면에서 볼 때 오히려 예산이 비효율적으로 운용되는 결과를 초래하는 경우도 있다. 따라서 이와 같은 문제점을 사전에 예방하고 가능한 한 줄이기 위하여 지출의 특례를 인정하고 있다. 주요한 몇 가지만 살펴보면 다음과 같다.

1) 관서운영경비의 지급

각 중앙관서의 장 또는 그 위임을 받은 공무원은 관서를 운영하는 데 드는 경비로서 그 성질상 원칙적인 절차에 따라 지출할 경우 업무 수행에 지장을 가져올 우려가 있는 경비(이하 '관서운영경비'라 한다)에 대하여는 필요한 자금을 출납공무원으로 하여금 지출관으로부터 교부받아 지급하게 할 수 있다. 이와 같은 경비는 회계연도 개시 전에도 교부가 가능하다. 관서운영경비를 교부받아 지급하는 출납공무원을 관서운영경비출납공무원이라고 하며, 관서운영경비는 관서운영경비출납공무원을 임명하여 지급할 수 있으며, 관서운영경비출납공무원은 관서운영경비를 금융기관에 예치하여 관리하여야 한다.

관서운영경비출납공무원은 교부된 자금의 범위 안에서 지급원인행위를 할 수 있으며, 관서운영경비를 지급하고자 하는 때에는 정부 구매 카드(여신전문금융업법 제2조의 규정에 따른 신용카드로서 대통령령이 정하는 바에 따라 관서운영경비의 지급을 위하여 사용되는 것)를 사용하여야 한다. 다만, 경비의 성질상 정부 구매 카드를 사용할 수 없는 경우에는 대통령령이 정하는 바에 따라 현금 지급 등의 방법으로 지급할 수 있다.

국고금관리법시행령에서 규정한 관서운영경비의 범위는 다음과 같다.

① 운영비(복리후생비, 시험연구비 중 연구개발비, 학교운영비, 위탁사업비는 제외한다)·특수활동비 및 업무추진비 중 기획재정부령이 정하는 금액 이하의 경비

② 외국에 있는 채권자가 외국에서 지급받고자 하는 경우에 지급하는 경비(재외공관 및 외국에 설치된 국가기관에 지급하는 경비를 포함한다)

③ 여비

④ 인건비 중 현역 병사의 봉급 및 특수지 근무수당

⑤ 보전금 중 군인사망보전금, 국가유공자 또는 유족 사망일시금, 병사전역급여금, 예비군 여비, 상근예비역 및 공공봉사제 운영여비, 군입영신체검사 불합격자 귀가여비, 군유가족 접대비, 포상금, 상금 및 법령에 따른 증인·감정인·통역인 또는 번역인에 대한 일비 등 실비변상금

⑥ 민간 이전 중 구료비

⑦ 그 밖에 기획재정부 장관이 경비의 성질상 관서운영경비로 지급하는 것이 적합하다고 인정하는 경비

상기 관서운영경비 중에서 제1호의 내용으로 지급하는 경비는 건당 500만 원을 최고액으로 하며, 다음의 경우에만 예외로 한다.

① 기업특별회계상 당해 사업에 직접 소요되는 경비

② 운영비 중 공과금 및 위원회 참석비

③ 특수활동비 중 수사 활동에 소요되는 경비

④ 그 밖에 기획재정부 장관이 정하는 경비

또한 상기 중에서 회계연도 개시 전에 관서운영경비출납공무원에게 자금을 교부할 수 있는 경비는 운영비(복리후생비 등은 제외), 업무추진비 및 특수활동비, 외국에서 지급하는 경비 그리고 국내여비 등이다. 회계연도 개시 전에 자금을 교부하고자 하는 때에는 그 교부할 금액의 명세서를 작성하여 기획재정부 장관에게 제출하여야 한다.

지출관이 관서운영경비를 교부할 때에는 매월마다 관서운영경비출납공무원이 지급할 금액을 예정하여 교부하여야 하며, 중앙관서의 장이 자금의 출납상 필요하다고 인정하는 경우에는 3월분의 범위 안에서 관서운영경비를 교부할 수 있다. 이 때에는 국고금입금요구서에 의하고 예산 과목별로 사용 한도액을 정하여 교부하여야 하며, 관서운영경비출납공무원은 교부받은 자금을 기획재정부령이 정하는 바에 따라 금융기관에 개설된 예금(이하 '국고예금'이라 한다)으로 예치하여 관리하여야 한다. 국고예금 계좌의 개설에 관하여는 국고금관리법시행규칙 제54조 및 제55조에서 구체적으로 정하고 있다.

관서운영경비출납공무원은 채권자 등으로부터 지급의 청구가 있는 때에는 청구의 정당성 여부를 조사한 후 지급하여야 하며, 지출관으로부터 교부받은 예산 과목별 사용 한도액의 범위 안에서 지급원인행위를 할 수 있고, 정부 구매 카드를 사용한 때에는 정부 구매 카드의 사용 대금을 지급할 때에 예산 과목별로 1건의 지급결의서를 작성한다. 따라서 모든 관서운영경비는 지급결의서에 따라 지급하여야 하며, 그 결과를 자금출납부에 기록하여야 한다.

관서운영경비출납공무원은 정부 구매 카드를 사용하여 관서운영경비를 지급하는 것이 원칙이나 그렇지 못할 경우에는 계좌 이체(공공요금 등을 자동 이체하는 경우 포함)의 방법으로 지급하여야 한다. 다만, 다음 각 호의 경우에는 현금으로 지급할 수 있다.

① 인건비 중 현역 병사의 봉급 및 특수지 근무수당

② 운영비 중 각종 수수료·사용료, 운영수당 및 과운영비

③ 업무추진비 중 해외출장 정액경비

④ 보전금 중 군인사망보전금, 국가유공자 또는 유족 사망일시금, 병사 전역급여금, 예비군 여비, 상근예비역 및 공공봉사제 운영여비, 군입영신체검사 불합격자 귀가여비, 군유가족 접대비, 포상금, 상금 및 법령에 따른 증인·감정인·통역인 또는 번역인에 대한 일비 등 실비변상금

⑤ 민간 이전 중 구료비

⑥ 위문금·위로금 등 계좌이체 또는 카드를 사용하여 지급하기 곤란하여 불가피하게 현금을 지급하여야 하는 경비

⑦ 특수활동비 중 수사·정보 활동 등 특정 업무 수행에 직접 소요되는 경비로서 불가피하게 현금을 지급하여야 하는 경비

⑧ 그 밖에 기획재정부 장관이 경비의 용도상 현금 사용이 불가피하다고 인정하는 경비

⑨ 외국에 있는 채권자가 외국에서 지급받고자 하는 경우에 지급하는 경비(재외공관 및 외국에 설치된 국가기관에 지급하는 경비를 포함한다)

⑩ 국내 여비 및 외국인에게 지급하는 국외여비

⑪ 도서 벽지·산간 오지 등 관서 소재 지역으로서 경비를 사용할 지역에 신용카드 가맹점이 없는 등의 사유로 인하여 정부 구매 카드를 사용할 수 없는 경우

⑫ 분임관서운영경비출납공무원에게 관서운영경비를 재교부하는 경우

관서운영경비출납공무원은 다수의 정부 구매 카드를 발급받아 이를 소속 관서의 공무원에게 교부하여 사용하게 할 수 있으며, 이 경우 정부 구매 카드를 교부받아 사용하는 공무원은 관서운영경비출납공무원으로 본다.

정부 구매 카드는 관서운영경비의 지급 외의 용도로는 이를 사용할 수 없으며, 정부 구매 카드를 발급, 운영하고자 하는 자는 여신전문금융업법 제2조의 규정에 따른 신용카드업을 운영하는 자로서 기획재정부령[4]이 정하는 기술적 요건을 갖추어야 하고, 관서운영경비출납공무원은 기획재정부 장관이 통지한 신용카드업자 중에서 정부 구매 카드 사용에 관한 약정을

4) 국고금관리법시행규칙 第58조.

체결하여야 한다.

관서운영경비출납공무원은 약정 체결한 신용카드업자에게 예산 과목 및 카드 사용자별로 카드 발급을 신청하여야 하며, 카드발급대장을 작성・비치하고, 카드번호 및 비밀번호에 대하여는 보안을 유지하여야 한다. 관서운영경비출납공무원은 지출관으로부터 관서운영경비를 교부받은 때에는 즉시 예산 과목별 사용 한도를 국가재정 정보 시스템을 이용하여 신용카드업자에 통지하여야 하며, 발급받은 카드를 사용하는 공무원은 예산 과목별 사용한도를 초과하여 사용하여서는 아니 된다.

관서운영경비출납공무원은 매 회계연도의 관서운영경비의 사용 잔액을 다음 회계연도 1월 15일까지 당해 지출관에게 반납하여야 한다. 다만, 재외공관 및 해외 주재관의 경우에는 매 회계연도의 관서운영경비의 사용 잔액을 다음 회계연도의 재외공관 및 해외주재관에 교부할 관서운영경비에서 차감하는 것으로써 반납에 갈음할 수 있다. 한편, 관서운영경비출납공무원이 선사용자금출납명령관으로부터 자금을 교부받은 경우에는 매 회계연도의 관서운영경비의 사용 잔액을 다음 회계연도 1월 15일까지 선사용자금출납명령관에게 반납하여야 한다.

그러나 관서운영경비출납공무원은 다음 각 호의 경우에 관서운영경비의 사용 잔액을 다음 연도로 이월하여 사용할 수 있다.

① 지급원인행위를 하고 지급하지 아니한 금액

② 직전 회계연도에 사용한 정부 구매 카드 사용 금액 중 그 대금을 지급하지 아니한 금액

③ 재외공관의 시설비 중 지급원인행위를 하고 지급되지 아니한 경비

관서운영경비출납공무원이 채권자 등에게 지급하는 금액에서 소득세법 또는 법인세법의 규정에 따른 원천징수세액과 지방세법의 규정에 따른 특별부가세액 등을 사전에 공제하고 지급할 수 있다.

관서운영경비출납공무원은 지급한 금액을 당해 국고예금 계좌에 반납할 수 있으며, 이 때에는 반납결의서에 따른 반납 결의를 하고, 국고금반납고지서를 반납하여야 할 자에게 송부하여야 한다. 만약 당해 회계연도에 반납 고지한 반납금이 다음 회계연도 1월 15일을 경과하여 수납된 경우에는

이를 수입징수관에게 반납하고 그 내용을 보고하여야 한다.

2) 선급과 개산급

선급(先給)과 개산급(概算給)은 이행기 도래 전의 채무이거나 미확정 채무에 대한 지출이다. 지출관은 운임, 용선료, 여비, 공사·제조·용역계약의 대가, 기타 대통령령이 정하는 경비로서 그 성질상 미리 지급하거나 개산하여 지급하지 아니하면 사무 또는 사업에 지장을 초래할 우려가 있는 경우에 미리 지급하거나 개산하여 지급할 수 있다.

국고금관리법 제26조에 의하여 미리 지급할 수 있는 경비, 즉 선급의 범위는 다음과 같다.[5)]

① 외국에서 직접 구입하는 기계·도서·표본 또는 실험용 재료의 대가

② 정기간행물의 구입경비

③ 토지 또는 건물의 임대료와 용선료

④ 운임

⑤ 봉급 기준일에 전출·출장·비상출동 또는 기동훈련에 참가하거나 휴가 중인 사병에게 지급하는 급여

⑥ 국가기관·지방자치단체 및 공공기관의 운영에 관한 법률 제4조에 따른 공공기관에 지급하는 경비

⑦ 외국에서 연구 또는 조사에 종사하는 자에게 지급하는 경비

⑧ 교통이 불편한 장소에서 근무하는 자 또는 선박 승무원에게 지급하는 급여

⑨ 국고금의 지급사무를 금융기관에 위탁하는 경우의 해당 국고금

⑩ 업무 등의 위탁(제9호의 경우를 포함한다)에 필요한 경비

⑪ 보조금·부담금 및 교부금

⑫ 사례금

⑬ 국제연합기구에 지급하는 경비

⑭ 국가가 매수하거나 수용하는 토지 또는 그 토지상에 있는 물건의 대

---

5) 국고금관리법시행령 제40조.

금·보상금 또는 이전료

⑮ 계약 금액이 3천만 원 이상인 공사 또는 제조와 계약 금액이 5백만 원 이상인 용역에서 계약 금액의 100분의 70을 초과하지 아니하는 금액

⑯ 정부가 초청한 외국인에게 국내에서 지급하는 경비

⑰ 조달청에 지급하는 조달사업에 관한 법률 제2조 제1호에 따른 조달물자 대금

⑱ 재해구호 및 복구에 소요되는 경비

상기 제9호의 규정에 따라 금융기관에 공무원의 급여 지급을 위탁하는 경우에는 급여 지급일 전 3일 이내에 해당 금액을 위탁하고자 하는 금융기관에 미리 입금할 수 있으며, 제15호의 규정에 따른 경비를 선급으로 지급하는 경우에는 계약 체결 후 계약 상대자의 청구를 받은 날부터 14일 이내에 지급하여야 한다. 다만, 불가피한 사유로 인하여 지급이 불가능하여 그 사유를 계약 상대자에게 문서로써 통지한 경우에는 예외로 한다.

또한, 국고금관리법 제26조의 규정에 의하여 개산하여 지급할 수 있는 경비는 다음과 같다.[6]

① 국가기관 등에 대하여 지급하는 경비

② 보조금·부담금 및 교부금

③ 국제연합기구에 지급하는 경비

④ 재해구호 및 복구에 소요되는 경비

⑤ 그 밖에 기획재정부령이 정하는 경비

⑥ 국가의 사무 또는 사업을 위탁하거나 대행하게 하는 경우 그에 소요되는 경비

⑦ 국가를 당사자로 하는 계약에 관한 법률 시행령 제64조 내지 제66조의 규정에 따른 물가 변동, 설계 변경 및 그 밖의 계약 내용의 변경으로 인하여 계약 금액이 변동될 것으로 예상되는 경우에 지급하는 기성 대가 또는 기납 대가

---

6) 국고금관리법시행령 제41조.

3) 불용금액의 초과지출 경비

지난 연도에 속하는 채무확정액으로서 지출하지 아니한 경비는 현년도 세출예산에서 지출하여야 하며 그 경비 소속 연도의 매항 금액 중 불용으로 된 금액을 초과하지 못한다. 다만, 경비의 성질상 대통령령이 정하는 보충적 용도에 속하는 것은 예외로 한다.

국고금관리법 제28조 단서의 규정에 따라 지난 연도에 속하는 채무확정액으로서 불용금액을 초과하여 지출할 수 있는 경비는 다음 각 호와 같다.[7)]

① 공무원의 보수
② 군인사망급여금
③ 군인전상급여금
④ 보험료
⑤ 배상금 및 보상금
⑥ 반환금·결손보상금 및 상환금
⑦ 보험금 및 보험료상환금
⑧ 이자
⑨ 국제조약 및 협정에 의한 비용
⑩ 농지대가보상금
⑪ 전염병 예방 및 검역비
⑫ 환자수용비

4) 경비 지급의 위탁

중앙관서의 장은 경비의 효율적인 지급을 위하여 필요하다고 인정되는 경우에는 한국은행 또는 금융기관 등에 위탁하여 지급하게 할 수 있다. 경비 지급 사무를 위탁받은 한국은행 또는 금융기관 등은 교부받은 경비, 즉 위탁경비를 위탁 목적에 따라 출납하여야 하며, 위탁경비의 출납에 관한 장부를 비치하고 이에 필요한 사항을 기재하여야 한다.

경비 지급 사무를 위탁받은 한국은행 또는 금융기관 등은 위탁경비에 대

7) 국고금관리법시행령 제42조.

한 매 회계연도의 출납보고서를 작성하여 다음 회계연도 1월 말일까지 지급을 위탁한 중앙관서의 장에게 제출하여야 하며, 한국은행 또는 금융기관 등은 위탁경비에 대한 매 회계연도의 출납계산서를 다음 회계연도 1월 말일까지 자금을 위탁한 중앙관서의 장 및 감사원에게 제출하여야 한다.

한국은행 또는 금융기관 등은 위탁경비에 대하여 자금별로 계정을 설치하고 다른 국고금과 구분하여 회계 처리하여야 하며, 매 회계연도 말 현재 위탁경비의 잔액이 있는 때에는 이를 다음 회계연도 1월 15일까지 당해 중앙관서의 장에게 반납하여야 한다. 또한 위탁경비의 출납에 관한 장부를 비치하고 그 출납 사항을 기록, 보관하여야 한다.

제 4 절 지 급

지급(支給)이란 지출관이 국고금입금요구서나 국고금대체입금요구서를 작성, 한국은행 등에 송부하여 계좌 이체를 의뢰하였을 경우에 채권자에게 계좌 이체하는 행위 또는 국고수표를 발행하였을 경우에 채권자인 그 소지인에게 한국은행 등(국고대리점 포함)이 그 수표의 해당 금액을 주는 행위를 말한다.

Chapter

06 계약사무

제 1 절 계약의 의의

1 계약의 개념

계약(契約)이란 민법상 두 가지 의미로 쓰인다. 넓은 의미에서의 계약은 사법상의 일정한 법률 효과의 발생을 목적으로 하는 2인 이상의 당사자의 의사 표시의 합치, 즉 합의에 의하여 성립하는 법률행위를 말하며, 단독행위나 합동행위와 구별되는 관념으로서 채권계약, 물권계약, 준물권계약, 그리고 가족법상의 계약을 포함하는 개념이다. 좁은 의미의 계약은 채권 관계 내지 채권의 발생을 목적으로 하는 합의를 의미한다. 즉 채권 계약을 말한다.

계약법상 계약은 주로 채권 계약을 연구 대상으로 한다. 따라서 여기서 계약이라 함은 일정한 채권(내지 채권 관계)의 발생을 목적으로 하는 복수의 당사자의 서로 대립하는 의사 표시의 합치로 성립하는 법률행위이다(곽윤직, 1992: 11-12).

2 계약의 원칙

계약은 상호 대등한 입장에서 당사자의 합의에 따라 체결되어야 하며, 당사자는 계약의 내용을 신의 성실의 원칙에 따라 이를 이행하여야 한다. 또한 계약 상대자의 계약상 이익을 부당하게 제한하는 특약 또는 조건을 정하여서는 아니 된다.[1)]

각 중앙관서의 장 또는 계약담당 공무원은 국제입찰의 경우에는 호혜의 원칙에 따라 정부 조달 협정 가입국의 국민 및 대한민국에서 생산되는 물품 또는 용역과 차별되는 특약 또는 조건을 정하여서는 아니 된다.

3 계약사무의 담당기관

각 중앙관서의 장은 그 소관에 속하는 계약사무를 처리하기 위하여 필요하다고 인정될 때에는 그 소속 공무원 중에서 계약에 관한 사무를 담당하는 공무원, 즉 계약관(契約官)을 임명하여 그 사무를 위임할 수 있으며 그 소속 공무원에게 계약관의 사무를 대리하게 하거나 그 사무의 일부를 분장하게 할 수 있다. 이 경우에는 재무관, 지출관 및 감사원에 이를 통지하여야 한다. 계약관의 사무의 전부를 대리하는 공무원을 대리계약관(代理契約官), 그 일부를 분장하는 공무원을 분임계약관(分任契約官), 분임계약관의 사무를 대리하는 공무원을 대리분임계약관(代理分任契約官)이라 각각 칭한다.

---

1) 국가를 당사자로 하는 계약에 관한 법률 제5조 및 국가를 당사자로 하는 계약에 관한 법률시행령 제4조.

4 계약의 종류

계약의 종류는 계약의 목적물에 따라 시설공사 계약, 물품의 납품 또는 제조 계약, 학술·기술·청소 등의 용역 계약으로 구분하기도 하고, 계약의 특수성에 따라 구분하기도 한다. 여기서는 계약의 특수성에 따른 계약의 종류에 대하여 주요한 몇 가지를 살펴보고자 한다.

1) 확정계약과 개산계약

계약의 내용과 금액의 확정 여부에 따라 확정계약과 개산계약으로 구분한다. 일반적으로 확정계약을 원칙으로 하고 있으며, 확정계약(確定契約)은 계약의 내용과 예정 금액을 미리 확정한 다음 이를 기초로 낙찰자를 결정하여 체결하는 계약이고, 개산계약(概算契約)은 국가를 당사자로 하는 계약에 관한 법률 제23조에 규정한 바와 같이 개발 시제품의 제조 계약, 시험·조사·연구용역 계약, 정부투자기관 또는 정부출연기관과의 법령의 규정에 의한 위탁 또는 대행계약 등에서 미리 가격을 정할 수 없을 때에 체결하는 계약이다. 개산계약을 체결하고자 할 때에는 미리 개산 가격을 결정하여야 하며, 개산계약을 체결한 때에는 이를 감사원에 통지하여야 한다. 또한 계약의 이행이 완료된 후 정산하여 중앙관서의 장에게 승인을 얻어야 한다.

2) 단가계약과 총액계약

계약 대상의 물량과 금액에 대한 계약 체결 여부에 따라 총액계약과 단가계약으로 구분한다. 일반적으로 총액계약을 원칙으로 하고 있으며, 총액계약(總額契約)은 계약 체결시 물량의 개별적인 단가에 구애받지 않고 계약 목적물의 총액으로 계산하여 체결하는 계약이고, 단가계약(單價契約)은 물량에 의한 총액에 의하지 않고 개별적인 단가로 체결하는 계약을 말한다. 단가계약의 경우는 대개 일정한 기간 계속하여 제조·수리·가공·매매·

공급·사용 등의 계약을 할 필요가 있을 때에 당해 연도 예산의 범위 안에서 단가에 대하여 계약을 체결할 수 있다.

3) 장기계속계약과 계속비계약

일반적으로 계약은 회계연도별로 당해 회계연도 내에 모든 회계 절차가 이루어지는, 즉 단일회계연도주의에 의한 일시계약이 원칙이다. 그러나 임차·운송·보관·전기·가스·수도의 공급, 기타 그 성질상 수년간 계속하여 존속할 필요가 있거나 이행에 수년을 요하는 계약에서는 대통령령이 정하는 바에 의하여 장기계속계약(長期繼續契約)을 체결할 수 있다. 이 경우에는 각 회계연도 예산의 범위 안에서 당해 계약을 이행하게 하여야 한다.

국가를 당사자로 하는 계약에 관한 법률시행령 제69조의 규정에 의하여 다음과 같은 경우에 장기계속계약이 이루어진다.

① 운송·보관·시험·조사·연구·측량·시설관리 등의 용역계약 또는 임차계약

② 전기·가스·수도 등의 공급계약

③ 장비의 유지보수계약

장기계속공사는 낙찰 등에 의하여 결정된 총공사 금액을 부기하고 당해 연도의 예산 범위 안에서 제1차 공사를 이행하도록 계약을 체결하여야 한다. 이 경우 제2차 공사 이후의 계약은 부기된 총공사 금액에서 이미 계약된 금액을 공제한 금액의 범위 안에서 계약을 체결할 것을 부관으로 약정하여야 한다.

계속비계약(繼續費契約)은 계속비예산으로 체결하는 계약으로서, 사업내용과 계약 금액이 확정되어 있고 예산도 확보되어 있어야 하며, 미리 국회의 의결을 얻은 범위 안에서 지출이 가능하다.

4) 종합계약과 공동계약

일반적으로 계약의 상대방을 1 대 1로 하는 단독계약의 방법을 택하고 있으나 계약 상황에 따라 1 대 2 또는 2 대 1의 계약이 계약 목적상 더 효율적인 경우도 있다. 이에는 종합계약과 공동계약이 있다.

종합계약(綜合契約)은 동일 장소에서 다른 관서·지방자치단체 또는 정부투자기관이 관련되는 공사 등에 대하여 관련 기관과 공동으로 체결하는 계약을 말한다. 이 경우에 관련되는 기관의 장은 그 계약의 체결에 필요한 사항을 협조하여야 한다.

공동계약(共同契約)은 공사·제조 기타의 계약에서 계약 상대자를 2인 이상 공동으로 체결하는 계약을 말한다. 이는 주로 1인이 할 수 있는 단순한 공사나 제조가 아니라 좀더 복합적인 공사나 제조로서 2인 이상의 기술·자본·인력이 필요한 경우에 많이 체결하는 계약의 종류이다. 다시 말하면, 종합계약은 계약자가 2인 이상인 경우이고 공동계약은 계약 상대자가 2인 이상인 경우를 말한다.

기획재정부 장관은 종합계약과 공동계약을 체결하는 데 필요하다고 인정할 때에는 종합계약과 공동계약의 체결 방법, 기타 필요한 사항을 정할 수 있다.

제 2 절 계약의 방법

계약을 체결하고자 하는 경우에는 일반경쟁에 부치는 것이 원칙이다. 다만, 계약의 목적·성질·규모 등을 고려하여 필요하다고 인정될 때에는 대통령령이 정하는 바에 따라 참가자의 자격을 제한하거나 참가자를 지명하여 경쟁에 부치거나 수의계약에 의할 수 있다. 또한 동산의 경우에는 필요하다고 인정할 경우 입찰 방법에 준하여 경매에 부칠 수 있다.

그러나 계약을 담당하는 사람들의 대부분은 마치 수의계약이 계약의 원칙이고 추정가격이 일정 금액 이상이거나 기타 특수한 경우에만 경쟁입찰을 하는 것으로 착각하는 경우가 많다. 이런 점에서는 계약 담당자들의 사고가 변화되어야 할 것으로 본다.

1 일반경쟁계약

일반경쟁계약(一般競爭契約)은 계약의 목적, 조건 등의 계약 내용을 널리 공고하여 일정한 자격을 가진 불특정 다수인을 경쟁입찰에 참가시켜 국가의 입장에서 가장 유리한 조건을 제시한 자를 상대로 하여 계약을 체결하는 방법이다. 계약의 방법 가운데 가장 모델이 될 수 있는 방법이며 계약의 기본이라고 할 수 있다. 모든 계약은 일반경쟁계약으로 하는 것이 원칙이지만 계약 금액이 소액이거나 긴급하거나 다른 방법으로 계약해도 큰 문제가 발생할 우려가 없을 경우에 한하여 제한적으로 다른 계약 방법을 채택하도록 규정하고 있다. 따라서 보통 입찰 본다고 말하면 일반경쟁입찰을 일컫는다.

일반경쟁계약의 장점으로는 계약 업무를 공개적으로 처리하여 공평하고 그 절차가 공정하며, 다수의 희망자가 입찰에 참가할 수 있기 때문에 좀더 유리한 조건으로 계약을 체결할 수 있어서 경제적이고, 민원의 소지가 적다는 점을 들 수 있다. 한편, 단점으로는 일정한 조건을 갖추면 누구나 참여할 수 있어서 입찰 참가자가 많기 때문에 낙찰받기 위한 과당 경쟁으로 인하여 덤핑 낙찰을 배제할 수 없으므로 부실공사가 우려되며, 절차가 복잡하여 긴급을 요하는 경우에는 조달 시기를 상실할 수도 있고, 업자들 간에 담합행위가 가능하다는 점을 들 수 있다.

2 제한경쟁계약

제한경쟁계약(制限競爭契約)은 입찰 참가 자격을 실적, 도급 한도액, 기술 보유 상황, 납품 능력, 회사 소재지, 공사 규모 등의 객관적인 기준으로 제한하여 기준 충족자만을 대상으로 경쟁 입찰하여 낙찰된 자와 계약을 체결하는 방법이다. 최근에는 제한 기준을 하나 더 추가하여 당해 회사가 부도 상태에 있거나 파산 등으로 정상적인 영업 활동이 곤란하지 아니한가의 여부, 즉 회사의 재무 상태를 입찰 참가 자격의 제한 조건으로 하는 경우도 있다. 국가를 당사자로 하는 계약에 관한 법률시행령 제21조에 규정된 제한경쟁에 의한 제한 사항은 다음과 같다.

① 기획재정부령이 정하는 금액의 공사계약의 경우에는 시공 능력 또는 당해 공사와 같은 종류의 공사 실적

② 특수한 기술 또는 공법이 요구되는 공사계약의 경우에는 당해 공사수행에 필요한 기술의 보유 상황 또는 당해 공사와 같은 종류의 공사 실적

③ 특수한 설비 또는 기술이 요구되는 물품제조계약의 경우에는 당해 물품 제조에 필요한 설비 및 기술의 보유 상황 또는 당해 물품과 같은 종류의 물품 제조 실적

④ 특수한 성능 또는 품질이 요구되는 물품구매계약의 경우에는 당해 물품의 납품 능력

⑤ 특수한 기술이 요구되는 용역계약의 경우에는 당해 용역 수행에 필요한 기술의 보유 상황 또는 당해 용역과 같은 종류의 용역 수행 실적

⑥ 추정가격[2]이 기획재정부령이 정하는 금액 미만인 계약의 경우에는 그 주된 영업소의 소재지

⑦ 국가를 당사자로 하는 계약에 관한 법률시행령 제22조의 규정에 의한 제한 방법에 의하여 공사계약을 하는 경우에는 그 제한 기준

⑧ 중소기업제품 구매 촉진 및 판로 지원에 관한 법률시행령 제6조에 따라 중소기업청장이 지정・고시한 물품을 제조・구매하는 경우에는 중소기업기본법 제2조에 따른 중소기업자

⑨ 각 중앙관서의 장 또는 계약담당 공무원이 계약 이행의 부실화를 방지하기 위하여 필요하다고 판단하여 특별히 인정하는 경우에는 경쟁 참가자의 재무 상태

---

2) 추정가격(推定價格)이란 물품, 공사, 용역 등의 조달계약을 체결할 때 국제입찰 대상 여부를 판단하는 기준 등으로 삼기 위하여 예정가격이 결정되기 전에 산정하는 가격을 말한다. 추정가격의 산정에 관하여는 국가를 당사자로 하는 계약에 관한 법률시행령 제7조에서 엄격히 규정하고 있다.

⑩ 고시 금액 미만의 물품의 제조·구매 또는 용역(엔지니어링기술진흥법 제2조 제4호의 규정에 의한 엔지니어링사업 및 건설기술관리법 제2조 제3호의 규정에 의한 건설기술 용역을 제외한다)의 경우에는 중소기업기본법 제2조의 규정에 의한 중소기업자

상기의 제1호에서 "기획재정부령이 정하는 금액의 공사계약"이라 함은 추정가격이 30억 원(건설산업기본법에 의한 전문공사, 그 밖의 공사 관련 법령에 의한 공사는 3억 원) 이상인 공사의 경우를 말한다.

또한, 상기의 제6호에서 "기획재정부령이 정하는 금액"이라 함은 건설산업기본법에 따른 건설공사(전문공사 제외)의 경우는 기획재정부 장관이 고시하는 금액(건설산업기본법에 의한 전문공사, 그 밖의 공사 관련 법령에 의한 공사는 7억 원), 그리고 물품의 제조·용역의 경우에도 기획재정부 장관이 고시하는 금액[3]을 말한다.

3 지명경쟁계약

지명경쟁계약(指名競爭契約)은 계약담당 공무원이 자산력, 신용 등을 객관적이고 공정하게 평가하여 적당하다고 인정되는 특정 다수인을 지명하여 경쟁입찰에 부친 후 낙찰자와 계약을 체결하는 방법이다. 지명경쟁계약의 장점은 일반경쟁계약의 단점인 부실 업체의 입찰 참가를 사전에 차단할 수 있다는 점이고, 단점으로는 특정인의 지명으로 인하여 지명되지 않은 다수인의 불만이 있을 수 있으며 담합을 통한 경쟁성의 상실이 우려되는 점을 들 수 있다.

국가를 당사자로 하는 계약에 관한 법률시행령 제23조의 규정에 의하여 지명경쟁에 부칠 수 있는 경우는 다음과 같다.

① 계약의 성질 또는 목적에 비추어 특수한 설비·기술·자재·물품 또

3) 고시금액(告示金額)은 국제입찰에 의할 정부조달계약의 범위를 정부 조달협정 및 이에 근거한 국제 규범에 따라 기획재정부 장관이 정하여 고시하는 금액을 말한다. 2009년 1월 5일 현재 공사의 경우 76억 원이고, 물품·용역의 경우 2억 원이다.

는 실적이 있는 자가 아니면 계약의 목적을 달성하기 곤란한 경우로서 입찰 대상자가 10인 이내인 경우

② 건설산업기본법에 의한 건설공사(전문공사를 제외한다)로서 추정가격이 3억 원 이하인 공사, 건설산업기본법에 의한 전문공사로서 추정가격이 1억 원 이하인 공사 또는 그 밖의 공사 관련 법령에 의한 공사로서 추정가격이 1억 원 이하인 공사를 하거나 추정가격이 1억 원 이하인 물품을 제조할 경우

③ 추정가격이 5천만 원 이하인 재산을 매각 또는 매입할 경우

④ 예정 임대 · 임차료의 총액이 5천만 원 이하인 물건을 임대 · 임차할 경우

⑤ 공사나 제조의 도급, 재산의 매각 또는 물건의 임대 · 임차 외의 계약으로서 추정가격이 5천만 원 이하인 경우

⑥ 산업표준화법 제15조에 따른 인증을 받은 제품 또는 품질경영 및 공산 품안전관리법 제7조의 규정에 의하여 품질경영 체제의 인증을 받은 자가 제조한 물품을 구매할 경우

⑦ 수의계약에 의할 수 있는 경우

⑧ 자원의 절약과 재활용 촉진에 관한 법률 제33조의 규정에 의한 기준에 적합하고 산업기술혁신촉진법시행령 제17조 제1항 제3호에 따른 품질인증을 받은 재활용 제품 또는 환경기술 개발 및 지원에 관한 법률 제20조의 규정에 의한 환경 표지의 인증을 받은 제품을 제조하게 하거나 구매하는 경우

⑨ 중소기업 제품 구매 촉진 및 판로 지원에 관한 법률시행령 제6조에 따라 중소기업청장이 지정 · 고시한 물품을 중소기업기본법 제2조에 따른 중소기업자로부터 제조 · 구매할 경우

각 중앙관서의 장의 위임을 받은 공무원은 상기 제1호의 규정에 의하여 지명경쟁 입찰에 의하여 계약을 체결하고자 할 때에는 소속 중앙관서의 장에게 보고하여야 하며, 각 중앙관서의 장은 이를 감사원에 통지하여야 한다.

각 중앙관서의 장 또는 계약담당 공무원은 상기 제1호 내지 제3호 · 제6호 또는 제9호의 규정에 의하여 지명경쟁 입찰에 참가할 자를 지명하는 경

우에는 다음 각 호의 기준에 의하여 지명하되, 경쟁 원리가 적정하게 이루어지도록 하여야 한다.

㉮ 공사의 경우

- 도급 한도액 또는 시공 능력을 기준으로 지명하는 경우에는 당해 추정가격의 2배 이내
- 신용과 실적 및 경영 상태를 기준으로 업체를 지명하되 특수한 기술의 보유가 필요한 경우에는 이를 보유한 자를 지명

㉯ 물품의 제조 · 구매, 수리 · 가공 등

- 계약의 성질 또는 목적에 비추어 특수한 기술, 기계 · 기구, 생산설비 등을 보유하고 있는 자로 하여금 행하게 할 필요가 있는 경우에는 그 기술, 기계 · 기구, 생산설비 등을 보유한 자를 지명할 것

각 중앙관서의 장 또는 계약담당 공무원은 지명경쟁 입찰에 부치고자 할 때에는 5인 이상의 입찰 대상자를 지명하여 2인 이상의 입찰 참가 신청이 있어야 한다. 다만, 지명 대상자가 5인 미만인 때에는 대상자를 모두 지명하여야 한다.

4 수의계약

수의계약(隨意契約)은 계약담당 공무원이 특정 상대자를 선정하여 계약을 체결하는 방법으로서 장점으로는 자본, 신용 및 경험이 풍부한 계약 상대방을 선택할 수 있다는 점을 들 수 있고, 단점으로는 좀더 객관적이고 공정한 계약 상대방을 찾기보다는 특정인과 결탁할 우려가 있다는 점을 들 수 있다.

국가를 당사자로 하는 계약에 관한 법률시행령 제26조의 규정에 의하여 수의계약에 의할 수 있는 경우는 다음과 같다.

① 천재 · 지변, 작전상의 병력 이동, 긴급한 행사, 긴급 복구가 필요한 수해 등 비상재해, 원자재의 가격 급등 기타 이에 준하는 경우로서 경쟁에 부칠 여유가 없을 경우

② 국가 안전 보장, 국가의 방위계획 및 정보 활동, 외교 관계 그 밖에 이에 준하는 경우로서 국가기관의 행위를 비밀리에 할 필요가 있을 경우

③ 다른 국가기관, 지방자치단체와 계약을 할 경우

④ 특정인의 기술·용역 또는 특정한 위치·구조·품질·성능·효율 등으로 인하여 경쟁을 할 수 없는 경우로서 다음 각 목의 경우

㉮ 공사에서 장래 시설물의 하자에 대한 책임 구분이 곤란한 경우로서 직전 또는 현재의 시공자와 계약을 하는 경우

㉯ 작업상의 혼잡 등으로 동일 현장에서 2인 이상의 시공자가 공사를 할 수 없는 경우로서 현재의 시공자와 계약을 하는 경우

㉰ 마감공사에서 직전 또는 현재의 시공자와 계약을 하는 경우

㉱ 접적지역 등 특수지역의 공사로서 사실상 경쟁이 불가능한 경우

㉲ 특허 공법에 의한 공사 및 건설기술관리법 제18조의 규정에 의하여 지정·고시된 신기술 또는 전력기술관리법 제6조의 2의 규정에 의한 새로운 전력 기술(동법에 의하여 지정된 보호 기간 내에 한한다)에 의한 공사 등 사실상 경쟁이 불가능한 경우

㉳ 당해 물품을 제조·공급한 자가 직접 그 물품을 설치·조립 또는 정비하는 경우

㉴ 특허를 받았거나 실용신안등록 또는 디자인등록이 된 물품을 제조하게 하거나 구매하는 경우로서 적절한 대용품이나 대체품이 없는 경우

㉵ 당해 물품의 생산자 또는 소지자가 1인뿐인 경우로서 다른 물품을 제조하게 하거나 구매하여서는 사업 목적을 달성할 수 없는 경우

㉶ 국산 대체가 불가능한 품목으로서 이미 도입된 외자시설이나 기계·장비의 부분품을 구매하는 경우

㉷ 특정인의 기술을 요하는 조사·설계·감리·특수 측량·훈련·시설관리, 특정인과의 학술 연구 등을 위한 용역계약 또는 디자인 공모에 당선된 자와 체결하는 설계용역계약의 경우

㉸ 특정인의 토지·건물 등 부동산을 매입하거나 재산을 임차 또는 특정인에게 임대하는 경우

㉹ 이미 조달된 물품 등의 부품 교환 또는 설비 확충 등을 위하여 조달

하는 경우로서 당해 물품 등을 제조·공급한 자 외의 자로부터 제조·공급을 받게 되면 호환성이 없게 되는 경우

⑤ 건설산업기본법에 의한 건설공사(전문공사를 제외한다)로서 추정가격이 2억 원 이하인 공사, 건설산업기본법에 의한 전문공사로서 추정가격이 1억 원 이하인 공사, 그 밖의 공사관련 법령에 의한 공사로서 추정가격이 8천만 원 이하인 공사 또는 추정가격(임차 또는 임대의 경우에는 연액 또는 총액 기준)이 5천만 원 이하인 물품의 제조·구매, 용역 그 밖의 계약의 경우

⑥ 다른 법률의 규정에 의하여 특정 사업자로 하여금 특수한 물품·재산 등을 매입 또는 제조하도록 하는 경우로서 다음 각 목의 경우

㉮ 산업표준화법 제15조에 따른 인증을 받은 제품, 품질경영 및 공산품 안전관리법 제7조의 규정에 의하여 품질경영 체제 인증을 받은 자가 제조한 물품, 중소기업 제품 구매 촉진 및 판로 지원에 관한 법률 제15조에 따라 성능 인증을 받은 제품, 환경기술 개발 및 지원에 관한 법률 제20조의 규정에 의하여 환경 표지의 인증을 받은 제품 또는 자원의 절약과 재활용 촉진에 관한 법률 제33조의 규정에 의한 기준에 적합하고 산업기술혁신촉진법시행령 제17조 제1항 제3호에 따른 품질 인증을 받은 재활용 제품으로서 그 제품 또는 물품의 생산자가 1인뿐이어서 그 생산자로부터 제조·구매할 경우 및 공사 현장에서 자원의 절약과 재활용 촉진에 관한 법률 제33조의 규정에 의한 기준에 적합하고 산업기술혁신촉진법시행령 제17조 제1항 제3호에 따른 품질 인증을 받은 재활용 제품을 제조하여 바로 활용하는 공사로서 당해 제품의 제조와 시공이 구분될 수 없는 경우

㉯ 방위사업법에 의한 방산물자를 방위산업체로부터 제조·구매하는 경우

㉰ 농어촌정비법에 의한 농공단지에 입주한 공장(새마을공장을 포함한다)이 직접 생산하는 물품을 이들로부터 제조·구매할 경우

㉱ 지역균형 개발 및 지방중소기업 육성에 관한 법률 제50조의 규정에 의한 지방중소기업 특별지원지역에 입주한 공장이 직접 생산하는 물품을 이들로부터 구매할 경우

㉮ 중소기업 제품 구매 촉진 및 판로 지원에 관한 법률 제14조 제1항에 따라 중소기업청장이 우선 구매 등의 대상으로 고시한 제품을 그 생산자로부터 제조 · 구매할 경우

⑦ 특정 연고자, 지역주민, 특정 물품 생산자 등과 계약이 필요하거나 그 밖에 이에 준하는 사유가 있는 경우로서 다음 각 목의 경우

㉮ 법률의 규정에 의하여 재산의 양여 또는 무상 대부를 할 수 있는 자에게 그 재산을 매각 또는 유상 대부하는 경우

㉯ 비상재해가 발생한 경우에 국가가 소유하는 복구용 자재를 재해를 당한 자에게 매각하는 경우

㉰ 용도 폐지된 관사를 연고자에게 매각 또는 대부하거나 임야를 연고자에게 대부하는 경우

㉱ 해외시장의 개척에 필요한 물품을 개척자에게 매각하는 경우

㉲ 지역사회의 개발을 위하여 그 지역주민의 다수를 참여시키는 것이 필요한 경우로서 추정가격이 2천만 원 미만인 공사 또는 추정가격이 5천만 원 미만인 묘목 재배를 기획재정부령이 정하는 그 지역의 주민 또는 대표자와 직접 계약을 하는 경우

㉳ 국가보훈처장이 지정하는 국가유공자 자활집단촌의 복지공장에서 직접 생산하는 물품을 그 생산자로부터 제조 · 구매하거나 이들에게 직접 물건을 매각 또는 임대하는 경우

㉴ 국산화의 촉진을 위하여 주무부 장관(주무부 장관으로부터 위임받은 자를 포함한다)이 인정 또는 지정하는 신기술 제품 또는 개발 선정품을 그 생산자로부터 개발 완료 확인 후 2년 이내의 기간에 제조 · 구매하는 경우

㉵ 방위사업청장이 군용 규격물자를 연구 개발한 업체 또는 비상 대비 자원관리법에 의한 전시 동원 업체로부터 군용 규격물자(전시 동원 업체의 경우에는 방위사업청장이 지정하는 품목에 한한다)를 제조 · 구매하는 경우

㉶ 조달사업에 관한 법률시행령 제18조의 2에 따라 조달청장이 지정 · 고시한 우수 조달 공동 상표의 물품을 그 생산자로부터 구매하는 경우

(기획재정부 장관이 고시한 금액 미만의 물품을 구매하는 경우에 한정한다)

⑧ 기타 계약의 목적·성질 등에 비추어 불가피한 사유가 있는 경우로서 다음 각 목의 경우

㉮ 재외공관이 사용하는 물품을 현지에서 구매하는 경우

㉯ 물품의 가공·하역·운송 또는 보관을 하게 함에 있어서 경쟁에 부치는 것이 불리하다고 인정되는 경우

㉰ 특별법으로 설립된 법인이 당해 법률에서 정한 사업을 영위함으로써 직접 생산하는 물품의 제조·구매 또는 용역계약을 하거나 이들에게 직접 물건을 매각 또는 임대하는 경우

㉱ 사회복지사업법에 의하여 설립된 법인이 직접 생산하는 물품을 제조·구매 또는 용역계약을 하거나 이들에게 직접 물건을 매각·임대하는 경우

㉲ 국가유공자 등 단체 설립에 관한 법률 제1조의 규정에 의하여 설립된 단체 중 상이를 입은 자들로 구성된 단체가 직접 생산하는 물품의 제조·구매 또는 용역계약을 하거나 이들에게 직접 물건을 매각 또는 임대하는 경우

㉳ 장애인복지법 제44조에 따른 장애인복지시설 또는 장애인복지단체가 직접 생산하는 물품의 제조·구매 또는 용역계약을 하거나 이들에게 직접 물건을 매각·임대하는 경우

㉴ 민법 제32조의 규정에 의하여 설립된 사단법인 유니세프한국위원회가 직접 생산하는 물품을 제조·구매하는 경우

㉵ 다른 법령의 규정에 의하여 국가사업을 위탁 또는 대행할 수 있는 자와 당해 사업에 대한 계약을 하는 경우

각 중앙관서의 장 또는 계약담당 공무원은 제1항 제7호 바목 및 사목, 동항 제8호 다목 내지 사목에 따른 수의계약의 경우에는 수의계약 대상자의 자격 요건과 수의계약의 대상 물품의 직접 생산 여부를 확인하여야 하며, 수의계약 대상자를 감독하는 주무부처의 장에게 제2항 각 호의 사항의 확인에 필요한 협조를 요청할 수 있다.

계약담당 공무원은 제1항 제4호 및 제7호 가목 내지 마목·사목·아목, 제 1항 제8호 나목·다목 및 마목 내지 아목의 규정에 의하여 수의계약을 체결한 때에는 그 내용을 소속 중앙관서의 장에게 보고하여야 하며, 각 중앙관서의 장은 보고받은 사항중 제1항 제4호의 규정에 의한 계약에 대하여는 이를 감사원에 통지하여야 한다.

또한 경쟁계약의 경우 낙찰자가 당해 계약을 체결하지 아니하거나 또는 계약 체결 후 소정의 기일 내에 계약의 이행에 착수하지 아니하거나 계약 이행에 착수한 후 계약상의 의무를 이행하지 아니하여 계약을 해제한 경우에도 수의계약에 의할 수 있다. 이 때에는 그 낙찰 금액보다 불리하지 아니한 금액의 범위 안에서 가능하다. 다만, 기한을 제외하고는 최초의 입찰에 부칠 때 정한 가격 및 기타 조건을 변경할 수 없다.

수의계약에 의하고자 할 때에는 2인 이상으로부터 견적서를 받되 견적서를 제출하고자 하는 자 모두에게 견적서를 제출할 수 있도록 하여야 한다. 다만, 상기의 제4호 및 제6호의 가목, 제8호의 다목, 사목 아목, 재공고 입찰에 부쳤으나 입찰자나 낙찰자가 없을 때의 계약과 낙찰자가 계약의 미체결이나 계약 사항 불이행으로 인한 계약 또는 계약 금액이 2천만 원 이하인 경우에는 1인으로부터 받은 견적서에 의할 수 있다. 그러나 상기의 제5호에 따른 수의계약 중 추정가격이 2천만 원 이상인 수의계약의 경우에는 지정 정보처리장치를 이용하여 견적서를 제출하도록 하고 있으나 계약의 목적이나 특성상 지정 정보처리장치에 의한 견적서 제출이 곤란한 경우로서 기획재정부령이 정하는 다음의 경우에는 그러하지 아니하다.

① 전문적인 학술연구 용역의 경우

② 농·수산물 및 음식물(그 재료를 포함한다)의 구입 등 신선도와 품질을 우선적으로 고려하여야 하는 경우

③ 그 밖에 계약의 목적이나 특성상 지정 정보처리장치에 의한 견적서제 출이 곤란한 경우로서 기획재정부 장관이 정하는 경우

그리고 전기·가스·수도 등의 공급 계약이나 추정가격이 100만 원 미만인 물품의 제조·구매·임차 및 용역 계약의 경우에는 견적서 제출을 생략할 수 있다.

제3절 경쟁계약시 입찰 및 낙찰 절차

1 계약 방법의 결정

계약담당 공무원이 일반경쟁계약, 제한경쟁계약, 지명경쟁계약 또는 수의계약 중에서 계약의 목적과 내용, 관계 법규 등을 면밀히 검토하여 가장 적합한 계약 방법을 선택하여 결정하도록 한다. 이는 주로 내부 품의로써 이루어진다. 수의계약의 경우에 비하여 경쟁계약의 경우에 더욱 복잡하다. 따라서 경쟁계약시 입찰 및 낙찰의 일반적인 절차를 살펴보고자 한다.

2 입찰공고

1) 공고 방법

각 중앙관서의 장 또는 계약담당 공무원은 경쟁 입찰에 의하는 경우에는 공고 또는 통지하여야 한다. 공고는 특별한 규정이 있는 경우를 제외하고는 지정 정보처리장치를 이용하여 공고하여야 한다. 다만, 필요한 경우 일간신문 등에 게재하는 방법을 병행할 수 있다. 각 중앙관서의 장 또는 계약담당 공무원은 지명경쟁의 경우에는 공고에 의하지 않고 당해 입찰 참가 적격자에게 입찰 공고의 내용을 통지하여 입찰 참가 신청을 하게 할 수 있으며, 입찰공고 중 내용의 오류나 법령 위반이 발견되어 공고의 정정이 필요한 경우에는 남은 공고 기간에 5일 이상을 더하여 공고하여야 한다.

2) 공고 기일

입찰 공고는 입찰서 제출 마감일의 전일부터 기산하여 7일 전에 이를 행하여야 한다. 공사 입찰의 경우에는 현장 설명일의 전일부터 기산하여 7일 전에 공고하여야 한다. 다만, 추정가격이 200억 원 이상의 공사로서 국가를 당사자로 하는 계약에 관한 법률시행령 제13조의 규정에 의한 공사 입찰의 경우는 현장 설명일 전일부터 기산하여 30일 전에 공고하여야 한다. 그리고 공사 입찰의 경우로서 공사의 성질상 현장 설명을 실시하지 아니하는 때에는 입찰서 제출 마감일의 전일부터 기산하여 다음 각 호에 해당하는 기간 전에 공고하여야 한다.

① 추정가격이 10억 원 미만인 경우 7일

② 추정가격이 10억 원 이상 50억 원 미만인 경우 15일

③ 추정가격이 50억 원 이상인 경우 40일

그러나 긴급을 요하는 경우나 재공고 입찰의 경우에는 입찰서 제출 마감일의 전일부터 기산하여 5일 전까지 공고할 수 있으며, 협상에 의한 계약의 경우에는 제안서 제출 마감일의 전일부터 기산하여 40일 전에 공고하여야 한다. 다만, 다음 각 호의 어느 하나에 해당하는 경우에는 제안서 제출 마감일의 전일부터 기산하여 10일 전까지 공고할 수 있다.

① 긴급을 요하는 경우

② 추정가격이 고시 금액 미만인 경우

③ 재공고 입찰인 경우

3) 공고 내용

입찰 공고에는 다음의 사항을 명시하여야 한다.

① 입찰에 부치는 사항

② 입찰 또는 개찰의 장소와 일시

③ 공사 입찰의 경우에는 현장 설명의 장소·일시·참가 자격 및 참가 의무 여부에 관한 사항

④ 협상에 의한 계약 체결의 경우로서 제안요청서에 대한 설명을 실시하는 경우에는 그 장소·일시 및 참가 의무 여부에 관한 사항

⑤ 입찰 참가자의 자격에 관한 사항

⑥ 입찰 참가 등록 및 입찰 관련 서류에 관한 사항

⑦ 입찰보증금과 국고 귀속에 관한 사항

⑧ 낙찰자의 결정 방법(적격심사의 경우 낙찰자 결정에 필요한 서류 제출일 및 낙찰자 통보 예정일 포함)

⑨ 계약의 착수일 및 완료일

⑩ 계약하고자 하는 조건을 공시하는 장소

⑪ 입찰 무효에 관한 사항

⑫ 입찰에 관한 서류의 열람·교부 장소 및 교부 비용

⑬ 추가 정보를 입수할 수 있는 기관의 주소 등

⑭ 우편 입찰 등을 허용하는 경우에는 그 취지와 입찰서를 송부할 주소

⑮ 지정 정보처리장치를 이용하여 입찰서를 제출하도록 하는 경우에는 그 내용

⑯ 공동계약을 허용하는 경우에는 공동계약이 가능하다는 뜻과 공동계약의 이행 방식

⑰ 부대 입찰의 경우에는 그 취지

⑱ 대형 공사의 경우에는 대안입찰 또는 일괄입찰 등에 관한 사항

⑲ 기타 입찰에 관하여 필요한 사항

3 현장 설명

공사 입찰에서 그 공사의 성질·규모 등을 고려하여 실제 공사 현장에서 입찰 참가자의 적정한 시공을 위한 현장 설명을 실시할 수 있으며, 추정가격이 300억 원 이상인 공사의 경우에는 반드시 현장 설명을 실시하여야 한다. 다만, 재난 및 안전관리기본법 제3조에 따른 재난이 발생하여 현장 설명일에 공사 현장에 접근하는 것이 어렵다고 판단한 경우이거나 다음 각 호의 어느 하나에 해당하는 지역에서 실시되는 공사로서 지형적 여건으로 인하여 공사 현장에 접근하는 것이 어려운 경우에는 예외로 한다.

① 접적지역

② 육지와 원거리에 위치한 낙도 및 무인도

③ 산간벽지

④ 제1호부터 제3호까지에 준하는 지역으로서 기획재정부 장관이 정하는 지역

현장 설명은 공사의 규모에 따라 당해 입찰서 제출 마감일의 전일부터 기산하여 다음 각 호의 기간 전에 실시하여야 한다. 다만, 긴급을 요하거나 재공고 입찰의 경우에는 그 기간을 단축할 수 있다.

① 추정가격이 10억 원 미만인 경우 7일

② 추정가격이 10억 원 이상 50억 원 미만인 경우 15일

③ 추정가격이 50억 원 이상인 경우 33일

각 중앙관서의 장 또는 계약담당 공무원은 추정가격이 100억 원 이상인 공사 입찰에서 상기의 현장 설명을 실시한 경우에는 현장 설명에 참가한 자에 한하여 입찰에 참가하게 하여야 한다.

4 입찰 등록

1) 입찰 참가 신청

경쟁 입찰에 부치고자 할 때에는 입찰 참가 신청인으로 하여금 입찰 참가 신청 서류를 제출하게 하여야 한다. 다만, 당해 기관에 소정의 서류를 갖추어 입찰 참가 자격을 미리 등록한 자는 입찰보증금의 납부로써 이를 갈음할 수 있다. 입찰 참가 자격을 미리 등록한 자에게는 경쟁입찰 참가자격등록증을 교부하여야 한다. 입찰 참가 신청 서류는 입찰참가신청서, 입찰 참가 자격을 증명하는 서류, 기타 입찰 공고 또는 지명 통지에서 요구한 서류이며, 이를 접수한 때에는 입찰참가신청증을 교부하여야 한다. 다만, 우편 접수의 경우나 기타 필요하지 아니하다고 인정되는 경우에는 이를 생략할 수 있다. 계약담당 공무원은 입찰참가 신청인이 제출한 서류를 검토하여 이를 접수하고 필요한 사항에 대하여는 사실조사를 할 수 있다. 입찰 참가 신청 서류의 접수 마감일은 입찰서 제출 마감일 전일로 한다.

추정가격이 300억 원 이상이거나 300억 원 미만인 공사 중 기획재정부령이 정하는 공사는 입찰 참가 자격을 미리 심사하여 경쟁입찰에 참가할 수 있는 적격자를 선정하여야 한다. 이 경우 선정된 적격자에게 선정 결과를 통지하여야 한다.

입찰에 부치고자 할 때에는 입찰 공고문 또는 입찰참가통지서, 입찰유의서, 입찰참가신청서·입찰서 및 계약서 서식, 계약 일반 조건 및 계약 특수조건, 기타 참고 사항을 기재한 서류를 작성·비치하여야 하며, 공사의 경우에는 설계서, 공종별 목적물 물량 내역서를, 용역 입찰의 경우에는 과업지시서를 추가하여 함께 작성·비치하여야 한다.

2) 입찰보증금 납부

입찰보증금은 입찰 금액(단가 입찰의 경우에는 그 단가에 총입찰 예정량을 곱한 금액)의 100분의 5 이상으로 하여야 한다. 입찰보증금은 현금(체신관서 또는 은행법의 적용을 받는 금융기관이 발행하는 자기앞수표를 포함한다) 또는 국가를 당사자로 하는 계약에 관한 법률시행령 제37조에서 규정하고 있는 보증서 등으로 납부하면 된다.

입찰보증금의 전부 또는 일부의 납부를 면제할 수 있는 경우는 다음과 같다.

① 국가기관 및 지방자치단체

② 공공기관의 운영에 관한 법률에 따른 공공기관

③ 정부가 기본 재산의 100분의 50 이상을 출연(법률의 구정에 의하여 귀속시킨 경우를 포함한다. 이하 같다)한 법인

④ 농업협동조합법에 의한 조합·조합공동사업법인 및 그 중앙회, 수산업협동조합법에 의한 어촌계·수산업협동조합 및 그 중앙회, 산림조합법에 의한 산림조합 및 그 중앙회, 중소기업협동조합법에 의한 중소기업협동조합 및 그 중앙회와 한국농촌공사 및 농지관리기금법에 따른 한국농촌공사

⑤ 건설산업기본법·전기공사업법·정보통신공사업법·건설폐기물의 재활용 촉진에 관한 법률 또는 골재채취법 등의 법령에 의하여 등록 등을 한 법인으로서 기획재정부 장관이 정하는 기준에 해당되는 자

⑥ 기타 경쟁입찰에서 낙찰자로 결정된 후 계약 체결을 기피할 우려가 없다고 인정되는 자

각 중앙관서의 장 또는 계약담당 공무원은 입찰보증금의 전부 또는 일부를 면제받은 자로 하여금 국고 귀속의 사유[4]가 발생한 때에는 입찰보증금에 해당하는 금액을 납입할 것을 보장하기 위하여 그 지급을 확약하는 문서를 제출하도록 하여야 한다.

5 예정가격 작성

1) 예정가격의 개념

예정가격(豫定價格)이란 입찰 또는 계약 체결 전에 낙찰자 및 계약 금액의 결정 기준으로 삼기 위하여 미리 작성된 가격을 말한다. 계약담당 공무원은 경쟁 입찰 및 수의 계약 등에 부칠 사항에 대하여 당해 규격서 및 설계서 등에 의하여 예정가격을 결정하고 이를 밀봉하여 미리 개찰 장소 또는 가격 협상 장소 등에 두어야 하며, 예정가격이 누설되지 아니하도록 하여야 한다.

2) 예정가격의 결정 방법 및 기준

예정가격은 계약을 체결하고자 하는 사항의 가격의 총액에 대하여 이를 결정하여야 한다. 다만, 일정한 기간 계속하여 제조·공사·수리·가공·매매·공급·임차 등을 하는 계약의 경우에는 단가에 대하여 그 예정가격을 결정할 수 있다. 예정가격에는 부가가치세, 특별소비세, 교육세, 관세, 농어촌특별세 등 각종 세액이 포함되어야 한다. 또한 장기계속공사나 장기물품제조 등의 경우에는 총공사·총제조 등에 대하여 예산상의 총공사 금액 또는 총제조 금액의 범위 안에서 예정가격을 결정하여야 한다.

예정가격은 다음을 기준으로 하여 결정되어야 한다.

---

4) 국가를 당사자로 하는 계약에 관한 법률시행령 제38조.

① 적정한 거래가 형성된 경우에는 그 거래 실례가격[5]

② 적정한 거래 실례가격이 없는 경우에는 원가 계산에 의한 가격[6](신규 개발품이나 특수한 물품 · 공사 · 용역 등)

③ 공사의 경우 이미 수행한 사업을 토대로 축적한 실적 공사비로서 중앙관서의 장이 인정한 가격

④ 상기 제1호 내지 제3호의 가격에 의할 수 없는 경우에는 감정가격, 유사한 물품 · 공사 · 용역 등의 거래 실례가격 또는 견적가격[7]

3) 예정가격 작성의 생략

모든 경쟁계약 또는 수의계약 등에 부칠 사항에 대하여는 예정가격을 작성하여 비치하여야 한다. 그러나 다른 국가기관, 지방자치단체와의 수의계약을 할 경우, 건설산업기본법에 의한 건설공사(전문공사를 제외한다)로서 추정가격이 2억 원 이하인 공사, 건설산업기본법에 의한 전문공사로서 추정가격이 1억 원 이하인 공사, 그 밖의 공사 관련 법령에 의한 공사로서 추정가격이 8천만 원 이하인 공사 또는 추정가격(임차 또는 임대의 경우에는

---

5) 거래 실례가격(去來實例價格)으로 예정가격을 결정할 때는 ① 조달청장이 조사하여 통보한 가격, ② 기획재정부 장관이 정하는 기준에 적합한 전문가격 조사기관으로서 기획재정부장관에게 등록한 기관이 조사하여 공표한 가격, ③ 각 중앙관서의 장 또는 계약담당공무원이 2 이상의 사업자에 대하여 당해 물품의 거래 실례를 직접 조사하여 확인한 가격 등에 의한다. 그러나 상기의 거래 실례가격에 일반관리비와 이윤을 따로 가산하여서는 아니 된다.

6) 원가계산(原價計算)에 의한 예정가격의 결정시는 그 예정가격에 재료비, 노무비, 경비, 일반관리비 및 이윤을 포함시켜야 한다. 다만, 수입물품의 경우에는 수입물품의 외화표시원가, 통관료, 보세창고료, 하역료, 국내 운반비, 신용장 개설 수수료, 일반관리비 및 이윤을 포함시켜야 한다. 일반관리 비율과 이윤율은 국가를 당사자로 하는 계약에 관한 법률 시행규칙 제8조에서 별도로 규정하고 있다. 또한 계약 목적물의 내용이나 성질이 특수하여 스스로 원가계산을 하기 곤란한 경우에는 기획재정부 장관이 정한 요건을 갖춘 원가계산 용역기관에 원가계산을 의뢰하여 원가계산서를 작성할 수 있다.

7) 감정가격(鑑定價格) 등에 의한 예정가격의 결정시 그 적용 순서는 다음과 같다.
   ① 감정가격: 부동산가격 공시 및 감정평가에 관한 법률에 의한 감정평가법인 또는 감정평가사(부가가치세법 제5조에 의한 평가 업무에 관한 사업자등록증을 교부받은 자에 한한다)가 감정 평가한 가격
   ② 유사한 거래 실례가격: 기능과 용도가 유사한 물품의 거래 실례가격
   ③ 견적가격: 계약 상대자 또는 제3자로부터 직접 제출받은 가격

연액 또는 총액 기준)이 5천만 원 이하인 물품의 제조·구매, 용역 그 밖의 계약의 경우, 협상에 의한 계약 및 개산계약을 체결하고자 할 때에는 예정가격을 작성하지 아니할 수 있다. 그리고 일괄입찰 및 설계공모·기술제안 입찰의 경우에는 예정가격을 작성하지 아니한다.

4) 예정가격의 변경

예정가격은 원칙적으로 변경할 수 없으나 재공고 입찰에서도 입찰자 또는 낙찰자가 없는 경우로서 당초의 예정가격으로는 수의계약을 체결할 수 없는 때에는 당초의 예정가격을 변경하여 새로운 절차에 의한 경쟁입찰에 부칠 수 있다.

6 입찰 및 개찰

1) 입찰의 개념

입찰(入札)이란 공고에 의하여 국가에 대한 계약의 상대자가 될 것을 희망하는 자가 그 해당하는 조건을 국가에 제시하는 하나의 청약행위를 말한다.

2) 입찰의 실시

입찰에 참가하는 자는 입찰 전에 입찰유의서, 계약 일반 조건, 당해 계약의 특수 조건, 설계서, 시방서 등을 숙지한 후 입찰에 응하여야 하며, 국가의 입장에서도 이에 승낙한 자만을 입찰에 참가시키는 것이 좋다. 입찰은 입찰서에 의하되 1인이 1통만 제출하도록 하고 일단 제출된 입찰서는 교환, 변경, 취소하지 못한다. 다만, 기획재정부 장관이 정하는 경우에는 그러하지 아니하다. 대리인이 입찰에 응하고자 할 때에는 입찰 전에 미리 위임장을 계약담당 공무원에게 제출하여 승낙을 받아야 한다. 입찰서는 입찰 공고에 표시한 장소와 일시에 직접 제출하도록 하여야 하며, 필요하다고 인정되는 경우에는 우편으로 제출하게 할 수 있다. 그러나 국제 입찰 대상이 아닌 계약에 대하여는 지정 정보처리장치에 의하여 입찰서를 제출하는 방식에 의하게 할 수 있다. 다만, 미리 기획재정부 장관과 협의한 경우에는 지정 정보처리장치 외에 각 중앙관서의 장이 지정·고시한 정보처리장치를 이용하여 입찰서를 제출하게 할 수 있다.

3) 입찰의 무효

경쟁 참가의 자격이 없는 자가 행한 입찰 또는 입찰에 관한 조건에 위반한 입찰 기타 다음의 사유에 해당하는 입찰은 이를 무효로 한다.

① 입찰 참가자격이 없는 자가 한 입찰

② 입찰보증금의 납부 일시까지 소정의 입찰보증금을 납부하지 아니하고 한 입찰

③ 입찰서가 그 도착 일시까지 소정의 입찰 장소에 도착하지 아니한 입찰

④ 동일 사항에 동일인(1인이 수개의 법인의 대표자인 경우 해당 수개의 법인을 동일인으로 본다)이 2통 이상의 입찰서를 제출한 입찰

⑤ 관계 법규상 입찰서와 함께 산출 내역서를 제출하지 아니한 입찰 및 입찰서상의 금액과 산출 내역서상의 금액이 일치하지 아니한 입찰과 그 밖에 기획재정부 장관이 정하는 입찰 무효 사유에 해당하는 입찰

⑥ 현장 설명을 실시하는 공사로서 추정가격이 100억 원 이상인 공사의 입찰에 참가한 자 중 현장 설명에 참가하지 아니한 자의 입찰

⑦ 경쟁입찰 참가자격을 미리 등록하고 변경 사항이 있으나 다음 각 목의 어느 하나에 해당하는 등록 사항을 변경 등록하지 아니하고 입찰서를 제출한 입찰

㉮ 상호 또는 법인의 명칭

㉯ 대표자(수인의 대표자가 있는 경우에는 대표자 전원)의 성명

⑧ 관계 규정에 의하여 정보처리장치를 이용하여 입찰서를 제출하는 경우 동 규정에 의한 방식에 의하지 아니하고 입찰서를 제출한 입찰

⑨ 관계 규정에 제안요청서 등에 대한 설명(이하 이 호에서 "제안요청서 설명"이라 한다)을 실시하면서 제안요청서 설명에 참가한 자에 한하여 계

약에 참가할 수 있다는 뜻을 입찰 공고에 명시한 경우로서 입찰에 참가한 자 중 제안요청서 설명에 참가하지 아니한 자의 입찰

⑩ 관계 규정에 의하여 입찰서와 함께 제출하여야 하는 품질 등 표시서를 제출하지 아니한 입찰

⑪ 관계 규정상 공동계약의 방법에 위반한 입찰

⑫ 대안입찰의 경우 원안을 설계한 자 또는 원안을 감리한 자가 공동으로 참여한 입찰

⑬ 상기 외에 기획재정부 장관이 정하는 입찰유의서에 위반된 입찰

4) 개 찰

입찰 공고에서 지정한 시간까지 입찰서를 접수한 때에는 입찰서의 접수 마감을 선언하고, 지정된 장소에서 입찰자가 참석한 가운데 입찰서를 개봉하여야 한다. 이를 개찰(開札)이라고 하며, 만약 입찰자로서 이에 출석하지 아니한 자가 있을 때에는 입찰 사무와 관계 없는 공무원으로 하여금 개찰에 참여하게 할 수 있다. 다만, 정보처리장치를 이용하여 입찰서를 제출하게 하는 경우에는 입찰 공고에 표시한 절차와 방법으로 입찰서를 마감하고 입찰서를 개봉하여야 한다.

5) 재입찰 및 재공고입찰

재입찰(再入札)은 경쟁입찰에서 2인 이상의 유효한 입찰자가 없거나 낙찰자가 없는 경우에 같은 장소에서 계속하여 다시 입찰에 부치는 것을 말한다. 이 때에 예정가격은 최초 입찰시와 동일하여야 하며, 입찰의 횟수에는 제한이 없다.

재공고입찰(再公告入札)은 입찰자가 없거나 재입찰에서도 낙찰자가 결정되지 않은 경우 또는 낙찰자가 계약을 체결하지 아니하는 경우에 최초와 동일한 내용과 조건으로 재차 공고하여 입찰에 부치는 것을 말한다. 공고기간은 입찰서 제출 마감일의 전일부터 기산하여 5일 전까지 단축하여 공고할 수 있다.

7 낙찰자 결정

개찰의 결과 낙찰자를 결정하게 된다. 먼저 세입의 원인이 되는 경쟁입찰에서는 예정가격 이상으로서 최고 가격으로 입찰한 자를 낙찰자로 한다. 다만, 계약의 목적, 입찰 가격 및 수량 등을 고려하여 대통령령으로 정한 경우에는 그러하지 아니하다. 다음으로 국고의 부담이 되는 경쟁입찰에서는 예정가격 이하로서 다음 각 호에 해당하는 입찰자를 낙찰자로 한다.

① 충분한 계약 이행 능력이 있다고 인정되는 자로서 최저 가격으로 입찰한 자

② 입찰 공고 또는 입찰설명서에 명기된 평가 기준에 따라 국가에 가장 유리하게 입찰한 자

③ 기타 계약의 성질·규모 등을 감안하여 대통령령으로 특별히 기준을 정한 경우에는 그 기준에 가장 적합하게 입찰한 자

상기의 낙찰자 결정 원칙에 의하되, 예정가격 이하로서 최저 가격으로 입찰한 자의 순으로 당해 계약 이행 능력을 심사하여 낙찰자를 결정한다. 다만, 추정가격이 고시 금액 미만인 물품 계약, 입찰 참가자격 사전심사 대상으로서 추정가격이 1천억 원 이상인 공사, 2단계 경쟁 등의 입찰[8]에서는 최저 가격으로 입찰한 자를 낙찰자로 결정한다(이를 최저가낙찰제라 한다).

여기서 계약 이행 능력의 심사는 당해 입찰자의 이행 실적, 기술 능력, 재무 상태, 과거 계약 이행 성실도, 자재 및 인력 조달가격의 적정성, 계약 질서의 준수 정도, 과거 공사의 품질 정도 및 입찰가격 등을 종합적으로 고려하여 기획재정부 장관이 정하는 심사 기준에 따라 세부 심사 기준을 정

8) 2단계 경쟁 등의 입찰이란 물품의 제조·구매 또는 용역계약에서 미리 적절한 규격 등의 작성이 곤란하거나 기타 계약의 특성상 필요하다고 인정되는 경우에는 먼저 규격 입찰 또는 기술 입찰을 실시하고 개찰 결과 적격자로 확정된 자에게 다시 가격 입찰을 실시하여 그 결과 적격자를 최종 낙찰자로 선정하는 것을 말한다.

하여 적격 여부를 심사하며, 그 심사 결과 적격하다고 인정되는 경우 낙찰자로 결정한다(이를 적격심사낙찰제라 한다). 다만, 공사 또는 물품 등의 특성상 필요하다고 인정되는 경우에는 각 중앙관서의 장이 기획재정부 장관과의 협의를 거쳐 직접 심사 기준을 정할 수 있다.

한편, 낙찰이 될 수 있는 동일 가격으로 입찰한 자가 2인 이상인 때에는 즉시 추첨에 의하여 낙찰자를 결정하여야 한다. 다만, 2단계 경쟁 등의 입찰인 경우에는 규격 또는 기술 우위자를, 계약 이행 능력심사의 대상인 경우에는 그 심사 결과 최고 점수인 자를, 희망 수량에 의한 경쟁입찰에서 동가(同價) 입찰자가 2인 이상인 경우에는 입찰 수량이 많은 입찰자를 낙찰자로 결정하여야 한다. 여기서 입찰자 중 출석하지 아니한 자 또는 추첨을 하지 아니한 자가 있을 때에는 입찰 사무에 관계 없는 공무원으로 하여금 이를 대신하여 추첨하게 할 수 있다.

또한 물품·용역 계약에서 계약 이행의 전문성, 기술성, 긴급성, 공공시설물의 안전성 및 그 밖에 국가안보 목적 등의 이유로 필요하다고 인정되는 경우에는 다수의 공급자들로부터 제안서를 제출받아 평가한 후 협상 절차를 통하여 국가에 가장 유리하다고 인정되는 자와 계약을 체결할 수 있으며, 이 경우에는 입찰 공고시 협상에 의한 계약이라는 뜻을 명시하여야 하고, 협상에 의한 계약에 참가하고자 하는 자에게 제안요청서 등 필요한 서류를 교부하여야 하며, 지정 정보처리장치에 게재함으로써 이에 갈음할 수도 있다. 협상에 의한 계약의 경우는 그 계약의 성질·규모 등을 고려하여 필요하다고 인정되는 경우에는 제안요청서 등에 대한 설명을 할 수 있으며, 설명회에 참가한 자에 한하여 계약에 참가하게 할 수 있다.

그리고 정보과학 기술 등 집약도가 높은 지식을 활용하여 고부가 가치를 창출하는 사업 중 다음에 해당하는 사업, 즉 지식기반 사업에 대한 계약을 체결하는 경우에는 협상에 의한 계약 체결 방법을 우선적으로 적용할 수 있다.

① 엔지니어링기술진흥법 제2조 제4호의 규정에 의한 엔지니어링사업. 다만, 건설기술관리법 제2조 제3호의 규정에 의한 건설기술 용역에서는 고난도 또는 고기술을 요하는 경우에 한한다.

② 정보통신산업진흥법 제2조 제3호의 규정에 의한 정보통신산업

③ 국가정보화기본법 제3조 제2호의 규정에 의한 정보화에 관한 사업

④ 산업디자인진흥법 제2조의 규정에 의한 산업디자인에 관한 사업

⑤ 문화산업진흥기본법 제2조 제1호의 규정에 의한 문화산업

⑥ 온라인디지털콘텐츠산업발전법 제2조 제3호의 규정에 의한 온라인디지털콘텐츠산업

⑦ 기초과학 및 응용과학에 관한 학술연구 용역

⑧ 그 밖에 각 중앙관서의 장이 이에 해당한다고 인정하는 사업

제 4 절 계약의 체결 및 이행

1 계약의 체결

1) 계약의 성립

계약서의 작성을 생략하는 경우를 제외하고는 낙찰 통지를 받은 후 소정 기일 내에 계약의 목적 · 계약 금액 · 이행 기간 · 계약보증금 · 위험 부담 · 지체상금, 기타 필요한 사항을 명백히 기재한 계약서를 작성하고, 계약담당 공무원과 낙찰된 계약 상대자가 반드시 기명 · 날인 또는 서명하여야 계약이 확정된다.

2) 계약서의 작성

계약서를 작성하는 가장 큰 목적은 차후 계약의 이행시에 계약 상대자와 분쟁의 소지가 생기지 않도록 사전 예방하는 차원과 아울러 분쟁이 발생하였을 경우에는 명확한 책임 소재를 규명하는 데 근거 자료를 삼기 위한 것이다.

계약담당 공무원은 계약 상대자를 결정한 때에는 지체없이 공사 도급 ·

물품 구매·기술 용역에 관한 표준계약서를 작성하여야 한다. 그러나 표준계약서의 서식에 의하기가 곤란하다고 인정될 때에는 따로 이와 다른 양식에 의한 계약서에 의하여 계약을 체결할 수 있으며, 표준계약서에 기재된 계약 일반 사항 외에 당해 계약에 필요한 특약 사항을 명시하여 계약을 체결할 수 있다.

계약담당 공무원은 계약서의 필요한 내용을 모두 기재한 후 최종적으로 확인하고 계약 상대자와 함께 기명 날인하여야 한다. 다만, 외국인과 계약을 체결하는 경우나 기타 특별한 사유가 있는 경우에는 서명으로써 이를 갈음할 수 있다. 계약서에 기명 날인할 때에는 인감증명서의 인장을 사용하여야 한다.

계약서에는 계약의 명칭(공사명, 물품명), 계약 금액, 이행 기간, 계약보증금, 지체상금률, 위험 부담, 착공 일자, 준공 일자(납품 일자), 납품 장소, 기타 필요한 사항이 기재되어야 하며, 관계 규정에 의거 계약보증금의 전부 또는 일부의 납부를 면제하는 경우에는 계약서에 그 사유 및 면제 금액을 기재하고 계약보증금 지급각서를 제출하게 하여 이를 첨부하여야 한다.

3) 계약서 작성의 생략

관계 규정에 의거 계약서의 작성을 생략하는 경우에는 계약 상대자로부터 청구서, 각서, 협정서, 승낙 사항 등 계약 성립의 증거가 될 수 있는 서류를 제출받아 비치하여야 한다. 다만, 기획재정부 장관이 따로 정하는 회계 경리에 관한 서식에 의한 경우에는 그러하지 아니하다. 다음의 경우에는 계약서의 작성을 생략할 수 있다.

① 계약 금액이 3천만 원 이하인 계약을 체결하는 경우

② 경매에 부치는 경우

③ 물품 매각의 경우에 매수인이 즉시 대금을 납부하고 그 물품을 인수하는 경우

④ 각 국가기관 및 지방자치단체 상호간에 계약을 체결하는 경우

⑤ 전기·가스·수도의 공급 계약 등 성질상 계약서의 작성이 필요하지 아니한 경우

4) 계약보증금의 납부 및 처리

계약을 체결할 때에는 당해 계약상의 의무 이행을 좀더 확실하게 보장받기 위하여 계약 상대자로 하여금 계약보증금을 납부하도록 하여야 한다. 계약보증금은 계약 금액의 100분의 10 이상으로 납부하여야 한다. 단가계약의 경우에는 여러 차례로 분할하여 계약을 이행하는 때에는 매회별 이행 예정량 중 최대량에 계약 단가를 한 금액의 100분의 10 이상으로 계약보증금으로 납부하도록 한다. 공사 계약에서는 계약보증금 이외에 연대보증인[9]을 1인 이상 세우도록 하여야 하며, 그렇지 아니하는 경우에는 계약보증금을 계약 금액의 100분의 20 이상으로 납부하게 하거나, 계약 금액의 100분의 40(예정가격의 100분의 70 미만으로 낙찰된 공사계약의 경우에는 100분의 50) 이상을 납부할 것을 보증하는 공사이행보증서[10]를 제출하게 하여야 한다. 다만, 공사 계약의 특성상 필요하다고 인정되는 경우와 추정 가격이 300억 원 이상인 공사로서 계약되는 경우에는 반드시 공사이행보증서를 제출하도록 하여야 한다.

한편, 계약 상대자가 이미 납부한 입찰보증금을 계약보증금으로 대체할 것을 요청한 때에는 계약보증금으로 이를 대체 정리하여야 한다. 그리고 계약을 체결하는 데 필요하다고 인정될 때에는 당해 계약의 목적물에 대하여 손해보험에 가입하거나 계약 상대자로 하여금 손해보험에 가입하게 할 수 있다.

그러나 다음의 경우에는 계약보증금의 전부 또는 일부를 면제할 수 있다.

---

9) 연대보증인은 입찰공고 등에서 요구한 자격과 동등 이상의 자격을 갖춘 자이어야 하며, 당해 계약자와 독점규제 및 공정거래에 관한 법률에 의한 계열사가 아니어야 하고 입찰 참가 자격 제한 기간 중에 있는 자가 아니어야 한다. 만약 계약 상대자가 계약상의 의무를 이행하지 아니하는 때에는 지체없이 연대보증인에게 그 의무를 이행할 것을 청구하여야 한다.

10) 공사이행보증(performance bond) 제도는 보증기관이 공사 계약 금액의 40% 상당의 공사 이행보증증권을 발행하여 계약 상대자, 즉 원도급자가 부도 발생 등으로 인하여 당해 계약 의무를 수행하지 못하게 될 경우 보증기관이 책임지는 제도로서 만약 보증 시공을 못할 경우에는 이행보증증권에 명시된 바와 같이 그에 해당하는 현금을 국고에 귀속시켜야 한다.

① 국가기관 및 지방자치단체, 공공기관의 운영에 관한 법률에 따른 공공기관, 정부가 기본 재산의 100분의 50 이상을 출연하는 법인, 농업협동조합, 수산업협동조합, 산림조합, 중소기업협동조합, 한국농촌공사와 계약을 체결하는 경우

② 계약 금액이 3천만 원 이하인 계약을 체결하는 경우

③ 일반적으로 공정 · 타당하다고 인정되는 계약의 관습에 따라 계약보증금 징수가 적합하지 아니한 경우

④ 이미 도입된 외자시설, 기계, 장비의 부분품을 구매하는 경우로서 당해 공급자가 아니면 당해 부분품의 구입이 곤란한 경우

또한, 계약담당 공무원은 계약 상대자가 정당한 이유 없이 계약상의 의무를 이행하지 아니한 때에는 계약보증금(공사이행보증서상 보증금을 포함한다)을 국고에 귀속시켜야 한다.

2 계약의 이행

계약담당 공무원은 계약 상대자로 하여금 계약의 성실한 이행을 위하여 물품 규격서, 설계서 등을 정확하고 상세하게 작성 · 교부하여 구매 · 제조 · 시공의 명확한 기준이 되도록 하여야 하며, 그에 필요한 관급 자재는 적기에 공급하도록 협조하여야 한다. 공사의 경우에는 착공계와 공사 일정표를 제출받아 준공 기한 내에 공사가 마무리될 수 있는가를 검토하여야 한다. 특히 공사 · 제조 · 용역의 경우에는 각 공정에 따라 필요시는 감독을 실시하여야 한다. 또한 계약의 이행 중에는 계약 금액 등 계약 사항을 수정 · 변경할 수 없다. 그러나 부득이한 사유가 발생시는 당초 계약의 목적을 좀더 효율적으로 달성하기 위하여 계약 금액을 조정할 수 있다.

1) 감 독

계약담당 공무원은 공사 · 제조 · 용역 등의 계약을 체결한 경우에 그 계약의 적정한 이행을 확보하기 위하여 필요하다고 인정할 때에는 계약서 ·

설계서, 기타 관계 서류에 의하여 스스로 이를 감독하거나 소속 공무원에게 그 업무를 위임하여 필요한 감독을 하게 하여야 한다. 다만, 건설기술관리법 제27조 또는 전력기술관리법 제12조 그 밖에 공사 관련 법령상의 규정에 의하여 책임 감리를 하는 공사계약, 그리고 전문적인 지식 또는 기술을 필요로 하거나 기타 부득이한 사유로 인하여 감독을 할 수 없는 제조, 기타 도급계약의 경우에는 전문기관을 따로 지정하여 필요한 감독을 하게 할 수 있다.

2) 계약 금액의 조정

공사・제조・용역, 기타 국고의 부담이 되는 계약을 체결한 다음 물가의 변동, 설계 변경, 기타 계약 내용의 변경으로 인하여 계약 금액을 조정할 필요가 있는 경우에는 다음과 같이 조정한다.

(1) 물가 변동으로 인한 계약 금액의 조정

① 계약을 체결한 후 90일이 경과하고 품목 조정률이 100분의 3 이상 증감된 때

품목 조정률=(각 품목 또는 비목의 수량에 등락폭을 곱하여 산출한 금액의 합계액)÷계약 금액

등락폭= 계약 단가×등락률

등락률=(물가 변동 당시 가격−입찰 당시 가격)÷입찰 당시 가격

여기서 물가 변동 당시 가격이 계약 단가보다 높고 동 계약 단가가 입찰 당시 가격보다 높을 경우의 등락폭은 물가 변동 당시 가격에서 계약 단가를 뺀 금액으로 한다. 또한 물가 변동 당시의 가격이 입찰 당시 가격보다 높고 계약 단가보다는 낮을 경우의 등락폭은 영(0)으로 한다. 계약 금액이 조정 기준일부터 90일 이내에는 이를 다시 조정하지 못한다. 다만, 천재・지변 또는 원자재의 가격 급등으로 인하여 당해 조정 제한 기간 내에 계약 금액을 조정하지 아니하고는 계약 이행이 곤란하다고 인정되는 경우에는

계약을 체결한 날 또는 직전 조정 기준일부터 90일 이내에 계약 금액을 조정할 수 있다.

② 지수조정률이 100분의 3 이상 증감된 때

지수조정률은 계약 금액의 산출 내역을 구성하는 비목군 및 다음 각 호의 지수 등의 변동률에 의하여 산출한다.

㉮ 한국은행이 조사하여 공표하는 생산자물가 기본분류 지수 또는 수입물가 지수

㉯ 정부·지방자치단체 또는 공공기관의 운영에 관한 법률에 따른 공공기관이 결정·허가 또는 인가하는 노임·가격 또는 요금의 평균 지수

㉰ 거래 실례가격 또는 통계법 제15조에 따른 지정기관이 조사하여 공표한 가격. 다만, 기획재정부 장관이 단위당 가격을 별도로 정한 경우 또는 각 중앙관서의 장이 별도로 기획재정부 장관과 협의하여 단위당 가격을 조사·공표한 경우에는 해당 가격의 평균 지수

㉱ 기타 상기와 유사한 지수로서 기획재정부 장관이 정하는 지수

동일한 계약에 대하여는 상기 ① 및 ②의 방법 중 하나의 방법에 의하여야 하며, 계약을 체결할 때에 계약 상대자와 협의하여 계약 조정 방법을 계약서에 명시하여야 한다. 계약 금액을 증액하여 조정하고자 하는 경우에는 계약 상대자로부터 계약 금액의 조정을 청구받은 날부터 30일 이내에 계약 금액을 조정하여야 한다. 이 경우 예산 배정의 지연 등 불가피한 사유가 있는 때에는 계약 상대자와 협의하여 조정 기한을 연장할 수 있으며, 계약 금액을 증액할 수 있는 예산이 없는 때에는 공사량 또는 제조량 등을 조정하여 그 대가를 지급할 수 있다. 또한 선금을 지급한 것이 있는 때에는 상기에서 산출한 증가액에서 기획재정부령이 정하는 바에 의하여 산출한 금액을 공제한다.

(2) 설계 변경으로 인한 계약 금액의 조정

공사 계약에서 설계 변경으로 인하여 공사량의 증감이 발생한 때에는 당해 계약 금액을 조정하여야 한다. 다만, 추정가격이 기획재정부 장관이 정한 금액(300억 원) 이상인 대형공사 입찰을 할 때에 새로운 기술·공법 등

에 의한 공사비의 절감 사유를 제출하여 낙찰자로 결정된 계약의 경우 새로운 기술·공법 등이 채택된 부분에 대한 설계 변경으로 계약 내용을 변경하는 경우에는 정부의 책임있는 사유나 천재·지변 등 불가항력의 사유로 인한 경우를 제외하고는 그 계약 금액을 증액할 수 없다. 예정 가격의 100분의 86 미만으로 낙찰된 공사 계약의 계약 금액을 설계 변경으로 인하여 증액 조정하고자 하는 경우로서 당해 증액 조정 금액이 당초 계약 금액의 100분의 10 이상인 경우에는 국가를 당사자로 하는 계약에 관한 법률시행령 제94조의 규정에 의한 계약심의회, 국가재정법시행령 제49조의 규정에 의한 예산집행심의회 또는 건설기술관리법시행령 제21조의 규정에 의한 설계자문위원회의 심의를 거쳐 소속 중앙관서의 장의 승인을 얻어야 한다. 설계 변경으로 인한 계약 금액의 조정은 다음의 기준에 의한다.

㉮ 증감된 공사량의 단가는 입찰이나 낙찰시 제출된 산출 내역서상의 단가(이하 "계약 단가"라 한다)로 한다. 다만, 계약 단가가 예정가격의 단가보다 높은 경우로서 물량이 증가하게 되는 경우 그 증가된 물량에 대한 적용 단가는 예정가격 단가로 한다.

㉯ 계약 단가가 없는 신규 비목의 단가는 설계 변경 당시를 기준으로 하여 산정한 단가에 낙찰률을 곱한 금액으로 한다.

㉰ 정부에서 설계 변경을 요구한 경우에는 상기 ㉮·㉯항의 규정에도 불구하고 증가된 물량 또는 신규 비목의 단가는 설계 변경 당시를 기준으로 하여 산정한 단가와 동 단가에 낙찰률을 곱한 금액의 범위 안에서 계약 당사자 간에 협의하여 결정한다.

설계 변경은 그 설계 변경이 필요한 부분의 시공 전에 완료하여야 한다. 다만, 공정 이행의 지연으로 품질 저하가 우려되는 등 긴급하게 공사를 수행하게 할 필요가 있는 때에는 계약 상대자와 협의하여 설계 변경의 시기 등을 명확히 정하고, 설계 변경을 완료하기 전에 우선 시공을 하게 할 수 있다. 계약 상대자가 새로운 기술·공법 등(정부 설계와 동등 이상의 기능·효과를 가진 기술·공법·기자재 등을 포함한다)을 사용함으로써 공사비의 절감, 시공 기간의 단축 등에 효과가 현저할 것으로 인정되어 계약 상대자의 요청에 의하여 필요한 설계 변경을 한 때에는 계약 금액의 조정시에 당해 절감액의 100분의 30에 해당하는 금액을 감액하며, 이 경우 새로운 기술 · 공법 등의 범위와 한계에 관하여 이의가 있을 때에는 설계자문위원회에 청구하여 심의를 받아야 한다.

(3) 기타 계약 내용의 변경으로 인한 계약 금액의 조정

공사 · 제조 등의 계약에서 제1항과 제2항의 규정에 의한 경우 외에 공사기간 · 운반 거리의 변경 등 계약 내용의 변경으로 계약 금액을 조정하여야 할 필요가 있는 경우에는 그 변경된 내용에 따라 실비를 초과하지 아니하는 범위 안에서 이를 조정한다.

제 5 절 검사 및 대가 지급

1 검 사

1) 검사 시기 및 기준

검사(檢査)나 검수(檢數)는 계약담당 공무원이 계약 사항의 이행 여부에 대하여 최종적으로 확인하는 절차이다. 검사나 검수는 계약 상대자가 계약의 이행을 완료하고 검사를 요구할 때 또는 기성 부분이나 기납 부분에 대한 대가의 전부나 일부를 지급하고자 할 때에 계약서상의 의무 사항에 대하여 계약서, 설계서 및 기타 관계 서류에 의거 실시한다.

2) 검사자

검사는 각 중앙관서의 장 또는 계약담당 공무원, 검사의 위임을 받은 공무원, 필요하다고 인정되어 지정하는 전문기관이 실시할 수 있다. 감독의 직무와 검사의 직무는 겸할 수 없다. 다만, 다음의 경우에는 그러하지 아니하다.

① 특별한 기술을 요하는 검사에서 감독을 행하는 자 외의 자로 하여금 검사를 행하게 하는 것이 현저하게 곤란한 경우

② 유지・보수에 관한 공사 등 당해 계약의 이행 후 지체없이 검사를 하지 아니하면 그 이행의 확인이 곤란한 경우

③ 계약 금액이 3억 원 이하인 물품의 제조 또는 공사 계약의 경우

④ 건설기술관리법 제27조 또는 전력기술관리법 제12조 그 밖에 공사 관련 법령상 의무적으로 책임 감리를 하는 공사계약의 경우

⑤ 감독 조서의 확인으로 기성 검사를 갈음하는 경우

3) 검사 절차

먼저 계약 상대자가 계약 사항의 이행이 완료된 때에는 그 사실을 서면으로 계약담당 공무원에게 통지하여야 한다. 계약담당 공무원은 계약 상대자로부터 통지받은 날로부터 14일 이내에 계약 상대자의 입회하에 검사를 실시한다. 다만, 기획재정부 장관이 정하는 경우에는 7일의 범위 내에서 그 검사 기간을 연장할 수 있다. 천재・지변 등 불가항력적인 사유 발생시는 당해 사유가 소멸된 날로부터 3일 이내에 검사를 완료하여야 한다.

4) 검사조서의 작성

검사조서는 계약 대금을 지급할 때에 반드시 필요한 증거 서류가 되므로 검사담당 공무원은 계약의 이행 상태를 검사한 때에는 검사조서를 생략할 수 있는 경우를 제외하고는 소정의 검사조서를 작성하여야 한다.

5) 검사조서의 생략

검사조서를 생략할 수 있는 경우는 다음의 각 호와 같다.

① 계약 금액이 3천만 원 이하인 계약의 경우

② 매각 계약의 경우

③ 전기・가스・수도의 공급 계약 등 그 성질상 검사조서의 작성을 필요로 하지 아니하는 계약의 경우

2 대가 지급

공사 · 제조 · 판매 · 용역, 기타 국고의 부담이 되는 계약에서는 검사 또는 검사조서를 작성한 후에 그 대가를 지급하여야 한다. 다만, 국제 관례 등 부득이한 사유가 있다고 인정되는 경우에는 그러하지 아니하다.

1) 완성급

국고의 부담이 되는 계약의 대가는 검사를 완료한 후 계약 상대자의 청구 를 받은 날부터 5일 이내에 지급하여야 한다. 이 경우 계약 당사자와 합의 하여 5일을 초과하지 아니하는 범위에서 대가의 지급 기한을 연장할 수 있 는 특약을 정할 수 있다. 또한 천재 · 지변 등 불가항력의 사유로 지급 기한 내에 대가를 지급할 수 없게 된 경우에는 당해 사유가 소멸된 날로부터 3일 이내에 대가를 지급하여야 한다.

2) 부분급

계약 이행의 완료 전에 약정에 따라 기성 부분 또는 기납 부분에 대한 대가를 지급할 수 있으며, 이 경우에는 계약 수량, 이행의 전망, 이행 기간 등을 참작하여 적어도 30일마다 지급하여야 한다. 부분급을 지급시에는 검사를 완료한 날 이전까지 계약 상대자로 하여금 대가 지급 청구를 하게 할 수 있으며, 검사 완료일부터 5일 이내에 검사된 내용에 따라 대가를 확정하여 지급하여야 한다. 다만, 계약 상대자가 검사 완료일 후에 대가의 지급을 청구한 때에는 그 청구를 받은 날부터 5일 이내에 지급하여야 한다.

3) 대가 지급 지연에 대한 이자

완성급과 부분급에 대한 대금 지급 청구를 받은 경우에 상기와 같이 대금 지급 기한(국고채무부담행위에 의한 계약의 경우에는 다음 회계연도 개시 후 국가재정법에 의하여 당해 예산이 배정된 날부터 20일)까지 대가를 지급하지 못하는 경우에는 지급 기한의 다음 날부터 지급하는 날까지의 일수에 당해 미지급 금액 및 지연 발생 시점의 금융기관 대출 평균 금리(한국은행 통계월보상의 대출 평균 금리를 말한다)를 곱하여 산출한 금액을 이자로 지급하여야 한다.

3 지체상금

1) 지체상금의 개념

계약 상대자(국가기관과 지방자치단체를 제외한다)가 계약 이행이 가능함에도 정당한 이유 없이 계약상의 의무를 지체한 때에는 지체상금(遲滯償金), 즉 이행 지체에 대하여 손해배상금을 부과하여 현금으로 납부하도록 하여야 한다. 이 경우 계약 상대자의 책임 없는 사유로 계약 이행이 지체되었다고 인정될 때에는 그 해당 일수를 지체 일수에 산입하지 아니한다. 지체상금은 계약 이행 지연에 따른 배상이므로 위약금이나 계약보증금과는 별도로 부과할 수 있다.

2) 지체상금의 징수 요건

① 이행기를 초과하여야 한다.
② 이행기에 이행이 가능한 것이어야 한다.
③ 지체가 채무자의 귀책 사유이어야 한다.

3) 지체상금의 산출

지체상금은 계약 금액에 지체상금률과 지체 일수를 곱한 금액으로 한다. 즉, 산출식은 지체상금=지체 일수×(계약 금액×지체상금률)이다.

국가를 당사자로 하는 계약에 관한 법률시행규칙 제75조에 의거 지체상금률은 다음과 같다.

① 공사: 1000분의 1
② 물품의 제조·구매(소프트웨어 사업시 물품과 용역을 일괄하여 입찰

에 부치는 경우를 포함): 1000분의 1.5

③ 물품의 수리, 가공, 대여, 용역(소프트웨어 사업시 물품과 용역을 일괄하여 입찰에 부치는 경우의 그 용역을 제외) 및 기타: 1000분의 2.5

④ 군용 음·식료품 제조, 구매: 1000분의 3

⑤ 운송, 보관 및 양곡 가공: 1000분의 5

제 6 절 공사 계약의 담보 책임

공사의 도급[11)] 계약을 체결할 때에는 그 담보 책임의 존속 기간을 정하여야 한다. 이 경우 그 담보 책임의 존속 기간은 민법 제671조[12)]에서 규정한 기간을 초과할 수 없다.

1 하자담보 책임 기간

각 중앙관서의 장 또는 계약담당 공무원은 공사의 도급 계약을 체결할 때에는 그 전체 목적물을 인수한 날과 준공검사를 완료한 날 중에서 먼저 도래한 날부터 1년 이상 10년 이하의 범위 내에서 공종 구분에 따라 하자담보 책임 기간(瑕疵擔保責任期間)을 정하여야 한다. 다만, 각 공종 간의 하자책임을 구분할 수 없는 복합공사인 경우에는 주된 공종을 기준으로 하

11) 민법 제664조에 규정에 의하면 도급(都給)이란 당사자 일방이 어느 일을 완성할 것을 약정하고 상대방이 그 일의 결과에 대하여 보수를 지급할 것을 약정하는 것을 말한다.

12) 민법 제671조(수급인의 담보 책임－토지, 건물 등에 대한 특칙)

① 토지, 건물, 기타 공작물의 수급인은 목적물 또는 지반공사의 하자에 대하여 인도 후 5년간 담보의 책임이 있다. 그러나 목적물이 석조, 석회조, 연와조, 금속 기타, 이와 유사한 재료로 조성된 것인 때에는 그 기간을 10년으로 한다.

② 전항의 하자로 인하여 목적물이 멸실 또는 훼손된 때에는 도급인은 그 멸실 또는 훼손된 날로부터 1년 내에 제667조(수급인의 담보 책임－하자보수청구권, 손해배상청구권)의 권리를 행사하여야 한다.

여 하자담보 책임 기간을 정하면 된다. 국가를 당사자로 하는 계약에 관한 법률시행규칙 제70조의 규정에 의거, 주요 공종에 대한 하자담보 책임 기간을 살펴보면 다음과 같다.

1) 건설산업기본법에 의한 건설공사

(1) 교량

① 교각과 교각 사이의 간격이 50m 이상이거나 길이 500m 이상인 교량의 철근 콘크리트 또는 철골 구조부－10년

② 길이 500m 미만인 교량의 철근 콘크리트 또는 철골 구조부－7년

③ 교량 중 교면 포장·이음부·난간시설 등 "①" 및 "②" 외의 공종－2년

(2) 터널

① 터널(지하철 포함)의 철근 콘크리트 또는 철골 구조부－10년

② "①" 외의 시설－5년

(3) 철도

① 교량 및 터널을 제외한 철도시설 중 철근 콘크리트 또는 철골구 조부－7년

② "①" 외의 시설－5년

(4) 공항 및 삭도

① 철근 콘크리트 또는 철골 구조부－7년

② "①" 외의 시설－5년

(5) 항만·방파제·사방 또는 간척

① 철근 콘크리트 또는 철골 구조부－7년

② "①" 외의 시설－5년

(6) 도로(암거·측구 및 포장을 포함한다)－2년

(7) **댐**

① 본체 또는 여수로 부분－10년

② "①" 외의 시설－5년

(8) **상·하수도**

① 철근 콘크리트 또는 철골 구조부－7년

② 관로 매설 또는 기기 설치－3년

(9) 삭제 〈2005. 9. 8.〉

(10) **관개수로 또는 매립－3년**

(11) **부지 정지－2년**

(12) **조경시설물 또는 조경 식재－2년**

(13) **발전·가스 또는 산업설비**

① 철근 콘크리트 또는 철골 구조부－7년

② 압력이 1제곱센티미터당 10킬로그램 이상인 고압가스의 관로(부대기기를 포함한다) 설치－5년

③ "①" 및 "②" 외의 시설－3년

(14) **기타 토목공사－1년**

(15) **건축**

① 대형 공공성 건축물(공동주택·교정시설·종합병원·관광 숙박시설·관람 집회시설 또는 대규모 소매점과 16층 이상 기타 용도의 건축물을 말한다)의 기둥 또는 내력벽－10년

② 대형 공공성 건축물 중 기둥, 내력벽 외의 주요 구조부 또는 "①" 외의 건축물 중 주요 구조부－5년

③ 건축물 중 "①" 및 "②"과 너)목의 전문 공사를 제외한 기타 부문 －1년

(16) 전문 공사

① 실내 의장－1년

② 토공－2년

③ 미장 또는 타일－1년

④ 방수－3년

⑤ 도장－1년

⑥ 석공사 또는 조적－2년

⑦ 창호 제작 또는 설치－1년

⑧ 지붕－3년

⑨ 철물 【가)목 내지 아)목, 차)목 내지 거)목에 해당하는 철골을 제외한다】－ 2년

⑩ 철근 콘크리트 【가)목 내지 아)목, 차)목 내지 거)목에 해당하는 철근 콘크리트를 제외한다】－ 3년

⑪ 급배수 · 공동구 · 지하 저수조 · 냉난방 · 환기 · 공기 조화 · 자동 제어 － 2년

⑫ 승강기 또는 인양기기 설비－3년

⑬ 온실 설치공사－2년

⑭ 보우링그라우팅, 판금, 건축물 조립공사－1년

2) 전기공사업법에 의한 전기공사

(1) 발전설비공사

① 철근 콘크리트 또는 철골 구조부－7년

② "①" 외의 시설공사－3년

(2) 터널식 및 개착식 전력구 송배전 설비공사

① 철근 콘크리트 또는 철골 구조부－10년

② "①" 외의 송전 설비공사－5년

③ "①" 외의 배전 설비공사－2년

(3) 지중 송배전 설비공사

① 송전 설비공사(케이블 공사 및 물밑 송전설비 공사를 포함)—5년

② 배전 설비공사—3년

(4) 송전 설비공사-3년

(5) 변전 설비공사(전기설비 및 기기 설치공사 포함)-3년

(6) 배전 설비공사

① 배전 설비 철탑공사—3년

② "①" 외의 배전 설비공사 —2년

(7) 그 밖의 전기 설비공사-1년

3) 정보통신공사업법에 의한 정보통신공사

(1) 터널식 또는 개착식 등의 통신구공사—5년

(2) 전기통신기본법 제2조 제4호의 규정에 의한 사업용 전기통신설비 중 케이블 설치공사(구내에서 시공되는 공사를 제외), 관로 공사, 철탑 공사, 교환기 설치 공사, 전송설비 공사, 위성통신설비 공사—3년

(3) 가)목 및 나)목의 공사 외의 공사—1년

4) 소방시설공사업법에 의한 소방시설공사

(1) 피난기구, 유도등, 유도 표지, 비상경보 설비, 비상조명등, 비상방송설비 및 무선통신 보조설비—2년

(2) 자동식 소화기, 옥내소화전 설비, 스프링클러 설비, 간이스프링클러 설비, 물분무 등 소화설비, 옥외소화전 설비, 자동화재 탐지설비, 상수도 소화용수설비 및 소화 활동설비(무선통신 보조설비를 제외)—3년

5) 문화재보호법에 의한 문화재 수리공사

(1) 성곽

① 석성(石城)

(가) 화강석 등을 방형 형태로 다듬어 쌓은 구조-5년
(나) 자연 상태의 돌을 사용하여 쌓은 구조-3년
② 토성(土城), 혼축성(混築城)-2년
③ 전축성(塼築城)-3년
④ 목책성(木柵城)-1년

(2) 탑 · 석조물

① 석불(石佛), 부도(浮屠), 비석(碑石), 석등(石燈), 당간지주(幢竿支柱), 지석묘(支石墓), 석빙고(石氷庫), 석탑(石塔), 석교(石橋) 등-5년
② 전탑(塼塔)-3년
③ 새로운 재료로 교체한 석재부(石材部)-7년

(3) 목조 건축물

① 지붕
(가) 산자(橵子) 또는 개판(蓋板) 이상의 기와지붕-3년
(나) 산자 또는 개판 이상의 너와지붕-2년
(다) 억새 등을 이용한 선사 시대 움집-2년
(라) 산자 또는 개판 이상의 초가지붕-1년

② 목부재(木部材)
(가) 기둥, 창방, 대들보, 도리 등 주요 구조재-3년
(나) 그 밖의 구조재-2년

③ 목조 건축물의 수장재-1년

④ 기초 및 기단
(가) 정(井)자형 장대석 기초-10년
(나) 강회잡석 적심기초, 화강석 가공 주초-7년
(다) 도드락다듬 이상의 석조(石造) 기단, 월대(月臺)의 지대석-5년
(라) 그 밖의 기초 및 기단-3년
⑤ 미장 및 아궁이, 굴뚝, 방고래 등 구들과 관련되는 시설의 수리-2년

⑥ 건축물의 단청(벽화 및 불화를 포함)－2년

(4) 담

(1) 사괴석(四塊石) 담장의 장대 지대석－5년

(2) 그 밖의 사괴석담－3년

(3) 돌담, 자연 석담, 판축담, 토담, 전축담, 와편담 － 2년

(5) 분묘

① 봉분 시설(잔디 심기를 제외)－2년

② 구조부

(가) 적석총(積石塚), 석곽묘(石槨墓)－5년

(나) 전축분(塼築墳)－3년

(다) 목곽묘(木槨墓)－1년

(라) 병풍석(屛風石)－3년

(6) 도로

① 암거(暗渠), 배수로, 측구(側溝), 맨홀－2년

② 포장

(가) 박석(薄石), 포방전－2년

(나) 마사토, 강회 다짐, 기타 혼합토 등－1년

(7) 철물

① 장식철물, 보호철물, 관리철물－2년

② 구조철물, 보강철물－3년

(8) 조경·식물 보호·발굴지 정비·벽화 등

① 조경시설물 및 조경 식재－2년

② 식물 보호－3년

③ 발굴지 정비－2년

④ 불상개금(佛像改金), 도금(鍍金), 탱화, 옻칠 등－5년

(9) 그 밖의 문화재와 문화재 보호·보강시설(전통 한옥·양식 건축물

또는 보호각, 보호시설의 철골 또는 철근 콘크리트 구조르 된 내력벽, 기둥이나 주요 구조부) – 5년

6) 지하수법에 의한 지하수 개발 · 이용 시설공사, 그 밖의 공사 관련 법령에 의한 공사–1년

2 하자검사

하자검사(瑕疵檢査)는 계약담당 공무원이 하자담보 책임 기간 중 연 2회 이상 정기적으로 하자를 검사하거나 소속 공무원에게 그 사무를 위임하여 검사하게 하는 것을 말하며, 하자담보 책임 기간이 만료되는 때에는 지체 없이 따로 검사하여야 한다. 하자검사가 특히 전문적인 지식 또는 기술을 필요로 하거나 예정가격의 100분의 86 미만으로 낙찰된 공사로서 시설물의 안전관리에 관한 특별법 제2조 제1호의 규정에 의한 시설물에 대한 것인 경우에는 각 중앙관서의 장 또는 계약담당 공무원은 전문기관에 의뢰하여 필요한 검사를 하여야 하며, 이 때는 검사 결과를 문서로 통보받아 이를 확인하여야 한다.

하자검사를 하는 때에는 당해 공사에 대한 하자보수관리부를 비치하고 공사명 및 계약 금액, 계약 상대자, 준공 연월일, 하자 발생 내용 및 처리 사항, 기타 참고 사항을 기록 · 유지하여야 한다. 또한 하자를 검사하는 자는 하자검사조서를 작성하여야 한다. 다만, 계약 금액이 3,000만 원 이하인 공사 계약의 경우에는 하자검사조서의 작성을 생략할 수 있다.

3 하자보수보증금

하자보수보증금(瑕疵補修保證金) 제도는 공사의 도급 계약에서 계약 이행이 완료된 후에 일정 기간 내 그 계약 목적물에 하자가 발생할 것에 대비하여 이에 대한 담보적 성격으로 일정 금액을 예치하는 것이며, 시공상의

하자에 대한 보수 책임을 확보하는 제도이다.

하자보수보증금은 계약 금액의 100분의 2에서 100분의 10 이하로 하여야 한다. 다만, 공사의 성질상 하자 보수가 필요하지 아니한 경우에는 하자보수보증금을 납부하지 아니하게 할 수 있다.

계약담당 공무원은 공사 계약을 체결할 때에 공종(각 공종 간에 하자책임을 구분할 수 없는 복합공사인 경우에는 주된 공종을 말한다) 구분에 의하여 계약 금액에 대한 하자보수보증금률을 다음과 같이 정하여 계약서에 명시하여야 한다.

① 철도·댐·터널·철강교 설치·발전설비·교량·상하수도 구조물 등 중요 구조물공사 및 조경공사 …… 100분의 5

② 공항·항만·삭도 설치·방파제·사방·간척 등 공사 …… 100분의 4

③ 관개 수로·도로(포장공사를 포함한다)·매립·상하수도 관로·하천·일반·건축 등 공사 …… 100분의 3

④ 제1호 내지 제3호 외의 공사 …… 100분의 2

한편, 공사의 성질상 하자보수가 필요하지 않아 하자보수보증금의 납부를 아니하게 할 수 있는 경우는 다음과 같다.

① 건설산업기본법시행령 별표 1에 의한 건설 업종의 업무 내용 중 구조물 등을 해체하는 공사 및 철도·궤도공사(레일 용접공사와 콘크리트 직결도상 철도·궤도공사를 제외한다)

② 단순 암반 절취공사, 모래·자갈 채취공사 등 그 공사의 성질상 하자보수가 필요하지 아니하다고 중앙관서의 장 또는 계약담당 공무원이 인정하는 공사

③ 계약 금액이 3,000만 원을 초과하지 아니하는 공사(조경공사를 제외한다)

또한 하자보수보증금의 납부를 면제할 수 있는 경우는 다음과 같다.

① 지역사회 개발을 위하여 그 지역주민의 다수를 참여시키는 것이 필요한 경우로서 추정가격이 2천만 원 미만인 공사 또는 추정가격이 5천만 원 미만인 묘목 재배를 기획재정부령이 정하는 그 지역의 주민 또는 대표자와 직접 계약을 하는 경우

② 국가기관 및 지방자치단체와 계약을 하는 경우

③ 공공기관의 운영에 관한 법률에 따른 공공기관과 계약하는 경우

④ 정부가 기본 재산의 100분의 50 이상을 출연한 법인과 계약을 하는 경우

⑤ 농업협동조합 및 중앙회, 수산업협동조합법에 의한 어촌계・수산업협동조합 및 중앙회, 산림조합법에 의한 산림조합 및 중앙회, 중소기업협동조합 및 중앙회, 한국농촌공사와 계약을 하는 경우

당해 하자의 보수를 위한 예산이 없거나 부족한 경우에는 그 하자보수보증금을 당해 하자의 보수를 위하여 직접 사용할 수 있다. 이 경우에는 당해 하자보수보증금을 세입으로 납입하지 아니하고 세입세출 외로 구분・계리한다.

P·a·r·t 06

비서사무

제 1 장 비서의 개요 / 399
제 2 장 전화 응대 / 405
제 3 장 내방객 응대 / 411
제 4 장 일정관리 / 416

Chapter 01

비서의 개요

제 1 절 비서의 의의

대체적으로 업무의 양이 많거나 복잡하여 관리자가 자기 혼자서는 맡은 업무를 감당하기가 곤란한 경우가 있다. 이러한 때에 누군가의 도움을 받으면 더 많은 업무를 효율적으로 처리하여 생산성을 높일 수 있고 궁극적으로 조직 발전에 도움을 주게 될 것이다. 대개 이러한 필요성에 의하여 개인 참모이며 조수 역할을 하는 비서를 두게 된다.

따라서 비서(秘書)란 모시고 있는 상사가 맡은 업무에 대하여 최대의 효과를 거둘 수 있도록 가장 측근에서 당해 업무를 적극 도와 주는 보좌역을 말한다. 그러므로 비서의 업무는 상사가 하는 일 중에서 일상적으로 하여야 할 반복적인 일을 비롯하여 창조적인 일까지 다양할 것이다. 아울러 비서는 상사가 하는 업무에 대하여 누구보다도 잘 알아야 한다. 업무를 모르는 사람은 아무리 도와 주려고 노력하여도 한계가 있기 때문이다.

제 2 절 비서의 자질

과거에는 비서라고 하면 기관장실에 외부 방문객이 내방하였을 때에 커피나 대접하고 담배 재떨이나 청소하며 전화나 받아서 연결해 주는 등 수준이 낮은 일을 하는 하찮은 단순노무직 정도로 여겼다. 그러나 현대 사회가 분화되고 전문화되면서 비서도 전문직으로 인정받게 되었다. 우리 나라도 1993년부터 통계청에서 각종 통계 자료에 비서직을 하나의 직종으로 분류하여 게재함으로써 비서에 관한 자료 확보와 공식적인 통계 자료의 집계가 가능하게 되었다.

복잡 다양한 현대 사회에서 전문직으로서 비서가 갖추어야 할 자질을 살펴보면 대체로 다음과 같다.

첫째, 정확한 판단 능력과 상사를 항상 존경하는 자세가 요구된다.

비서는 관리자가 올바른 의사 결정을 할 수 있도록 그때그때 일어나는 업무에 대하여 정확한 판단 능력을 가지고 있어야 한다. 관리자가 모든 사안을 정확히 알지 못하고 있기 때문에 비서가 미리 당해 업무에 대한 자료를 충분히 준비하여 의사결정권자에게 제시하여야 한다. 따라서 전문직으로서 비서는 학력이나 지식도 중요하지만 무엇보다도 비서에 대한 실무 경험을 통하여 하나하나 익혀 나감으로써 시행착오 없이 신속하고 정확하게 비서 업무를 처리해 나갈 수 있도록 판단 능력을 길러야 할 것이다. 또한 비서는 많은 시간을 상사와 지내게 되어 상사의 결점을 당해 조직 내에서 가장 잘 알게 될 것이다. 여기에 비서로서 갖추어야 할 중요한 자세가 요구된다. 인간은 누구나 장·단점을 가지고 있다는 사실을 인정하고 상사의 사소한 결점을 과장해서 비난하는 자세보다는 상사를 모시는 비서로서 제3자에게는 충분히 이해할 수 있도록 노력하여야 하며, 항상 상사를 존경하는 마음가짐을 가지고 임무를 수행하여야 한다. 따라서 평소에 남을 험담하기 좋아하는 사람은 비서로서 자질이 부족하다고 할 수 있다.

둘째, 정보 처리 능력이 요구된다.

과거와 달리 요즘은 모든 사무가 컴퓨터에 의거 처리됨으로써 전문비서로서 컴퓨터를 활용할 수 있는 정보 처리 능력을 갖추어야 한다. 특히 비서는 관리자가 요구하면 언제나 정확하고 신속하게 관련 정보를 제공하는 것이 매우 중요하기 때문에 정보 처리 능력이 다른 직원들에 비하여 우위에 있을 필요가 있다.

셋째, 위기관리에 대한 대처 능력 및 강한 보안 의식이 요구된다.

급변하는 현대 사회 속에서는 예기치 못한 상황이 자주 일어난다. 갑자기 대기업이 부도나서 중·소기업이 함께 도산하는 경우가 흔히 있다. 따라서 비서는 관리자인 상사와 가까이서 근무함으로써 조직이 위기에 처하게 되면 일반 직원에 비하여 그 정보를 더 빨리 정확하게 알게 되므로 항상 자기가 소속하고 있는 조직의 성패를 본인이 좌우한다고 생각하고 위기관리에 대처할 수 있는 능력을 평소에 익혀 놓아야 하며, 상사를 가까이 하면서 얻은 정보를 아무에게나 헛되이 제공하여서는 아니 된다.

넷째, 업무 처리 능력이 요구된다.

비서는 우선 상사의 업무를 도와 주어야 하므로 업무 처리 능력이 있어야 한다. 업무를 잘 처리하기 위하여는 기본적인 문서관리뿐만 아니라 컴퓨터를 비롯한 많은 OA기기의 활용 능력을 길러야 한다. 아울러 세계화 시대를 맞아 외국어 능력을 갖추어야 한다. 국제 공용어인 영어를 비롯하여 몇 개의 외국어는 할 줄 알아야 한다.

제 3 절 비서의 업무

비서는 다른 직종에 비하여 그 업무 분장의 범위가 명확하지 않다고 할 수 있다. 이를 비서 업무의 유형과 종류로 나누어 살펴본다.

1 비서 업무의 유형

비서 업무는 반복적이고 일상적인 업무와 상사의 지시에 의한 업무, 그리고 창의성을 필요로 하는 업무 등 세 가지의 유형(조계숙 외, 1996: 16-17)으로 나누어 볼 수 있다.

1) 일상적인 업무

상사의 출·퇴근 준비, 문서관리, 우편물 처리, 전화 응대, 내방객 접대, 일정관리 등 매일 반복해서 하는 일상적인 업무를 말한다. 일과가 끝나면 비서실뿐만 아니라 응접실과 집무실도 함께 정리하고 잠가서 보안상 하자가 없도록 하여야 한다. 한편, 매일 반복하는 일은 타성(惰性)에 젖어서 발전에 장해 요인이 될 수도 있다. 그러나 일상적인 업무라도 좀더 발전할 수 있는 방향으로 변화가 되어야 하겠다.

2) 지시에 의거 처리하는 업무

상사의 지시에 의한 업무로서 지시 기한 내에 처리하여야 한다. 단순한 업무이거나 복잡한 업무이거나 가급적 지시를 받은 기한 내에 처리하여야 상사의 신임을 얻을 수 있다. 이에는 주로 상사의 출장이나 업무 처리에 따른 팩스의 송·수신, 숙박 업소 예약, 보고서의 작성, 업무 추진에 따른 자료 조사 등이 해당된다. 이와 같은 일을 수행할 때에는 일의 완급(緩急)을 잘 파악하여 급한 순서대로 처리하도록 일정관리에 최선을 다하도록 노력하여야 한다.

3) 창의적인 업무

비서는 앞의 일상적인 업무나 지시에 의한 업무 이외에 창의력이 수반되는 업무가 있다. 비서가 맡은 업무는 일반 직원들의 업무에 비하여 창의성이 요구되는 업무가 더 적은 것으로 알고 있다. 그러나 비서의 업무 중 상사의 지시에 의한 일이라 할지라도 창의성을 발휘하여 처리할 때와 그냥 관습에 의한 타성적으로 처리할 때에 그 능률성이나 효과성에서는 분명 큰 차이가 발견될 것이다. 특히 상사가 처리할 시간적 여유가 없어서 비서에게 위임한 업무의 경우에는 더욱더 큰 차이가 있을 것이다. 예를 들어, 수행비서가 상사를 수행 중에 승용차 안에서 전화로 통화하여야 할 일이 발생하였을 경우를 생각해 보자. 114에 문의하거나 전화번호부에서 찾아 처리할 수도 있으나 좀더 창의적인 수행비서라면 미리 출장처나 관련 부서에 대한 전화번호부를 만들어 승용차에 항시 보관하거나 휴대용 수첩에 기록하여 사용하여 상사의 요구를 빨리 만족시켜 줄 수 있고, 이로 인하여 더욱 신뢰를 얻을 수 있을 것이다.

2 비서 업무의 종류

비서의 업무도 현대 사회가 정보화·국제화 시대로 변모하여 감에 따라 업무 자체도 변화되었지만 이보다도 업무 처리 과정에서 많이 변화되어 가고 있다. 일반적으로 비서의 업무는 상사의 일정관리, 내방객 접대, 전화 응대, 각종 행사·회의 준비, 사무관리 및 출장시 준비·수행 업무 등이다.

비서의 일반적인 업무를 간단히 살펴보고, 중요한 몇 가지의 업무에 대하여는 별도의 장에서 자세히 설명하기로 한다.

(1) 일정관리

매일 출근 직후에 당일의 일정을 또는 전날 퇴근 직전에 다음 날의 일정을 상사와 협의하여 매일매일의 일정표를 만든다. 이 때에 일정표에는 내부 또는 외부 인사와의 면담 예약과 취소, 각종 행사와 회의의 개최 시간, 참석 대상 및 인원 등이 육하(六何) 원칙에 의거 자세히 기록되어야 한다. 일정표에 의거 진행 사항을 항상 사전에 검토하고 준비하는 것이 중요하다.

(2) 내방객 접대

사전에 면담이 예약된 경우에는 일정표에 의거 진행하면 별 문제가 없으나 예약하지 않고 갑자기 내방객이 올 경우에는 비서실에서 기다리도록 충분히 양해를 얻은 다음에 상사에게 문의 후 조치를 취하면 될 것이다. 이때에 유의하여야 할 사항은 다과나 식사 또는 숙박의 여부를 반드시 파악하여 만약에 식사를 하여야 할 경우에는 음식점의 예약을, 숙박을 하여야 할 경우에는 호텔이나 여관을 미리 예약하여야 한다.

(3) 전화 응대

상사의 지시나 업무 처리를 위하여 전화를 걸거나 또는 걸려오는 전화를 받는 경우가 많다. 전화 응대에 소요되는 시간을 파악해 보면 하루 일과 중 많은 시간을 할애하게 된다. 특히 상사 부재시에 상사에게 오는 전화는 정확하게 메모하여 상사에게 전달하도록 하여야 한다. 전화의 발·수신 중에는 항상 친절하고 분명하게 응대하여야 한다.

(4) 각종 행사 및 회의 준비

각종 행사시 행사 안내장의 작성·발송, 참석 예정자 체크, 행사에 소요되는 소모품이나 비품 준비, 행사장 준비 사항 점검과 각종 회의시 회의 안건 작성·배부, 회의장 점검, 다과 및 식사 준비 점검 등을 차질 없이 수행한다.

(5) 사무관리 및 기타

우편물의 발송과 수신, 일반문서의 발신과 수신, 출장비 계산·수령, 각종 자료의 작성 및 보관, 정보의 수집과 분석, 주소록 작성, 상사의 결재인 날인 및 관리, 관련인(기관)의 경조사 관련 서비스, 사무실 집무환경 관리 등을 들 수 있다.

(6) 국내·외 출장 및 수행 업무

출장 일정 작성 및 해외 여행 수속, 교통편의 선정과 표 예약, 숙박업소 결정과 예약, 선물 준비 및 전달 등의 해외 출장 업무와 일상적인 출·퇴근시, 관련 기관 방문 및 외출시의 수행 업무는 방문 일정에 따라 예약할 것은 미리 예약하고, 오고가는 도로의 교통 사정을 파악하여 체증이 심하지 않는 코스를 택하여 수행할 수 있도록 미리 알아둔다. 그렇지 않은 경우에는 계획상 차질이 생겨서 다음의 일정에 문제가 발생하며 하루의 일정이 순조롭지 못하게 된다.

Chapter

02 전화 응대

비서로서 전화 응대는 매우 중요하다. 전화는 일상 생활에서 매우 편리하고 중요한 통신 수단의 일종이다. 전화는 먼 거리에 있는 사람과 보이지 않는 곳에서 표정을 보지 못하고 음성만으로 서로 의사를 소통하는 방법으로서 면담시보다도 의사소통의 장애 요인이 더 많다. 따라서 전화 응대시는 더욱 친절하여야 하고 발음이 분명하여야 정확한 의사소통이 가능하다. 대체로 방문보다는 의사 전달 속도가 더 빠르고 의사소통률은 더 낮으며, 서신보다는 의사 전달 속도가 빠르고 의사소통률도 더 높다고 할 수 있다. 그러므로 방문이나 서신에 비하여 시간을 단축할 수 있는 장점이 있다.

제 1 절 전화 응대시의 기본 예법

첫째, 전화 벨이 울리면 즉시 받아야 하며 분명하고 똑똑한 음성으로 예의 바르게 말한다. 전화를 늦게 받으면 상대방이 부재 중으로 오해할 수도 있으며 또한 짜증이 나는 경우가 있으므로 전화는 벨이 세 번 울리기 전에 받는 것이 좋다. 그리고 분명하고 똑똑한 음성으로 말해야 한다. 특히 통계, 예산이나 금전 등의 숫자나 단위는 더욱 그러하다. 만약 상대방이 통계치나 금액의 한 자리나 한 단위를 잘못 알아들으면 문제는 심각해질 것이다.

둘째, 기관(회사)명, 부서명, 자신의 성명을 즉시 밝힌다. 외부에서 걸려오는 전화를 받는 경우 직통일 때에는 기관명(회사명), 부서명, 자신의 성명을 밝히고, 교환대를 통하는 때에는 부서명과 자신의 성명을 밝히면 된다. 특히 상대방의 신분을 정확히 알아야 할 사유가 있을 때에, 꼬치꼬치 캐묻는 듯한 인상을 주어 불쾌한 기분이 들면 그 한 마디가 당해 기관의 전체 인상에 오랫동안 좋지 않은 영향을 주게 되므로 상황에 적합한 용어와 억양으로 대응하도록 유의하여야 한다.

＜예시＞

바람직한 표현:

"감사합니다. ○○과입니다."

"감사합니다. ○○회사 사장실입니다."

"감사합니다. ○○과 김이슬입니다."

"감사합니다. ○○과 이하늘입니다. 누구를 바꿔 드릴까요."

"어느 분이 전화하셨다고 전해 드릴까요?"

바람직하지 못한 표현:

"여보시오"

"누구세요?"

"미스 박입니다."

"왜 전화했지요?"

"나, 사장인데, 누굴 찾지요?"

"여보세요, 거기 어디십니까?"

셋째, 전화를 건 사람의 입장에서 역지사지(易地思之)적 사고를 가지고 가급적이면 협조적이고 도움을 주는 방향으로 전화 응대를 한다. 상사를 찾는 전화를 걸었다면 꼭 통화가 필요한가를 물어보고, 필요하다면 일정표를 살펴보고 언제쯤 상사와 통화가 가능하다는 말을 가르쳐 주도록 한다.

넷째, 통화를 마칠 때까지 명랑하게 응대한다. 전화로 의사소통을 하는 것은 목소리로 이루어지기 때문에 상대방의 행동과 태도를 상상해 가면서 통화를 하게 된다. 따라서 톤이 높은 것보다는 낮은 것이, 건방진 말투보다는 겸손한 것이, 통명스러운 것보다는 명랑한 것이 좋다. 우리 속담에 '말 한 마디로 천 냥 빚을 갚는다'는 말이 있듯이 전화로는 말 한 마디도 조심하여 통화하여야 한다.

다섯째, 직장의 근무 시간 중에는 사적인 통화를 가급적 피하여야 한다. 부득이 전화로 통화하고자 할 때에는 짧게 통화하여야 한다. 사적인 통화 때문에 공적인 전화를 받지 못하거나 통화가 지연된다면 업무 처리에 지장을 주게 되므로 곤란하다.

제 2 절 전화를 거는 방법

1 통화 준비

① 전화 거는 용건에 대하여 육하 원칙에 의거 메모를 한다.
② 전화번호부, 메모지를 비롯한 필기 도구를 전화기 가까이에 둔다.
③ 수신처와 상대방의 소속, 성명을 확인해 둔다.
④ 버튼을 정확히 누른다.

2 상대방이 받았을 때

① 송신자의 소속기관과 성명을 먼저 대고 수신자를 묻는다.
② 인사를 간단히 한 다음 용건을 말한다.
③ 용건은 가급적 쉬운 용어로 간결하게 요점만 말한다.
④ 통화 내용을 이해하는가를 확인해 본다.
⑤ 만약 전화가 잘못 걸렸을 때에는 정중하게 인사하고 끊어야 한다.
⑥ 용건이 끝나면 전화를 건 쪽이 먼저 끊어야 하지만, 상대방이 상급자

이거나 연장자이면 상대방이 끊은 다음에 끊는 것이 전화 예절이다.

3 상대방이 부재 중일 때

① 상대방이 들어오는 시간을 메모해 둔다.

② 수신자를 통하여 전달하여도 무방한 내용이면 요점을 정확히 전달한 다음 송신자의 소속, 성명, 전화번호 등을 알려 주고, 수신자의 소속과 성명을 예의 바른 어조로(대개의 경우 수신자의 인적 사항을 물어보면 수신자가 그 내용을 잘못 전달하면 책임을 져야 한다는 오해를 하기가 쉽고 불쾌하게 생각하기 때문에) 물어본 다음 꼭 전해 줄 것을 정중하게 부탁한다.

4 상급자에게 전화를 걸 때

① 상급자에게 전화를 걸 때에는 비서가 있는 경우 비서를 통하여 통화하는 것이 원칙이다. 비서가 없을 때에는 직접 찾아뵙지 못하고 전화를 드려서 죄송하다는 인사를 한 다음에 용건을 간단히 말한다.

② 상사가 상사보다 더 상급자에게 전화 통화를 부탁할 경우에는 상대방이 수화기를 들기 전에 상사가 먼저 수화기를 들도록 권고한다.

제 3 절 전화를 받는 방법

1 전화가 걸려오면

① 전화 벨이 세 번 울리기 전에 즉시 받아야 한다.

② 메모할 준비를 한다.

③ 전화기는 왼손으로 들고 통화하고 필기 도구는 오른손으로 들고 메모할 수 있는 준비를 한다.

④ 수신자의 소속과 성명을 먼저 말한다.

"○○○장관 비서실 ○○○입니다."

"○○○은행 임원부속실 ○○○입니다."

⑤ 간단한 인사를 주고받는다.

"안녕하세요, 수고 많으시지요?"

"요즘, 고생 많으시겠습니다."

2 용건을 듣는 방법

① 메모하면서 듣는 습관을 갖는다.

② 주의 깊게 듣고 상대방의 견해를 존중해 준다.

③ 때에 따라서는 적절한 맞장구도 필요하다.

④ 전화 통화 중에 수신자 쪽의 다른 사람과 논의하여 전달할 내용이 있으면 상대방에게 잠깐 기다려 달라는 양해를 구한 다음 송화구를 손으로 막거나 보류 음악이 나가도록 한다.

⑤ 담당자에게 전화를 돌려 줄 때에는 오래 기다리지 않도록 유의하여야 한다. 또한 상대방에게 담당자를 바꾸어 줄 것임을 분명히 밝혀야 한다.

⑥ 통화 중에 다른 전화가 걸려올 때에는 통화 중인 상대방에게 기다려 달라는 양해를 구한 다음 걸려온 전화를 받아 간단히 인사한 후 전화 통화 중이니 잠깐만 기다려 줄 것을 요청하든지 잠시 후에 다시 전화를 걸겠다는 약속을 한 후 끊는다. 그러나 나중 걸려온 전화가 통화 중인 전화보다도 더 시급하거나 앞의 전화 통화자에 비하여 직위가 상급자나 손윗사람이라면 먼저 통화한 다음 먼저 걸려온 상대방에게 오래 기다리게 하여 미안하다는 인사를 한 다음 계속 통화하거나 간략히 통화하고 끊는다.

⑦ 통화가 끝난 다음 주요한 용건을 다시 확인해 본다.

⑧ 용건이 끝나면 “감사합니다. 안녕히 계십시오.” 또는 “수고하셨습니다. 안녕히 계십시오.” 등의 간단히 인사를 하고 상대방이 먼저 끊은 다음에 수화기를 조용히 내려놓는다.

3 담당자가 부재 중일 때

① 담당자가 부재 중일 때에는 무슨 일로 어느 곳에 며칠간 출장 중이라서 부재 중이니 받을 수 없음을 먼저 알려 준다.

② 수신자가 전해 주어도 무방한 내용이면 전달해 줄 수 있음을 말하고, 용건이 중요하여 담당자와 통화가 필요하다고 하면 전화 메모지에 의거 전달해 줄 것임을 말한다.

4 전화가 잘못 걸려왔을 때

전화가 잘못 걸려왔을 때에는 아무 말 없이 그냥 끊거나 잘못 걸었다고 화를 내거나 욕을 하면 곤란하다. 상대방이 누구인지 알지 못하는 상황에서 선입관을 가지고 대하는 것은 잘못이다. 전화번호 몇 번을 걸었는가를 확인해 보고 전화번호가 다르다든지 찾는 사람이 없을 때에는 그런 사람이 없음을 공손하게 알려 주어야 한다.

Chapter

03 내방객 응대

제 1 절 내방객의 분별 안내

비서실에 근무하면서 가장 어려운 일 중 하나가 내방객을 분별하여 불쾌감 없이 요령 있게 안내하는 것이다. 상사에게 찾아오는 사람은 예약이 되어 있는 사람, 예약이 되어 있지 않은 사람, 인사차 잠깐 들르는 사람, 기자, 방문판매원 등 각양각색일 것이다. 이러한 다양한 종류의 내방객들을 불편 없이 안내하여 상사에게 조금이라도 누를 끼치지 않도록 하여야 한다. 이를 위하여는 먼저 상사의 내방객에 대한 선호도와 성격을 알아 두어야 한다.

1 예약되어 있는 내방객의 경우

미리 약속이 되어 있는 손님이 비서실에 들어서면 즉시 일어서서 반갑게 인사하며 맞이한다. 손님의 코트, 우산, 모자 등을 받아 적당한 장소에 두었다가 면담을 마치고 돌아갈 때 돌려 주도록 한다.

예약된 손님의 경우는 응접의자에 잠깐 앉아 있도록 권유한 다음 상사의 집무실에 곧바로 들어가서 몇 시에 예약된 손님이 오셨다고 구두(口頭)로 소속, 직책, 성명을 보고하고 상사의 지시에 따라 안내하면 된다.

전에 방문한 손님이 아직 면담중이거나 전화 통화중일 경우에는 상사에게 기다리는 손님의 인적 사항을 적은 메모를 전달하여 상사의 지시를 받도록 한다.

2 예약되지 않은 내방객의 경우

미리 예약되지 않은 내방객의 경우는 내방객의 소속, 직책, 성명, 방문 목적을 확인하여 이를 상사에게 보고한 후 상사의 지시를 따른다. 이 때는 만나지 못할 것을 대비하여 예약되지 않은 방문객의 경우에는 면담하기 어렵다는 내용의 양해를 미리 구해 놓는 것이 좋다. 왜냐 하면 비서실에서 만날 수 있을 것이라는 확신을 주었는데 상사의 사정상 면담하지 못하면 결국 상사에게 누를 끼치는 결과가 되기 때문이다. 그러나 앞의 경우처럼 선약이 되어 있지 않으면 만나기 어렵다는 양해를 미리 구해 놓았는데도 면담을 하게 되면 상사에게 매우 좋은 인상을 갖게 되고 결국 상사를 잘 보좌한 결과가 되는 것이다.

3 상사 부재시의 경우

상사가 외출이나 출장 등으로 인하여 부재시에는 내방객에게 부재의 이유를 잘 설명해 준다. 특히 예약되어 있는 손님의 경우에는 오해의 소지가 없도록 급한 용무로 부득이 부재 중임을 알려 주어야 한다. 아울러 기다리게 한다든지, 다른 사람과 대리로 만나게 한다든지, 다시 예약이 가능한 일시를 협의하여 알려 주겠다는 약속을 한다든지 적절한 조치를 취하여야 한다.

제 2 절 장소별 안내 요령

1 엘리베이터

승무원이 있는 경우에는 손님이 먼저 타고 먼저 내린다. 승무원이 없는 경우에는 엘리베이터 문이 조금 열리면 손으로 밀치듯 하고 있다가 완전히 열리면 빠른 동작으로 먼저 들어가서 문이 갑자기 닫히지 않도록 버튼을 누르고 있다가 손님이 타면 문을 닫고, 내릴 때에는 손님이 안전하게 내릴 수 있도록 도와 주고 나중에 내린다.

2 응접실

응접실이 별도로 있는 경우에는 손님을 응접실로 안내한다. 문이 안쪽으로 열리도록 되어 있으면 먼저 열고 들어가서 손님이 들어올 수 있도록 문의 손잡이를 잡고 있으면 되고, 바깥쪽으로 열리도록 되어 있으면 문의 손잡이를 당겨서 손님을 먼저 들어가도록 하고 나중에 닫고 들어간다. 응접실에 들어가서는 손님을 출입구에서 가장 먼 안쪽의 상석에 앉도록 안내한다.

3 열 차

열차에서는 열차의 진행 방향을 앞으로 하는 창문가를 상석이라고 한다. 비행기의 경우도 같은 급수일 때는 창문가를 상석으로 본다. 3인용일 때는 가장 불편한 가운데가 아랫사람이 앉는 좌석이다.

4 자동차

승용차에서는 탑승 인원에 따라 달라질 수가 있다.

① 기사와 상사 1명이 탑승하였을 경우에는 뒤쪽 오른편에 상사가 앉는다.

② 기사 외에 2명이 탑승하였을 경우에는 기사 옆이 차석이고 뒤쪽 오른편이 상석이다.

③ 기사 외에 3명이 탑승하였을 경우에는 앞쪽 기사 옆에는 가장 낮은 자리이고 뒤쪽 왼편이 그 다음 낮은 자리이고 뒤쪽 오른편이 상석이다.

④ 기사 외 4명이 탑승하였을 경우에는 기사 옆이 가장 낮은 좌석이고 뒤쪽 가운데가 그 다음 낮은 좌석, 뒤쪽 왼편이 차석, 그리고 뒤쪽 오른편이 상석이다.

⑤ 상사가 자가 운전할 경우에는 상사와 가까운 순서로 앉으면 된다. 즉, 상사 옆이 차석이고 뒤쪽 왼편이 그 다음 낮은 사람의 좌석이며, 뒤쪽 오른편이 가장 낮은 지위의 사람이 앉으면 된다.

제 3 절 내방객 응대시 유의 사항

1 들어서면서 응대 예절

① 내방객이 비서실에 들어서면 즉시 자리에서 일어나 공손히 인사한다. 통화 중일 때는 목례를 하고 통화를 가급적 빨리 끝낸다.

② 내방객의 외모로 인한 선입견을 가져서는 안 된다.

③ 먼저 예약된 내방객인지 예약되지 않은 내방객인지 확인하여야 한다. 이 때에 공손하게 묻도록 한다.

④ 내방객을 비서실에 오래 기다리지 않도록 하여야 한다.

⑤ 내방객을 기다리게 해 놓고 컴퓨터를 작동한다든지 전화 통화만 하고 있는 등 자기의 일만 열심히 하고 있으면 내방객에게 나쁜 인상을 줄 수 있으므로 내방객에게 신경을 써야 한다.

2 명함을 주고받을 때의 예절

① 상대와 명함을 주고받을 때에는 정중하게 행동한다.

② 가볍게 인사를 나누면서 두 손으로 명함을 받아 손가락으로 글자를 가려서는 안 된다.

③ 서로 명함을 주고받을 경우에는 왼손으로 상대방의 명함을 받으면서 동시에 오른손으로 자기의 명함을 건네 준다.

④ 명함은 손아랫사람이 먼저 내밀며 자기의 이름을 상대방이 읽어 볼 수 있도록 건네 주어야 한다.

3 소개시 예절

① 지위가 낮은 사람을 윗사람에게 먼저 소개하고, 그 다음에 지위가 높은 사람을 낮은 사람에게 소개한다.

② 지위를 따지기 어려운 경우에는 젊은 사람을 연장자에게 소개하고, 그 다음에 연장자를 나이 어린 사람에게 소개한다.

③ 남자를 여자에게 먼저 소개하고, 그 다음에 여자를 남자에게 소개한다.

④ 한 사람을 여러 사람에게 먼저 소개하고, 그 다음에 각각 소개한다.

⑤ 소개할 때에는 소속, 직책, 성명을 틀리지 않도록 유의하여야 한다.

⑥ 자신이 소개를 받았을 때에는 상냥하게 인사를 한다.

⑦ 외국인과 인사를 나눌 때에는 국가마다 인사 예절이 다르므로 상대방에 알맞은 인사를 하여야 한다.

Chapter 04 일정관리

제1절 일정표 작성

상사가 업무를 신속하고 정확하게 수행할 수 있도록 일정표를 효과적으로 작성·활용하여야 한다.

1 일정표에 꼭 들어가야 할 사항

① 언제 …… 약속 날짜, 약속 시각, 소요 시간 등

② 누구와 …… 약속하는 개인이나 단체(개인의 소속, 직위, 성명, 전화번호와 단체의 명칭, 전화번호 등)

③ 어디서 …… 약속 장소(위치, 전화번호, 당일 휴무 여부 등 확인)

④ 무엇을 …… 약속의 주제, 목적(친목 회식, 기자 회견, 특강 등)

⑤ 왜 …… 필요시만 기재

⑥ 어떻게 …… 필요시만 기재

2 일(예)정표의 종류

1) 연간 일(예)정표

기관이나 부서의 1년간의 업무계획 가운데 중요한 것을 연초에 기록하는 것이다. 여기에는 당해 연도의 정기행사나 임시행사, 즉 개교기념일, 창사기념일, 주주총회, 직원체육대회, 각종 정기회의, 수학여행 등을 간단히 기록하는 것이 좋다. 연간 일정표는 기관(부서) 사정이나 날씨 등에 의거 수시로 변동될 가능성도 많다.

2) 월간 일(예)정표

당해 월에 예정되는 각종 행사 · 회의, 내방객 예약, 정기보고나 결재, 법정 · 임시 공휴일 등을 기록하는 것이다. 이는 연간 일정표보다는 더욱 현실성이 있다.

3) 주간 일(예)정표

일주 간에 예정되는 각종 행사 · 회의, 내방객 예약 등을 기록하는 것으로 비서로서는 일일 일정표와 함께 가장 많이 활용하는 예정표이다.

4) 일일 일(예)정표

당일의 행사계획, 회의 시간, 주요 결재 · 보고 사항, 내방객 예약 관계 등을 시간대별로 상세히 기록하여야 한다. 앞의 다른 예정표에 비하여 가장 현실적이라고 할 수 있다. 비서는 전날 퇴근 전에 작성하여 당일 아침 출근 직후 상사에게 보고하여야 한다. 비서는 출장이나 외출시는 항상 당일 일정표를 휴대하여 중간중간 하루의 일정을 점검함으로써 하루의 일정을 완벽하게 수행할 수 있다.

제 2 절 일정표 관리상의 유의 사항

1 스케줄 관리의 유의점

① 시간 손실이 없도록 하여야 한다.

② 면회 시간은 건당 30분 정도로 하는 것이 편리하다.

③ 상사의 일정에 따라 비서의 일정표를 작성한다.

④ 토요일은 휴무이거나 대개 오후 1시까지만 근무하기 때문에 가급적 예약을 피하는 것이 좋다.

⑤ 출근 직후나 퇴근 직전은 급한 용무나 결재가 아니면 가급적 상사의 면담을 피한다.

⑥ 사적인 약속은 가급적 점심 시간이나 퇴근 후의 시간으로 한다.

⑦ 내부적인 결재는 급한 경우가 아니면 일정 시각을 정하여 일괄적으로 하는 지정 시간 결재를 하는 것이 상사의 시간관리에 편리하다.

2 일정의 변경시 유의점

① 일정은 가능한 한 변경하지 않도록 한다. 일정이 자주 변경되면 신뢰감이 없어진다.

② 부득이 변경될 경우에는 예약에 관련된 사람이나 기관(부서) 등에 즉시 연락하여 출장이나 회의가 지연된다는 등 예약 내용의 변경이 불가피하다는 뜻을 전달하고 양해를 구한 다음 약속 일시를 다시 협의하여 정하도록 한다.

③ 상사가 잊지 않도록 중요한 예약 내용이나 변경 사항에 대하여는 수시로 확인해 보는 것이 좋다.

P·a·r·t

07

업무편람

제 1 장 업무편람의 개요 / 421

제 2 장 행정편람 / 424

제 3 장 직무편람 / 426

Chapter 01

업무편람의 개요

제 1 절 업무편람의 의의

1 업무편람의 개념

업무편람(業務便覽)이란 업무 수행에 합리적인 방향 및 기준을 제시해 주는 것으로서 조직의 방침과 기능, 사무 처리의 절차와 방법, 준수하여야 할 원칙들, 기타 사무와 관련된 자료 등을 단순화하고 표준화하여 이해하기 쉽고 업무 처리에 편리하도록 작성한 업무지침서를 말한다.

행정기관이 상당 기간에 걸쳐 반복적으로 행하는 업무에 대하여는 그 업무 처리가 표준화 · 전문화될 수 있도록 업무편람을 작성 · 활용함을 원칙으로 한다.

2 업무편람의 종류

업무편람은 그 내용, 적용 범위 및 작성기관에 따라 여러 가지로 분류할 수 있으나, 행정기관에서 발간 · 배포하여 활용하는 행정편람과 부서별로 작성・활용하는 직무편람으로 크게 구분한다.

1) 행정편람

행정편람(行政便覽)이란 행정기관에서 발간・배포하여 소속기관이 공통으로 활용하는 업무지도서 또는 업무참고서를 말한다.

2) 직무편람

직무편람(職務便覽)이란 부서별로 그 소관 업무에 대하여 작성・활용하는 업무현황철 또는 업무참고철을 말한다.

제 2 절 업무편람의 작성 및 활용 효과

1 업무편람의 작성 효과

행정기관이 업무편람을 작성하는 효과는 다음과 같다.

① 현재의 업무 상태를 파악할 수 있다.

② 사무의 표준화・단순화・전문화를 촉진한다.

③ 기타 현재의 불합리한 점을 발견하여 개선할 수 있다.

2 업무편람의 활용 효과

행정기관이 업무편람을 활용하는 효과는 다음과 같다.

① 사무활동의 목표와 방침의 기준을 세워 준다.

② 사무를 통제하는 데 필요한 적절한 지침을 준다.

③ 사무의 혼란, 불확실 및 중복을 줄일 수 있다.

④ 교육훈련을 위한 실효성이 있는 교재가 된다.

⑤ 관리층과 부하 직원 상호간 또는 각 조직 간의 협력을 증진한다.

⑥ 기타 사무 능률 증진에 대한 관심을 높여 준다.

Chapter 02 행정편람

제 1 절 행정편람의 의의

1 행정편람의 개념

행정편람(行政便覽)이란 사무 처리의 기준 및 절차, 장비 운용 방법, 기타 일상적 근무규칙 등에 관하여 다수의 행정기관 또는 업무담당자에게 필요한 지침·기준 또는 지식을 제공하여 공통적으로 활용하는 업무지도서 또는 업무참고서를 말하며, 행정기관의 명의로 발간한다.

2 행정편람의 심의

1) 심의자문위원 위촉

행정기관의 장은 행정편람을 발간할 때 필요한 경우에는 해당 기관의 공무원 및 관계 전문가를 심의자문위원으로 위촉할 수 있다.

2) 수당 지급

심의자문위원회에 대하여는 예산의 범위 안에서 수당 기타 필요한 경비를 지급할 수 있다.

제 2 절 행정편람의 발간 및 활용

1 발간 및 수정 · 보완

행정편람은 당해 행정기관의 장이 발간한다. 또한 관련 제도의 변경 등으로 행정편람의 내용을 수정 또는 보완하여야 하는 사유가 발생한 때에는 그 내용을 수정 또는 보완하여야 한다.

2 관리 및 활용

행정편람은 개인이 소장하는 것을 금지하고 공용 서가 또는 책장에 비치하여 관계자가 누구든지 항상 손쉽게 참조 · 활용할 수 있도록 하여야 한다.

Chapter

03 직무편람

제 1 절 직무편람의 의의

1 직무편람의 개념

직무편람(職務便覽)은 부서별로 그 소관 업무에 대한 업무계획 · 관련 업무 현황 기타 참고 자료 등을 체계적으로 정리하여 활용하는 업무 현황철 또는 업무참고철을 말한다.

2 작성 대상 및 내용

1) 작성 대상

직무편람은 특별한 사유가 있는 경우를 제외하고는 행정기관의 직제에 규정된 최하 단위 부서(과 또는 담당관)별로 작성한다. 직무편람은 부서별로 작성하므로 부서편람이라고도 한다.

2) 작성 내용

① 업무 연혁 · 관련 업무 현황 및 주요 업무계획
② 업무의 처리 절차 및 흐름도
③ 소관 보존문서 현황
④ 기타 업무 처리에 필요한 참고 사항

제2절 직무편람의 관리 및 활용

1 직무편람의 관리

처리과의 장은 정기 또는 수시로 직무편람의 내용을 점검하고, 수정 또는 보완하여야 하는 사유가 발생한 때에는 그 내용을 수정 또는 브완한다.

2 직무편람의 인계 · 인수

업무를 담당하는 직원의 교체 또는 조직 개편, 사무의 재분장 등으로 소관 업무를 인계 · 인수하는 때에는 직무편람을 함께 인계 · 인수하여 업무 현황의 파악이 용이하도록 하고 업무 처리 지식 등이 축적될 수 있도록 하여야 한다.

P·a·r·t

08

사무환경

제 1 장 사무환경의 개요 / 431

제 2 장 사무 장소 / 433

제 3 장 사무용 집기 / 441

제 4 장 집무환경 / 444

Chapter 01

사무환경의 개요

제 1 절 사무환경의 의의

사무 능률을 높이고 나아가 사무의 생산성을 제고하기 위하여는 사무 처리의 간소화나 과학화 등에 못지않게 근무자들이 심리적으로 안정되고 생리적으로 쾌적한 상태에서 근무할 수 있는 사무실의 환경이 매우 중요하다. 따라서 사무환경은 사무 능률의 향상과 근무자의 건강을 보호하는 차원에서 항상 쾌적하고 적절하게 조성·관리되어야 한다.

여기서 사무환경(事務環境)이란 사무실의 채광 상태, 조명, 색채, 공기, 음향, 사무용 기기의 색깔·크기·종류 등 사무실의 물리적 환경을 망라하여 의미하는 것이다.

따라서 사무환경 관리의 대상은 사무 수행에 영향을 미치는 모든 주변환경이 되겠으나 여기서는 주로 앞에서 사무환경으로 지적하고 있는 사무실의 면적·배치, 사무용 집기, 사무실의 조명, 색채, 공기, 음향 등에 관하여 살펴보고자 한다.

제 2 절 사무환경의 중요성

현대 사회에서 사무실은 크게 나누어 사무 처리 기능과 정보생산 기능의 두 가지 기능이 있다.

먼저, 사무 처리 기능은 각종 사무 기기의 발달로 인하여 OA화가 되어 인간의 육체적인 노동을 크게 덜어 주고 있으며 비약적으로 능률이 향상되고 있다.

반면에 정보 생산 기능은 현대 사회가 고도로 정보사회화됨에 따라 현재는 물론 앞으로 더욱 중요시되는 기능이며, OA화에 따른 지원이 기대되기는 하나 궁극적으로 인간의 두뇌에 의존할 수밖에 없을 것이다. 따라서 사무 종사자의 두뇌 노동은 향후 그 중요성이 더욱 증가될 것이므로 개인의 능력을 최대한 발휘하게 할 수 있는 쾌적하고도 기능적인 사무환경의 조성은 매우 중요하다.

Chapter

02 사무 장소

제 1 절 사무실의 면적

1 사무실 면적의 일반적 기준

사무실의 면적은 맡은 업무의 성격, 직위, 직급별 근무 인원, 집기 및 장비, 방문객의 규모 등을 고려하여 경제성·쾌적성·능률성이 조화되도록 산정한다. 참고로 행정자치부령인 정부청사관리규정시행규칙의 청사 취득 및 배정 면적 기준에 의한 국가기관의 사무실 면적의 일반적 기준을 살펴보면 다음과 같다.

① 장관급 - 장관실, 장관급 기관장실: 165㎡(집무실, 접견실, 비서실)
  - 위원실: 99㎡(집무실, 비서실)

② 차관급 - 차관실, 처의 차장실: 99㎡(집무실, 비서실)
  - 청장실: 99㎡(집무실, 비서실)
  - 차관급 기관장실: 99㎡(집무실, 비서실)
  - 위원실: 66㎡(집무실, 비서실)

③ 차관보급, 1급 - 차관보실: 50㎡(집무실)
  - 기획관리실장실: 50㎡(집무실)

- 청의 차장실: 66㎡(집무실, 비서실)
- 기관장실: 66㎡(집무실, 부속실)
- 위원실: 33㎡(집무실)

④ 2·3급 - 국장실, 담당관실: 33㎡(집무실)
- 기관장실: 50㎡(집무실, 부속실)
- 위원실: 17㎡(일반사무실, 집무실)
- 3급 과장: 17㎡(일반사무실, 집무실)

⑤ 4급 - 국장, 과장실: 17㎡(일반사무실, 집무 면적)
- 서기관: 7㎡(일반사무실, 집무 면적)
- 기관장실: 33㎡(집무실, 부속실)

⑥ 5급 - 과장: 17㎡(일반사무실, 집무 면적)
- 사무관: 7㎡(일반사무실, 집무 면적)
- 기관장실: 17㎡(집무실, 부속실)

⑦ 6급 이하 - 과장: 10㎡(일반사무실, 집무 면적)
- 일반직원: 7㎡(일반사무실, 집무 면적)
- 기관장: 17㎡(일반사무실, 집무 면적)

업무의 특수성이 있는 기관의 사무실과 위에서 열거하지 아니한 청사시설에 대하여는 행정안전부 장관이 청사시설 기준표를 따로 정할 수 있다.

2 보조사무실의 면적 기준

종전에는 정부청사관리규정시행규칙 별표 1의 규정에 의한 상황실, 기타 특수업무용 보조사무실의 기준 면적이 규정되어 있었으나, 1995년 6월 8일 개정되어 청사시설의 사정에 따라 그 규모를 적정하게 정하여 사용하고 있는 실정이다. 보조사무실로는 상황실, 회의실, 식당(주방 포함), 화장실, 창고, 문서고, 수위실, 당직실, 차고, 운전기사 대기실 등이 있다.

제 2 절 사무실의 배치

사무실의 배치는 건물 전체에 대한 사무실의 배치와 배정받은 각 사무실의 실내 좌석 배치의 두 가지 측면으로 구분해 볼 수 있다.

1 건물 내의 사무실 배치

일정한 건물 안에서 각 실·국·과 등의 사무실을 단독사무실과 일반사무실로 구분하여 층별 또는 동일 층 내에서 배정하는 것을 말하며, 가능한 한 업무 협조가 잘 이루어지도록 기능별·직위별 이용자의 편의를 잘 고려하여 배치하여야 한다. 특히 회의실, 당직실, 문서 보관창고 등 여러 사람이 활용하는 곳을 잘 배치하여야 할 것이다.

2 사무실 내의 좌석 및 사무용 집기 배치

배정받은 사무실 내에서 좌석을 어떤 모형으르 할 것인가, 또는 사무용 집기, 비품, 기기 등은 어디에 배치할 것인가를 잘 검토하여 사무 처리가 능률적으로 이루어질 수 있도록 배치하여야 할 것이다.

3 사무실 배치시 고려 사항

사무실을 배치할 때에는 건물의 상황, 조직 및 업무 분장, 업무의 흐름, 시설의 용도, 시설 이용자의 수, 기타 물리적 환경 등을 고려하여야 한다.

1) 건물의 상황

건물 내부의 모양, 기둥, 계단, 승강기, 식당, 화장실, 방화 및 소화시설 등을 고려하여 배치한다.

2) 조직 · 업무 분장

각 부서의 편제와 수, 관리자의 직급과 수, 조직 인원, 분장 업무 등을 고려하여 배정한다.

3) 업무의 흐름

업무의 내용과 서류의 접수 · 전달 · 보관 및 업무상 관련이 깊은 부서의 상호 관계, 조직의 발전성 등을 고려한다.

4) 사무 기기와 집기 · 비품

현재 사용하고 있는 사무 기기, 집기, 비품 등과 장래에 도입될 사무 기기, 집기, 비품 등을 고려하여 배치한다.

5) 시설의 용도 및 이용자

회의의 성질, 참석 인원, 사용 빈도 수와 방문객의 종류, 인원, 방문 시간, 접객 방법 등을 고려하여 배치한다.

6) 사무환경

업무 성격에 따라 사무실의 조명, 온도, 습도, 색채, 환기, 소음 상태 등을 고려한다.

4 사무실의 배정

1) 대사무실주의 채택

사무실을 너무 세분화하여 면적이 좁은 사무실로 사용하는 것보다는 여러 과(課)를 한 사무실에 배정하여 사용하는 것을 바람직하다고 생각하는 것이다.

대사무실주의(大事務室主義)는 실내 공간의 이용도를 높일 수 있고, 문서의 흐름이 빠르다. 그리고 업무의 집중관리가 가능하다. 상급자의 입장에서 감독과 결재가 용이하고 직원들 간의 행동 비교 등 근무평정이 유리하다.

2) 관련 부서의 인근 배치

업무가 서로 관련이 있는 부서를 인접하게 배치하는 것을 말한다. 유사업무 부서를 가능한 한 최단 거리가 되도록 배치하는 것이 업무 처리에 효율적이다. 예를 들면, 회의실 옆에 이를 관리하는 총무 부서를 배치한다든지, 컴퓨터실 옆에 전산 관련 학과를 배치한다든지, 민원인이 자주 찾는 민원실을 1층에 배치한다든지, 또는 입찰시 자주 활용하는 대회의실 옆에 회계 부서를 배치하는 것은 좋은 예이다.

3) 업무 처리 흐름에 따른 직선적 배치

업무 처리의 흐름이 전방을 향하여 계속 직선적으로 이동할 수 있도록 사무실을 배치함으로써 사무직원의 동선(動線)을 최소화하고 업무가 지그재그식으로 왔다 갔다 하지 않도록 하는 것이 필요하다.

이 때에는 우선 업무의 흐름을 정확히 파악하여야 한다. 문서의 흐름도를 그려보고 생산되는 문서의 양도 측정해 보아야 할 것이다.

5 사무실의 실내 배치

1) 책상의 배치

과거에는 책상 배치에서부터 권위주의적으로 이루어졌다. 이제는 업무 중심의 합리적인 책상 배치가 되도록 하여야 한다.

(1) 관리자의 책상 배치

관리자의 책상은 실무자들과 대면하도록 배치하는 방법과 실무자들의 후면에 배치하는 방법, 그리고 칸막이로 막거나 또는 별도의 방에 배치하는 방법 등이 있다. 이 중 관리자의 입장에서는 한 사무실의 후면에 배치하는 것이 부하 직원들을 관리·감독하기는 쉽다. 그러나 부하 직원들의 입장에서는 별도의 방에 배치하는 것이 근무에 대한 심리적 부담을 덜어 준다.

특히 다음과 같은 경우에는 후면에 배치하거나 별도의 방에 배치하여야 할 필요성이 크다고 할 수 있다.

① 직원들의 사무처리 내용이 대부분 표준화되어 있을 때

② 연구·조사·기획·정밀 계산 등과 같이 주의집중도가 높은 사무일 때

(2) 실무자의 책상 배치

실무자들의 책상 배치는 사무실의 구조, 업무의 특성, 협조 관계 등을 고려하여 배치하면 된다. 책상 배치의 방법을 몇 가지 소개하면 다음과 같다.

① 기본형: 앞사람의 등을 보고 동일 방향으로 배치하며, 관리자는 가장 후면의 중앙에 위치하도록 한다. 이러한 배치 방법은 많은 민원인을 상대로 하는 금융기관이나 동사무소 등에서 주로 많이 활용된다.

② I자형: 실무자들의 책상은 양쪽에서 마주 보도록 배치하고 관리자는 한쪽의 중앙에 위치하도록 배치한다. 이 배치 방법은 주로 대화나 협의가 많이 필요한 부서이거나 공공기관에서에서 계(係) 단위 또는 팀 단위별로

<예시>

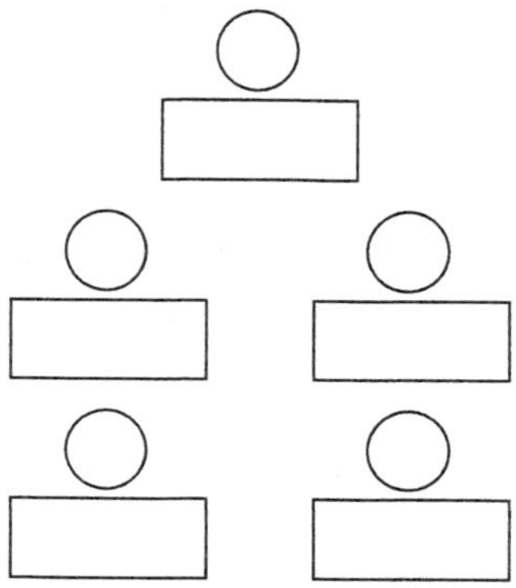

기본형

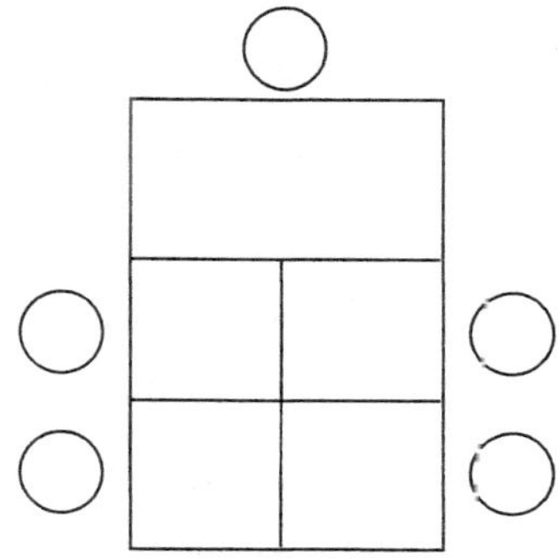

I자형

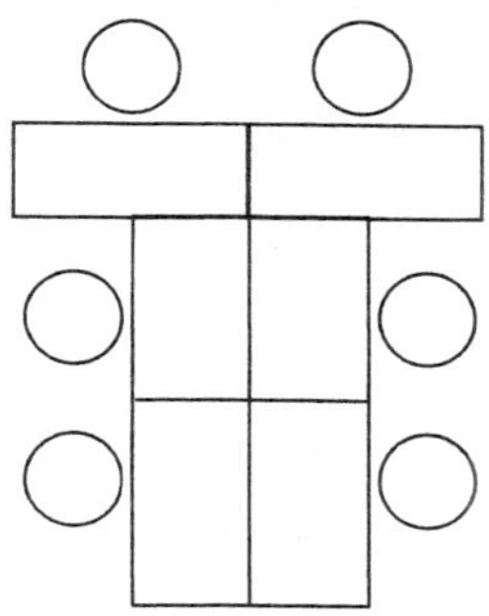

T자형

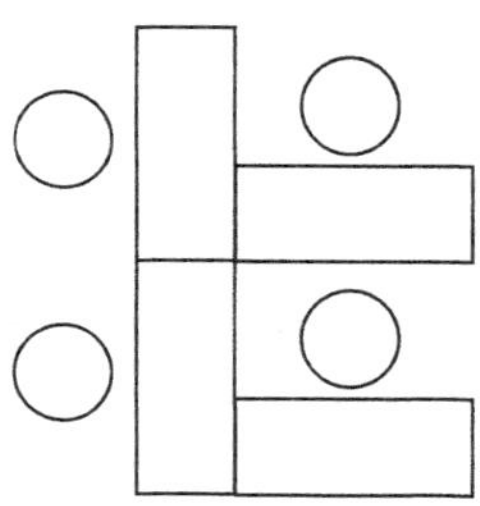

L자형

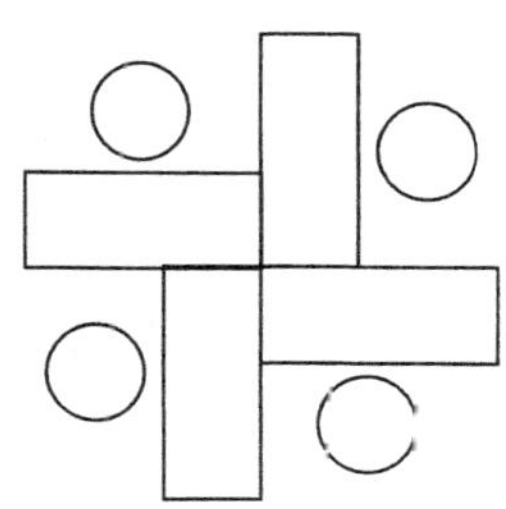

+자형

배치할 때에 많이 활용된다.

③ T자형: 이는 I자형과 같이 실무자들의 책상은 마주보도록 배치하고 관리자만 한쪽의 중앙에 나란히 배치한다. 이는 사무실의 면적이 넉넉하지 못한 부서나 공공기관에서 두 계(係)나 두 팀이 나란히 배치되는 경우 많이 활용된다.

④ L자형: 이는 실무자의 책상은 일렬로 배치하여 옆으로 나란히 앉도록 하고 관리자는 실무자 중 상위자의 책상과 직각이 되도록 배치하는 것을 말한다. 이러한 방법은 같은 계원이나 팀원의 인원이 많지 않은 경우에 주로 활용된다.

⑤ +자형: 이는 책상의 옆면과 직각이 되도록 계속 배열하면 4개가 바람개비처럼 배치된다. 이 배치 방법은 어느 책상이 하위 직원의 것인지 관리자의 것인지 구별되지 않는 특징이 있다. 최근 들어 사무실에도 민주화의 바람이 불어 이 방법을 택하는 경우가 흔히 있다. 주로 연구소나 여러 직종이 같은 팀을 이루고 있을 때에 직종 간 등급이나 계급의 상하를 구분하여 책상을 배치하기가 곤란한 경우에 이 방법이 많이 활용된다.

2) 사무용 집기의 배치

① 어느 한쪽으로 사무용 집기가 집중되도록 배치하지 말아야 한다. 사무실 사용시에 어느 부서는 넓게 사용하는데 어느 부서는 좁게 사용하는 경우가 생겨날 수가 있기 때문이다.

② 사무용 집기를 여기저기 산만하게 배치하지 않도록 하여야 한다. 집기가 흩어져 있으면 업무 처리가 심리적으로 산만해지기 마련이다. 따라서 집기의 배치는 규격이나 색깔 등을 고려하여 가지런히 배치하여 정돈된 느낌이 들도록 한다.

③ 가능한 한 사용자의 책상과 가까이 하도록 하여야 사무가 능률적으로 처리될 것이다. 즉 사용자의 동선을 최소화하여야 한다.

Chapter 03 사무용 집기

제 1 절 사무용 책상

사무용 책상은 인체 동작의 보조적 역할을 하는 중요한 도구이다. 사무 직원은 근무 시간 내내 사무용 책상에서 업무를 처리하기 때문에 업무 능률에 많은 영향을 미친다.

사무용 책상을 구입할 때에는 다음 사항을 고려하여야 한다.

① 책상의 표면이 너무 어둡거나 광택이 심하면 사무용 종이로 가장 많이 사용하는 흰색과 너무 대비되어 눈의 피로를 가져오기 때문에 무광택이면서 연한 색으로 고르는 것이 좋고, 책상 위에 유리를 깔 경우에는 유리 밑에 녹색 천을 넣으면 눈의 피로를 덜어 준다.

② 수납 공간을 효율적으로 사용할 수 있도록 설계된 것을 고른다.

③ OA 기기를 사용시 배선이 책상에 끼지 않도록 효과적으로 설계된 것과 높이의 조절이 자유로운 것을 고른다.

책상의 규격에서는 사무실의 면적이나 모양 등을 고려하여야 하나 특히 업무의 시간과 양, 사용 빈도 등을 잘 검토하여 선택하여야 한다. 사무실 면적에 비하여 책상이 너무 넓은 경우에는 사무실 공간을 많이 차지하게 되어 다른 필요한 사무 기기를 배치할 수 없고, 반면에 너무 좁으면 진행 중인 필요한 서류 등을 무질서하게 여기저기에 놓고 업무 처리를 하게 되어 해당 서류가 다른 서류철에 들어가는 경우가 발생하는 등 비효율적이라고 할 수 있다.

책상의 높이는 자신의 체위에 맞는 것을 선택하여야 한다. 너무 낮아서 허리를 구부리면 피로가 빨리 오고 비정상적인 체형이 될 것이며, 반대로 너무 높으면 책상 면과 눈이 너무 가까워서 시력에 이상이 올 것이다. 그러므로 적정한 높이의 책상은 업무 능률면에서 크게 도움을 준다고 할 수 있다. 현재 조달 물자인 책상은 높낮이를 자유로이 조절할 수 있도록 책상 밑에 조절장치를 설치해 놓았다.

타자기나 컴퓨터의 전용 책상은 사무용 책상보다 약간(약 3~4㎝ 정도) 낮은 것이 좋다. 또한 관공서의 경우에는 5급 이상의 공무원은 양수 책상(책상의 좌우에 서랍이 설계되어 있는 책상)을 보급하게 되어 있고, 6급 이하의 하위직 공무원에게는 단수 책상(책상의 한쪽, 즉 우측에만 서랍이 설계되어 있는 책상)을 보급하고 있다.

그러나 앞으로는 이와같이 고위직으로 갈수록 책상의 크기가 커지고 하위직으로 갈수록 책상의 크기가 작아지는 권위주의적인 책상 보급 및 배치는 지양하여야 하고, 실제로 담당하고 처리하는 사무의 양에 비례하여 책상의 크기가 달라지는, 즉 사무의 양이 많은 하위직에게 넓은 책상을 지급하고 결재만 담당하는 중·고위 관리직에게는 작은 책상을 지급하는 등 합리적으로 책상을 배치하여 사무가 좀더 효율적으로 처리될 수 있도록 사무실 환경을 조성하여야 한다.

제 2 절 사무용 의자

의자는 사무실 근무자에게는 매우 중요한 사무용 집기이다. 규격이나 높이를 책상과 함께 고려해 선택하여야 할 것이다. 의자가 불편하면 근무 시간에 처리하는 사무의 능률이 저하될 것이다.

사무용 의자를 고를 때에는 기본적으로 다음의 사항이 고려되어야 한다.

① 착석시 등과 등받이가 안락하고 인체에 해가 되도록이면 적게 미치는 인간공학적으로 설계된 것을 고른다.

② 좌면의 높이, 좌면의 각도, 등받이의 각도, 높낮이 등이 간단하게 조절될 수 있는 기능이 갖추어진 것을 고른다.

③ 착석시 안정성을 확보하기 위하여 종래의 4본 다리보다는 5본 다리가 채택된 것을 고른다.

공공기관의 경우 사무실에서 사용하는 사무용 의자는 종래에는 조달청에서 규정된 규격만을 사용하였으나 요즘에는 회전의자보다는 고정된 하이팩 의자 등 인체공학적으로 설계된 의자를 선호하고 있다. 사무용 의자도 정부 조달 사무용 집기의 규격이 직급별로 정해져 있다.

기타의 사무용 집기도 일정한 규격이나 색채가 정해져 있는 경우도 있다. 캐비닛의 경우 일반 캐비닛, 파일링, 옷장 등으로 구분하여 조달되고 있는 형편이다. 색채도 매년 약간씩 다르게 나오고 있다. 안락의자의 경우도 진한 색채보다는 연한 것이 많이 보급되고 있다. 안락의자의 경우는 이제 낮은 안락의자의 종류보다는 서류 정리나 회의시 겸하여 활용할 수 있는 등 좀더 다용도로 사용되는 높은 원탁 종류로 많이 대체되고 있는 실정이다.

Chapter

04 집무환경

우리가 사무실(office)이라는 공간에서 일하는 경우에 일상적으로 사무실을 노동의 장(場), 즉 일터로서 느끼는 것이 아니라 가능한 한 사무를 처리하는 데 용이하고, 더불어 쾌적한 집무환경(執務環境)에서 근무하면 얼마나 좋을까 하는 생각을 하게 된다. 따라서 여기서는 사무실의 집무환경 중 근무자들에게 직접적으로 가장 많은 영향을 주는 조명, 색채, 공기, 음향에 관한 문제에 대하여 살펴본다.

제 1 절 조명관리

우리가 근무하는 데 빛은 매우 중요하다. 일반적으로 집무환경에서 빛의 문제는 자연광선을 받아들이는 채광(採光)과 인공광선을 받아들이는 조명(照明)으로 구분해 볼 수 있으나 사무실의 빛은 역시 자연광선이 가장 이상적이라고 한다(高橋光男, 1996: 68). 따라서 창문의 위치나 크기로써 적절히 조절하여 사무실의 채광이 양호하게 되도록 노력하여야 한다. 그러나 주변의 환경이나 시설의 여건상 낮에도 채광이 제대로 안 되는 경우나 특히 야간의 경우에는 인공 광선인 조명관리(light controlling)가 매우 중요한 집무환경의 요인이 된다.

사무 내용, 벽면과 천정의 종류 등에 따라 조명의 정도는 달라질 수 있으나 너무 밝거나 어두워서 자극이 심하거나 피로하면 사무의 능률을 저하시킨다. 사무실의 조도는 주로 작업면(일반적으로 사무실 바닥으로부터 85㎝ 정도)에서는 수평 조도(照度)를 나타내며, 설계, 제도, 정밀 계산 등의 작업을 할 경우에는 국소(局所) 조명을 병용하는 것이 좋다.

산업보건 기준에 관한 규칙 제4조에서는 작업면의 조도를 다음과 같이 규정하고 있다.

① 초정밀 작업 - 750 럭스(lux) 이상

② 정밀 작업 - 300 럭스 이상

③ 보통 작업 - 150 럭스 이상

④ 기타 작업 - 75 럭스 이상

제 2 절 색채관리

색채관리(色彩管理, colour controlling)라고 하는 것은 사무실 내에서 일하는 사람들에게 미치는 심리적・생리적인 영향을 고려하여 색이 갖는 특성을 최고로 이용하여 능률을 높이는 것으로서, 이와 같은 색채관리를 함에 따라 눈이 피로해지지 않고 심신의 피로가 적어지며 작업 능률이 높아지고 사고가 감소하는 등의 효과가 얻어진다. 색을 감지하거나 무슨 색인가를 확인하거나 이에 반응하는 과정에서 기본적인 요인으로는 색조(色調)라고 불리는 빨강, 노랑 등과 같은 색상(色相)이 있고, 밝은 청색, 어두운 녹색 등과 같은 명도(明度)가 있다(高橋光男, 1996: 71).

색채관리의 대상은 주로 사무실의 벽면, 바닥, 책상, 의자, 사무용 집기 등으로서 이들의 색채가 사무실 근무자의 심리적・생리적인 면에 크게 영향을 준다는 것이다. 따라서 좀더 안정적이고 쾌적한 색채를 사용함으로써 사무실 근무자의 심리적 효과를 높여 사무 능률을 높일 수 있는 방안을 강구하여야 한다. 사무실의 벽면, 바닥, 천정, 책상, 의자, 사무용 집기 등의 색채 선정은 색채심리작용표를 활용하여 결정하는 것이 바람직하다.

일반적으로 색의 경중 감각을 이용하여 사무실 벽면의 아랫부분이나 바닥은 명도가 낮은 색으로, 벽면의 윗부분이나 천장은 명도가 높은 색으로 하되, 명도의 차이가 너무 심하지 않는 것이 좋다.

색의 자극 정도를 이용하여 자주 접촉하는 책상, 사무용 집기는 되도록이면 자극이 적은 색을 사용하고, 단조롭고 정적인 사무를 처리하는 사무실은 활기를 조장하기 위하여 비교적 명쾌한 자극성이 높은 색을 사용하는 것이 바람직하다.

제 3 절 공기관리

공기관리(空氣管理, air controlling)는 공기조정(air conditioning)이라고도 불리며, 이는 사무실 내에서 쾌적하게 일할 수 있도록 온도(溫度), 습도(濕度), 통기(通氣) 등을 관리하는 것을 말한다. 사무 능률을 높이기 위하여는 사무실 내에 항상 적정한 공기가 유지하도록 노력하여야 한다. 산업보건 기준에 관한 규칙 제229조에서 적정한 공기란 산소 농도의 범위가 18% 이상 23.5% 미만, 탄산가스의 농도가 1.5% 미만, 황화수소의 농도가 10ppm 미만인 수준의 공기를 의미한다. 공기를 항상 청결하게 유지하기는 어려우나 다음과 같은 오염의 발생 원인을 고려하여 통기 또는 환기에 항상 유의하여야 한다.

① 근무자들의 호흡에서 발생하는 탄산가스의 증가와 산소의 감소
② 신체의 발열에 의한 온도의 상승
③ 증발에 의한 습도의 증가
④ 실내 흡연으로 인한 공기오염
⑤ 근무자의 움직임에 따른 먼지 발생

한편, 사무실 내의 온도와 습도가 사무 능률과 사무실 근무자의 건강에 미치는 영향이 크므로 다음과 같은 요인을 참고하여 이들을 적절히 조절하

는 것이 필요하다.

① 사무실 내의 적정한 온도 - 봄, 가을: 22~23℃ 정도

- 여름: 25℃ 정도

- 겨울: 20℃ 정도

② 사무실 내의 적정한 습도 - 50~70% 정도

③ 건물의 방향 - 북향보다는 남향이 좋다.

④ 사무실 내의 채광 여부 - 채광이 되지 않으면 건강에 해롭다.

⑤ 사무실 내의 근무 인원 수와 열량 발산 정도

⑥ 건물의 구조와 양식

⑦ 건물 주위의 물리적 환경

그러나 사무실에서 근무하는 사람들에게 상기에서 말하는 적정한 온·습도는 온·습도계에 의하여 기계적으로 측정되는 것보다도 인체에서 실제로 춥다거나 덥다라고 느끼는 체감 온·습도가 오히려 중요하게 여겨진다는 점에 유의하여야 한다.

제 4 절 음향관리

음향관리(音響管理, sound controlling)는 음이 갖는 기능의 효과적인 관리를 말하는 것으로서, 음향 조절(sound conditioning)이라고도 불린다. 사무실 내·외의 음향이 지나친 소음이라면 사무 능률은 저하되기 마련이다. 조용한 사무실이 근무하기 좋은 집무환경이라 할 수 있으며, 사무실 내의 소음 방지 요령을 살펴보면 다음과 같다.

① 사무실 내에서의 불필요한 대화는 가급적 억제한다.

② 사무실 내에서의 보행시나 사무용 기기 사용시에는 소리가 크지 않도록 사전에 노력한다.

③ 바닥 재료는 탄력성이 있는 것을 사용한다.

④ 외부 방문객을 가급적 사무실에서 만나지 않도록 사무실 가까이에 공

용 응접실을 마련한다.

⑤ 천장이나 벽면은 흡음제나 방음제를 사용하여 실내·외에서 발생되는 소음을 줄여 준다.

소음·진동관리법 제2조에서 소음(騷音)을 "기계·기구·시설, 그 밖의 물체의 사용 또는 환경부령으로 정하는 사람의 활동으로 인하여 발생하는 강한 소리"[1]로 규정하고 있다. 즉, 소음은 불규칙적이고 진동 수가 일정하지 않아 듣기 싫은 소리를 말하는 것이다. 듣기 싫은 자동차의 경적 소리, 철공소의 용접 소리, 벽시계 소리, 냉장고 소리, 기차 소리 등은 소음이라고 하고, 듣기에 좋은 색소폰 소리나 성악가의 노랫소리 등은 소음이라고 하지 않는다. 따라서 소리의 세기나 강도가 같더라도 소음이냐, 소음이 아니냐는 쾌적한 생활환경을 해치느냐의 여부, 원하는 소리의 여부, 각자의 심신 상태 등 환경 조건에 따라 상대적이고 주관적인 판단에 따라 결정된다.

소음의 척도로서 dB(데시벨)[2]를 사용한다. 소음·진동관리법시행규칙에서는 주거지역이나 학교지역의 경우 주간(07 : 00~18 : 00)에는 대개 50dB 이하, 야간(22 : 00~05 : 00)에는 40dB 이하로 소음을 규제하고 있다.

---

1) '환경부령으로 정하는 사람의 활동으로 인하여 발생하는 강한 소리'란 다음 각 호의 사업장에서 발생되는 소리에 한정한다.
   ① 체육시설의 설치·이용에 관한 법률 제10조 제1항 제2호에 따른 체육도장업, 체력단련장업, 무도학원업 및 무도장업
   ② 학원의 설립·운영 및 과외교습에 관한 법률 제2조에 따른 학원 및 교습소 중 음악교습을 위한 학원 및 교습소
   ③ 식품위생법시행령 제21조 제8호 다목 및 라목에 따른 단란주점 영업 및 유흥주점 영업
   ④ 음악산업 진흥에 관한 법률 제2조 제13호에 따른 노래연습장업
   ⑤ 다중이용업소 안전관리에 관한 특별법시행규칙 제2조 제4호에 따른 콜라텍업

2) 물리적인 소음의 세기는 데시벨(dB), 인간이 귀로 느끼는 세기는 폰(phon), 환경소음을 나타낼 때는 일반적으로 dB(A)로 나타낸다. 여기서 데시벨(dB)은 전화를 발명한 벨(A. G. Bell)이 생각해 낸 것으로 그 이름에서 벨(Bell)과 대수(log) 표시한 것에 10배에 한다는 뜻에서 데시(deci=10)를 붙여 데시벨이라 부른 것이다. 단위라기보다는 비(比, ratio)를 나타낸 것이다. 산출식으로 나타내면 dB=10 log(1/2)이다. 정상적인 청각을 지닌 사람이 겨우 들을 수 있는 정도가 0 dB이고, 소리의 세기가 이보다 10배 강해질 때마다 10dB씩 증가하는 것이다.

참고 문헌

국내 문헌

곽윤직(1992). 『채권각론』. 서울: 박영사.
국가전문행정연수원(1999). 『사무관리』. 서울.
김갑수(1996). 『최신사무관리론』. 서울: 형설출판사.
김남진(1994). 『행정법 Ⅱ』. 서울: 법문사.
김도창(1992). 『일반행정법론(하)』. 서울: 청운사.
김성태(1999). 『정부정책론과 전자정부론』. 서울: 법문사.
김태극(1995). 『신사무관리론』. 서울: 박영사.
남재우(1996). 『문서관리의 이론과 실무』. 서울: 사회교육연구회.
박낙조 외(1992). 『사무관리실무』. 서울: 사회교육연구회.
박연호(1995). 『사무관리신론』. 서울: 법문사.
박윤흔(1994). 『최신행정법강의(하)』. 서울: 국민서관.
박정식 외(1983). 『통계학개론』. 서울: 다산출판사.
배수진(1994). 『신사무자동화』. 서울: 학문사.
백완기(1992). 『행정학』. 서울: 박영사.
석종현(1993). 『일반행정법(하)』. 서울: 삼영사.
심병구(1993). 『예산관리론』. 서울: 박영사.
심정근(1983). 『정부예산론』. 서울: 법문사.
오문식 외(1994). 『사무관리개론』. 서울: 두남.
유종해(1992). 『현대행정학』. 서울: 박영사.
유 훈(1991). 『행정학원론』. 서울: 법문사.
유희숙(2001). 『사무관리론』. 서울: 대영문화사.
이관우(1995). 『조사분석방법론』. 서울: 형설출판사.
이상규(1994). 『신행정법론(하)』. 서울: 법문사.
이윤식(2001). 『행정정보체제론』. 서울: 법영사.

이종두(2006). 『사무관리론』. 서울: 대영문화사.
이종두(1991). "문서사무관리의 실태와 개선 방안," 『산업과 경영』. 충북대학교 산업경영연구소.
이종수 외(1996). 『새행정학』. 서울: 대영문화사.
이종익(1992). 『재무행정론』. 서울: 박영사.
임헌만 외(2002). 『행정사무관리론』. 서울: 라이센스포유.
조계숙 외(1996). 『비서실무론』. 서울: 대영문화사.
조석준(1992). 『사무관리』. 서울: 한국방송통신대학.
차병권(1973). 『재정학개론』. 서울: 박영사.
한국정보화진흥원(2009). 「2009 국가정보화백서」. 서울.
한상도(1995). 『사무관리실무』. 서울: 컴퓨터.
행정안전부(2008). 『사무관리실무편람』. 서울.
행정자치부(1998). 『전자정부의 비전과 전략: 21세기 전자정부로 가는 길』. 서울.
행정자치부(2004). 『전자정부 11대 과제 이용 현황 조사자료』. 서울.
행정자치부(2005). 『2005 전자정부사업 연차보고서』. 서울.
행정자치부(2005). 『전자정부 로드맵 추진 현황 및 계획』. 서울.
홍정선(1995). 『행정법원론 상』. 서울: 박영사.
황 학(2002). 『작업관리론』. 서울: 영지문화사.

국외 문헌

Berne, R. & Schramm, R.(1986). *The Financial Analysis of Governments*. Englewood Cliffs. New Jersey: Prentice-Hall.
Buck, A. E.(1934). *The Budget in Governments of Today*. New York: Macmillan.
Burkhead, J.(1956). *Government Budgeting*. New York: John Wiley and Sons, Inc.
Burkhead, J. & Miner, J.(1971). *Public Expenditure*. Chicago: Aldine Atherton.
Drucker, P. F.(1967). *The Practice of Management*. New York: Harper and Brothers.
Grillo, E. V. & Berg, C. J.(1965). *Work Measurement in the Office*, Chicago: Rand McNally.
Hicks, C. B. & Place, I.(1956). *Office Management*. New York: Allyn and

Bacon, Inc.
Kreitner, R. & Kinicki, A.(1995). *Organizational Behavior*, 3rd. Richard Irwin.
Leffingwell, W. H.(1925). *Office Management—Principles and Practice*, A. W. Show Co.
Miller, D. W. & Starr, M. K.(1969). *Executive Decisions and Operations Research*, N. J.: Prentice-Hall.
Smith, H. D.(1945). *The Management of Your Government*. New York: McGraw-Hill.
Stourm, R.(1917). *The Budget*, translated in English by Thaddus Plozinski, New York: D. Appleton and Co.
Taylor, F. W.(1967). *The Principles of Scientific Management*. New York: Norton.
Terry, G. R. & Stallard, J. J.(1980). *Office Management and Control*. Homewood, Illinois, Richard D. Irwin, Inc.
White, L. D.(1958). *Introduction to the Study of Public Administration*. 4th ed. New York: Macmillan.
Wildavsky, A. B.(1964). *The Politics of the Budgetary Process*. Boston: Little, Brown and Co.

高橋光男 外(1996).『事務·文書管理』. 京都: 嵯峨野書院
並木高矣 外(1992).『事務管理』. 東京: 丸善株式會社.
産業能率短期大學 編(1962).『事務能率ハンドブック』. 東京: 技報堂.
産業能率短期大學 編(1963).『事務管理ハンドブック』. 東京: 經林書房.
小林末男(1977).『近代事務管理論』. 東京: 千倉書房.
竹中直文(1976).『事務管理と經營機械化』. 東京: 産學社.

http://www.moleg.go.kr
http://www.mopas.go.kr
http://www.mosf.go.kr

찾아보기

ㄱ

가예산(假豫算) 298
가운뎃점 125
간결성 90
간결성의 원칙 227
간이기안문 121
간인(間印) 160
간행물 193
감독 378
감정가격(鑑定價格) 369
개산계약(槪算契約) 350
개산급(槪算給) 344
개찰(開札) 372
거래 실례가격(去來實例價格) 369
거멸도장 160
건설산업기본법 355
검사(檢査) 382
검사조서 383
검수(檢數) 382
검토(檢討) 146
결과(結果)보고 228
결문(結文) 106
결산(決算) 312
결산 심의 316
결산의 확인 315
결재(決裁) 149
결재문서(決裁文書) 79
결재의 효과 152
경리관(經理官) 332
경유기관 119
경유문서(經由文書) 119
경제 성장 촉진 기능 289
경제 안정 기능 289
경제성 91, 128
경제적 기능 288
계속비(繼續費) 299
계속비계약(繼續費契約) 351
계약(契約) 348
계약관(契約官) 349
계약 금액의 조정 379
계약보증금 377
계약서 375
계약의 방법 352
계약의 성립 375
계약의 원칙 349
계약의 이행 378
계약의 종류 350
계약의 체결 375
계인(契印) 215
계좌 이체에 의한 지출 337
계획(計劃)보고 228
고바야시(小林末男) 28
고시(告示) 77

고시금액(告示金額) 355
고유사무(固有事務) 31
공개 268
공고(公告) 77
공공기록물 관리에 관한 법률 85
공공기록물 관리에 관한 법률시행규칙 86
공공기록물 관리에 관한 법률시행령 86
공기관리(空氣管理) 446
공동계약(共同契約) 352
공동기안(共同起案) 144
공동작업반 편성 등에 의한 협조 232
공람문서(供覽文書) 79
공문서(公文書) 74
공사이행보증 제도 377
공사이행보증서 377
과년도 수입 329
과오납금(過誤納金) 327
과제관리카드 198
과학적 관리방법 34
관리(管理) 33, 34
관리(管理)보고 227
관리예산처(OMB) 301
관서운영경비 339
관서운영경비출납공무원 340
관인(官印) 215
관인 날인 165
관인의 공고 222
관인의 규격 216
관인의 등록 219
관인의 사용 218
관인의 조각 217
관인의 폐기 221
관측법(觀測法) 58
광디스크 188
구두(口頭)보고 228
국가를 당사자로 하는 계약에 관한 법률 284
국가를 당사자로 하는 계약에 관한 법률시행령 354
국가재정법 284
국가정보화기본법 375
국가회계법 284
국고금관리법 284
국고대리점 325
국고수표에 의한 지출 338
국고채무부담행위(國庫債務負擔行爲) 300
국세(國稅) 318
국소(局所) 조명 445
국제전기통신연합(ITU) 238
균형 능률 42
글자 94
글자의 색깔 94
금액 96
기관 간 업무 협조 230
기록관 170
기록물 관리기관 170
기록물 관리책임자 175
기록물관리 전문요원 194
기록물등록대장 180
기록물배부대장 180
기록물분류기준표 181
기록물의 등록 177
기록물의 보존 185
기록물의 분류 180
기록물의 생산 의무 174
기록물의 이관 189
기록물의 편철 182
기록물의 폐기 190
기록물철 183
기록물평가심의회의 190

기본형 438
기안(起案) 120
기안문(起案文) 122
기안문서(起案文書) 79
기안문의 작성 122
기안의 요인 121
기안의 종류 128
기안의 형식 121
기안자의 자격 120
기업회계(企業會計) 281
기정시간표준법(旣定時間標準法) 64
기획재정부령 355
깁슨(C. F. Gibson) 46

ㄴ

나미기(並木高矣) 28, 34, 55, 92
낙찰자 결정 373
날짜 96
납부서(納付書) 323
납세고지서(納稅告知書) 321
납입고지(納入告知) 321
납입고지서(納入告知書) 321
납입의 독촉 326
내용 109
내방객 411
내방객 접대 403
네트워크 보안 273
노이마르크(Neumark) 286, 290
놀란(R. L. Nolan) 46

ㄷ

다양한 절차의 원칙 294
다카하시(高橋光男) 92, 444
다케나카(竹中直文) 28
단가계약(單價契約) 350
단순사무(單純事務) 32
대결 153
대가 지급 384
대결(代決) 151
대결문서 159
대내문서 75
대리계약관(代理契約官) 349
대리분임계약관(代理分任契約官) 349
대리분임재무관(代理分任財務官) 334
대리분임지출관(代理分任支出官) 336
대리의 특례 159
대리재무관(代理財務官) 334
대리지출관(代理支出官) 336
대면결재(對面決裁) 78
대사무실주의(大事務室主義) 437
대외문서 75
대통령 기록물 190
데시벨(dB) 448
동선(動線) 437
두문(頭文) 106
등락률 379
등락폭 379
등본(謄本) 81
디지털예산·회계 시스템 325
딕시(L. R. Dicksee) 46

ㄹ

레밍턴(P. Remington) 45
레이팅(rating) 65
레핑웰(W. H. Leffingwell) 27, 37, 46, 55
로고·상징 등 표시 102
리엔지니어링(reengineering) 245

리틀필드(Littlefield) 46

ㅁ

마이너(J. Miner) 280
마이크로필름 188
면(쪽) 표시 101
명도(明度) 445
명시이월(明示移越) 311
명시이월비 300
모집단(母集團) 61
무역업무 자동화 촉진에 관한 법률 243
문서(文書) 69
문서관리의 필요성 81
문서관리카드 198
문서 등록(文書登錄) 162
문서번호 113
문서에 의한 협조 231
문서의 개념 69
문서의 구성 106
문서의 기능 70
문서의 기안 120
문서의 반송 118
문서의 발송 166
문서의 배부 118
문서의 성립 82
문서의 시행(施行) 164
문서의 용어 94
문서의 접수 115
문서의 종류 73
문서의 필요성 70
문서의 효력 발생 83
문서 작성 용지 91
문서 작성의 마무리 97
문서 작성의 원칙 89
문서 처리의 원칙 72
문안의 수정 96
문화산업진흥기본법 375
미결문서(未決文書) 79
민원문서(民願文書) 77
민원 열람 240
밀러(D. W. Miller) 34

ㅂ

반점 124
발신기관 정보 111
발신 명의(發信名義) 110
발의자(發意者) 122
배부문서(配付文書) 78
버크(A. E. Buck) 287
버크헤드(J. Burkhead) 279
법규문서(法規文書) 76
법령 서식 206
법령 적합의 원칙 73
법적 기능 287
법정대리(法定代理) 153
보고(報告) 109, 225
보고 기일 229
보고의 원칙 294
보고서 78
보고의 목적 225
보고의 원칙 226
보고의 종류 227
보고의 촉구 229
보고의 필요성 226
보고자(報告者) 122
보도 자료의 실명 제공 204
보조기관 111
보조사무실 434

보존문서(保存文書) 80
보좌기관 111
본문(本文) 106
본예산(本豫算) 296
부기(簿記) 281
부분급 384
분임계약관(分任契約官) 349
분임재무관(分任財務官) 334
분임지출관(分任支出官) 336
불납결손(不納缺損) 326
붙임 110
붙임의 표시 101
비밀기록물 191
비서(秘書) 399
비즈니스 폼(business form) 205
비치문서(備置文書) 77

ㅅ

사고이월(事故移越) 311
사무(事務) 27, 28
사무관리(事務管理) 35
사무관리규정 83, 243
사무관리규정시행규칙 85
사무관리의 대상 39
사무관리의 원칙 36
사무능률핸드북 27, 54
사무량 측정 54
사무분담 조사법 56
사무실의 면적 433
사무실의 배치 435
사무용 의자 442
사무용 책상 441
사무의 간소화 36
사무의 과학화 37
사무의 기능 29
사무의 종류 31
사무의 표준화 37
사무자동화 49
사무환경(事務環境) 431
사문서(私文書) 75
사본(寫本) 80
사잇도장 160
사후보고 159
산업디자인진흥법 375
산업보건 기준에 관한 규칙 445
산업표준화법 199, 356
상호 교류적 예산 기구의 원칙 295
색조(色調) 445
색채관리(色彩管理) 445
서고관리 189
서면(書面)보고 228
서명(署名) 83, 151, 266
서식(書式) 205
서식 개선 213
서식 설계 206
서식의 관리 213
서식의 승인 211
서식의 제정 211
선급(先給) 344
선사용자금(先使用資金) 328
선사용자금출납공무원 328
선사용자금출납명령관 328
설계 변경 380
성실성 127
성인지 예산서 305
세계정보사회정상회의(WSIS) 238
세외수입(稅外收入) 318
세입(歲入) 317
세입세출예산(歲入歲出豫算) 299

세입원(歲入源) 308
소득 재분배 기능 289
소비경제회계(消費經濟會計) 281
소음(騷音) 448
소음·진동관리법 448
숄즈(C. L. Scholz) 45
수납행위(收納行爲) 319
수리행위(受理行爲) 115
수시(隨時)보고 228
수신의 표시 107
수의계약(隨意契約) 357
수익(收益) 317
수입(收入) 317
수입금출납공무원 324
수입징수관(收入徵收官) 319
수입행위(收入行爲) 319
수정기안(修正起案) 145
수정예산(修正豫算) 296
수평 조도(照度) 445
숫자 95
쉬크(A. Schick) 286
슐츠(J. W. Schultze) 46, 286
스미스(H. D. Smith) 287, 290
스타르(M. K. Starr) 34
스톱 워치(stop watch)법 58
시간 96
시기적 신축성의 원칙 295
시정 연설 305
시청각 기록물 192
시행 일자 113
시행문 165
시행문서(施行文書) 79
신속성 91
쌍점 125

ㅇ

암호(暗號) 274
업무관리 시스템 196
업무편람(業務便覽) 421
엔지니어링기술진흥법 374
엔지니어링사업 및 건설기술관리법 355
여유율(餘裕率) 59
연호 95
연구(硏究)보고 228
연대보증인 377
연호에 관한 법률 95
영구기록물 170
예규(例規) 76
예비비(豫備費) 311
예비심사 306
예산(豫算) 279
예산 공개성의 원칙 291
예산 단일성의 원칙 293
예산 명료성의 원칙 291
예산 배정 307
예산 사전 의결의 원칙 291
예산 엄밀성의 원칙 291
예산 완전성의 원칙 292
예산 집행의 신축성 유지 방안 309
예산 통일성의 원칙 293
예산 한정성의 원칙 292
예산안 사정 303
예산안 편성 301
예산안의 심의·의결 305
예산안의 요구 301
예산안편성지침 302
예산요구서 302
예산의 과정 301

예산의 기능 286
예산의 원칙 290
예산의 이용(移用) 309
예산의 이월(移越) 310
예산의 이체(移替) 310
예산의 재배정(再配定) 308
예산의 전용(轉用) 309
예산의 종류 295
예산의 집행 307
예산의 형식 298
예산총칙(豫算總則) 299
예정가격(豫定價格) 368
온라인디지털콘텐츠산업발전법 375
온점 124
완결문서(完結文書) 80
완성급 384
완전성의 원칙 226
용이성 127
용지의 규격 91
용지의 색깔 94
용지의 여백 94
용지의 지질 93
워크 샘플링(Work Sampling: WS)법 60
원가계산(原價計算) 369
원본(原本) 80
위임 111
위탁 111
윌다브스키(A. Wildavsky) 287, 286
음향관리(音響管理) 447
의사의 구체화 71
의사의 보존 71
의사의 전달 71
2단계 경쟁 등의 입찰 373
이첩문서(移牒文書) 79
인영의 색깔 218
일괄기안(一括起案) 143
일반경쟁계약(一般競爭契約) 353
일반기안(一般起案) 128
일반기안문 121
일반문서(一般文書) 78
일반 서식 206
일반회계예산(一般會計豫算) 295
일정관리 403
일정표 작성 416
입법부 중심의 예산 원칙 290
입찰(入札) 370
입찰공고 363
입찰 등록 366
입찰보증금 367
입찰의 무효 371

ㅈ

자기기록 매체(磁氣記錄媒體) 69
자원 배분 기능 289
작업 능률 41
작은 따옴표 126
잠정예산(暫定豫算) 297
장기계속계약(長期繼續契約) 351
장표(帳票) 92, 205
재공고입찰(再公告入札) 372
재무관(財務官) 332, 334
재배부 118
재입찰(再入札) 372
적격심사낙찰제 374
적시성의 원칙 227
적절한 수단 구비의 원칙 294
전결(專決) 151
전산망(電算網)보고 228
전자관인 50

전자기록물 192
전자기안문 121
전자문서(電子文書) 243
전자문서의 편익 262
전자문자서명 82, 151
전자민원 G4C 239
전자상거래(Electronic Commerce) 275
전자서명(電子署名) 266
전자서명법 87
전자서명법시행규칙 87
전자서명법시행령 87
전자서명의 효력 266
전자송달(電子送達) 323
전자우편(e-mail) 243
전자이미지관인 218
전자이미지관인의 등록 220
전자이미지서명 151
전자정부(電子政府) 235, 236
전자정부법 86, 235, 236, 243
전자정부법시행령 87
전자정부의 유형 237
전자 처리의 원칙 73
전화 232
전화 등에 의한 협조 232
전화 응대 404, 405
접수문서(接受文書) 78
정기(定期)보고 228
정미 시간(正味時間) 65
정보 268
정보공개(情報公開) 268
정보공개에 관한 법률 270
정보(情報)보고 227
정보보안(情報保安) 272
정보통신망 167
정보통신산업진흥법 375
정본(正本) 80
정부기업예산법 324
정부청사관리규정시행규칙 433
정부회계(政府會計) 282
정신 능률 42
정책 질의 306
정책실명제(政策實名制) 201
정책자료집 202
정치적 기능 286
정확성 90
제목 108
제한경쟁계약(制限競爭契約) 353
조명관리 444
조사(調査)보고 228
조세(租稅) 318
조세수입 318
좁은 의미의 결재(決裁) 150
종이의 재단 치수 92
종합계약(綜合契約) 352
종합심사 306
준예산(準豫算) 298
중기사업계획서 301
중소기업 제품 구매 촉진 및 판로 지원에 관한 법률시행령 356
중앙기록물 관리기관 171
즉일 처리의 원칙 72
지급(支給) 331, 347
지명경쟁계약(指名競爭契約) 355
지방기록물 관리기관 172
지방세(地方稅) 318
지수조정률 380
지스만(M. D. Zisman) 46
지시(指示) 76
지시문서(指示文書) 76
지식정보화(知識情報化) 38

지원사무(支援事務) 32
지정대리(指定代理) 158
지체상금(遲滯償金) 385
지체상금률 385
지출(支出) 331
지출관(支出官) 332
지출원인행위(支出原因行爲) 331, 333
지출의 특례 339
직무대리규정 153
직무편람(職務便覽) 422, 426
직인(職印) 215
집무환경(執務環境) 444
징수 결정(徵收決定) 320
징수행위(徵收行爲) 319

ㅊ

채광(採光) 444
채권 계약 348
책상의 배치 438
책임 처리의 원칙 72
챔파인(G. A. Champine) 46
청인(廳印) 215
초본(抄本) 81
총액계약(總額契約) 350
최저가낙찰제 373
추가경정예산(追加更正豫算) 297
추정가격(推定價格) 354
출납관(出納官) 332
출납의 완결 313
출납정리기한 313

ㅋ

큰따옴표 125

ㅌ

테리(G. R. Terry) 28, 34, 35
테일러(F. W. Taylor) 34, 37, 55
통계적 확률 61
통보(通報) 109, 225
통신정보 112
통신 표준 265
특별회계예산(特別會計豫算) 296
특수관 216
특수기록 170
특수기록관 174
T자형 439

ㅍ

파일링 시스템(filing system) 48
판단사무(判斷事務) 32
폼(form) 205
표본(sample) 60
표준 시간(standard time) 55, 58
품목 조정률 379
품의제(稟議制) 149
플러스+자형 440
피터슨(Peterson) 46
필요성의 원칙 226

ㅎ

하나로 원칙 89
하자검사(瑕疵檢査) 393
하자담보 책임 기간(瑕疵擔保責任期間) 386
하자보수보증금(瑕疵補修保證金) 393, 394

한국산업 규격(KS) 92
항목 97
해머(M. Hammer) 245
행정기관명 107
행정박물 193
행정부 사업계획의 원칙 294
행정부 재량의 원칙 295
행정부 중심의 예산 원칙 293
행정부 책임의 원칙 294
행정적 기능 288
행정전자서명 82, 151
행정편람(行政便覽) 422, 424
헌법기관기록물 관리기관 171
현장 설명 365
현황(現況)보고 228
협상에 의한 계약 374
협조(協助) 147
형식 표준 264
화상결재(畵像決裁) 78
화이트(L. D. White) 280
확률(確率) 61
확률의 원칙 61
확정계약(確定契約) 350
회계(會計) 281
회계검사 315
회계연도 280
회보(回報) 78
회의 등에 의한 협조 231
후결(後決) 159
후열(後閱) 159
훈령(訓令) 76
힉스(C. B. Hicks) 27, 46

CMU(Clerical Minutes per Unit)법 63

EDI 243
EDI 소프트웨어 265
EDI 표준 264
EDI Network 265
EDI(Electronic Data Interchange) 263
EDIFACT(EDI for Administration, Commerce and Transport) 265

G4C(Government For Citizen) 239

I자형 438

L자형 440
LAN(Local Area Network) 273

PTS(Predetermine Time Standard)법 64

WAN(Wide Area Network) 274

저자 소개

이종두(李鍾斗)

〈주요 약력〉

충북대학교 대학원 행정학과 (행정학 박사)
충청북도교육청 기획감사담당관실
충북대학교 법과대학 행정실장, 총장 비서실장
지방행정연수원, 충남지방공무원교육원, 단재교육연수원 출강
이노메디주식회사 대표이사
(사) 한국지방자치경영연구소 수석연구원
한국농촌경영대학 교학실장
학교법인 예인학원 사무국장
(재) 중부직업전문학교 교장
영동대학교 경찰행정학과 겸임교수

〈주요 저서 및 논문〉

『정부회계론』(2006). 대영문화사.
『정부회계와 관리: 이론과 실무』(2010). 대영문화사.
"한국공무원의 행정문화와 행정참여"
"문서사무관리의 실태와 개선 방안"
"조직문화와 직무만족의 관련성에 관한 연구"
"한국 직위분류제의 문제점과 발전 방안"
"지방공무원 교육훈련제도에 관한 발전 방안"
"지방공무원 근무성적평정제도의 개선 방안" 외 다수

행정사무관리

펴낸날 / 제1판 제1쇄 2010년 11월 30일
지은이 / 이종두
펴낸이 / 임춘환
펴낸곳 / 도서출판 대영문화사
주소 / 서울 용산구 청파동 1가 178-2 ㉾ 140-869
등록 / 1975년 12월 26일 제3-16호
전화 / (02)716-3883, (02)714-3062
팩시밀리 / (02)703-3839
우체국 온라인 / 011353-02-009106

ISBN 978-89-7644-349-6

〔값 22,000원〕